Optimales Fußballtraining

サッカーの最適トレーニング

J.ヴァインエック／著　戸苅晴彦／監訳　八林秀一／訳

大修館書店

Optimales Fußballtraining

by Dr. Jürgen Weineck

Copyrigt ©1992 Jürgen Weineck

Japanese translation rights arranged with
Spitta Verlag GmbH, Balingen, Germany
through The Sakai Agency

©2002. The TAISHUKAN PUBLISHING CO. LTD., Tokyo, Japan

著者前書き

　ゴチゴチの実践派のトレーナーは，今まで一度も本を開いたことがないのを誇りにしている。しかし，こうしたトレーナーでも，彼独自の理論を持っていることになる。つまり彼は，経験から生み出され，「正しい」サッカーについての彼の見解を反映している理論を持っているのである。

　何ものも実践に取って代わることはできない。すべての理論は，実践の経験で得られた洞察に光を当て，トレーニングプロセスをより最適化するのに役立たないなら，「灰色」である。したがって，この本では最新のトレーニング科学，およびスポーツ医学の認識を基礎に，すべてのレベルと年齢のサッカートレーニングにとって具体的に実行できる指針を導きだそうと試みている。体系構成上の理由から，サッカー選手のさまざまな体力的要素を個別に分けて記述しているが，これはプレー能力ないしサッカー専門の行動能力の複合性を無視しているわけでは決してない。逆にこうした教科書的記述では，内容を次つぎと順番に描写することが必要となるとしても，各々の要素間の関連と相互作用の存在につねに注意を払い，トレーニングを一つの全体的な過程として把握することが，読者にはぜひとも必要なのである。

　目的・内容・方法を関連させて考察し，この基礎の上でトレーニングとゲームが行われるようになることを，このサッカートレーニング教科書は望んでいる。

　本書は，一方では，体力的なプレー実行要素である持久性・筋力・スピード・可動性のトレーニング科学・スポーツ医学の基礎と，これらを発展させる方法と内容を述べ，他方で，適切なテストとコントロール形式によるプレー能力診断とトレーニングコントロールのための有益な指摘を与えている。

　最後に，本書は，児童・ジュニアのトレーニングの特殊性を立ち入って考察している。児童・ジュニアの年齢でのサッカートレーニングは，量的な点だけでなくとくに質的な点で成人のトレーニングとは全面的に異なった法則性にしたがっているので，さまざまに相違する年齢グループでの心理・肉体的負荷可能性を考慮した年齢に対応した，方法的・内容的なトレーニング組織化に特別の重点がおかれている。

　とくにサッカー選手の体力的なプレー要因のトレーニングを扱った本書は，トップのトレーナー(選手)にも，練習の指導者とスポーツ教師に対しても，トレーニングの最適化を可能とする，一連の指摘と実際の例を提供している。

エァランゲン，1992年春
J.ヴァインエック

訳者前書き

　本書は，Jürgen Weineck, Optimales Fußballtraining, Teil 1: Das Konditionstraining des Fußballspielers, Nurnberg 1992　の翻訳である。訳者が本書を手にしたきっかけは，数年前に勤務先のサッカー部の世話をすることになり，最近のトレーニング理論がどうなっているか，ドイツの図書刊行目録からテーマで検索して10冊ほどのサッカートレーニング理論のテキストを入手して目を通したことであった。その中でも最も分厚かった本書は，確かな理論的・実験的基礎を持つ本格的なサッカーの体力トレーニング理論との感触を持ち，読み進めるうちにさらに内容に興味を覚え，試訳に取り組み始めた。

　本書は「第1部　体力トレーニング」とされているが，第2部はまだ出版されていない。著者からの連絡では，現在，スポーツにおけるコーディネーション能力を中心テーマとして研究中で，これをサッカー中心に本書の第2部とする予定とのことである。第1部とされてはいるが，本書は独立した業績と見なすことができる。精しくは本書を直接参照していただきたいが，本書の特筆すべき点は，書名にも明記されているように，「最適トレーニング」が主張されている点であろう。持久性・筋力・スピード・可動性といった体力の主要側面にそくして本書の議論は展開されるが，性・年齢・レベルなどに応じて，そしてさらには個人ごとに異なって，最適なトレーニングはいかに行うべきか，が明確な理由をもって詳細に述べられている。つまり逆にいえば，万人向けのトレーニングはありえないのである。本書を理解された読者は，選手なら自身のトレーニングをいかに構成してゆくか，また，さまざまなチームレベルのサッカー指導者なら，責任を持っている選手の1人ひとりにどのように体力トレーニングを行うべきか，明確な指針を得ることができるだろう。

　著者のヴァインエック氏は，エァランゲン-ニュルンベルク大学スポーツセンターの教授で医学博士である。氏の著作では，すでに『スポーツ解剖学』『最適トレーニング』が翻訳出版されているが，いずれもサッカー中心ではないので，わが国のサッカー界には氏はまだあまり知られていない。訳者あての私信によれば，氏はすでに50か国を英語・仏語・スペイン語・イタリア語・ポルトガル語・オランダ語・独語で講演して回っている国際的なサッカー研究者で，残念ながらわが国はまだ訪れていないとのことである。

　訳者は，サッカーはやっていたもののスポーツ理論についてはまったくの素人なので，試訳ができあがった段階で，この道の専門家で，訳者にとっては大学時代の体育の恩師で同時にサッカー部でコーチをしていただいた戸苅晴彦先生を訪ねて，本書の価値についてお尋ねした。戸苅先生は本書の価値をお認めになって翻訳書の刊行を勧められ，大修館書店をご紹介いただいた。その上，試訳段階から，実質的な翻訳作業，校正作業の段階で翻訳に目を通して専門家としてのご指摘をしてくださっただけでなく，本書の読みやすさや図表の表示の仕方など細部にわたって翻訳書としての質を高めるのに決定的な多くの助言をいただいた。また(前)大修館書店編集部の和田義智氏からは，同じく専門編集者として専門用語や，読みやすさについて適切な助言を数々いただいた。両氏なくしては，本訳書はこうした形で生まれることはなかったであろう。この場をお借りして，御礼申し上げたい。

2002年5月
八林秀一

CONTENTS

序　言

第1章　サッカー選手の体力と体力トレーニング ……………………… 13

1. 体力とは何か ……………………………… 13
2. サッカー選手の体力とは ……………………… 13
3. 体力トレーニングから期待されること ……………………… 15

第2章　サッカー選手の持久性とそのトレーニング ……………………… 17

第1節 サッカー選手の持久性 ……………………… 17

1. 持久性とは ……………………………… 17
2. 持久性の種類 ……………………………… 17
3. サッカー選手の持久性 ……………………… 18
   - 1－走行距離とランニングの強度 ……………………… 18
   - 2－最適に発達した持久性の影響 ……………………… 20
     - (1) 基礎持久性の意義 ……………………… 20
     - (2) 専門的持久性の意義 ……………………… 22
4. 持久性能力の諸要因 ……………………… 22
   - 1－筋肉の要因 ……………………… 22
     - (1) 筋線維の組成と持久性能力 ……………………… 22
     - (2) 細胞でのエネルギー貯蔵と持久性能力 ……………………… 24
     - (3) 炭水化物を多く含む栄養補給 ……………………… 29
     - (4) 酵素活性と持久性能力 ……………………… 33

(5)ホルモンの調整メカニズムと持久性能力 ……………………………………… 34
　2－心臓-循環系の要因 ………………………………………… 36
　　　(1)毛細血管を通ずる補給と持久性能力 ………………………………… 36
　　　(2)血液と持久性能力 ……………………………………………… 37
　　　(3)心臓と持久性能力 ……………………………………………… 37
　3－免疫学的要因 ………………………………………… 40
　　　(1)予防能力と持久性能力 ……………………………………… 40
　　　(2)現実のトレーニングにとっての意義 ………………………………… 41

第2節　サッカー選手の持久性トレーニング ……………………………………………… 43
1. 一般的基礎 ………………………………………… 43
2. 持久性トレーニングの方法 ………………………………………… 43
　1－持続法 ………………………………………… 43
　　　(1)エクステンシブな持続法 ………………………………………… 44
　　　(2)インテンシブな持続法 ………………………………………… 45
　　　(3)トレーニングにとっての帰結 ………………………………………… 46
　2－インターバル法 ………………………………………… 47
　3－レペティション法 ………………………………………… 50
　4－ゲーム法 ………………………………………… 50
3. 持久性トレーニングの内容 ………………………………………… 52
　1－般的注意 ………………………………………… 52
　2－基礎持久性トレーニングの内容 ………………………………………… 53
　3－専門的持久性トレーニングの内容 ………………………………………… 54
4. 持久性トレーニング法の基本原則 ………………………………………… 56
5. 持久性トレーニングの期分け ………………………………………… 57
　1－般的基礎 ………………………………………… 57
　2－準備期 ………………………………………… 57
　3－ゲーム期 ………………………………………… 60
　4－移行期 ………………………………………… 62
　5－1回のトレーニングの中で ………………………………………… 63
6. 持久性テスト ………………………………………… 64
　1－般的基礎 ………………………………………… 64

2－テストの種類・・・ 66
　　3－有酸素的持久性能力のテスト・・・・・・・・・・・・・・・・・・・・・・・・・・・・・・・・ 66
　　　(1)「単純な」ランニングテスト・・・・・・・・・・・・・・・・・・・・・・・・・・・・・ 66
　　　(2)心拍数測定をともなうランニングテスト・・・・・・・・・・・・・・・・・・・・・・・ 72
　　　(3)コンコーニテスト・・・・・・・・・・・・・・・・・・・・・・・・・・・・・・・ 75
　　　(4)乳酸値テスト・・・・・・・・・・・・・・・・・・・・・・・・・・・・ 82
　　　(5)有酸素的持久性測定のその他のテスト・・・・・・・・・・・・・・・・・・・・・ 88
　　4－サッカー独自の専門的持久性能力のテスト・・・・・・・・・・・・・・・・・・・・・・・ 89
　　　(1)単純なサッカー専門の持久性テスト・・・・・・・・・・・・・・・・・・・・・・・ 91
　　　(2)スポーツ医学的なサッカー専門持久性テスト・・・・・・・・・・・・・・・・・・・ 91
7.児童・ジュニア期の持久性トレーニング・・・・・・・・・・・・・・・・・・・・・・・・・・・ 94
　　1－スポーツ生理学的基礎・・・・・・・・・・・・・・・・・・・・・・・・・・・・ 94
　　　(1)有酸素性能力・・・・・・・・・・・・・・・・・・・・・・・・・・・ 95
　　　(2)無酸素性能力・・・・・・・・・・・・・・・・・・・・・・・・・・・ 96
　　　(3)心拍数の変動・・・・・・・・・・・・・・・・・・・・・・・・・・・・ 97
　　2－さまざまな年齢段階における特殊性・・・・・・・・・・・・・・・・・・・・・・・・ 98
　　　(1)初期・後期学齢の児童・・・・・・・・・・・・・・・・・・・・・・・・・ 98
　　　(2)第一思春期・第二思春期・・・・・・・・・・・・・・・・・・・・・・・・ 100
　　3－基礎持久性発達のための方法と内容・・・・・・・・・・・・・・・・・・・・・・・ 101
　　　(1)初期・後期学齢の児童・・・・・・・・・・・・・・・・・・・・・・・・ 101
　　　(2)第一思春期・第二思春期・・・・・・・・・・・・・・・・・・・・・・・・ 102
　　4－専門的持久性発達のための方法と内容・・・・・・・・・・・・・・・・・・・・・・・ 102
　　　(1)初期・後期学齢の児童・・・・・・・・・・・・・・・・・・・・・・・・ 103
　　　(2)第一思春期・第二思春期・・・・・・・・・・・・・・・・・・・・・・・・ 103
　　5－児童・ジュニア年齢における持久性トレーニングの方法的基本原則・・・・・・・・・・・・・・・・・ 106

第3章　サッカー選手の筋力とそのトレーニング・・・・・・・・・・・・・・・・・・・・・・・ 107

第1節　サッカー選手の筋力・・・・・・・・・・・・・・・・・・・・・・・・・・・・・・・・ 107
1．筋力とは・・・・・・・・・・・・・・・・・・・・・・・・・・・ 107

2. 筋力の種類 ････････････････････････････････ 107
　　　1－パワー ････････････････････････････････ 107
　　　2－最大筋力 ････････････････････････････････ 108
　　　3－筋持久力 ････････････････････････････････ 108
　3. サッカーと筋力 ････････････････････････････ 108

第2節　サッカー選手の筋力トレーニング ････････ 111
　1. サッカーに重要な筋力を発達させる方法 ････････ 111
　　　1－最大筋力とその発達のための方法 ････････ 112
　　　　(1)筋横断面積増加による最大筋力強化の方法 ････ 113
　　　　(2)筋内コーディネーション改善による最大筋力強化の方法 ････ 116
　　　　(3)筋間コーディネーション改善による最大筋力強化の方法 ････ 119
　　　2－パワーとその発達のための方法 ････････ 121
　　　　(1)プライオメトリックス ････････ 123
　　　　(2)コントラリメソッド筋力トレーニング ････ 126
　　　3－筋持久力とその発達のための方法 ････ 128
　2. 筋力トレーニングの実行形式および組織形式 ････ 131
　　　1－ステーショントレーニング ････ 131
　　　2－ピラミッドトレーニング ････ 131
　　　3－サーキットトレーニング ････ 131
　3. サッカーに重要な筋群発達のための内容 ････ 140
　　　1－ジャンプ力とダッシュ力強化のためのトレーニング種目 ････ 141
　　　　(1)ボールなしの専門トレーニング種目 ････ 141
　　　　(2)ボールを使った専門トレーニング種目 ････ 158
　　　2－内転筋群・外転筋群強化のためのトレーニング種目 ････ 158
　　　3－体幹筋力強化のためのトレーニング種目 ････ 162
　　　　(1)腹筋群強化のためのトレーニング種目 ････ 162
　　　　(2)背筋群強化のためのトレーニング種目 ････ 167
　　　4－遠投力強化のためのトレーニング種目 ････ 168
　4. 筋力トレーニングのための方法的基本原則 ････ 169
　　　1－効果性 ････ 169
　　　2－専門性 ････ 169

3－可変性‥‥‥‥‥‥‥‥‥‥‥‥‥‥169

5. 筋力トレーニングにおける危険性と諸問題‥‥‥‥‥‥‥‥‥‥172
1－ケガの危険と予防措置‥‥‥‥‥‥‥‥‥‥‥‥172
(1)機器での過大負荷‥‥‥‥‥‥‥‥‥‥172
(2)筋肉痛‥‥‥‥‥‥‥‥‥‥172
2－筋の不均衡‥‥‥‥‥‥‥‥‥‥174
(1)一般的基礎‥‥‥‥‥‥‥‥‥‥174
(2)筋の不均衡と特徴的なサッカー独自の愁訴の形‥‥‥‥‥‥‥‥‥‥176
(3)筋の不均衡とコーディネーション的ないしサッカー独自の運動ステレオタイプの乱れ‥‥‥‥‥‥178

6. 筋力トレーニングの期分け‥‥‥‥‥‥‥‥‥‥180
1－準備期‥‥‥‥‥‥‥‥‥‥180
2－ゲーム期‥‥‥‥‥‥‥‥‥‥180
3－移行期‥‥‥‥‥‥‥‥‥‥182
4－ミクロサイクルないし1回のトレーニングの中での筋力‥‥‥‥‥‥‥‥‥‥182
(1)コンセントリックス‥‥‥‥‥‥‥‥‥‥183
(2)エキセントリックス‥‥‥‥‥‥‥‥‥‥184
(3)プライオメトリックス‥‥‥‥‥‥‥‥‥‥185
(4)アイソメトリックス‥‥‥‥‥‥‥‥‥‥186
(5)トレーニングにとっての帰結‥‥‥‥‥‥‥‥‥‥186

7. 筋力テスト‥‥‥‥‥‥‥‥‥‥189
1－最大筋力テスト‥‥‥‥‥‥‥‥‥‥189
(1)動的テスト‥‥‥‥‥‥‥‥‥‥189
(2)静的テスト‥‥‥‥‥‥‥‥‥‥190
2－パワーテスト‥‥‥‥‥‥‥‥‥‥192
(1)単純なパワー測定方法‥‥‥‥‥‥‥‥‥‥192
(2)機器によるパワー測定の方法‥‥‥‥‥‥‥‥‥‥194
3－筋持久力テスト‥‥‥‥‥‥‥‥‥‥196

8. 児童・ジュニア期の筋力トレーニング‥‥‥‥‥‥‥‥‥‥197
1－意義‥‥‥‥‥‥‥‥‥‥197
2－スポーツ生理学的基礎‥‥‥‥‥‥‥‥‥‥197
(1)成長と受動的な運動器官‥‥‥‥‥‥‥‥‥‥198
(2)成長と能動的な運動器官‥‥‥‥‥‥‥‥‥‥199

3－さまざまの年齢段階での方法と内容 ……………………………………… 201
　　(1)前期学童年齢 ……………………………… 201
　　(2)後期学童年齢 ……………………………… 204
　　(3)第一思春期 ………………………… 206
　　(4)第二思春期 ………………………… 208
4－方法的基本原則 ……………………………… 208

第4章　サッカー選手のスピードとそのトレーニング …………………… 211

第1節　サッカー選手のスピード ………………………………………… 211

1－スピードの種類 ……………………………… 211
2－スピードとその意義 ………………………………… 213
　　(1)認知スピード ………………………………… 213
　　(2)予測スピード ……………………………… 214
　　(3)決定スピード ……………………………… 215
　　(4)反応スピード ……………………………… 218
　　(5)ボールなしでの運動スピード――循環的スピードと非循環的スピード …………………………… 223
　　(6)ダッシュスピード ……………………………… 223
　　(7)スプリント持久性 ……………………………… 233
　　(8)スピード持久性 ……………………………… 235
　　(9)ボールを持っての行動スピード ………………………… 238
　　(10)行為スピード ……………………………… 238

第2節　サッカー選手のスピードトレーニング ………………………… 242

1－一般的基礎 ……………………………… 242
2－スピードトレーニングと負荷要因 …………………………… 242
3－スピードトレーニングの方法 ……………………………… 244
4－スピードトレーニングへの方法的指示 ………………………… 247
5－スピードトレーニングの内容 ……………………………… 248
6－スピードトレーニングの期分け ……………………………… 249

7─スピードテスト･････････････････････････････252
    (1)一般的基礎･･･････････････････････････252
    (2)テスト様式－実施方法－評価･･････････････253
8─児童・ジュニア期のスピードトレーニング････････257
    (1)一般的基礎･･･････････････････････････257
    (2)さまざまの年齢段階でのスピードトレーニング･････････257
    (3)児童に適したトレーニングの方法と内容･･････260
9─スピードトレーニングのまとめ･････････････････262

第5章　可動性とそのトレーニング ･･････････････263

第1節　サッカー選手の可動性 ････････････････263

1─可動性とは････････････････････････263
2─可動性の種類･･････････････････････263
3─サッカー選手にとっての可動性の意義･･････････････････264
    (1)可動性と身体的能力･････････････････264
    (2)可動性とコーディネーション････････････264
    (3)可動性とケガ予防ないしスポーツ障害予防･･････264
4─可動性のスポーツ生理学的基礎･････････････････265
5─可動性トレーニングの方法････････････････････267
    (1)アクティブな伸展法････････････････268
    (2)パッシブな伸展法･････････････････268
    (3)静的な伸展法（ストレッチング）･････････269
6─可動性トレーニング（ストレッチング）の注意･･････271
    (1)一般的な注意････････････････････271
    (2)スポーツ解剖学の面での注意･･････････272
    (3)ストレッチングと年齢･･････････････274
    (4)長期的なトレーニング過程における可動性トレーニング･･･275
7─可動性トレーニングの方法････････････275
8─可動性テスト････････････････････277

9―可動性トレーニングの期分け ……………………………………… 281
10―児童・ジュニア期の可動性トレーニング ……………………………………… 281
　(1)一般的基礎 ……………………………………… 281
　(2)各年齢段階における可動性トレーニング ……………………………………… 282
　(3)総括的最終考察 ……………………………………… 284
11―数年間のトレーニング過程における児童・ジュニアのためのトレーニング目標に関する総括的概観 ……… 284

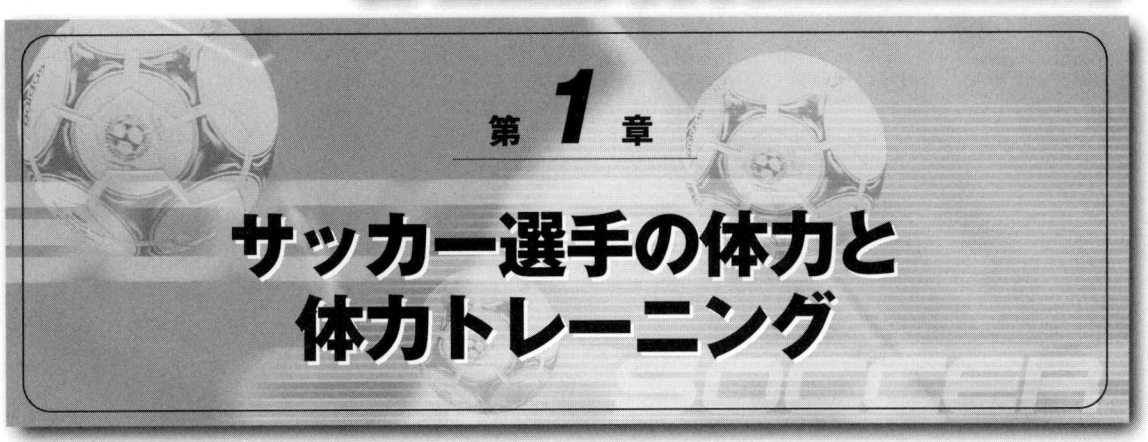

第1章 サッカー選手の体力と体力トレーニング

1. 体力とは何か

　体力(コンディション)の概念は，専門書では考察の仕方に応じてさまざまに定義され，理解されている。広義の概念規定では，体力(コンディション)はラテン語の"conditio"(＝何かのための条件)の意味で，すべての心理的・肉体的・技術-戦術的・認知的・社会的なプレー実行要因の集合概念として用いられる。図1は，広義にとらえられた体力(コンディション)の構造モデルを示している。狭義の概念規定では，体力(コンディション)的特性は，持久性・筋力・スピード・可動性といった「フィジカルな」要素に限定される。図2は，体力(コンディション)を狭義にとらえ，その構成要素の概観を示している。
　広義の体力(コンディション)概念は，競技能力を左右する「体力(コンディション)的」諸要因には複合的な考察が必要だということを明確にしているが，本書では紙数の関係上，狭義にとらえられた実践向けの概念理解を優先することにしよう。

2. サッカー選手の体力とは

　図3に示したように，サッカー選手のプレー能力は，多面的で相互に条件づけあい，相互に依存的な習熟・能力・特性によっている。図で示されたプレー能力構造では，体力的能力は前提条件としての性格を持つ。つまり体力的能力は，ゲームで安定した技術的・戦術的・身体的なプレーを行う前提条件なのである。
　ゲームでの最適のプレー能力にとっては，とくに体力的・技術的・戦術的-認知的なさまざまの前提が必要であるが，これら諸前提は相互に依存しており，したがって統合要因として意義がある。ゲームでの最適な行動は，選手の最適な戦術的立場を前提とする。しかし，ある戦術的構想が実現できるのは，この構想にマッチする技術的基礎，体力的な諸前提，および適切な意志力と知的能力の基盤があるときだけである。なぜなら，必要な技術的能力が欠けていたなら，「ダイレクトプレー」という戦術的な要求はいったいどのように実

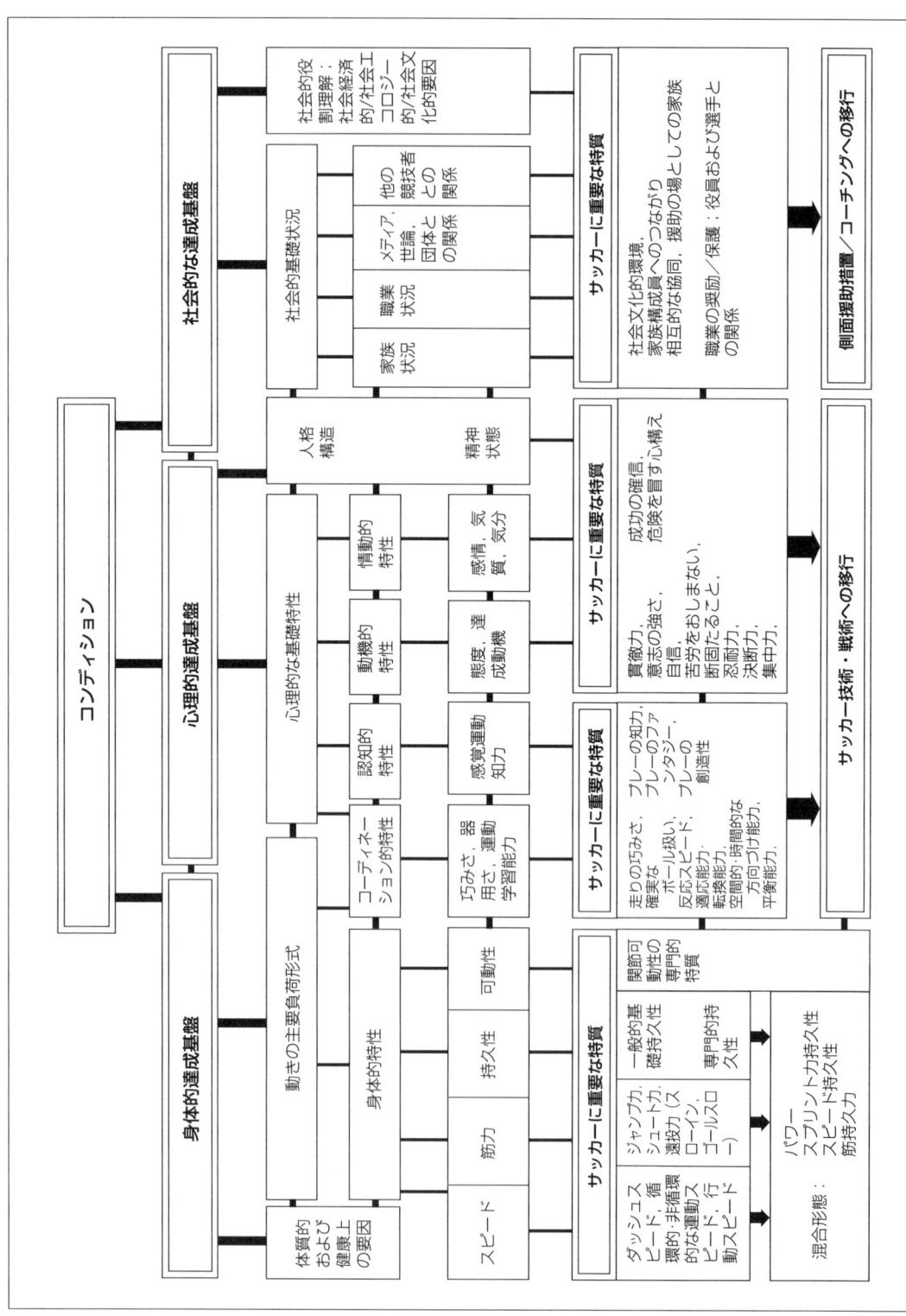

図1 サッカー選手のコンディションの拡大構造モデル（Gerisch, 1982; Dick, 1986）

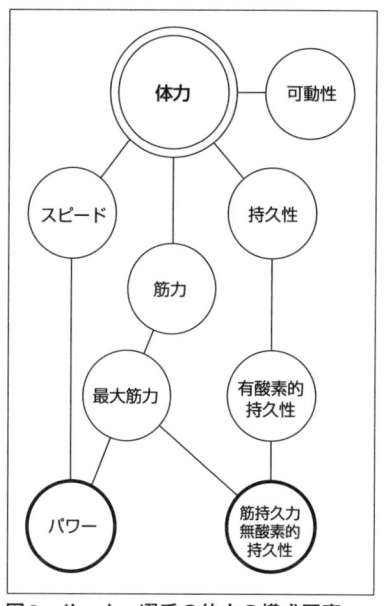

図2 サッカー選手の体力の構成要素
(Schmidtbleicher et al., 1989)

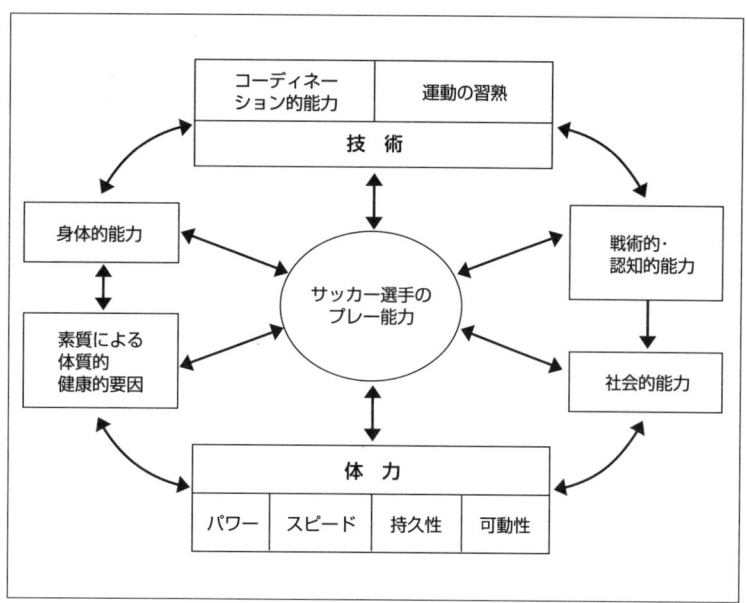

図3 サッカー選手のプレー能力の構成要素

現できるのか,相手選手がスピードと持久性の点でどう見ても勝っている場合に,「マンツーマン」の指示はどんな意味があるのか,最後に,味方選手が眼前のゲーム状況を把握できないときに,どのようにしてチームプレーができあがるのか。

3. 体力トレーニングから期待されること

「トレーニングにとっての最良の教師は,ゲームである」(クラマー)
「われわれは,トレーニングしなければならないことをゲームから学ぶ」(クラウスペ/ラウフート/テッシュナー)
「ゲームが,体力トレーニングの目標と内容を決定する」(ビザンツ)
「ゲームが最良のトレーニングであるなら,逆によいトレーニングはかなりゲームの性格を持たなければならない」(ノルポート)
「サッカーでの成功の秘密は,つねにトレーニングに求められる」(ベーンハッカー)

　これらの引用からの結論として,ゲームに近い,そして可能ならゲームに組み込んだ体力トレーニングを優先すべきである。つまり,体力トレーニングは自己目的とみなすべきではなく,「プレー能力の向上」ないし「スポーツ的な行動能力の最適化」といった上位の目的にしたがわなければならない。サッカーにおいてパフォーマンスがいっそう発展してきたのには,最近では,とくに行為スピードの上昇が基本的な役割を果たしている。だから,体力トレーニングに対して,とくにこの行為スピード上昇の点で特別の注意を払うべきである。

　すべてのサッカートレーニングの中心的目標は,選手の行動能力の改善でなければならない。ある選手のすべての身体的・心理的・認知的・社会的な構成要素と可能性は,つねに行動の中に反映している。選手の行動能力が優先目標であるなら,トレーニングもまた,行動能力を決定するすべての要因を含まなければならない。サッカーで通常のトレーニングの概念は,多くは体力的な分野に限られているが,この概念は選手のプレーに影響

を及ぼし，同時にチームプレーヤーとしての能力発達も最適に促進するすべての要因へと拡大すべきである。

この意味でサッカー選手の「体力」は，サッカー独自の行動能力を最適化するさまざまな構成要素の一つにすぎない(図3)。体力的要因の意義は，過度に誇張したり過小評価することのないように，相対化すべきである。

現代的なサッカートレーニングでは，現実のプレーに近い形でのプレースピードのトレーニングにいっそう重点をおき，この場合にすべての心理-身体的・技術-戦術的・社会的なプレー実行要因も考慮する。つまり，きわめて固有のトレーニング方法・手段を持つ，プレーに近いトレーニングないしプレー独自の体力トレーニングに対していっそう大きな役割を割り当てなければならない。したがって，サッカーのトレーニングで純粋な体力トレーニングが無条件に必要となるのは，たとえば「構築トレーニング」，「補完トレーニング」，「維持トレーニング」，「調整トレーニング」などの意味の限りでだけである。

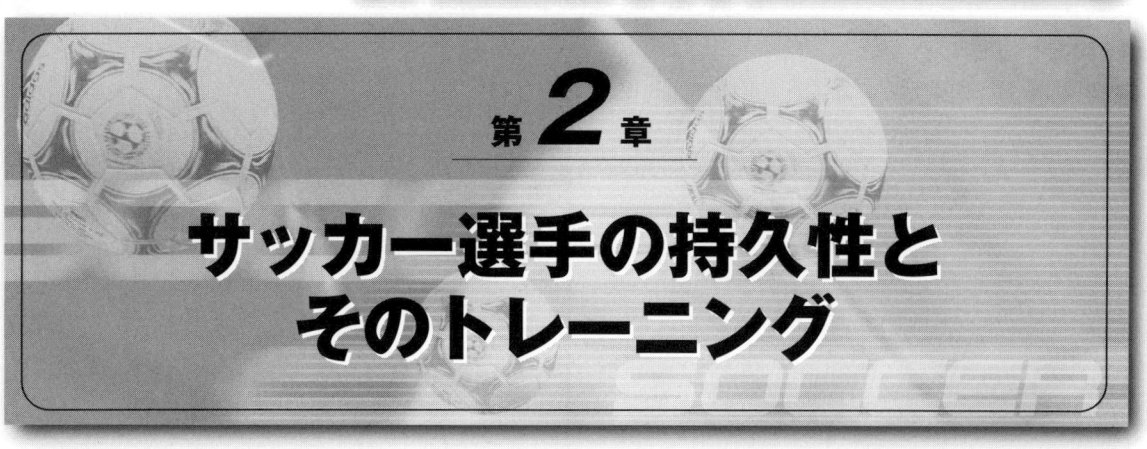

第2章 サッカー選手の持久性とそのトレーニング

第1節 サッカー選手の持久性

1. 持久性とは

　持久性で，比較的長時間の負荷のもとでの心理-身体的な疲労抵抗力と負荷後の急速な回復能力が理解される。この場合に，身体的持久性の内容は，負荷の強度低下ないし中断へと誘う刺激に対し，できるだけ長時間抵抗できる選手の能力である。身体的持久性は，からだ全体ないし個々の部分系の疲労抵抗力を現している。

2. 持久性の種類

　持久性は，考察方法に応じて，その現象形態でさまざまな種類に区分できる(図4)。参加する筋群の割合の面では全身的持久性と局所的持久性，スポーツ種目の専門性の面では一般的持久性と専門的持久性，筋へのエネルギー供給の面では有酸素的持久性と無酸素的持久性，筋群の作業様式の面では動的持久性と静的持久性，動員される筋群への負荷のかかり方の主要形式の面では筋持久力・パワー持久性・スピード持久性が区分される。さらに，最後に時間の面では，短期・中期・長期の持久性が区分される。

　サッカー選手にとっては，一般的/専門的持久性，および有酸素的/無酸素的(非乳酸性)持久性の区分がとくに重要である。この場合に，基礎持久性あるいは一般的・有酸素的・動的持久性とも呼ばれる一般的持久性では，スポーツ種目とかかわらない持久性が，専門的持久性ではサッカー独自に現れる形態での持久性が理解される。

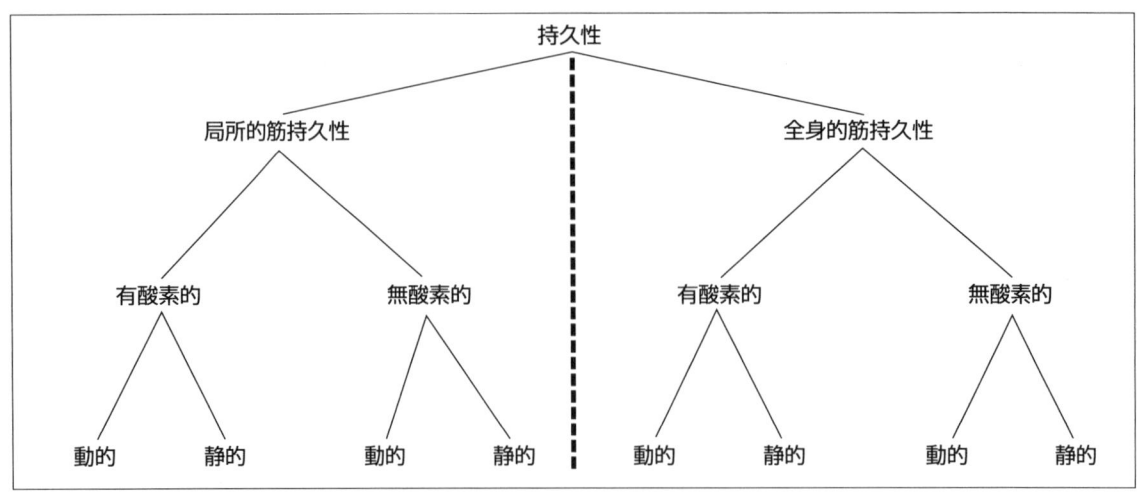

図4 持久性能力のさまざまな形態（Hollmann/Hettinger,1980）

3. サッカー選手の持久性

　重量挙げの選手ですら，包括的で集中的なトレーニングを行うために，十分に発達した基礎持久性が必要である。したがって，「走るスポーツ」のサッカー選手では，問題は持久性を「トレーニングしなければならないかどうか」ではなく，「どの程度トレーニングするか」である。

1── 走行距離とランニングの強度

　現代のサッカー選手にとって，持久性が持つ意義を把握するには，まず走行距離とランニングの強度を数量的に評価しなければならない。
　1960年代前半のサッカー選手のランニング実績を今日の選手と比較すると，最近数十年のうちに，ランニングの強度と量が例のないほどに増加した。表1は，60年代における世界最高のサッカー選手のランニング実績を示している。当時は，全走行距離が4000ｍを越えると優秀と評価されていたが，今日ではまさに並のランニング量である。ま

た表1では，ランニングの区分が極度に曖昧で主観的であり，かつ区分が粗く「ランニング」と「スプリント」だけであるが，今日では測定方法の改善が進み，コンピュータを用いたビデオ解析法によって，すべての数量的データは精確に測定できる。どのリーグに属しているか，そして選手のプレー能力に応じて，今日では1ゲーム当たり平均的な全走行距離は9～12kmであり，個別的にはそれどころか14kmを越える場合もある。1ゲーム当たり，スプリントで走った距離は500ｍから3000ｍ，その回数は100回である（図226参照）。

　1962年以来，走行距離の平均的増加は，年当たり約10％と確認できる。

　図5は，ゲーム中のさまざまな種類の動きの配分を示している。ゲーム中の多くの時間はウォーキングとジョギングで（83～88％），クルージングとスプリントはこれより少なく（7～10％），最も少ないのがスタンディング（4～10％）である。別の研究によれば，全ゲーム時間のうちで，ウォーキング・ジョギング・クルージング/スプリント・スタンディングが，それぞれ46.4％，38.0％，11.3％，2.3％であった。
　図6は，あるトップ選手のゲーム中のランニン

表1　1960年代前半世界最高のサッカー選手の1ゲーム中のランニング実績（Palfai,1970）

プレーヤー	ランニングの全回数	全走行距離[m]	スプリントの回数	スプリントの距離[m]
デル・ソル（レアル・マドリッド後ユベントス）	359	4868	169	1688
ジョン・チャールズ（ユベントス）	239	2813	153	1653
ディ・ステファノ（レアル・マドリッド）	319	4366	151	1466
ザガロ（ボタフォゴ）	287	3948	145	1508
シヴォーリ（ユベントス）	225	2416	144	1426
イワノフ（トルペド・モスクワ）	302	3530	141	1250
ガリンチャ（ボタフォゴ）	176	2808	130	1028
メーシ（ディナモ・チフリス）	184	2220	126	1304
ハムリン（フィオレンティーナ）	330	4130	125	1240

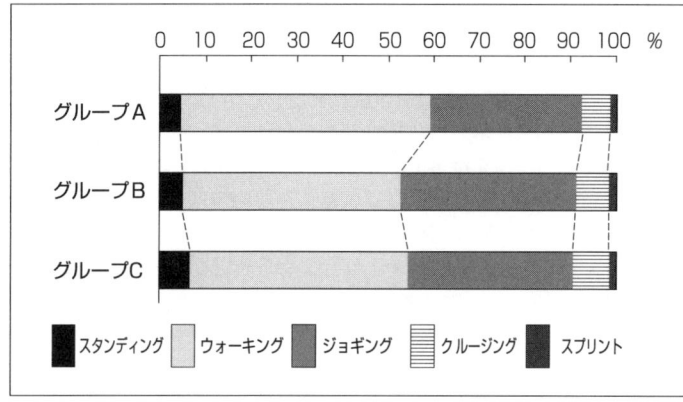

図5　さまざまなレベルのチームの時間・動き分析
（A＝ヨーロッパ／南アメリカ-カップ；B＝1984年天皇杯；C＝1984年日本大学選手権）
（Yamanaka et al.,1988）

グとプレーの動きが，不連続で断続的かつ不規則に行われていることを示している。さまざまな動きは，この選手がつねに動いており，状況に応じていつも「ボールに反応」する準備ができていることを示している。このためには，90分間いつでも動けるように十分に発達した有酸素的持久性が必要である。他方でこの選手は，比較的短いがゲームに決定的な時間を，クルージングないしスプリントや，ボールのトラップとドリブル，シュートとパス，相手選手のコントロールと結びついた動きに使っている。このことから，技術的-戦術的能力と，良好なスプリント能力の基盤としての高度の無酸素性能力は，ゲームに占める時間はわずかとはいえ，十分に発達した基礎持久性と併行して発達させる必要がある。

十分に発達した持久性の意義は，ゲームメーカーは，そのチームで最も高い持久性能力で目立つ存在だという事実からも明らかである。しかし，原則的に次の点に注意しておくべきである。

> サッカー選手には，十分に発達した基礎持久性が要求されるが，この基礎持久性は，陸上競技の長距離走者の持久性とは決して比較できない。あまりに強く持久性トレーニングを行うと，筋の特性がこの種の負荷に適応しすぎてしまい，たとえばスピードやパワーといった特性が損なわれてしまう。この場合には，陸上競技の長距離走者の前提条件は与えられるが，平均を上回るサッカー選手の前提条件は与えられないのである。

これ以外に現実のサッカー界でも，ペレ，ディ・ステファノ，ベッケンバウアー，マラドーナ，フリト，マテウスといった傑出したサッカー選手は，すぐれた持久性能力によってサッカーの舞台に登場したのでなく，傑出したボールコンタクトの才能によってであった。

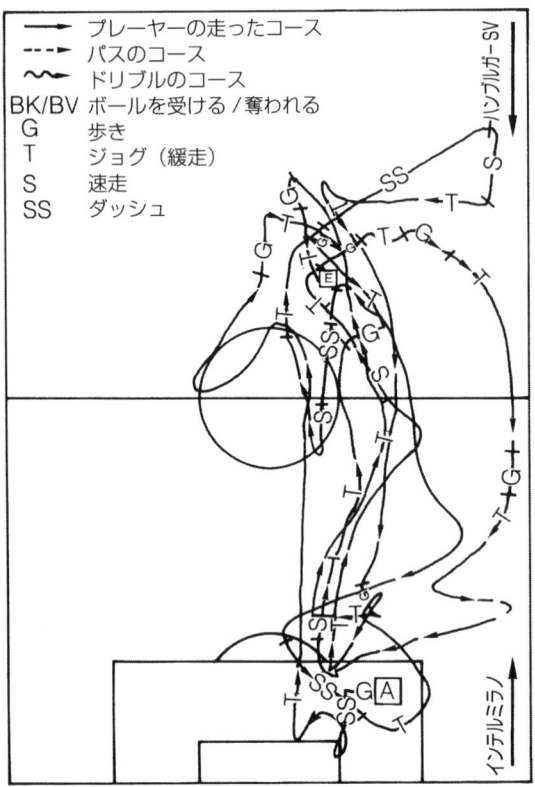

図6　ある選手の走ったコース（5分間）(Winkler, 1985)

　図7は，ポジションに応じて特徴的なランニングのパターンがあることを明らかにしている。中盤選手が，守備と攻撃の橋渡しの役割から，予想どおり平均的に最も強度の高いランニングを行っている。

最適に発達した持久性の影響

(1) 基礎持久性の意義

　十分に発達した基礎持久性は，次のような影響を及ぼす。

●**身体的能力の向上**
　プレーの場に強度でかつ長い時間参加し，頻繁にボールへ寄ったりフリーな場所へダッシュし，ゲーム全体を通じてプレー能力を落とさずに行動し，かつ能力の蓄えを全部使い切ることができる。

●**回復能力の最適化**
　発生した疲労要素を早く取り除いてエネルギーの減少を効果的に補い，これによって集中的なプレー参加が可能となる。その他にも，こうした選手はトレーニングやゲームの後で早く回復する。

●**ケガの最少化**
　ケガすることが少ない。なぜなら，「フレッシュさ」を保っているために守備や攻撃で危険の多いプレーをする必要がなく，ゲームがかなり経過しても十分にすばやく反応できるからである。その他にも，早く疲労してしまう選手のように，腱や筋の伸縮性能が損なわれることがない。これは，高度に効果的なケガ予防である。

●**心理的負荷容量の増加**
　ストレス抵抗が高まりいっそう高い心理的安定性を持っている。こうした選手は，しばしば現れがちな動機づけの低下や悪い方向への気分の変化（落ち込みやプレーに害を及ぼす態度）を被ることなく，敗北をよりうまく乗り切ることができる。

●**疲労による戦術的に誤った行動の回避**
　過度の疲労要素の増加には至らず「へたばら」ないので，戦術的に規律を保ちつづける。こうした選手は，前もって取り決めた「攻撃の道筋」を守り，不必要で発作的な荒っぽいファウルは決して犯さず，疑わしいレフェリーの判定でも自制し，いつまでも「ぶつくさ」とはしていない。

●**技術的失敗の減少**
　最後まで完全に集中し，注意深く，決断や行動が早い。これは，技術的な失敗率（トラップ・パス・ドリブルの際にボールを奪われる，決定的なチャンスを逃すなど）を少なく抑える。

●**コンスタントに高い反応スピードと行為スピード**
　高い回復能力と低い疲労要素の蓄積が基礎にあると，中枢神経系の能力は比較的わずかしか衰えない。最適な行為スピードの本質的な前提としての，認知・予測・決定・反応のスピードは，ゲーム全体を通じて衰えないままである。こうした選手は，最後の瞬間まで「パッチリ覚めて」おり，集中して注意深い。攻撃プレーヤーなら，終了ホイッスル直前の数秒でも，到来するゴールのチャンスはすべて利用する。守備プレーヤーなら，相手プレーヤーを終了のホイッスルまでしっかりと「つかまえている」。

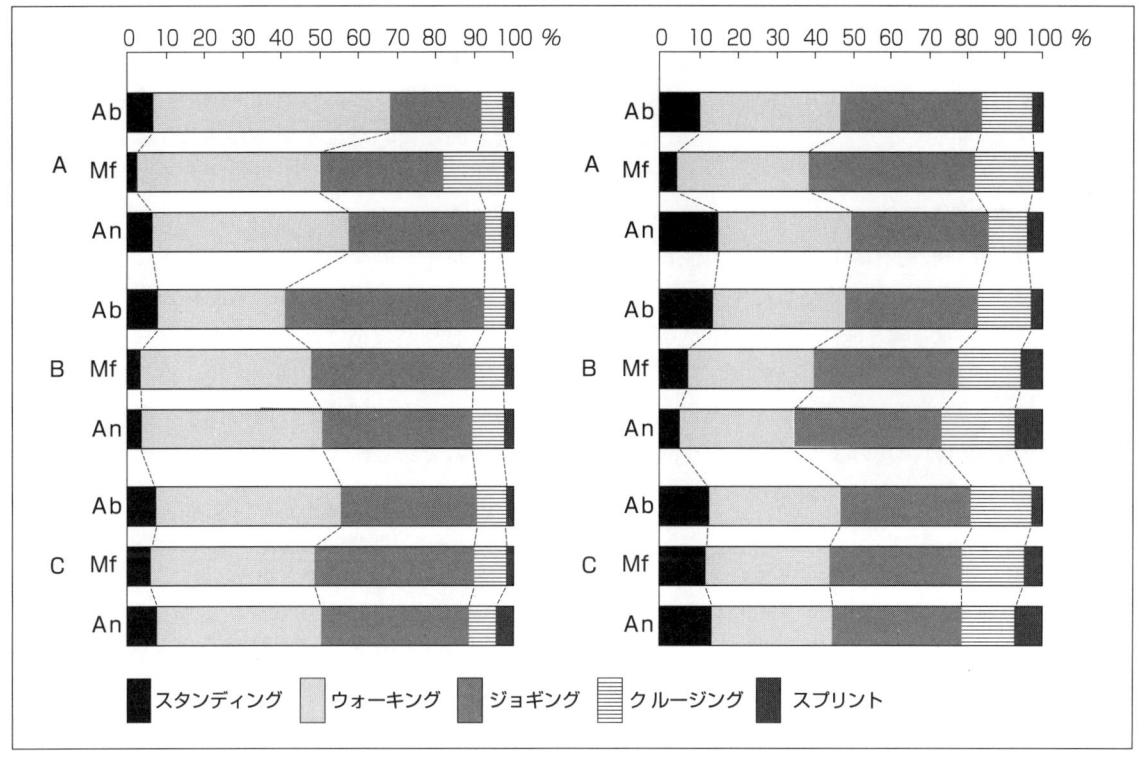

図7　3レベルのプレーポジションによって異なるランニングの時間と頻度（Yamanaka et al.,1988）　Ab=守備；Mf=中盤；An=攻撃（A，B，Cについては図6を見よ）

●健康状態のいっそうの安定

　免疫学的な予防が改善されているので，鼻風邪・喉風邪・インフルエンザなどのよくある伝染病にかかることが少ない。こうした選手は，トレーニングを休むことによるプレー能力の低下がない。

　しかし，今述べた十分に発達した基礎持久性の多様な長所にもかかわらず，次の点が重要である。

　①サッカー選手にとっては，持久性能力を最大に発達させることは決して目標ではない。サッカー独自の要求に十分に合うように，つまり最適に発達させなければならない。持久性トレーニングが多すぎると，どうしてもサッカートレーニングの決定的な内容，つまり技術-戦術的トレーニングと，ゲームに通ずる複合的なトレーニングが忘れられてしまう。したがって，持久性トレーニングの過大評価は戒めなければならない。

　②持久性トレーニングを自己目的として行うべきでないもう一つの理由は，過大な持久性は，サッカー選手のスピードとパワーの特性を損なう点にある。持久性トレーニングをしすぎた者は，スピードがなくなる。なぜなら，スピード能力よりも持久性に役立つような生化学的変化が筋肉内で生ずるからである。それどころか極端な場合には，速筋線維が遅筋線維に転化し，重要なスピードの前提が損なわれることすらありうる。

　③過度の持久性，とりわけあまりに頻繁で集中的すぎるスピード持久性トレーニングの形式(235頁参照)は，基礎持久性の減少と回復能力の悪化をもたらす可能性がある。これは，極端な場合にはオーバートレーニング状態として現れ，一般的なプレー能力ばかりでなく，プレーを行う心構えと気分を決定的に悪化させる可能性がある(20頁参

照)。また、トレーニングの全体量を多くしすぎると、回復と蛋白質をつくり出す代謝に重要な役割を果たす男性ホルモンのテストステロンが減少する。

(2) 専門的持久性の意義

非常に重要な一般的有酸素的基礎持久性と並んで、選手はさらに、十分に発達したサッカー専門の無酸素性(もっぱら非乳酸性)能力を必要とする。これは、専門的持久性、あるいはスプリント持久性(23頁参照)とも呼ばれる。十分に発達したサッカー独自の持久性は、次のような影響を及ぼす。
○ サッカーのプレーに特有の筋群(とくに脚)に独自のコンディショニング。これでゲームのときに典型的な動き(方向転換・ダッシュ・シュート・ドリブルなど)が、エネルギー的に最適に保証される。
○ くり返す断続的なランニング、爆発的なダッシュとジャンプ、高いテンポのドリブル、力を込めたシュートとヘディングを「楽々とこなせる」。
○ ゲーム中にいつでもテンポ転換についていけ、全体としての速いテンポに耐えられる。
○ ゲーム中つねに最大のテンポや最高のダイナミックさで、ダッシュ・ジャンプ・ドリブル・シュートを行える。

サッカー選手の専門的持久性は、多くの点で一般的持久性(基礎持久性)の影響を受けるが、独自のトレーニング方法・内容で発達させなければならない。

4. 持久性能力の諸要因

トレーニングのさまざまな方法・内容・手段の有効性を区別して評価するためには、一般的持久性トレーニングと専門的持久性トレーニングがもたらす作用のトレーニング科学的・スポーツ生理学的基礎を知ることが不可欠である。持久性トレーニングによって、サッカー選手のからだの中には複合的な適応現象が生まれ、これによって全体としていっそう高い疲労抵抗能力を発達させることができる。

エネルギー的な視点からは、すべてのトレーニング刺激は第一次的には筋細胞に作用する。この場合に心臓循環系は、単純化するなら、酸素・栄養素の供給と代謝の中間生産物・最終生産物の運び出しという、細胞の代謝の要求を満たす補助メカニズムであるにすぎない。

> 規則的で十分に集中的かつ包括的なトレーニングによって、酸素・栄養素の消費者、つまり筋細胞の能力も、心臓循環系という運搬システムの能力も、機能的な(経済化の意味で)そして構造的な(器官の肥大化の意味で)適応現象を通じて向上する。

1 ── 筋肉の要因

(1) 筋線維の組成と持久性能力
──「持久性タイプ」と「スプリンタータイプ」──

人間は2種類の主要タイプの筋線維を持っている。つまり、遅筋(ST線維ないしタイプⅠ線維)と速筋(FT線維ないしタイプⅡ線維)である。両者の割合は、通常はST線維50％、FT線維50％だが、個人ごとに遺伝的に決まっている。「持久性タイプの選手」はST線維をより多く持ち、「スピードタイプの選手とパワータイプの選手」はFT線維をより多く持つ。

ST線維は有酸素性代謝により特化しており、したがってとくに持久性能力に適している。FT線維はより高い無酸素性代謝能力を持ち、とくにスピード負荷とパワー負荷に適している。トレーニングによって、代謝能力は決定的に影響を受ける。持久性を多くトレーニングすると、とくにST線維とその有酸素性代謝能力に負荷がかかり、スピードやパワーを多くトレーニングすると、主と

してFT線維とその無酸素性能力に負荷がかかる。

サッカー選手は一般的には速筋タイプのスポーツ選手だが，どのチームにもこの傾向に当てはまらない選手もいる。したがって，どのチームでも速筋線維が優越している「スプリンタータイプ」と，遅筋線維をより多い割合で持っている「持久性タイプ」とが区別できる。

トレーニングを行うとき，この区別にはかなりの意味がある。つまり，「持久性タイプ」は持久性負荷においてより大きな負荷容量とより良好な回復能力を示す。なぜなら，彼らの筋線維は持久性に対応して発達した有酸素性代謝能力を持つ「持久性スペシャリスト」だからである。これに対して，スピードやパワーの要求においては，彼らは代謝の要求のあり方が完全に異なっているために，それほど十分には負荷に耐えられず，また回復できない。これに対して「スプリンタータイプ」は，集中的でより長時間の持久性負荷には適しておらず，こうしたトレーニングでは負荷容量と回復能力はよりわずかである。

つまり，チームのトレーニングで，能力や「タイプ」を区別しない「同一の」負荷は，個々の選手に対して1人ひとりまったく異なった負荷をもたらす可能性がある。ある者にはその負荷が最適のトレーニング刺激であっても，他の者には過小要求ないし過大要求となるのである。

① チームでの有酸素性の持久性トレーニングでは，とくに「スプリンタータイプ」は，「持久性タイプ」と同じ強度で走らないよう注意しなければならない。なぜなら，さもないと彼は早く疲労してしまい，有酸素性の基礎持久性でなくて無酸素性の持久性をトレーニングすることになるからである。比較的長期間こうした個人に適合しない方式でトレーニングしていると，心理身体的には強度に負荷をかけるトレーニングであるにもかかわらず，「スプリンタータイプ」には，有酸素的持久性の点で悪化が見られ，プレー能力が損なわれる場合がある。

② これに対してスプリント持久性トレーニング（=サッカー選手の専門的持久性）では，「持久性タイプ」は，彼にとっては適合的でない負荷のために毎回のダッシュ後の回復が，この種の負荷が「お得意」の「スプリンタータイプ」よりも遅い。したがって，この場合には「持久性タイプ」は「スプリンタータイプ」よりも長い休息を必要とする。ランニング間の休息が両方の「タイプ」で同じ長さでの場合は，「スプリンタータイプ」だけがダッシュスピードを向上させる。というのは，彼らは「完全に回復してから」，つまりスプリントにとって意味のあるレペティション法にしたがって（50頁参照）最大限に加速できるからである。これに対して「持久性タイプ」は，インテンシブなインターバルの原理（47頁参照）にしたがって「不完全な」休息後にスタートし，疲労要素がまだ除かれていないために最大テンポで走ることができない。この場合には，スプリント持久性でなくスピード持久性（235頁参照）をトレーニングしているのである。この種の持久性はサッカー選手にとってはあまり意義がなく，頻繁にトレーニングすると有酸素的持久性をも損なう。

③ 「スプリンタータイプ」と「持久性タイプ」が存在することは，最適の負荷強度と休息を選択する点で意味を持つだけでなく，個々人に適応したトレーニング方法を利用する点でも意味がある。有酸素的持久性のトレーニングでは，「持久性タイプ」は比較的長時間同一のテンポで走るようにすべきである。なぜなら，こうしてST線維を最適にトレーニングするからである。これに対して「スプリンタータイプ」は，むしろ短い距離をかなり速いから速いテンポで何回も走り，その間にはジョギング休息を入れるべきである。というのは，この種の負荷が彼の筋線維には適合しているからである（52頁参照）。この関連で非常に興味深いのは，トレーニングが，持久性を強調，スピードを強調，あるいは混合に応じて，FT線維あるいはST線維の間でグリコーゲン貯蔵の枯渇が選

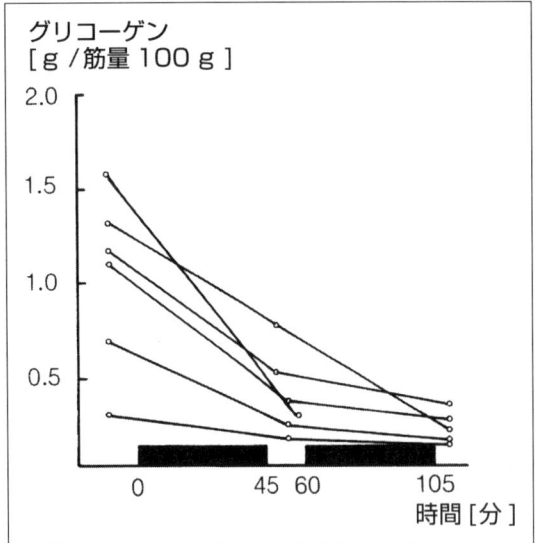

図8 スウェーデンAディビジョンリーグのあるゲーム中とゲーム後の，サッカー選手の大腿四頭筋のグリコーゲン量の変動（Karlsson, 1969）

択的となる事実である。比較的長時間の「一面的な」有酸素的持久性負荷によって，たとえばわずか20％のFT線維での枯渇に対して70％のST線維での枯渇となる。これに対して，スピードないしパワーを強調したトレーニングでは逆で，とくにFT線維で枯渇する。サッカーに特徴的な「混合」負荷では，双方の筋線維タイプで枯渇する。

速筋線維が多くあるか遅筋線維が多くあるかによって，選手は「同一の」負荷に対して異なって反応する。速筋線維をわずかしか持っていないなら，スプリント持久性の負荷（次章さらに図8参照），あるいは1対1や2対2のような集中的なプレー形式ではすぐに疲労する。これに対して遅筋線維をわずかしか持っていないなら，とくに比較的長時間の有酸素性負荷はかなりの負担となる。したがって，個々の選手で異なった負荷ないし疲労となる点を考慮に入れておくべきである。とくに，1日に複数のトレーニング回数をこなす高レベルのサッカーでは，第2・第3のトレーニングではできる限り選手ごとに個別のトレーニング負荷とすべきである。

要約すると，持久性トレーニングでは（スピードトレーニングでも同様），個人別のトレーニングですべてのタイプに効果的なトレーニングを行えるよう，「スプリンタータイプ」と「持久性タイプ」を区別するのが有意義である。1チームで3〜4グループつくるべきで，それぞれのグループが，サッカー専門のプレー能力の一つあるいは別の要因をトレーニングする。こうして個々のメンバーについて過小要求ないし過大要求を回避することができ，個々人のトレーニング負荷が最適化されるだろう。この場合に，正しい負荷強度ないし個別的な回復能力に対応した休息の設定は，「大人の」選手の判断に任せるべきである。「大人の」選手は，どのようなテンポで有酸素性能力を最適に高められるか，あるいはたとえばインターバルのスプリントトレーニング（246頁参照）で，どのくらいの時間で次のダッシュのセットを行うのに十分なほど回復したかを最もよく見積もれる。

(2) 細胞でのエネルギー貯蔵と持久性能力

トレーニングで生ずる筋細胞レベルでの生化学的適応過程は，次のような順序で経過する。
○エネルギー源貯蔵の増加
○酵素活性の強化
○ホルモン調整機構の完全化

スポーツのトレーニングでは，筋はエネルギー源の燃焼を通じて得られるエネルギーを消費する。このエネルギー源は，直接筋細胞中にグリコーゲン（糖分の貯蔵形態）やトリグリセライド滴（脂肪の貯蔵形態）の形で貯蔵されているか，肝臓や皮下脂肪組織から血液を通して活動している筋細胞へと運ばれてくる。

グリコーゲンは，からだにとって二重の意味で最高に意義がある。第1に，脳はつねにグルコースを必要とする。肝臓のグリコーゲンが枯渇すると血糖値が低下し，これは集中力とコーディネーションを弱化させ，サッカー選手は技術的-戦術的失敗を犯すようになる。

第2に，酸素不足になると，グルコースだけが燃焼されて脂肪は動員されない。したがって，サッカー選手にとって肝臓と筋中の高いグリコーゲン値は，集中力や注意力を切らさずに高いテンポでゲーム全体をプレーする能力を保証する。

　持久性負荷によって，持続時間と強度にしたがってエネルギー貯蔵は多かれ少なかれ枯渇する。図8は，持続的な持久性負荷において，負荷のかかった筋中のグリコーゲン量が低下しつづけることを示している。ゲームやトレーニングでは，弱い負荷と強い負荷が交互にあるので，1回のゲームや1回のトレーニングの中で，これよりいっそう強くグリコーゲンが減少し，プレー能力が低下する。ゲームの終了時には，筋グリコーゲンの貯蔵はST線維でもFT線維でもほとんど完全に枯渇している。これは，筋群がさまざまに活動した（ダッシュと緩走が交互に行われた）ことを示唆している。

> サッカー選手の筋中の糖分貯蔵（グリコーゲンの蓄え）が大きいほど，疲労するのはそれだけ遅く，高い強度で活動する能力はそれだけ長く維持される（図16参照）。

　規則的な持久性トレーニングで，恒常的な枯渇と引きつづく再補充によりいわゆる超回復（32頁参照）が生じて，エネルギー貯蔵が増加する。筋および肝グリコーゲンの増加は，最後にはスタート水準の100％以上のこともありうる。トレーニングしていない者では，グリコーゲン量は筋群全体で200～300ｇ，肝臓内に60～100ｇだが，これに対してトレーニングした者では，これらの値は2倍にまで増加する。グリコーゲン貯蔵に加えて，細胞間の脂肪貯蔵もスタート値の3倍にまで高まる。

　グルコースと脂肪酸は，トレーニングの強度・範囲・程度に応じて異なった度合いでエネルギー供給に貢献する。非常に強い負荷ではもっぱら糖分が，低いあるいは中程度の負荷では脂肪酸の燃

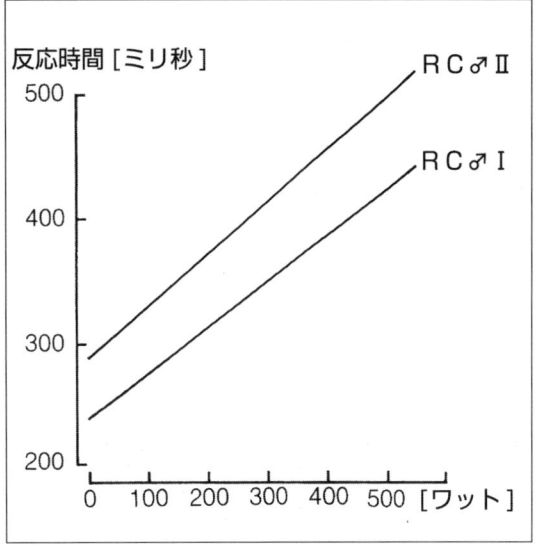

図9　累進的に増加する持続的負荷の間の反応時間ＲＴの動き　ＲＣ♂Ⅰ＝ロード自転車競走選手，ナショナルチーム；ＲＣ♂Ⅱ＝ロード自転車競走選手，ジュニアチーム
(Szmodis, 1977)

焼が多くなる。トレーニング状態が良好であるほど，より強い負荷であっても脂肪酸がそれだけ多く代謝に用いられる。これによって糖分貯蔵は使われず，こうしたサッカー選手は後半でも高いテンポで動ける。

①炭水化物不足の結果

　炭水化物が不足ないし血糖が低下した状態では，身体能力が低下するだけでなく，中枢神経能力も低下する。この中枢神経能力の低下は，認知・予測・反応能力の悪化，行為スピードの低下，モチベーションの低下，動きのコントロール面での混乱に現れる。図9は，持久性トレーニング状態が良好な選手と悪い選手の，異なった反応行動を示している。この図から，負荷が増加し消耗度が増加していくと，良好に持久性トレーニングを行っている選手では反応時間の悪化がより少ない。したがって，良好なトレーニングを積んでいるサッカー選手は，すばやい反応が要求されるプレー状況でも，体力的に弱い選手に比べていっそうゲームに適合したプレーをするだろう。

図10は，持久性能力が，休息時でも負荷時あるいは負荷後(回復)でも，反応時間に対して持続的に影響を及ぼしていることを示している。持久性能力の発達が良好なほど負荷時の反応能力はより良好で，負荷後に最適の反応状態はすみやかに達成される。持久性トレーニングを行った者は，スピードトレーニングを行った者よりも回復能力が改善されているので，負荷後の反応時間がより短い。この点はサッカー選手にとって，十分に発達した基礎持久性がゲーム中の反応能力に影響することを示している。ゲームはしばしば最後の数分で決まる。体力が不十分だと，筋力と集中力は低下してすばやい反応と迅速な行動を必要とするプレー状況に対してもはや適切な解決を見出せなくなり，「100％確実な」チャンスを逃してしまう。図11は，包括的ないし集中的な負荷後の血糖値低下によって糖分が不足すると，認知的な誤りが非常に増加することを明らかにしている。

②現実のトレーニングへの影響

ゲームでは，「体力」ないし集中の低下は，選手のプレー能力に次のようなさまざまの点でマイナスの影響を及ぼす。

1)技術的-戦術的能力の低下

90分間あるいはそれ以上の時間にわたって技術的な完全さを維持できるのは，選手がほとんど「疲労せず」，ゲームを通じて集中を乱さないときだけである。一定の戦術的構想が望むように実現できるのは，対応する体力的な基盤が存在するときだけである。選手が短時間で「へばって」しまうときに，「プレス」の指令はどうしたら実行できるだろうか。アグレッシブな前からのチェックや1対1の行動には，相手より高いランニング能力が必要で，これができるのはプレスする選手の体力が十分に発達している場合だけである。しかし，戦術的な視点からは，体力的な側面と並んで心理的-認知的な側面も考察すべきである。早くに乳酸過多となる体力の弱い選手は，すでに乳酸値6～8mmol/lで戦術的な誤りを犯すようになることがわかっている。

しかし，持久性能力が低い選手は，ゲームで走る距離が「自動的に」少なく，「へばら」ないようにプレー行動の配分を行う点に注意すべきである。つまり，彼らは体力の強い選手とは戦術的に異なって行動する。彼らは力を節約するゾーン防御を好み，「よりクレバーに」行動し，プレー行動の配分が上手(ランニングの強度と経路の節約)である。図12は，前半と後半の乳酸値のグラフから読み取れるように「ベテラン」が若くて体力のある選手よりも，わずかの消耗と少ない強度でプレーしているのを示している。だから，一つのチームの中で，個々の選手の乳酸値に大幅な相違が見られるのは，決して驚くべきことではない。試合場・体力状態・選手のタイプに応じて，乳酸値は非常に高くなったり低くなったりするのである(表2)。

2)ケガの危険の増大ないしファウル率の増加

個人成績やリーグ戦順位のチーム成績が上がらないときに，しばしば「ケガによる不運」が引き合いに出されるが，その原因は持久性能力の発達に欠陥があることがまれではない。グリコーゲン備蓄が減少した選手は，ケガする頻度が高い。これは，十分に発達した基礎持久性の意義ないしグリコーゲン貯蔵の減少をともなうオーバートレーニングの危険を示している。また，潜在的にケガの原因であるファウルは，「体力」が低下するにつれて増加する。

3)守備プレーヤーの注意力低下にもとづく試合終了近くのゴールの増加

ゲームが経過し，これにともなって持久性能力が低下するにつれてゴールが増加する。原因として，疲労が増加して集中能力が落ち，したがって技術的-戦術的に誤ったプレーが増加することが考えられる。図14が示しているように，この場合にプロとアマチュアとの間には，傾向は同じだが一定の相違がある。プロはアマチュアと比較して，より経済的に持久性負荷を克服し，これが他

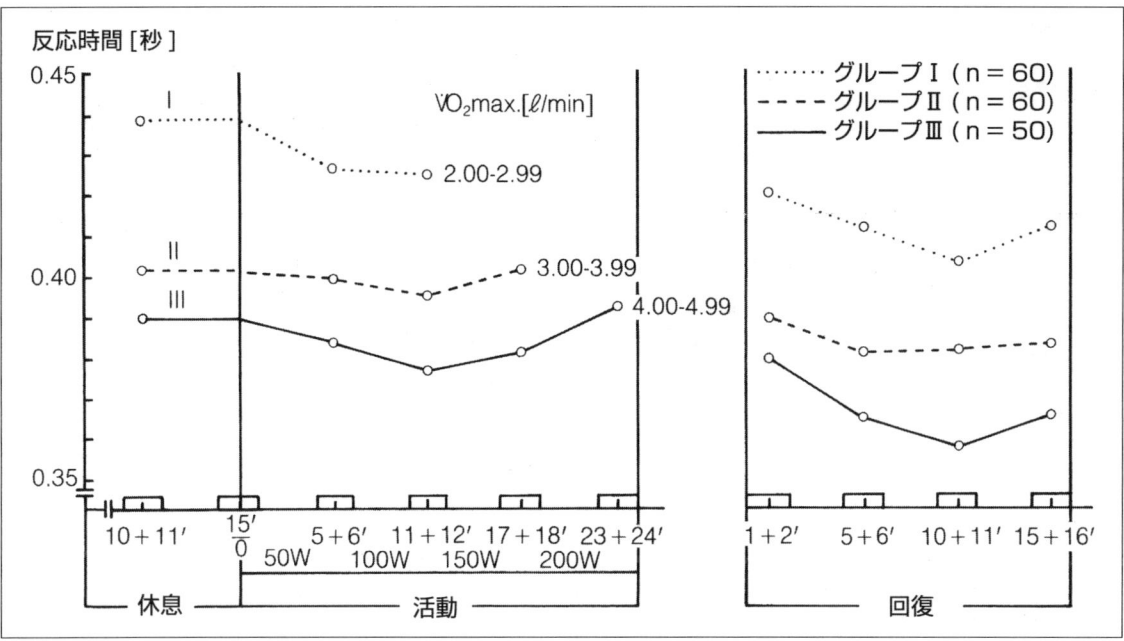

図10 持久性トレーニングの強度の異なる3グループの休息・活動・回復局面での反応時間の経過
持久性能力の大まかな基準として最大酸素摂取量（VO_2max）がとってある。持久性トレーニングの程度は、グループⅠ（2.00～2.99ℓ/分のVO_2max）はわずか、グループⅡ（3.00～3.99ℓ/分のVO_2max）は中程度、グループⅢ（4.00～4.99ℓ/分のVO_2max）は高度に区分されている（Bula/Chmura,1984）

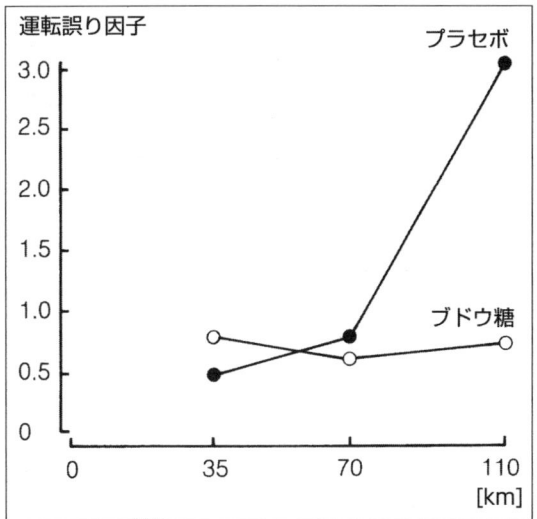

図11 ブドウ糖を与える場合と与えない場合（プラセボ）の比較的長時間の運転への集中における運転誤り因子の増加（Keul et al.,1988）

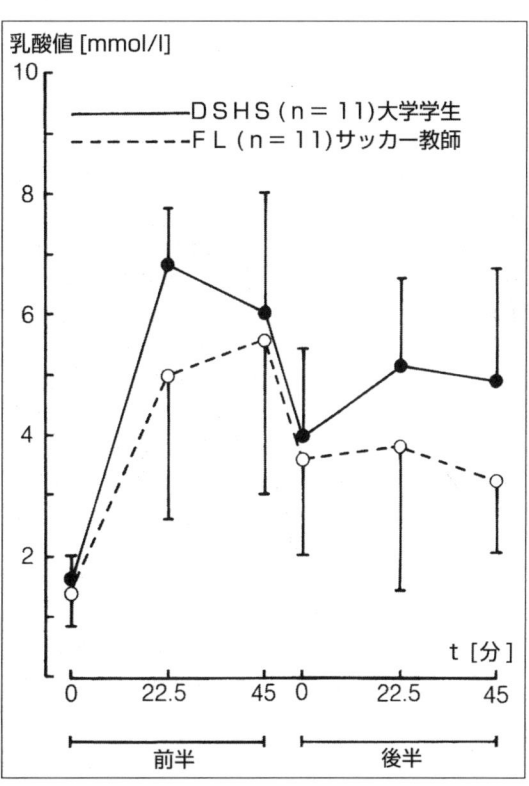

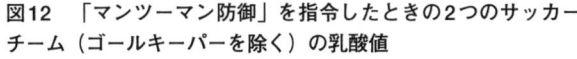

図12 「マンツーマン防御」を指令したときの2つのサッカーチーム（ゴールキーパーを除く）の乳酸値

表2　異なった戦術的任務を持つさまざまな選手の乳酸値（Gerisch/Rutemöller/Weber,1986）

アマチュア上級リーグ戦		プレーポジション		乳酸値[mmol/l]		
				前半	後半	終了3分後
1984年12月15日	1.FCケルン	4番	マンツーマン守備	5.55	2.20	1.80
2対3（1対0）	ブッパータールSV	8番	中盤	9.90	9.70	8.40
1985年5月11日	ブッパータールSV	3番	リベロ	7.10	6.45	4.90
3対1（1対0）	1.FCケルン	5番	リベロ	2.10	2.10	1.90

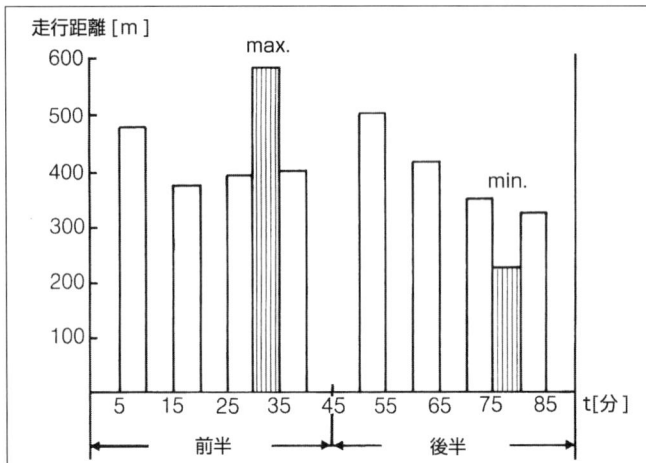

図13　ある選手の90分間のランニング
この選手では、プレー時間が経過するにつれランニングの量が明確に減少しているのが見てとれる（Piekarski,1987）

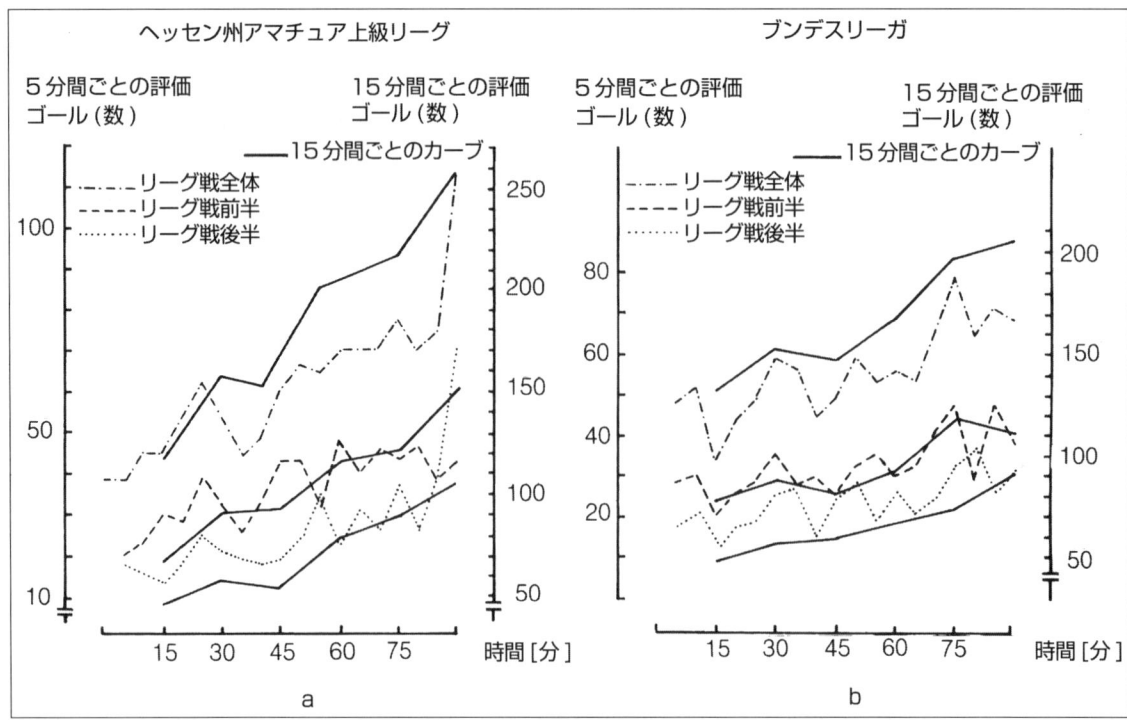

図14　アマチュア(a)とプロ(b)のゲーム時間全体でのゴール成功の経過（Piekarski,1987）

の要因と並んでより効果的なプレー方法に役立っている。より良好な回復能力が，ゲームの終わり近くにはよりよい戦術的行動とよりよい技術的プレー能力をもたらす。ブンデスリーガでは，ゴールの43.1％が前半に，56.9％が後半に達成されるのに対して，アマチュアリーグでは，それぞれ39.04％と60.96％である。図14を図13のランニングの図解と比較してみると，ランニングが最大である35分ないし45分にゴール成功が最低であるのに対し，ランニングが最小の75分にゴール成功の頂点があることが目立つ。こうした持久性能力低下の生理学的原因として，筋グリコーゲンの枯渇が進む点（図8）があげられる。後半の終わりごろには，グリコーゲンは大幅に減少している。この結果，体力と集中が低下し，多くの場合にプレーのテンポが落ちるにもかかわらず，終了間際のゴールがもたらされるのである。

体力が落ちると技術的・戦術的・プレー的なミスが多くなり，相手のゴールチャンスが増える。プレー時間の分析から，疲労の増加とともにプレーの中断が後半に増加することが確認されている。つまり，ボールのトラップやドリブルがしだいにうまくいかなくなり，パスは回らなくなり，体力不足を埋め合せるファウルが増えていく。

実際のゲームから，ケガという結果をともなう危険なルール違反は，とくに体力が低く早くに疲労している選手で累積的に現れることがわかっている。

(3) 炭水化物を多く含む栄養補給

最適のトレーニング効果を達成するには，単に十分にトレーニングするだけでなく，トレーニングにふさわしい栄養補給にも注意を向けるべきである。栄養補給はトレーニングの成果に決定的に影響するので，持久性スポーツ選手では，非常に重要な役割を果たしている。「混合スポーツ選手」としてのサッカー選手でも同様である。

安静時には，エネルギー供給は50％が脂肪，50％が炭水化物を通じて行われるのに対し，負荷強度が高まると，炭水化物燃焼が増加して同時に脂肪燃焼は減少する。そして負荷が非常に高いと，炭水化物だけが燃焼する。持久性能力，ないし比較的長時間にわたってくり返して集中的な負荷を担う能力は，筋グリコーゲン備蓄の水準に決定的に影響される。最大酸素摂取量の60〜85％の強度域（サッカーでは平均して約80％）では，持久性能力は筋グリコーゲン貯蔵の高さと直接的に相関する。

> サッカーは，特徴的な負荷構造によって，強度にグリコーゲンが枯渇する活動である。5〜6秒ごとにテンポ転換ないし方向転換があり，90秒ごとに約15mを越えるスプリントがある。

以上の理由から，筋と肝臓に蓄えられたグリコーゲン量は，サッカー選手のプレー能力を左右する重要な要因である。グリコーゲン貯蔵が減少すると，持久性も筋力・パワー・スプリント能力も低下する。ハードなトレーニングの後では，グリコーゲン貯蔵がほとんど補充されたとしても，静的・動的な筋力はまだ2〜3日間は低下する。しかし，グリコーゲン値が低いと，筋力低下はもっと明白である。

ゲーム開始前にグリコーゲン値がより高い選手は，全体としてより多くの距離を走り，ダッシュやマークを振り切るなどの精力的な行動が増加する。毎日集中してトレーニングするトップの選手は，枯渇したグリコーゲン備蓄を質的・量的に十分に補うよう，細心の注意を払わなければならない。トレーニングとゲームでの強い負荷の後では，グリコーゲン貯蔵は通常のさまざまな栄養の食事では一晩で補充は不可能である。これは炭水化物を多く含む食事によってだけ可能なのである。

> 3日間連続2時間のトレーニングでは，枯渇したグリコーゲン貯蔵は，摂取カロリーに占める炭水化物の割合が70％に上がるときにだけ24時間以内に補充され，40％では補充されない。

したがって，ゲーム期にグリコーゲン減少を回避するためには，カロリー摂取量の65〜70％にあたる約600gの炭水化物を毎日とるべきだろう。十分に炭水化物を含む食事が重要だという事実は以前から知られているにもかかわらず，最高レベルの選手ですら間違いを犯しているのがよく見られる。一皿のサラダつきのステーキがトレーニングやゲームのために最も多く「力」を与えてくれる，という考えはどうしてもなくならないように見える。炭水化物の割合は，少なくとも55〜60％あるべきで，場合によっては(集中的で包括的なトレーニング，厳しいゲーム)65〜70％に増やすべきであるのに，50％以下である。この結果，次のゲームないしトレーニングが迫っているのに，48時間たってもグリコーゲン貯蔵はまだ補充されていないことになる。

水分と電解質(ミネラル)の収支に関しても同様に，選手は激しい水分喪失によるプレー能力低下の危険を部分的にしか理解していない。今でも，15％の選手はハーフタイムの休憩時に何も飲まず，ほとんど3分の1は紅茶のようなミネラルや炭水化物の添加物を含まない飲料を飲むだけである。今日では，この点についてよく知られてきているが，とくにアマチュアレベルの選手にはさらに啓蒙と教育を行って，この分野でもトレーニングとゲームにともなう措置の最適化を追求すべきである。

> 乾きの感覚は，水分収支を維持するのには「よくない助言者」であり，摂取された水分量は規則的に需要量を上回るので，飲む量は単純に重さを量って決めるべきである。

トレーニング時でもゲーム時でも，とくにストレッチングの間とハーフタイムの休憩では，インターバル的に血糖値を高めて脳と筋群に仕事のインパルスを与えるために，「スポーツドリンク」(これはミネラルおよびビタミン添加物を含む糖分の溶液を含んでいる)を何度も飲むべきである。炭水化物を多く含む飲料をゲームの前，ハーフタイム，そして後で飲むことには，次の3つの利点がある。

① 筋にある，つまり直接利用できるグリコーゲン貯蔵は使われない。これによって，後半を高められたグリコーゲン値で，したがって集中して乗り切れる。
② グリコーゲン貯蔵がすでに枯渇している場合には，付加的なエネルギー源が開かれる。
③ 消耗の激しいトレーニングやゲームのような高度の負荷の後には，とくに重要なゲーム前の強い心理的ストレスの場合と同様に，はっきりと食欲が減退し，食物をとるのが不十分となる。固形の食物は十分には摂取されないので，エネルギー需要を満たすために，流動食に頼るべきである。

> 重要な点として，炭水化物を多く含む飲料は，できる限りトレーニングやゲームの直後にとるべきである。なぜなら，負荷の直後にはグリコーゲンをつくる酵素(たとえば，グリコーゲンシンテターゼ，ヘクソキナーゼ)の活動が最も活発だからである。

ゲーム中に炭水化物を多く含む(ミネラル/ビタミンが添加してある)飲料を飲むことは，心理・肉体的な能力にプラスの影響を及ぼす。ゲーム中の負荷にほぼ相当する最大酸素摂取量の75％の負荷で，20分ごとに炭水化物をとる(体重1kg当たり1.2g)か，それともプラセボ(偽薬)をとるかでかなりの違いがあることが示されている。図15からは，血糖値は，炭水化物を摂取しないと継続して低下するのに，摂取した場合にはコンスタントにとどまっているのがわかる。図16は類似の結果であるが，加えて，炭水化物を含む飲料を飲む場合には，血糖値が再び増加するだけでなく，選手もまた長時間の負荷の後でも再び集中的なプレーを行えることを示した。

血糖値の上昇によって，プレー能力が向上する。同時に，認知された労苦ははっきりと低いものとなるので，プレーを行う心構えも高まる。これは

サッカー選手にとって，トレーニングやゲーム中に炭水化物飲料を飲むべきだということを意味している。

ゲーム前には，正しい時間のコントロールされた栄養補給に配慮すべきである。選手は，ゲーム中に「空腹へばり」やその他の「突然の脱力」にならないよう，十分に炭水化物を摂取すべきである。炭水化物（糖分）を含む飲料ないし食物をとる際には，さまざまの摂取形態で吸収時間ないし作用時間が異なる点に注意すべきである。

○ブドウ糖：炭水化物は血液に急速に入り込み，10〜20分間持続する。
○甘味飲料：血液中に流れ込み，15〜40分間持続する。
○小麦粉製品：血液中に流れ込み，40〜60分間持続する。
○果物・野菜：血液中に滴り込み，60〜100分間持続する。
○胚芽製品・精白してない製品：血液中に沁みこむ，60〜240分間持続する。

したがって，サッカー選手は，グルコースのようなすばやく作用するが作用持続時間が長くない速効性の単糖類だけでなく，ゲーム時間全体でエネルギー供給が途絶えないように，遅く作用が始まり比較的作用持続時間の長い3糖類・4糖類・多糖類をうまく順番づけてとるよう注意すべきである。

負荷開始4時間前に多めの炭水化物を摂取すると（体重1kg当たり4g），95分を越える持久性インターバル負荷において持久性能力が向上する。スタート時には，低められた血糖値・高められたインスリン値であるにもかかわらず，負荷中に血糖値が再上昇し，持久性能力は15％向上する。この原因は，胃腸から持続的に供給される血糖供給の増加に求められる。

以上によると，ゲーム開始前に炭水化物摂取を明確に増やすのが意味を持つのは，これによって単に筋グリコーゲン貯蔵が増加するだけでなく，

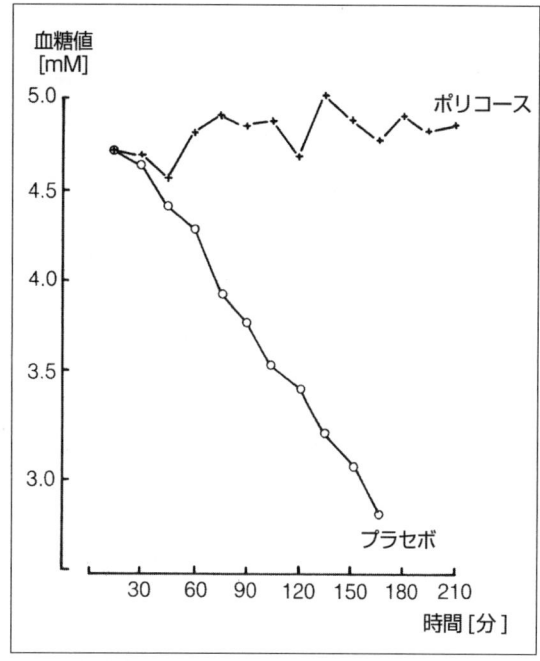

図15　負荷中に多糖類(マルトデキストリン)あるいはプラセボをとったときのグルコース値
（Jakeman/Palfreeman, 1989）

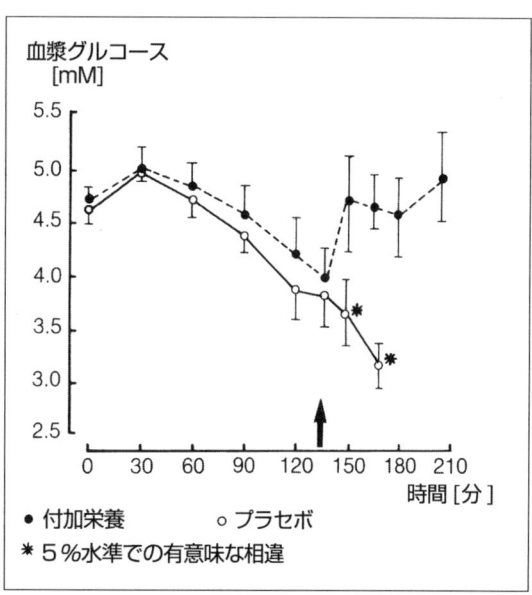

図16　炭水化物を与えた場合とプラセボの場合の血漿グルコース濃度の変動　（Cogan/Coyle, 1989）

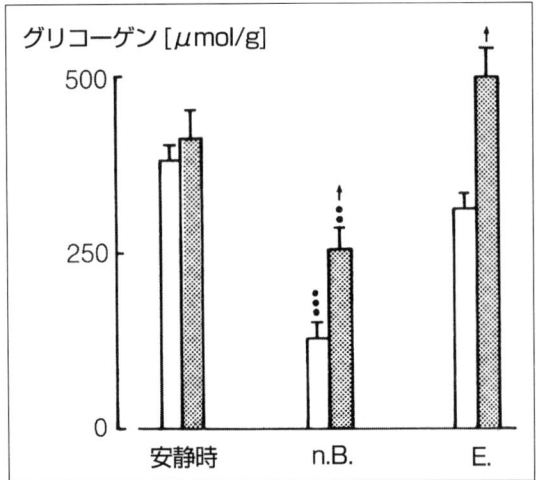

図17　安静時，消耗的負荷の45分後(n.B.)，24時間後の回復時(E)の中程度の筋グリコーゲン濃度
□＝通常の炭水化物を含む食事；▨＝負荷中・後に付加的に20％のマルトデキストリン・フルクトース飲料
(Brouns et al., 1989)

血糖値が負荷時間の全体にわたって高い値にとどまり，集中的な持久性負荷にとって決定的な炭水化物の代謝がはっきりと高まるからである。その原因は，胃腸からの持続的なグルコースの放出に求められ(4時間後で事前に摂取された炭水化物のやっと63％が吸収された)，このグルコース放出は持久性負荷の間中さらに持続する。

図17は，数日間の集中的な持久性トレーニングの後で，筋グリコーゲンは通常の炭水化物を含む食事では，これに加えて多糖類飲料(20％のマルトデキストリン・フルクトース飲料)をとったスポーツ選手よりも大幅に減少しているのを示している。さらに顕著なのが，そしてこれがサッカー選手にとって特別に重要なのだが，付加的に炭水化物を多く含む飲料をとった持久性スポーツ選手だけが，負荷の24時間後に筋グリコーゲンにかかわって超回復現象(グリコーゲン値の上昇)を示している点である。

ハードトレーニングや一連の強い負荷のかかる集中的なゲームで「へばって」いる選手は，さらにトレーニングすることで「調子」を上げようと試みるべきでない。この場合には，回復促進の措置や回復トレーニング(47頁参照)が，どんな「しごき」よりもはっきりと能力を上昇させる。3～5回のハードなトレーニングを行うだけで，グリコーゲン貯蔵はトレーニングごとに漸進的に低下し，この状態は後まで残ってしまうという点はしばしば過小評価されている。

　炭水化物を多く含む食事によって，グリコーゲン貯蔵はゲームの前でも中でも後でも増加する。高いグリコーゲン貯蔵は，良好なエネルギー源を貯蔵するとともに，糖分と一緒に水分も貯蔵し(2.7cm^3/糖分1g)，これが体温調節によい影響を与えて間接的にプレー能力にも好影響を与えるという利点も持っている。その他にこれによって，負荷の間に飲まなければならない飲料の量も減らすことができる。

　適当な栄養補給を前提すると，集中的なトレーニングによってグリコーゲン貯蔵がはっきりと枯渇するほど，その補充はそれだけいっそう急速に行われる。つまり，負荷によるグリコーゲン枯渇は，グリコーゲン合成を受け持つ酵素グリコーゲンシンセターゼを刺激し，再合成を加速する。たとえば1対1，2対2，3対3などのゲーム形式，あるいはインテンシブなインターバルトレーニングや持久性トレーニングといった強い負荷は，とくに急速なグリコーゲン枯渇に適している。しかし，こうした負荷方法はあまりにも頻繁に用いると漸進的なグリコーゲン欠乏をもたらし，プレー能力低下となりうる危険をはらんでいる。

　ゲーム準備では，次の点に注意すべきである。ふさわしいトレーニング構成(ゲーム2日前には包括的すぎ，集中的すぎ，普通でない負荷は決してかけない)と栄養補給によって，サッカー選手のプレー能力は，フィジカルに(グリコーゲン貯蔵の増加)だけでなく心的(準備万端という気持ち)にも高められる。ゲーム前の局面では，トレーニングを「緩やか」としたり，回復トレーニングを行ったり，あるいはトレーニングを1回止めるほうが，

トレーニングを行って成功を「強制」しようとするよりもしばしばよい。この場合は，少ないことが明らかにいっそう多いことを意味している。

(4)酵素活性と持久性能力

トレーニングで始まる適応の諸過程は，相互に切り離されたものではなく，緊密な関連の中で連続して生じるので，上位の機能系に参加するすべての部分構造の発達がつねに重要である。したがって，エネルギー貯蔵の増加には，このエネルギー源を転換する酵素活性の増大も結びついている。

トレーニング様式に応じて，無酸素性代謝の酵素活性（これは筋線維をとりまく細胞液〈サルコプラズマ〉の中で生じる）か，有酸素性代謝の酵素活性が（ミトコンドリアの中で）高まる。混合トレーニングでは，有酸素性と無酸素性の両方の酵素の能力が高められる。

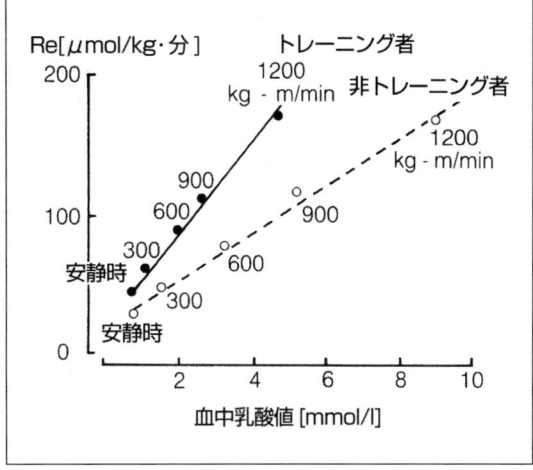

図18　増加する負荷でのトレーニング者と非トレーニング者における血中乳酸値の函数としての乳酸除去率(Re)
(Stanley et al.,1985)

> 主として有酸素性のトレーニングではとくに有酸素性の酵素活性が，主として無酸素性のトレーニングでは無酸素性の酵素活性が高まる。いずれのトレーニング適応においても，酵素活性に関しては専門的効果だけでなく局部的効果も確認できる。最高値は，最良のトレーニングを行ったスポーツ選手の，トレーニングとゲームで最も包括的に負荷をかけられた筋グループに見られる。

有酸素性トレーニングは，酸化（＝有酸素性）酵素の割合を高め，その活性を大幅に高めて転換速度を速める。これによってエネルギー供給は改善され，疲労に対する抵抗能力は向上する。しかし，有酸素性の持久性トレーニングによって酵素の数と活性に変化が生じるだけでなく，その前提でもあるミトコンドリア自体ないしその表面が2〜3倍に増加・拡大する。筋線維をとりまく細胞液の中にミトコンドリアが存在する。その中で，酵素はエネルギーを含む栄養素の転換の活動を展開する。したがって，ミトコンドリアは「細胞（われわれの場合は筋細胞）の発電所」とも呼ばれている。ミトコンドリアの数と表面の拡大と並行して，有

酸素性酵素の増加と活性化が見られ，したがってエネルギー的な「やり通す能力」が向上する。これがさらにまた，有酸素性の糖分燃焼で生じる疲労要素（たとえば乳酸）をすみやかに除去する前提でもある。

図18は，トレーニングを行った選手は，行っていない選手よりも，発生した乳酸を血液からうまく除去できることを明らかにしている。後者では，負荷が増加するにつれて，乳酸除去能力が低下したしるしとして急速な乳酸増加が見られる。

有酸素性代謝を受け持つミトコンドリアの系とその酵素が良好に発達しているほど，回復能力はそれだけ大きく，疲労抵抗も大きい。したがって，十分に持久性トレーニングを行った選手は，ゲームでの多くの短い休息で急速かつ完全に回復し，ダッシュやエネルギーを多く使う速いドリブルと1対1を多く行うことができる。

ミトコンドリアの能力を決定的に改善するのには，6週間の有酸素性トレーニングで足りる。しかし，頻度が多すぎて集中的な無酸素性トレーニングは，ミトコンドリアの能力を損なってしまう。しだいに構造が破壊されて，最後にはミトコンドリアの数と大きさが減少し，結果的に有酸素性の

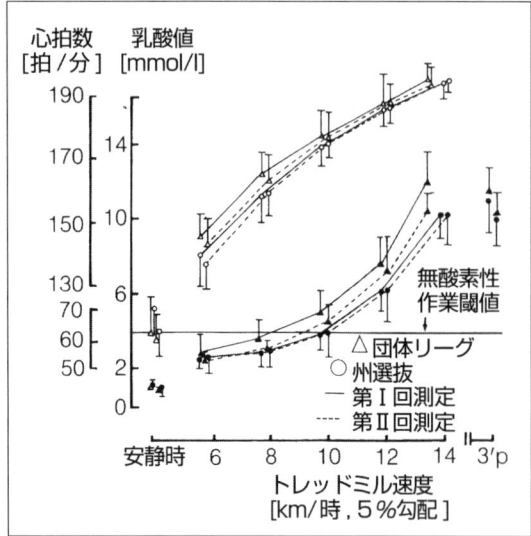

図19 トレッドミル負荷を段階的に上昇させたときの乳酸と心拍数の変動，異なるプレーレベルの2つのハンドボールチーム，シーズンの開始時（第Ⅰ回測定）と終了時（第Ⅱ回測定）(Kindermann,1983)

能力が低下し，さらに回復能力ないし疲労抵抗が減少する。このミトコンドリア減衰の原因は，集中的な負荷ではミトコンドリアに腫れと非常に小さな皮膜破壊が生ずる点にある。細胞間のアシドーシス（過酸化）によってミトコンドリア構造の回復能力は減少し，必要な「修理作業」は構造的適応の意味ではもはや十分なスピードでは行われない。これによって，長期的にはミトコンドリア構造の破壊と減衰がもたらされ，有酸素性の域で能力の低下が生じる。

図19は，持久性能力が上昇するとともに乳酸値カーブの右へのシフトが生ずることを示している。こうした選手は，いっそう高いランニングスピードで初めて「へばる」。彼は高い強度でいっそう長時間にわたり有酸素性の活動を行うことができ，ゲームでは早い時間に疲労することなくいっそう高いテンポで走ることができる。

> 選手の基礎持久性が良好であるほど，能力診断で有酸素性能力の判断にしばしば用いられる「無酸素性作業閾値」を越えるのがより後になる。

「無酸素性作業閾値」までは，仕事遂行に悪影響を及ぼす乳酸の増加を妨げるのに，有酸素性能力で十分である。この閾値を越えると，負荷の強度が高すぎるために有酸素性系の除去能力を越えてしまうので，急速に乳酸は増加する。アシドーシスが大きくなりすぎると，ランニングテンポが落ちるか，負荷の中断が生じる。すでに述べたように，乳酸値が6～8mmol/lで技術的-戦術的ミスが増加する。ここから，十分に発達した有酸素性能力が乳酸を除去する意味でいかに重要かが明らかである。サッカーのゲームでの無酸素性能力は，乳酸値で最大ほぼ7mmol/lまでの負荷がかかるだけである。最も強度の高い4対4のゲームでも，10mmol/lを決して越えない。

(5)ホルモンの調整メカニズムと持久性能力

人体における代謝過程は，精妙に調整されたホルモンのコントロール過程を通じて行われる。持久性トレーニングにより，ホルモン系には次のようなプレー能力向上に役立つさまざまな変化と適応過程が生じる。

①ホルモンを生み出す腺の器官肥大化

動物実験では，トレーニングによってホルモンを生み出す腺の肥大化が生じ，トレーニングされた動物はホルモン的な能力を高めることが示されている。器官肥大化はつねに能力向上と結びついている。図20は，持久性トレーニングを行った人間は，仕事ホルモンとストレスホルモン（アドレナリンとノルアドレナリン）の分泌が高まってより高度なプレーを行えることを示している。

高い仕事ホルモン能力の選手は，持っている能力をより高度に発揮して，最適に利用しつくすことができる。

②経済化

集中的な持久性トレーニングは，すでに2～4週間で交感神経の緊張状態の明確な低下と迷走神経の活動増加を引き起こす。迷走神経は回復神経であり，反対の役割を持つ仕事神経の交感神経は，

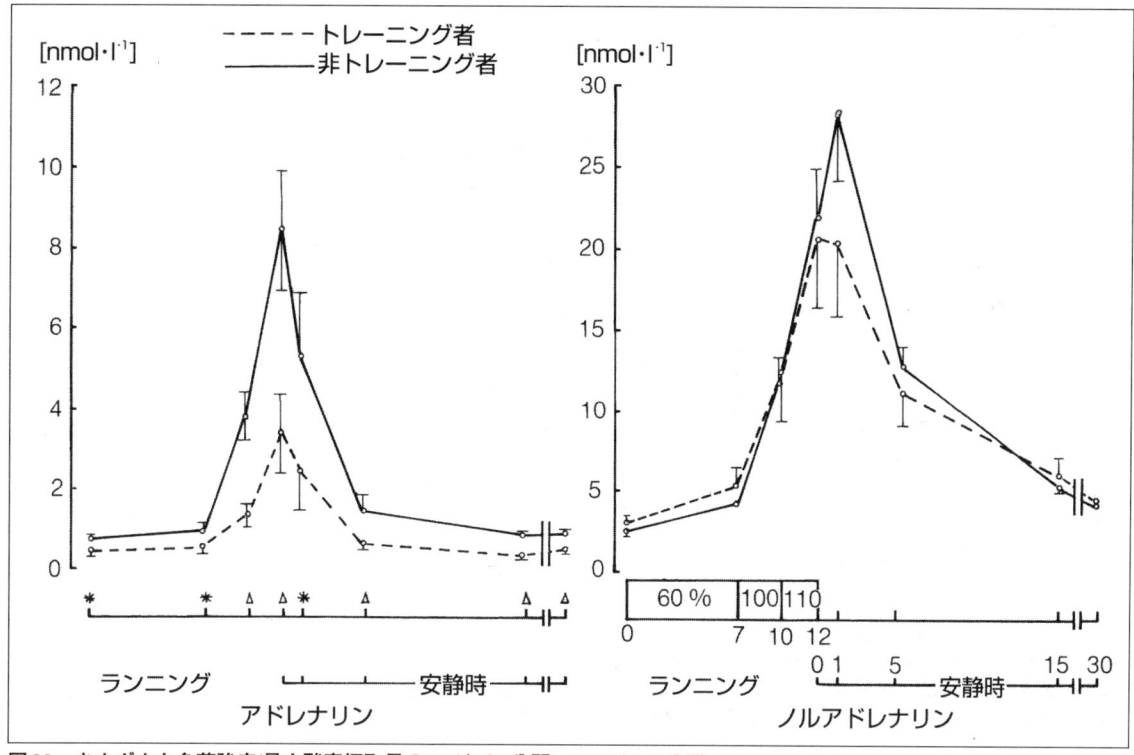

図20 さまざまな負荷強度(最大酸素摂取量の60％で7分間，100％で3分間，110％で2分間)でのストレスホルモン（アドレナリン，ノルアドレナリン）分泌へのトレーニングの影響 (Kjaer,1989)

からだの負荷への適応を調節する。交感神経によって，心臓-循環活動とエネルギー代謝が，負荷に適合するように高められる。交感神経緊張の減少は，経済化に対応する同一負荷レベルでのストレスホルモン値の低下と，急速な上昇カーブの右へのシフト(より高い負荷になってから)の中に明らかである。

図21は，持久性能力が高まるとともに乳酸産生がわずかとなるだけでなく，ストレスホルモン分泌も減少する点を明らかにしている。したがって，ストレスホルモン値測定は，能力診断にも適している。

カテコラミン(＝アドレナリンとノルアドレナリン)の変動を分析すると，身体的な負荷のもとでのプレー行動を逆に推論できるだけでなく，心の動きの判断も可能となる。よい戦績の選手では，戦績が劣る選手よりもカテコラミン分泌がいっそう低い。この関連で興味深いのは，戦績が劣る選手では，すでにゲーム前夜にカテコラミン分泌が顕著に多い点である。ゲーム開始前に強い不安に襲われ「舞台負け」し，プレーがトレーニングデータと一致しない選手については，交感神経緊張状態のコントロール不十分がこれにかかわっていないかを追跡してみるべきである。負荷が増大するとカテコラミン値は，指数的にスタート値の約10倍まで上昇するので，この測定を通じて個々人の負荷が十分に測定でき，またゲーム前の交感神経コントロールの誤りを把握できる。これだけでなく，この測定で「オーバートレーニング」(78頁参照)の発見も可能になる。トレーニングで強く負荷をかけすぎた選手は，基礎的なカテコラミン分泌ははっきりと正常値以下に落ち，最大値も同様に低くなる。

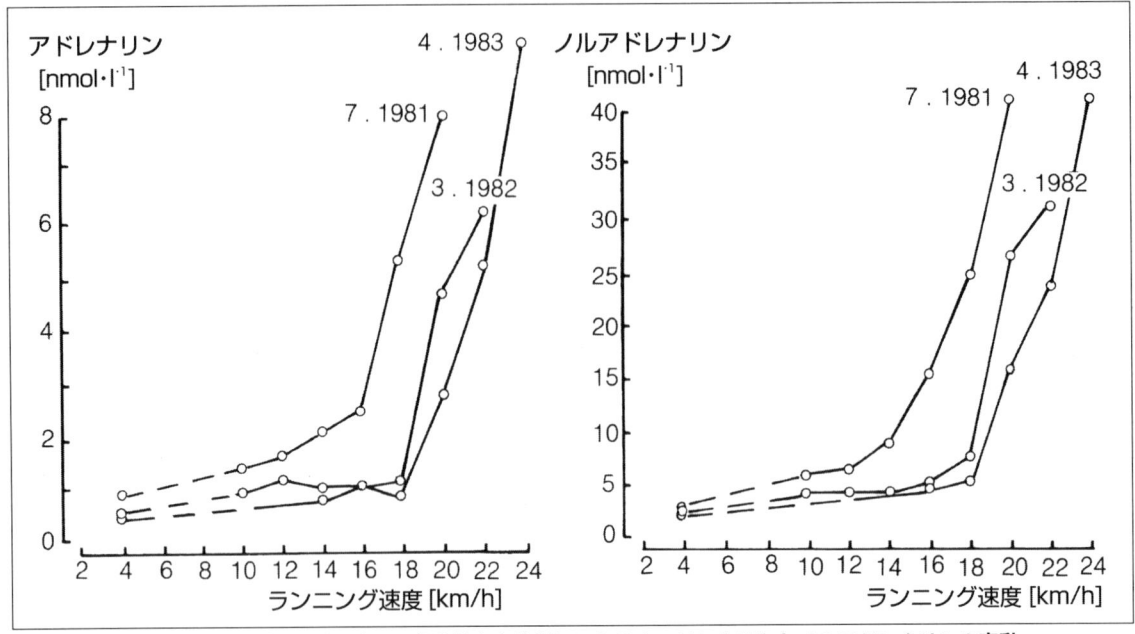

図21 3年間のトレーニング年経過の中での段階的な負荷増加におけるアドレナリンとノルアドレナリンの変動
(Lehmann et al.,1989)

まとめると次の点が確認できる。持久性トレーニングによる筋細胞の適応過程(エネルギー貯蔵の増加・酵素の転換能力の上昇・ホルモン調整メカニズムの最適化)によって，プレー能力の全般的向上のための基盤改善が達成できる。この代謝過程改善の程度ないし質は，トレーニングの方法と内容に依存する。この方法・内容の選択での誤り，つまり強すぎるトレーニングで回復が不十分(大部分は個人別の負荷を設定しないチームトレーニングによって引き起こされる)と栄養摂取での誤りは，適応現象を誤った方向に導き，これは本来狙っていた目標を外すことになり，過大負担によって成績の落ち込みが生ずる。

2 ── 心臓-循環系の要因

筋の活動能力が早期に限界に達しないためには，有効な運搬系つまり心臓-循環系が必要である。この場合に，心臓がこの系のモーターである。心臓は血液(運搬手段としての)を血管(運搬路としての)を通して最終消費者，つまり筋細胞へと押し出す。さまざまなトレーニング方法によって，この系は多かれ少なかれ強く影響される。たとえば，あるトレーニング方法は，相対的に急速に心臓肥大化をもたらすが，逆に毛細血管の交換面の改善はわずかしかもたらさない。また，別のトレーニング方法は，毛細血管増加にまさに強力な影響を及ぼすが，これに対して心臓肥大化に及ぼす影響はわずかである。したがって，さまざまなトレーニング方法・内容によって，心臓-循環量は非常に異なった形で影響を受け，トレーニング方法論にもこれに対応して異なった帰結が生ずる。

(1) 毛細血管を通ずる補給と持久性能力

筋細胞でのエネルギー供給ないしエネルギー転換は，毛細血管を通ずる筋への酸素と基質の運搬および代謝老廃物の搬出に依存している。したがって，筋の代謝にかかわる能力にとって基本的なのは，末端での毛細血管交換面の増加による血行の増加である。作業筋群においては選択的に血管

が拡張し，負荷のかかっていない部位では血管が収縮して，血液の流れの再分配が生じ，作業筋群にくる血液量は安静時には全血液量の約20％に対して負荷時には80％となる。局所的な血行は約15〜20倍に増加する。トレーニングによって，血行の調整をさらに向上させることができる。

> 安静時には存在する毛細血管の3〜5％が開いているだけなのに対し，持久性の負荷においては全部の毛細血管が開いてさらに拡張される。開いている毛細血管の数は，筋群1mm³あたり50から約2400に，つまり30〜50倍も増加する。同時に生ずる毛細血管拡大は，全表面積を約100倍に増加させる。

以上によって，血行が激しく増加して血液循環速度が倍に加速するにもかかわらず，血液が毛細血管にとどまる時間は通常のままで，このようにして酸素交換と基質交換の最適条件が維持される。持久性トレーニングを積んだ者では，さらに毛細血管密度が高まり，関連する筋群当たりの毛細血管密度の増加は41.2％と見積もられている。図22は，ふさわしいトレーニングで毛細血管密度が相対的に急速に上昇するのを示している。

しかし，サッカー選手にとって重要なのは，少なくとも約30分間コンスタントに高い血圧で走ったときに，とくに血管新形成の増加が見られる点である。ランニングの際には知られるように「作業高血圧」がもたらされ，心収縮期の血圧は約160mmHgになる。持続的な圧力によって「毛細血管化」と呼ばれる新しい毛細血管の枝分かれができ始め，大きくなった交換面積にもとづいて代謝が最適化されると想定されている。

基礎持久性が良好であればあるほど，それだけ毛細血管密度が高く，筋への補給状況は良好である。

毛細血管化の最も有効な方法は，約30分以上のエクステンシブな持続法(44頁参照)である。したがって，準備期には，この心的に負荷の少ないトレーニング方法を優先的に行うべきである。

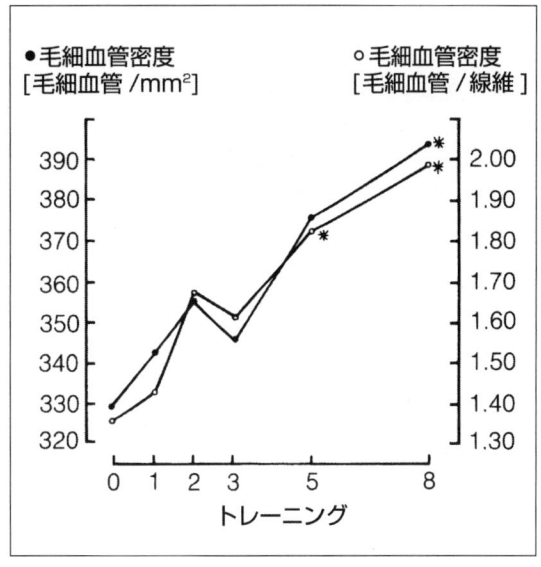

図22　有酸素的持久性トレーニングによる毛細血管密度の変化（Noble, 1986）

(2)血液と持久性能力

持久性トレーニングで，血液量は約1リットル増える。これは，1mm³の血液中に500万を越える赤血球が酸素の運搬者として存在することを考えると，約50億の新しい赤血球の追加を意味している。これで血液の酸素運搬能力は大幅に上昇する。高地トレーニングで，赤血球数はさらに増える。血液量増加とともに，選手の疲労抵抗力ないしアシドーシス抵抗も高まる。

(3)心臓と持久性能力

心筋は骨格筋とは逆にたえず活動している。したがって心筋は，収縮作業を維持するには，経済的な有酸素性エネルギーの獲得にもっぱら依拠している。心筋細胞がこの種類のエネルギー産出に特化していることは，心筋細胞には極度に多くのミトコンドリアが含まれている点(心筋ではミトコンドリアは全細胞容積の30％まであるのに，骨格筋では持久性トレーニングの状態に応じてたった5〜10％である)と，この目的のための独自な酵素タイプの配分がある点にはっきりと現れている。安

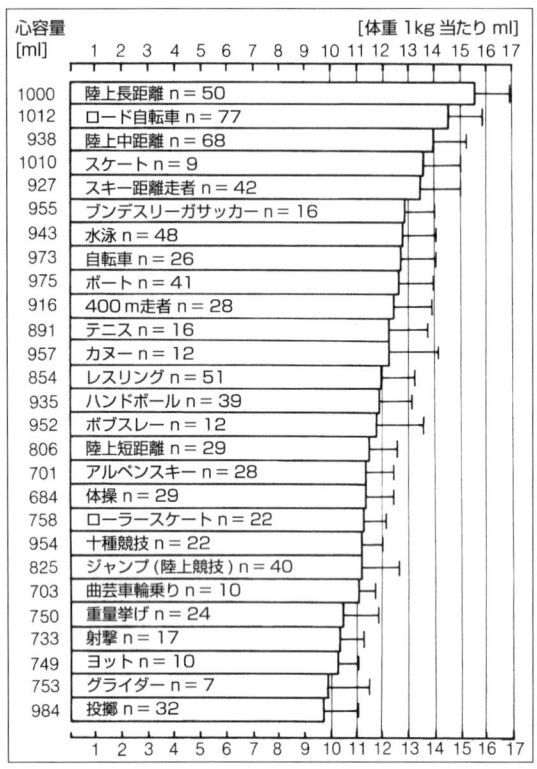

心容量[ml]	種目	
1000	陸上長距離 n=50	
1012	ロード自転車 n=77	
938	陸上中距離 n=68	
1010	スケート n=9	
927	スキー距離走者 n=42	
955	ブンデスリーガサッカー n=16	
943	水泳 n=48	
973	自転車 n=26	
975	ボート n=41	
916	400m走者 n=28	
891	テニス n=16	
957	カヌー n=12	
854	レスリング n=51	
935	ハンドボール n=39	
952	ボブスレー n=12	
806	陸上短距離 n=29	
701	アルペンスキー n=28	
684	体操 n=29	
758	ローラースケート n=22	
954	十種競技 n=22	
825	ジャンプ（陸上競技）n=40	
703	曲芸車輪乗り n=10	
750	重量挙げ n=24	
733	射撃 n=17	
749	ヨット n=10	
753	グライダー n=7	
984	投擲 n=32	

図23　各スポーツの国内的・国際的トップクラスの選手805人の心臓の大きさ（絶対的・相対的な心容量）相対的心容量の正常値は体重1kg当たり11(10〜12)ml（Kindermann,1983）

静時には脂肪酸の酸化が80％までのエネルギーを供給しており，グルコースと乳酸が心臓のエネルギー代謝に占める割合は，それぞれ約10％である。

　身体の作業を行うと，エネルギー供給に占める乳酸の割合が高まる。この事実は，負荷にもとづくアシドーシスの除去にとって少なからず重要である。心臓が大きいほど，心臓はより多くの乳酸を代謝することができ，間接的に全般的な疲労の限度を押し広げるのに役立つ。負荷の間に，活動している骨格筋は産生する乳酸の約50％を排出するのに対し，心臓・肝臓・非活動の筋群ではこの排出の割合はそれぞれ15％である。

> 相応の強度と十分な範囲をもつ持久性トレーニングによって，心臓腔拡大ならびに心臓壁肥大の意味で「スポーツ心臓」がつくられる。

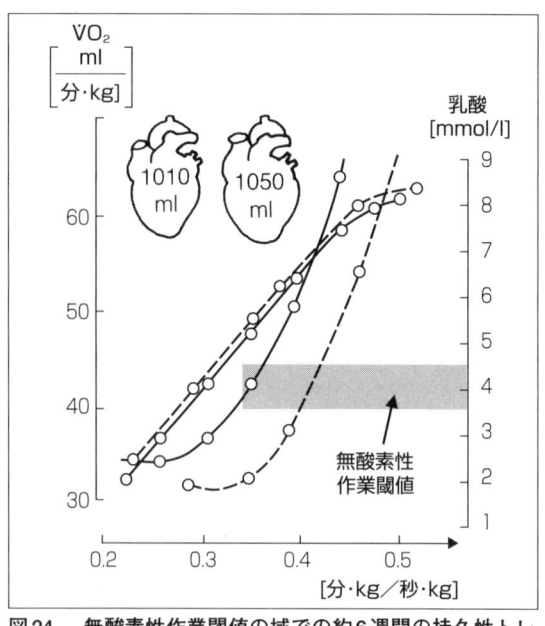

図24　無酸素性作業閾値の域での約6週間の持久性トレーニングの，心臓の大きさ，最大酸素摂取量，無酸素性作業閾値への影響（Mader et al.,1976）

　持久性トレーニングによって，強い性能の心臓を発達させられる。非トレーニング者では，心臓の重量は250〜300gで容量は600〜800mlないし体重1kg当たり11〜12mlであるのに対し，十分に持久性トレーニングを行ったサッカー選手では，それぞれ350〜500g，900〜1000mlないし体重1kg当たり13〜15mlかそれ以上である。図23は，他種目のスポーツ選手と比較したサッカー選手（ブンデスリーガ）の絶対的・相対的な心臓容量を示している。図24が示すように，比較的わずかな期間で，心容量，そしてこれと緊密に関連する持久性能力は大きくなる。これと併行して，有酸素性能力の向上の表現として無酸素性作業閾値の右へのシフトが生ずる。表3および表4では，プレーレベルの異なるサッカー選手の若干の能力パラメータが，他のスポーツ選手と比較されている。心臓肥大は，一回拍出量ひいては持久性負荷において必要とされる酸素摂取能力の大幅な増加の基本的前提条件である。心容量が100ml増加すると，最大酸素摂取量は200ml以上増加する。

表3 さまざまのサッカーチーム（グループ1～5）と一つのハンドボールチーム（グループ6）の人体計測データ，絶対的・相対的心容量（HV），安静時心拍数（HF）(Schmid et al.,1983)

	年齢[年]	身長[cm]	体重[kg]	HV[ml]	HV/kg[ml/kg]	HF[拍/分]
グループ1(n=14)	25.2±3.1	178.0±4.8	74.8±5.6	965.7±107.6	12.9±1.2	76.4±14.9
グループ2(n=11)	26.4±4.3	177.9±4.3	73.3±4.3	990.8±87.8	13.5±0.9	54.6±4.4
グループ3(n=14)	25.7±3.6	179.1±5.3	75.3±6.0	962.7±71.0	12.7±1.0	74.1±16.4
グループ4(n=12)	23.7±3.5	179.5±5.7	74.7±3.3	954.2±137.7	12.6±1.7	55.9±6.7
グループ5(n= 9)	23.6±3.2	181.3±2.5	74.0±4.0	945.2±72.2	12.8±1.3	60.6±14.5
グループ6(n=14)	23.6±4.5	190.7±7.7	89.9±7.5	1014.8±100.5	11.3±1.1	59.3±12.2

表4 無酸素性作業閾値の域で測定されたパラメータ，速度（m/秒）・酸素摂取量（VO₂/kg・分）と最大酸素摂取量（VO₂max/kg・分）と相対的心容量
非トレーニングのスポーツ学学生とトップのスポーツ選手（陸上長距離，プロサッカー，フィールドホッケー）のトレッドミル調査の比較表
(Hader et al.,1976)

	非トレーニング学生	無酸素性作業閾値の域		測定値	
		[m/s]	VO_2/kg・min [ml]	VO_2max/kg・min [ml]	HV/kg [ml]
1	学生	2.4	36.5	47	10.4
2	学生	2.7	41	49.5	11.4
3	学生	2.5	39.5	46	10.9
4	学生	2.6	40	48.5	10.5
	長距離走者				
5	5000m	5.14	63	69	14.2
6	5000m	5.65	69	76	16.9
7	10000m	5.6	69	78	14.9
8	マラソン	5.1	63	68	17.6
9	100km	5.2	64	70.6	16.2
10	100km	5.3	66	73	13.8
	サッカー選手				
11	ドイツ代表	4.2	55	61	14.6
12	ドイツ代表	4.4	57	69	13.3
13	ドイツ代表	4.45	58	67	12.1
	ホッケー選手				
14	オリンピック選手	4.0	52	64	12.7
15	オリンピック選手	4.2	54	62	12.8
16	オリンピック選手	4.3	56	65	11.7

　高い一回拍出量は，持久性トレーニングを行った者の場合，準最大域での経済的な心臓活動にとっての基盤であり，最大負荷における運搬能力の最高限を高める前提である．安静時には，持久性トレーニングを行った者は心拍数約40拍/分（非トレーニング者では約70拍/分），一回拍出量は約105ml（非トレーニング者は60～70ml）である．負荷時には，持久性トレーニングを行った者は心拍数を5倍まで（非トレーニング者は3倍まで）高められ，この場合に一回拍出量は2倍以上増加し，心拍数は200拍/分前後まではコンスタントのままである．高い心拍数と高められた一回拍出量の結果として，トレーニングした選手では心臓の1分当たり送り出し量は，安静時の4～5ℓ/分から負荷

表5　持久性トレーニングが筋肉系と心臓-循環系に及ぼす機能的・構造的適応現象と持久性能力にとっての利点

筋細胞 作動体	心臓 送り出しポンプ	血液 運搬手段	血管 運搬路ないし交換場
エネルギー貯蔵の増大（筋グリコーゲンは200gから400gへ、肝臓グリコーゲンは60gから120gへ、筋トリグリセリドは800gから1200gへ増加）	心臓内室の増大（＝心拡張）650mlから900〜1000mlへ	血液量の5リットルから6リットルへの増加	毛細血管の増加
	心臓の筋厚み増加→心臓重量増加250gから350〜500gへ	酸素を運搬する赤血球絶対数の増加	毛細血管交換面の拡大
転換能力の増加（ミトコンドリア増加50％、酵素活動活発化、調整ホルモンの節約）			代謝の最適化
	心臓活動の経済化（心拍数減少、心拍出量増加）	酸素運搬能力・運搬機能の最適化（たとえば、温度調節ないし緩衝機能の改善＝より少ない局部的・全身的疲労の前提）	血液分配の最適化（非動筋での血管狭小化）
代謝性能の質の改善（脂肪のエネルギー転換の割合の増加、糖分を作り出す代謝経路利用の増加）	送り出し能力上昇（分当たり拍出量は20l/分から30〜40l/分へ）		活動筋の血行増加で酸素・養分供給の改善ないし老廃物搬出の改善

時の30〜40l/分（非トレーニング者では20l/分程度）へと大幅に増加し，これによって酸素摂取能力が著しく向上し，持久性能力の限界が広げられる。

とくに急速に心臓を肥大させるトレーニング方法として適しているのは，インターバル法(47頁参照)とインテンシブな持久性法(45頁参照)である。とはいえこれらの方法は，あまりに強く糖分代謝に負荷をかけており，あまりに頻繁に行うと，結果的に選手の「消耗状態」を急速にもたらすことになってしまう。

筋ないし心臓-循環系の有酸素性持久性トレーニングに対する適応現象の総括的概観を表5が示している。

3 ── 免疫学的要因

(1) 予防能力と持久性能力

つづいて，重要な「非特異的な」要因，つまり持久性トレーニングの影響下でのからだの予防状況ないし予防力について述べておこう。個々人の予防状況ないし免疫状態は，身体の健康にとって基礎である。「健康」の意義は，病気になったときに初めて正当に評価される。高度なレベルのサッカー選手にも，一番下のアマチュアリーグの選手にも，次のショーペンハウアーの格言が当てはまる。「健康はすべてではない，しかしすべては健康がなくては無である」。「健康」なくしては，どのようなトレーニングもどのような能力向上も不可能である。

免疫状態に対して有酸素的持久性トレーニングが意義を持つ理由は，身体的な予防状況を改善する点にある。

> 改善された基礎持久性は，感染に対する抵抗を高め，暑さ・寒さの刺激への抵抗力を強化する。したがって，「鍛えられた」選手は病気にあまりかからず，トレーニングを中断しないのでプレー能力を向上ないし維持できる。

スポーツの負荷の後では，一時的にいわゆる免疫抑制(免疫グロブリン，たとえばガンマグロブリンが2〜4日間減少することによる予防力の弱化)が確認される。しかし，さまざまな細胞群が減少するにもかかわらず，病気にはならない。というのは，食菌現象(食菌によるバクテリアや異物の除去)，体

温調節，粘膜障壁などの非特異性の他のメカニズムが，非トレーニング者よりもいっそう強力に形成されるために，感染予防の実効性は高まるからである。

　強すぎるトレーニングや消耗的なゲームの負荷によって，選手は感染しやすくなり，同時に予防状況が損なわれる可能性がある。とくに直前の試合準備のときには，感染しやすさが高まる。

　最大負荷では，アドレナリン（心的ストレス）とノルアドレナリン（身体的ストレス）が10倍以上に増加し，これは負荷後数時間たってもまだ安静時の値に戻らない。コルチゾールとカテコラミンは代謝を活性化させるだけでなく，白血球を再配分して免疫抑制的となるので，健康を損なってトレーニング過程に不必要な損失が生じるのを防ぐために，こうしたストレス作用の増加にはもっと注意を払うべきである。

> 注意点：感染の初期にハードトレーニングを行ってはならない。免疫システムがトレーニングでさらに弱化して，病気はいっそう重大なものとなる。つまり，細胞で媒介される免疫性が一時的に抑制されて，微生物とくにウイルスが免疫学的に早期に発見・除去されなくなり，スポーツ選手の感染の拡大が生じやすくなる。

　回復局面の間にストレスホルモンの値は再び正常化する。規則的でタイミングよく行う回復措置は，トレーニングによる免疫システム抑制を妨げることができる。回復措置（疲れをとる風呂，各種の緊張解除措置，緩いランニング）は，急速にスポーツ能力を回復するだけでなく，集中的な負荷後2～3日間減少していた身体の免疫予防を急速に再安定化させ，感染を防げる。

　この関連で興味深いのは，性ホルモンとくにテストステロン（＝男性ホルモン）の免疫システムへの影響である。集中的な負荷後にテストステロン値は低下し，2日間の回復後でもスタート値に達しない。したがって，テストステロン値の高さから，免疫状態と同様に，現実の負荷ないし危険な過大負荷を逆推論してよい。ハードすぎるトレーニング，トレーニングでの欲求不満，心的なストレスの持続は，仕事ホルモンを減少させ，プレー能力を低下させる。さらには，過大な負荷をかけると抗体の損失（予防力の悪化）が生じ，感染しやすくなる。その理由の一つは，過度の心身のストレスによって，免疫システムの合成作用を妨げるホルモン（たとえばコルチゾール，アドレナリン，プロラクチンなど）の分泌が増加する点に求められる。他方では，ハードトレーニングによって，筋の部位での過度に刺激された蛋白質合成が免疫蛋白質合成と競合することで感染しやすさを高める。

　勝利と敗北は主観的評価に依存して，多かれ少なかれプレーする心構えに影響を与える。成功の場合には，気分をよくする物質エンドルフィンと仕事を促進するホルモンの分泌が増加する。これに対し敗北の場合は，能力を低下させるストレスホルモンが放出され，気分的な落ち込みとともに免疫システムの抑制状態がもたらされる可能性がある。敗北やひどいゲームの後のいわゆる「罰訓練」は「フラストレーションストレス」をさらに高め，プレー能力もその心構えもいっそう低下させ，かくして本来達成されるべきとは正反対に影響することをトレーナーは理解すべきである。したがって，トレーナーによる精神的な「励まし」や物理療法的なアフターケアは，心身の遂行能力を回復するのに重要な手段である。ゲーム後の温水シャワーは，エンドルフィンを放出させ，これによって気持ちがよくなり，回復能力が改善され，細胞の免疫予防が向上する。

(2) 現実のトレーニングにとっての意義

　勝敗・トレーナーの行動・負荷が過度ないし最適，といったことが，選手のホルモン状態に影響し，これは選手の健康状態・心身の遂行能力・負荷許容量にとって決定的である。したがって，よいトレーナーとは，「トレーニング」について若干の理解を持つ人間であるばかりでなく，選手と

の正しいつき合いを通してふさわしいホルモン的なプレーの前提条件を呼び起こすのを理解している人間のことである。

● **基礎持久性の意義についてのまとめ**

最適に発達した基礎持久性は，高度のプレー能力の基本前提の一つである。基礎持久性が良好に発達しているほど，ゲームでの負荷において決定的なエネルギー源であるATPとCPの再合成が，それだけより経済的に行われる。高度な有酸素性能力は，最適の負荷消化，回復，そしてわけても高度の負荷を担う能力を確実にする。

有酸素性基礎持久性は，専門的な能力発展のための質的・量的に高度な水準のトレーニングにとっての基盤である。今日のトップレベルのサッカーで要求される高度のゲームテンポは，これに対応する基礎持久性なくしては考えられない。またこの基礎持久性は，ゲーム全体を通じて集中と注意力をコンスタントに高い水準に保つことによって，技術的・戦術的なミスを最少化するのにも決定的にかかわっている。持久性トレーニングを行った選手は，一方ではケガから効果的に守られ，他方では，自分からファウルを犯すことはわずかである。こうした選手は，一貫して高いスプリント力水準とたえず高いコーディネーション的なプレー能力を維持しているので，危険の多いプレーをする必要がない。十分に発達した持久性能力は，最後に，健康安定化の意味でもう一つの決定的な寄与をしている。つまり，「鍛えられた」選手は，たとえば鼻風邪，喉風邪，インフルエンザなどの月並な病気には感染することが少ない。これがさらに，規則的でサッカーのプレー能力を持続的に高めるトレーニングのための基本前提なのである。

しかし，最後に，持久性能力はサッカーで必要な能力の前提条件の性格を持っている点を，今一度確認しておかなければならない。持久性能力の意義は十分に評価されなければならないが，持久性の向上がこれ以外のすべての技術的・戦術的・認知的欠陥に対する「万能薬」であり「持久性に強い」のが「サッカーができる」ことだ，というように，誤った方向に評価されてはならない。

第2節　サッカー選手の持久性トレーニング

1. 一般的基礎

　基礎持久性は，とくに有酸素性能力の向上にもとづく。これに対しサッカー選手の専門的持久性は，スプリント持久性とも呼ばれ(223頁参照)，高度の無酸素性のとくに非乳酸性の能力にもとづく。有酸素性能力は，とくに中から高い強度の長時間つづく負荷を，疲労してしまうことなく担いつづける能力である。無酸素性非乳酸性能力は，ゲーム全体を通じて，爆発的なダッシュとジャンプ，高いテンポのドリブル，急激な方向転換，アッと驚くフェイント，そして「弾丸のような」シュートとヘディングを実際に行える能力に表現されている。この能力は，一定の範囲では無酸素性乳酸性のエネルギー供給によって支えられている。したがって，トレーニング方法や内容を選択する際には，サッカーのゲームに典型的なこの2種類の持久性が代謝要求の点で相違していることを，考慮しなければならない。

> サッカーの代謝要求に対応して能力の向上をめざすような，トレーニング方法・内容を用いなければならない。

　さらに，十分な有酸素的持久性が高度な無酸素的持久性の基盤であり，したがってトレーニングを構成する順番で間違わないよう注意しなければならない。最後に，無酸素性能力向上の意味での強度の高いランニングやゲームの負荷は，あまりに頻繁に用いると基礎持久性の水準にマイナスの影響を及ぼす点，したがって他の方法と組み合わせて十分な回復間隔をおいて用いるべき点を考慮すべきである。したがって，最適のトレーニングを構成する場合に要求されるのは，持久性能力が代謝過程に向ける要求の知識と，トレーニング方法と内容の生理学的作用の知識の2つの知識である。

2. 持久性トレーニングの方法

　以下でさまざまのトレーニング方法を個々の持久性能力と関連づけて整理するために，その分類と作用の分析を先に行っておこう。持久性トレーニングの方法は，生理学的な視点から次の4つの主要グループに分けられる。
○持続法
○インターバル法
○レペティション法
○ゲーム法

　他のすべての形式・バリエーション・コンビネーションは，この枠組内に整理される。図25の分類図式は，トレーニング内容からいくらでも補足できるが，さまざまなトレーニング内容と方法がこの4つの主要トレーニング方法の中で中間的な位置を占め，実行方法に応じて異なる分類になる点を明らかにしている。

1 — 持続法

> 持続法の中心は，有酸素性能力の向上である。

```
トレーニング方法                          トレーニング内容
1.持続走法                               継続的持続走(森林走・クロスカントリー)
                                        ペース転換持続走
                                        電車ごっこ
                                        三角走・四角走
                                        時間感覚走
                                        ステーショントレーニング
               エクステンシブ            インターバル持続走
2.インターバル法
                                        持久性ステーショントレーニング
                                        持久性サーキット
               インテンシブ              短時間インターバル負荷

                                        ジャンプ走
                                        負荷(鉛ベスト)をつけてランニング
                                        抗抵抗(ゴムバンド，パートナー)走
3.レペティション法                        坂上り走

                                        テンポ走
                                        テスト走とコントロール走
4.ゲーム法
                                        小グループでのゲーム(5対5から8対8まで)
                                        トレーニングゲーム，ゲーム
```

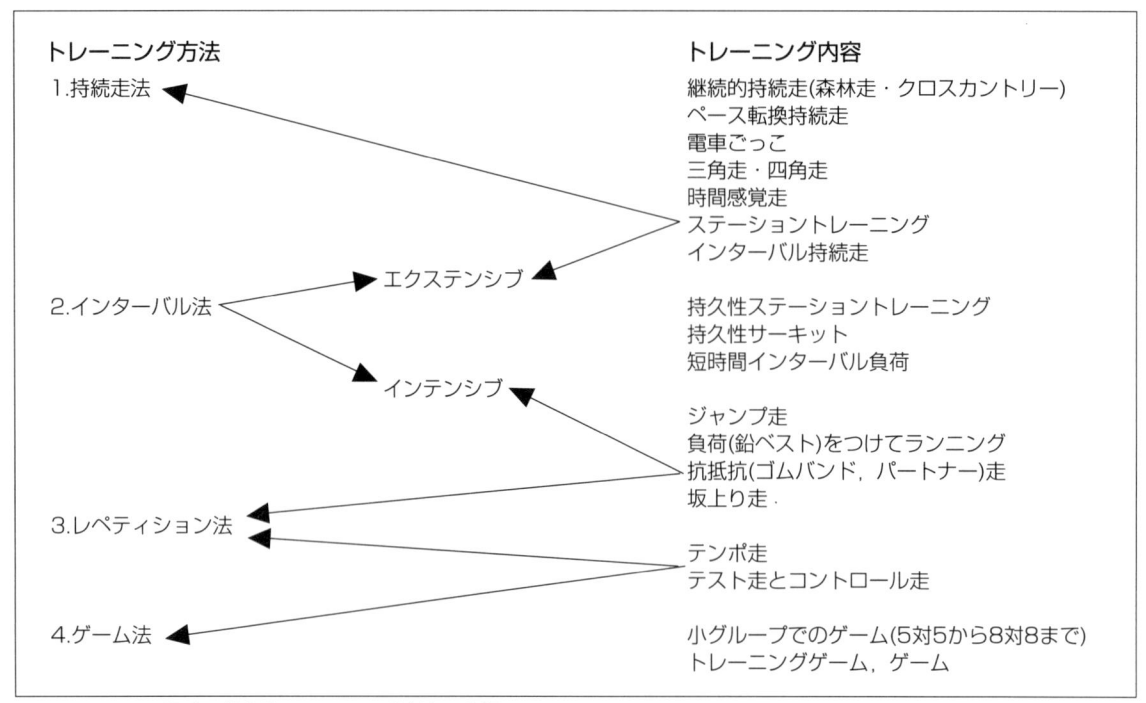

図25　サッカー選手の持久性トレーニング方法の分類

有酸素性能力は，エクステンシブ［大きな範囲と相対的に低い強度の］な持続法とインテンシブ［相対的にわずかの範囲と高い強度の］な持続法の2種類の持続法によって発達させられる。

(1)エクステンシブな持続法

持続法で達成される効果は，持久性負荷の範囲と強度に応じて異なる。もっぱら範囲は大きく強度は相対的に低いトレーニングを行う選手は，とくに脂肪代謝で適応が見られ，炭水化物代謝での適応は少ない。大幅に脂肪酸燃焼であること，したがってST線維の中でグリコーゲン貯蔵がかなり保存されることで，炭水化物備蓄の超回復はほどほどであるが，これに対してベータ酸化(有酸素性脂肪酸分解)酵素の活性増大はかなりである。

基礎持久性向上の表現としての脂肪燃焼能力向上の意義は，次のようにまとめられる。

○脂肪燃焼が良好に発達しているほど，短時間で爆発的な行動に不可欠のATP・CPの再合成がよ
り良好に進む。
○回復能力が良好であるほど，筋内および中枢神経系内に発生する乳酸やアンモニアのような疲労要素が，それだけ早く除去される。
○有酸素的持久性能力が良好であるほど，より高い強度で脂肪燃焼を回復に投入することができる。
○有酸素的持久性能力が良好であるほど，プレーテンポを全体として受け持つ炭水化物をそれだけ多く保存できる。

したがって，純粋に有酸素性のトレーニングは，とくに準備期において基礎持久性を作るため，ないし持久性能力を長期的に安定化するための「維持トレーニング」として適している。

基礎持久性発達のためには，乳酸値2mmol/lの域で心拍数中位値160拍/分に対応する「有酸素性作業閾値」の域内でトレーニングすべきである。エクステンシブな持続走トレーニングとも呼ばれる持久性トレーニングのこの形態は，心臓-循環

パラメータ向上の意味で（心拍数約140拍/分ですでに心臓肥大化に必要な高い心拍数に達している），ないし「脂肪代謝トレーニング」ならびに回復措置として行うことができる。

(2) インテンシブな持続法

持続法で糖分代謝を活性化して糖分貯蔵を使いきり，引きつづいてはっきりと超回復に達するためには，インテンシブな持続法を用いる。この場合，次の点に注意すべきである。

- 無酸素性作業閾値の域での持久走は，グリコーゲン貯蔵を急速に枯渇させるので，限られた時間（トップのサッカー選手で最大15～30分間）だけ行える。
- 強度の高い持久走は，心的負担が極度に大きく，とくに「スプリンタータイプ」には喜びをなんらもたらさずに，拒否を引き起こすだけである。
- 急速なグリコーゲンの枯渇は，さまざまなゲーム形式（5対5から8対8まで）によって，同様にしかしよりよい動機づけ状態で，それぞれの代謝にあわせて達成される。したがって例外を除き，この形式を優先すべきである。
- 強度の高いランニングは，サッカーではたとえばクーパーテストのようないわゆるテスト走との関連でだけ，「有酸素的」持久性能力のコントロールを可能にするために行うべきである。
- 強度の高いランニングとゲームトレーニングの増加を結びつけると，選手は急速に「燃え尽き」てしまう。なぜなら，すでに述べたように（29頁参照）毎日トレーニングを行うと，枯渇したグリコーゲン貯蔵を補充するための回復時間が通常は不足するからである。

インテンシブな持続法では，乳酸値4mmol/lの「無酸素性作業閾値」（38頁参照）の域でトレーニングされる。一般に広まっている見解では，「無酸素性作業閾値」は，持久性スポーツの選手の場合，つまりサッカー選手でも最大能力の約80％であり，平均的な心拍数は174拍/分である。

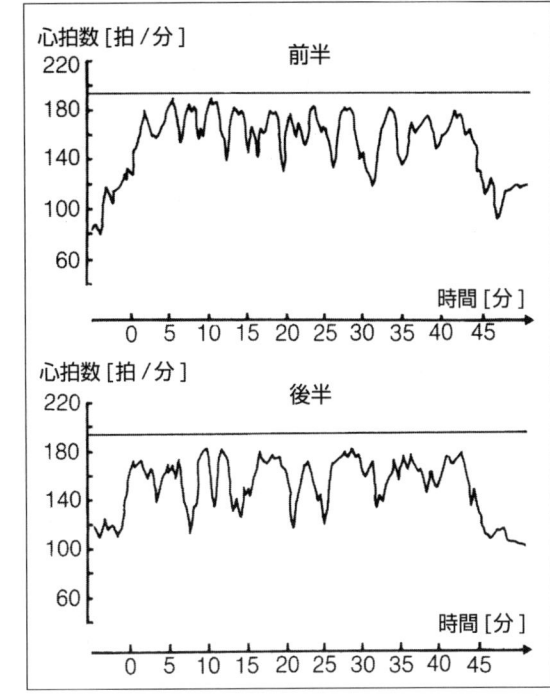

図26 リーグ戦のゲームでのあるプロサッカー選手の心拍数の変動 (Goubet, 1989)

図26は，あるプロサッカー選手のリーグ戦のゲームでの前半と後半の心拍数の変動（からだ全体への負荷の表現として）を示している。この選手はしばしば有酸素性作業閾値を越え，したがって糖分代謝の分野で非常に強度の高い刺激を受けていることが見てとれる。

非トレーニング者では，乳酸値上昇の開始は最大酸素摂取量の約40～60％のところである。つまり，乳酸値上昇の時点は，それまでのトレーニングの程度による。十分にトレーニングされているほど，強度の高い比較的長時間のランニングでの無酸素性作業閾値への移行（引きつづいて明確なアシドーシスによって相対的に急速な負荷の中断をともなう）は，それだけ遅くなる（図27）。

無酸素性作業閾値は，最大酸素摂取量のうち持久性負荷にとって利用可能な割合に対してトレーニングが及ぼす影響についての情報を与える。この点は，トレーニングによって最大酸素摂取量は

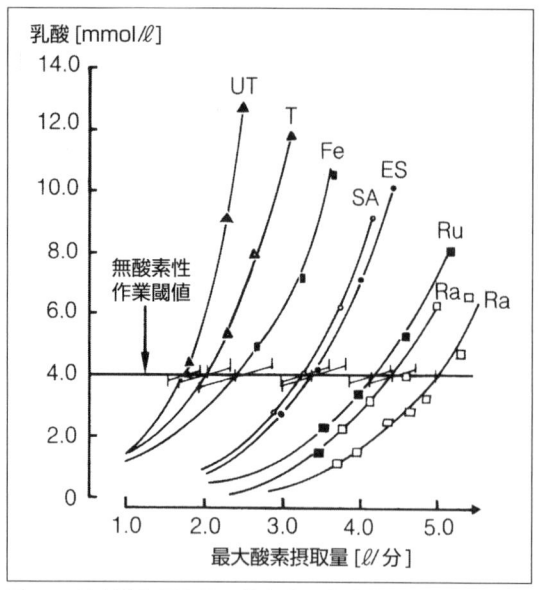

図27 最大酸素摂取量に依存する乳酸濃度の変動，非トレーニング者(UT)とさまざまなスポーツ種目で選抜された代表的なプレーグループ (Roth et al., 1981)

15〜20％しか増加しないが，最大酸素摂取量の利用可能比率は45％まで増加させることができるので重要である。

図28と図29は，最大酸素摂取量によって表される持久性能力と比較的長時間の負荷でのその利用可能性の関連について，トレーニング者と非トレーニング者とを比較した概観を示している。絶対的・相対的最大酸素摂取量がわずかの選手が，この値が高い選手よりもゲームでより高いテンポで動ける，というのは十分にありうる。なぜなら，こうした選手は専門的に発達させたゲームにふさわしい持久性にもとづいて，持っている能力をよりうまく使うことができるからである。この場合にトレーニング構成にとって，無酸素性作業閾値とこれに相関する心拍数は，最適の負荷強度ないしはトレーニング状態の発達程度について重要な指針を与える。

図30は，持続法についての総括的概観を与えている。

(3) トレーニングにとっての帰結

目的(どの持久性ないしどの代謝能力の向上をはかるべきか)・時期的な重点設定・長期のトレーニング計画(児童・ジュニアのトレーニング)に応じて，異なる方法を優先すべきである。サッカー選手にとっては，基礎持久性発達のために30分(最大45

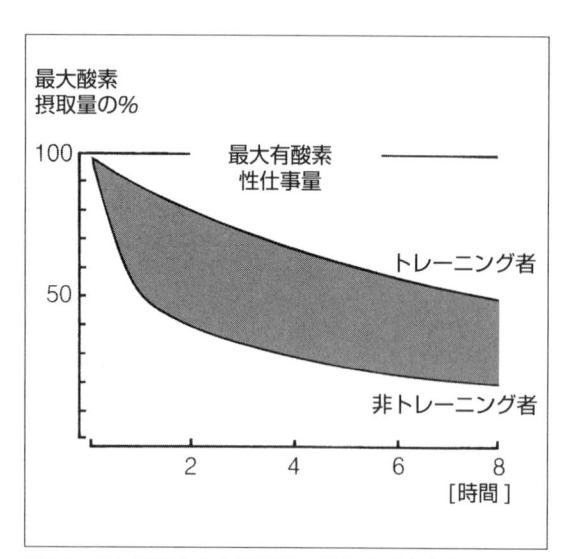

図28 持久性能力と負荷持続に依存する酸素摂取量――最大酸素摂取量の％ (de Marées, 1979)

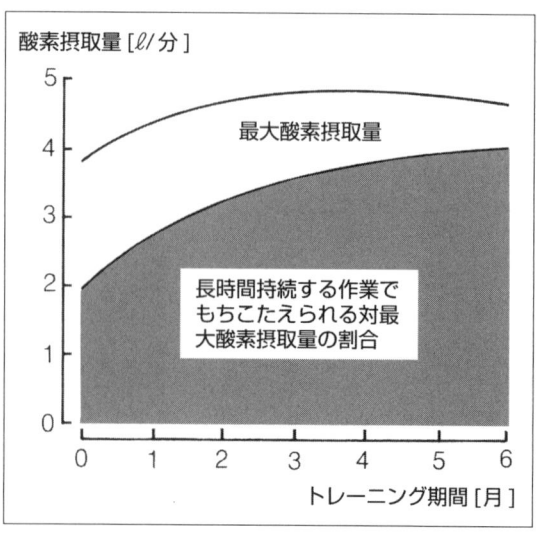

図29 トレーニング過程が経過する中での最大酸素摂取量とその利用可能性の関連 (Hollmann/Hettinger, 1980)

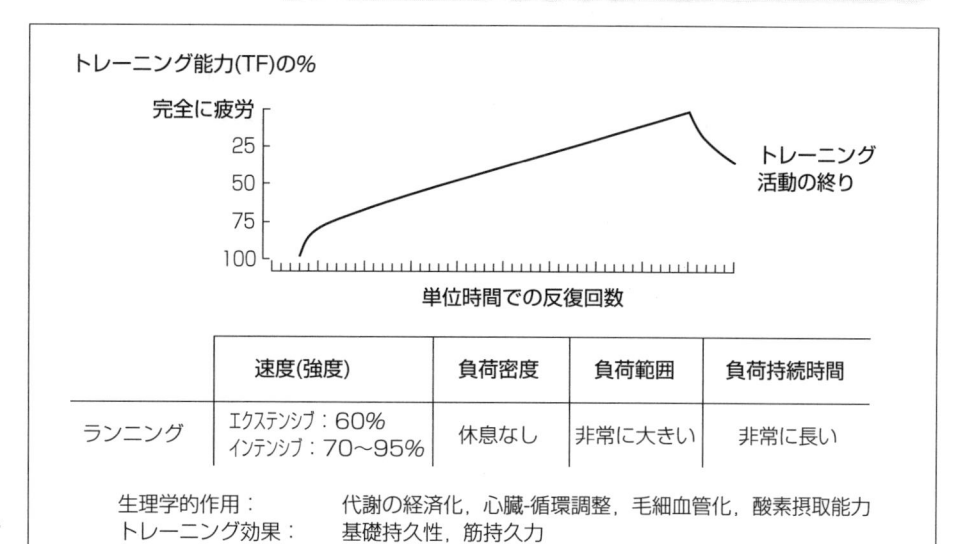

第2章／サッカー選手の持久性とそのトレーニング　047

	速度(強度)	負荷密度	負荷範囲	負荷持続時間
ランニング	エクステンシブ：60% インテンシブ：70〜95%	休息なし	非常に大きい	非常に長い

生理学的作用：　　　　代謝の経済化，心臓-循環調整，毛細血管化，酸素摂取能力
トレーニング効果：　　基礎持久性，筋持久力
教育学・心理学的作用：すぐ立ち上がる意志力，忍耐力，自身に対する厳しさ

図30　持続法の実行方法と作用
（Autorenkollektiv, 1986）

分）までのエクステンシブな持続走がとくに適している。エクステンシブな持続走はまた，「回復トレーニング」の形式で消耗の激しいゲームやトレーニングの後のすみやかな回復のためにも用いられる。回復トレーニングで，心拍数130前後の負荷の少ない楽しいランニングを理解する。この種のトレーニングで，筋群の最適な血行がもたらされ，枯渇した貯蔵の再合成のため，ないしミクロ構造的な損傷を除去するために十分な基質供給が行われる。さらにプラスの副次的効果として，心的緊張をリラックスさせる要因がランニングの後に加わる。最後に，有酸素性トレーニングは，年間を通じて「維持トレーニング」として用いられる。これに対してインテンシブな持続走は，テスト走，あるいは散発的に意志鍛練の意味で用いられる。

2── インターバル法

　図31と図32から明らかなように，エクステンシブなインターバル法とインテンシブなインターバル法は区別される。さらに，短時間・中時間・長時間のインターバル法が区分される。エクステンシブなインターバルトレーニングは，大きな範囲と相対的に低い強度で，インテンシブなインターバルトレーニングは，相対的にわずかの範囲と高い強度で特徴づけられる。短時間インターバル法は5〜60秒，中時間インターバル法は1〜8分，長時間インターバル法は8〜15分の負荷時間がある。

　サッカーのトレーニングでは，代謝負荷の種類の点でゲームに最も近いインテンシブなインターバル法が，多くは短時間インターバル法の形で，スピード持久性・筋持久力・パワー持久性に向けた基礎作業の意味で用いられる。エクステンシブなインターバル法は，準備期に基礎持久性発達のための持続法への補完として用いられる。

　インターバル法に特徴的なのが，積極的な休息の原理である。図33は，負荷の中断後に相対的に急速な心拍数低下が起こり，この場合にこの低下の大きさからトレーニング状態を逆推論できることを示している。この低下は対数的に起こるので，休息の一部が有意味であるにすぎない。完全な回復までには非常に長時間待たなければならないだろう。したがって，心拍数が約120〜140拍/分

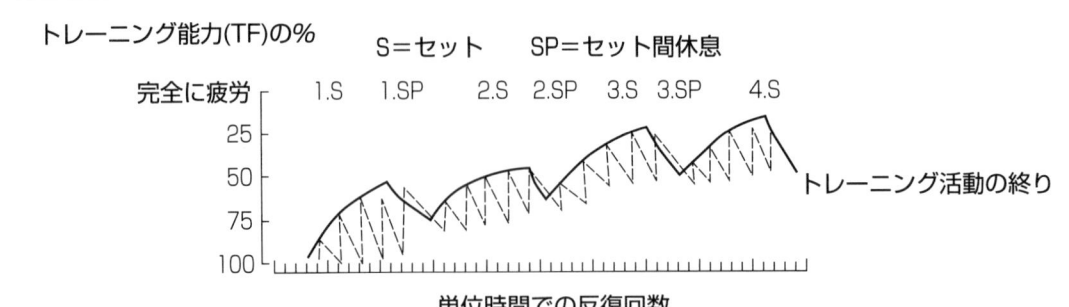

[グラフ: トレーニング能力(TF)の% — 完全に疲労 25/50/75/100、S=セット、SP=セット間休息、1.S 1.SP 2.S 2.SP 3.S 3.SP 4.S、トレーニング活動の終り、単位時間での反復回数]

	負荷強度	負荷密度	負荷範囲	負荷持続時間
ランニング	60〜80%	「積極的休息」,セット間休息3〜10分	高度(12〜40回反復)	中程度

生理学的作用： 毛細血管化の向上，酸素摂取能力上昇，筋代謝の経済化
トレーニング効果： 基礎持久性,
教育学・心理学的作用： すぐ立ち上がる意志力，高める能力，切り換え能力

図31 持久性トレーニングの分野でのエクステンシブ(強度は中)なインターバル法の実行方法と作用　(Autorenkollektiv,1982)

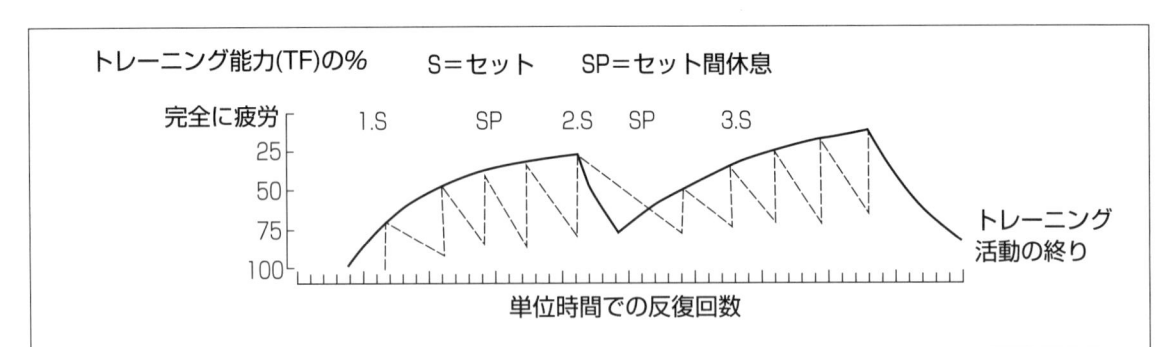

[グラフ: トレーニング能力(TF)の% — 完全に疲労 25/50/75/100、S=セット、SP=セット間休息、1.S SP 2.S SP 3.S、トレーニング活動の終り、単位時間での反復回数]

	負荷強度	負荷密度	負荷範囲	負荷持続時間
ランニング	80〜90%	「積極的休息」,セット間休息5〜10分	中程度:最大10〜12回反復；セットでも(たとえば3×4回反復)	大部分5〜60秒(短時間),しかし1〜8分(中時間),8〜15分(長時間)も

生理学的作用： 心臓・循環調整，代謝過程の経済化
トレーニング効果： 専門的持久力，スピード持久性
教育学・心理学的作用： 意志的行動力，高める能力，切り換え能力

図32 持久性トレーニングの分野でのインテンシブ(準最大強度)なインターバル法の実行方法と作用
(Autorenkollektiv,1982)

に達すると，次の負荷刺激が始められる。インターバル法では完全な回復を待てないのには，さらに次のようないくつかの理由がある。

○休息は大部分通常の短い時間1～1.5分を越えるべきでない。なぜなら，休息をとくに「歩き」の形でとると，心臓-循環量と代謝過程が安静時の状況へと復帰してしまうと思われるからである。すると，改めて運動を開始する際に，さまざまの調整機構とエネルギー獲得段階を通らなければならない。これはインターバル法では（レペティション法とは逆に）意図していない。

○負荷終了後は，心収縮期と心拡張期の血圧が急速に低下し，血圧の振幅は非常に大きくなる。これは一回拍出量が大きくなったからである。平均血圧の低下によって，心臓は拍出作業から量作業のほうに重点を移し，これが心腔の拡大の原因とみなされている。その他に，「積極的休息」域の心拍数で一回拍出量は最も大きい。したがって，この最適一回拍出量が，回復期には心臓肥大化にとって効果のある刺激となる。

> したがって，インターバルトレーニングでは，2つの点で心臓の大きさの変化に影響が加わる。負荷局面ではもっぱら拍出作業を通じて心筋の肥大が，回復局面では，前面に出る心臓の量作業を通じて心腔の拡大が生ずる。

この理由から，インターバル法では心臓の作業が急速に増加し，これがさらに，最大酸素摂取量と持久性能力に有利に働く。インテンシブなインターバル法は，サッカー選手にとっては，たとえばケガ後や短い準備期ですみやかに心肺能力の向上を図る場合にはとくに適している。数週間で220cm³の心容量の拡大が見られた事例もある。

エクステンシブとインテンシブなインターバル法の主な相違は，代謝の分野に求められる。負荷が持続時間約1～4分で高い強度の場合には解糖作用を通ずるエネルギー供給が強まり，無酸素性能力が明確に改善される。これに対して，比較的

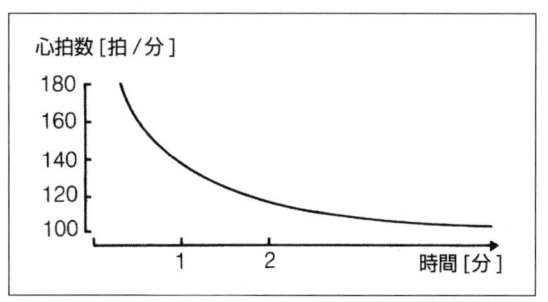

図33 「積極的休息」の原理，負荷終了後の心拍数の変動
(Weineck, 1990)

長くつづくランニングでは，強度はやや低下して解糖作用によるエネルギー獲得割合も低下し，有酸素性能力の改善が前面に出る。その他にもインテンシブなインターバルトレーニングは，FT線維に対して選択的に負荷をかけて貯蔵の枯渇とその肥大をもたらし，これに対してエクステンシブなインターバル法は，ST線維に対して多く負荷をかける。とくにインテンシブなインターバル法は，炭水化物代謝に対し強力に負荷をかけ，無酸素性の糖分転換を受け持つ解糖作用酵素の動員速度だけでなく，ATP・CPの動員速度も上昇させる。とはいえこれはレペティション法の場合ほどではない。

インターバル法では，「無酸素性作業閾値」を越える域で作業が行われる。したがって，インターバル法は明確にグリコーゲンを枯渇させ，引きつづいて超回復をもたらす方法である。したがって，糖分代謝の分野で急速な改善をもたらす。さらにインテンシブなインターバル法は，心臓-循環系にも明確に作用を及ぼし，最大酸素摂取能力向上の最高の増加率と最高のパフォーマンス向上をもたらす。

エクステンシブなインターバル法もインテンシブなインターバル法も，「積極的な」つまり累積的な乳酸値上昇をともなう不完全な休息を通じて運動を行うので，とくに心身の疲労抵抗力ないし耐久力の改善に適している。インターバル法は，負荷と（部分的な）回復の特徴的な交替によって，

ゲームの間欠的な負荷のパターンに非常に近く，したがってサッカー選手の専門的持久性向上に効果的に用いることができる。

> 持続法とは逆に，インターバル法では明確な毛細血管化は確認されない。なぜならインターバル法の場合には，毛細血管の枝分かれに必要な高い循環速度での高い平均血圧が，必要とされる30分以上の時間は維持されないからである。したがって，インターバル法だけを通じて得られる一般的持久性能力の向上は，持続法によって獲得される基礎持久性のような安定性を持たない。その結果，チームがシーズンの経過中に「パフォーマンスの落ち込み」を被ることもありうる。

インターバルトレーニングは，糖分貯蔵を強度に枯渇させるので，枯渇した貯蔵を補充するために少なくとも48時間の回復局面を必要とする。したがって，頻繁すぎる陸上競技向けのインターバルトレーニングは，とくにゲーム期には警戒すべきである。インターバル法ないしこれに類似のゲームの負荷に似たトレーニング形式は，ボールを用いないで技術的・戦術的想像力をともなわない「純粋に」陸上競技的な形では，わずかにすべきである。

間欠的なゲームの負荷に近いこのトレーニング方法は，サッカートレーニングに複合的に組み込むと，すべての体力-技術的ないし体力-戦術的なトレーニングに非常に適している。

3 — レペティション法

レペティション法の行い方と作用についての総括的な概観を，図34が与えている。レペティション法の内容は，一定の距離をその都度完全に回復してから最大可能なスピードで走り抜け，これをくり返す点にある。

サッカーのトレーニングでは，レペティション法はほとんどダッシュスピード向上，スプリント持久性増加，パワー持久性と筋持久力発達（108頁参照）のために用いられる。レペティション法は最大のスピードで走るので，代謝の面ではもっぱら無酸素性のとくに非乳酸性の能力を鍛える。そしてFT線維を選択的に強化する。

有酸素的持久性トレーニングのためには，レペティション法はサッカーではなんの役割も演じない。なぜなら，最大のテンポ走，それも何度もくり返すのは，陸上競技の中長距離走者にとって意味があってもサッカー選手にとっては意味がないからである。

4 — ゲーム法

ゲームの要求に対応するには，良好な一般的基礎持久性だけでは十分ではない。基礎持久性を基盤としその発達と並行して，つねに強度が変化するゲーム独自の負荷を良好に担う能力を内容とする専門的持久性を向上させなければならない。ここから，ゲームに近いトレーニング内容・方法が要求される。サッカーをプレーするには，一般的持久性と専門的持久性が必要であり，規則的にサッカーをプレーしている者は，自動的に両方の持久性を向上させる。さまざまなレベルの選手の研究で，持久性トレーニングをゲームトレーニング以外にまったく行わない選手でも，驚くべきことに，持久性能力において他の選手と基本的に異ならない点が確認されている。したがって，ゲームとゲームトレーニングだけでも，有酸素性系へのふさわしいトレーニング刺激は与えられていると考えなければならない。トップレベルのサッカーでは，しだいに「ゲームによる体力トレーニング」が広がっている。この最近の傾向は，「ゲーム形式を通じた体力」という短いスローガンで正確に表現されている。

ゲームに近い体力トレーニングを行うべき理由として，次があげられる。これまでに述べた方法のどれも，それ一つでは，「ゲーム法」ないし「ゲームによる方法」による専門的持久性トレー

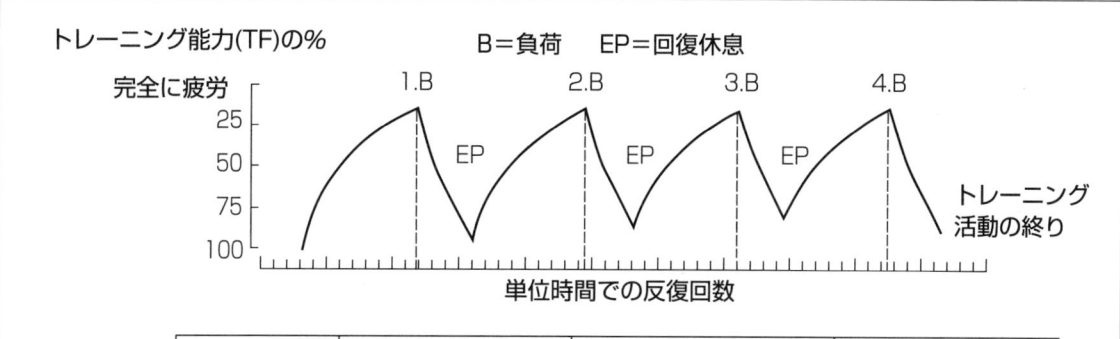

	負荷強度	負荷密度	負荷範囲	負荷持続時間
ランニング	100%	約2分間ジョギング休息(≒150m)	4〜8セット，1セット5〜8回ダッシュ	2〜3秒ないし15〜20m

生理学的作用：　筋肉増大(短距離で最大強度の時)，物質代謝過程の経済化，エネルギー予備の増加
トレーニング効果：　最大筋力，パワー，最大スピード，加速力，スピード持久性
教育学・心理学的作用：意志的行動力，最高の個人的プレー能力へ高める能力，ゲーム独自の負荷に耐える能力

図34　持久性トレーニングの分野でのレペティション法の実行方法と作用 (Autorenkollektiv, 1982)

ニングほどに，包括的でサッカーの要求独自に鍛えることはできない。ゲーム法を用いて，複合的にかつもっぱらゲーム独自の持久性能力が鍛えられる。しかし，またゲーム法によって，この最高度の専門性と並んで，試合経験と試合の厳しさの獲得，戦術的行動の改善，そして相手の戦術を学ぶこともできる。

さらに，ゲームによる持久性トレーニングの利点は，とくに，ゲームではつねに相手と競い合うことで，心臓-循環系を初めとする個別の系で，通常のトレーニングでは達成できないような機能状態が達成される点にある。したがって，頻繁にゲームに参加すると，心身のプレー能力準備すべてに対して完全に負荷がかけられることによって，きわだってトレーニング状態の改善に役立つ。とくにすでに高い水準にある選手では，ゲームにおけるこの「いっそうの」負荷がホメオスタシスをさらに乱し，これにともなって適応メカニズムが生ずるのを可能にする。

最後にゲームは，プレー能力を決定する心身的なすべての要因をコントロールする形式であり，トレーニング構成や用いられたトレーニング方法と内容が正しく選ばれていたかについて解明してくれる。

> ゲーム法やゲームによる持久性トレーニングは，ゲーム独自のすべての能力を鍛えるので，もっとも複合的なトレーニング方法である。

以上への限定として，頻繁すぎるゲーム参加は，選手がゲーム状況に慣れてしまってもはや十分には刺激を受けず，これがこの方法の価値を損なうことがある点を指摘しておかなければならない。その他に，試合に近いトレーニングは，きついマーク，1対1，ドリブル，フリーな場所へのランニングがつねに必要とされるために，受動的な運動器官(骨，軟骨，腱，靭帯)に対して極度の負荷がかかりケガの危険が高まること，さらにこのトレーニングは高度に集中した作業でやがて中枢部

の疲労が生ずることも考慮すべきである。また，トップのサッカーでは，持久性トレーニングの一定の部分要素はゲーム法だけではカバーしきれない点も認めなければならない。それゆえに，持久性を最適に発達させるのなら，基礎持久性トレーニングには長時間の負荷を省くことはできず，またスプリント力持久性トレーニングには，ボールを使わないダッシュがぜひとも必要となる。

3. 持久性トレーニングの内容

1 ── 一般的注意

　持久性トレーニングをどのような方法で，どの範囲で，そしてどのような内容で行うかは，トレーニング時間，既存の能力，目標設定，そして年齢で大幅に異なる。チームの水準が低いほど，そして1週間に行えるトレーニング回数が少ないほど，分離した持久性トレーニングに割くことができる時間はそれだけ少ない。

　アマチュアの下レベルでは，1週当たり2〜3回のトレーニング回数を超えるのはまれで，多くの場合に持久性能力は低いので，ゲームでの刺激で持久性発達に十分である。この場合には持久性は，技術的-戦術的トレーニングの枠組の中でだけ，つまりつねにボールを用いて鍛えるべきである。有酸素性の基礎持久性トレーニングの意味での純粋なランニングは，個人トレーニングで行うべきである。個人トレーニングでは，課題をしだいに増加させて最後には30分までのランニングを要求すべきである。この場合，最初は短い時間をインターバル的に(3回10分，2回15分，20分＋10分など)走り，後には一度で走るようにすべきである。有酸素性持久性にとっては，ゆっくりと「長く」走って初めて十分な点をつねに指示すべきである。

> 個人トレーニングを行うには，「大人の」，自己責任のある，理論に明るい協力的な選手が必要である。

　トレーニングの準備と終わりの時間のウォームアップとウォームダウン(この場合にも，とくにウォームアップでは，できる限りボールを使った形式をとるべきである)でも，このレベルでは有酸素的持久性能力向上に有効な刺激を規則正しく与えるべきである。

　より多くのトレーニング時間が使えるか，より高いプレー能力が要求される場合には，持久性トレーニングがしだいに重視される。しかし，アマチュアの最高レベルでも，ランニングは変化し気分転換が多いように構成して，持久性トレーニングの性格をもつゲーム形式と交替で行うべきである(53頁参照)。

　最後に，かなり高度・最高度のプレーレベルでは，十分に発達した基礎持久性は不可欠の基本前提である。このレベルでは，とくに準備期には30分から最大45分までのランニングを，週2〜3回ないし毎日，分離してあるいは通常の技術的-戦術的トレーニングにつづけて行うべきである。持久性トレーニングを行う際には，個人的な能力ないし「ランニングのタイプ」を考慮すべきである。つまり，いくつかの同じ強さのグループをつくり，グループごとに適切な方法で負荷をかける。持久性タイプには，継続的でより長時間の持続走がいっそう「合っている」し，スプリンタータイプには，より短い距離を何度もインターバル的に走るほうが合っている。つまり，個人的な負荷可能性とタイプにできる限り合わせるべきである。

　表6のランニングプログラムでは，持久性タイプ(多くは中盤選手・守備選手)にはAのプログラムが，スプリンタータイプ(多くは攻撃選手・ゲームメーカー・リベロ)にはBのプログラムが適している。

表6　基礎持久性発達のためのさまざまなランニングプログラム（Norpoth,1988）

ランニング・プログラム1	ランニング・プログラム2	ランニング・プログラム3
A－10分間個人的ペースで一定の持続負荷 B－個人的ペースで一定の持続負荷，4分で2分休息を2回	A－ペナルティからペナルティまで個人的な速い持続走10本，ゴールラインまでジョギング休息して返る B－ペナルティからハーフラインまで個人的な速いからもっと速い持続走10本，他のペナルティまでゆっくりとジョギング休息	4分の1グラウンドでフラッグを回って方向転換して走る A－30秒(45秒)個人的に速い持続走30秒(15秒)ジョギング休息10本 B－10秒(20秒)個人的に速い／より速いペースで，50秒(40秒)ジョギング休息，10本

2 ── 基礎持久性トレーニングの内容

①持続法によるボールなしでのトレーニング

ボールを用いない「純粋な」持久性トレーニングはあまり勧められないが，持続走を基礎持久性トレーニング計画から決して全面的に外すことはできない。なぜなら，持続走は基礎持久性トレーニングで大きな役割を果たしており，その他に個々の選手に対して耐え抜く能力と「自分自身に対する厳しさ」を要求する教育学的-心理学的効果もある。そればかりか，回復走（47頁参照）を行うには，こうしたランニング量を余計な負荷でなく「休養回復手段」と感じる能力も必要である。これは，より高い有酸素性の基礎持久性能力を前提としている。

以下では，変化のあるランニング構成と気分転換に富むトレーニング構成の若干の例を示そう。

1) 自由なランニング形式
2) グラウンドないし体育館でのランニング

この場合に重要なのは，有名な「単調さ克服」の問題は，非常に簡単な実行方法や事前の指示で決定的に和らげられる点である。ランニング形式や走路のバリエーションだけでも，気分転換になる。動機づけ改善と気分転換のために，ランニングに音楽（もちろんトレーナーでなく選手が最も気に入っている音楽）をつけてもよい。

3) ランニングペースのバリエーション──ペースを意識したランニング

②持続法によるボールを用いての内容と実行方法

ボールを利用するとよい理由は，一つには，単調なランニングに気分転換や気晴らしが持ち込める点，もう一つには，複雑な技術的-戦術的要素も持久性トレーニングの中に取り入れられ，最高度にサッカー専門のトレーニングが可能となる点である。これまで述べた多くのボールなしの形式は，ボールを用いても行える。しかし，ボールつきのランニングはボールなしのランニングよりもつねに緊張を強い，速く疲労する点に注意しなければならない。その他にも，ボールによって多くの選手がランニングの強度を高くしすぎてしまい，場合によっては有酸素的持久性の発達に反することになる。ボールつき形式の中心にあるのが，ボールつきランニング（持続ドリブル），パスないし連続パスと結びついたランニング，ゴールシュートと結びついたボールつきランニングである。

③エクステンシブなインターバル法によるボールを用いた方法

④ゲーム法による基礎持久性発達のための方法

有酸素的持久性トレーニングのためには，5対5から8対8のゲーム形式はすべて適している。とはいえ，ゲーム形式の選択と組織にあたっては，次の点を注意すべきである。

○十分に大きいフィールドを選ぶ。選手数に比べて大きいフィールドは，高いが相対的に均一の体力的負荷を要求する。なぜなら，広いプレー空間は直接的1対1状況を少なくし，確実な連

携プレーとボールがないときに周囲を見渡すのを容易にするからである。
○確実な連携プレーができ，均一のペースを維持できるように，なるべく多人数で行うようにする。
○比較的長い負荷時間を選ぶ。大きな負荷範囲が必要なため，ゲーム時間は選手数に比して相対的に長い。
○中断を避ける。替りボールを準備し，「空いたゴール」での練習ゲームだとプレー中断・負荷中断が防げる。

3——専門的持久性トレーニングの内容

①ボールなしでのペース転換負荷ないし強度転換負荷による専門的持久性の向上

反復してインターバル的につづく強度転換が選手に要求するのは，強度の高い負荷局面の乳酸濃度上昇を穏やかなランニング中に取り除き，大幅に回復して次の強度局面に入れることである。

②ボールを用いたペース転換負荷ないし強度転換負荷による専門的持久性の向上

複合的な専門的持久性訓練には，いわゆるサッカー課題コースがとくに適している。これには，サッカートレーニングの技術的-戦術的要素を体力トレーニングに取り入れられるという利点がある。

③専門的持久性発達のためのゲーム形式

ゲームに近いかたちでは，専門的持久性は少数の選手(1対1，1対2，2対2，2対3など)でのスモールゲームでトレーニングされる。これはつねに1対1状況なので，最高度の意志貫徹力と疲労抵抗能力を必要とする。このスモールゲーム形式は，心身の負荷可能性への要求は極度に高い。**表7**の例の負荷時間では，乳酸値約10mmol/lの高度の循環負荷ないし強度の無酸素的乳酸性のエネルギー負荷となっている。したがって，以下のスモールゲーム形式では，あまりに長い負荷時間を要求しないように注意すべきである。なぜなら，選手はさもないとあまりに強くアシドーシスとなり，サッカー専門の能力の基本的要素が損なわれるからである。以下では，専門的持久性トレーニングのための若干のスモールゲーム形式を紹介し，それらの専門的な負荷構造を特徴づけよう。

1)ゲーム形式1　ゴールキーパーつき通常ゴール2つのでの1対1

ゲームの説明：2人の選手が，ゴールキーパーつき通常2つのゴールの間で1対1を行い，できるだけ速くシュートしようとする。キーパーは若干の予備ボールを準備して，ゲームが中断されないようにする。キーパーへのバックパスは許されない。コーナーキックはなし。サイドから出たら，選手はドリブルして入る。

負荷形成：フィールドの大きさ：20×20m

負荷時間：8×1分，休息：その都度4分

負荷の作用：

○スポーツ生理学：心拍数：180拍/分(非常に高い負荷)，エネルギー代謝：乳酸約10mmol/l，強い無酸素性-乳酸性のエネルギー要求
○スポーツ心理学：集中力・反応力への高度の要求
○スポーツ方法論：技術的-戦術的行動数：1分当たり約13

戦術的主要要求：

○強度の疲労効果の下での1対1
○やり通す能力と意志鍛練

2)ゲーム形式2　ゴールキーパーつき通常2つのゴールで2人の外部プレーヤーをつけての1対1

3)ゲーム形式3　ゴールキーパーつき通常ゴール2つでの2対2

4)ゲーム形式4　ゴールキーパーつき通常ゴール2つで2人の外部プレーヤーをつけての2対2

ゲームの説明：2チームが，2対2を2つのキーパーつき通常ゴールの間で行う。各チームは，フィールドの外でボールをもらおうとするそれぞれ1人の外部プレーヤーと連携プレーでゴールするよ

表7　スモールグループ形式と精神身体的ないし技術・戦術的諸要因 （Herzog/Zempel, 1991）

トレーニング内容	負荷時間	休息時間	心拍数(拍/分)	乳酸値(mmol/l)	技術ないし戦術行動の頻度	単位時間当たりダッシュ数	心的負荷
1対1	8×60秒	4分	<180	約10	13/分	―	高
1対1+外プレーヤー	6×30秒	90秒	<180	約10	6/30秒	―	高
2対2	8×1分	4分	<180	約8	10/1分	4/分	高
2対2+外プレーヤー	8×1分	2分	<180	7〜8	9/1分	2/分	高

うにする。キーパーへのバックパスは許されない。予備ボールはキーパーのところに準備しておく。サイドから出たら、中へパスするかドリブルで入ってゲームをすぐにつづける。

負荷形成：フィールドの大きさ：20×20m
負荷時間：8×1分，休息：その都度2分
負荷の作用：
○スポーツ生理学：心拍数：約180拍/分（高い循環負荷），エネルギー物質代謝：乳酸約8mmol/l，強い無酸素性-乳酸性のエネルギー要求
○スポーツ心理学：集中力・反応力への高度の要求
○スポーツ方法論：技術的-戦術的行動数：1分当たり約9，ダッシュ数：1分当たり約2

戦術的主要要求：
○1対1
○戦術的に巧みに外部プレーヤーを取り入れた連携プレー

　以上にあげた例は、スモールゲーム形式が非常に強度の高い負荷を内容としており、無酸素性の乳酸性と非乳酸性の専門的持久性の訓練に十分に適している点を明らかにしている。1対1のゲーム形式では、絶え間ない1対1の競り合い状況によって、10mmol/lの最高度の乳酸値に達しており、2対2のゲーム形式では乳酸値は7〜8mmol/lであって、両方とも乳酸値はゲーム時の値（235頁参照）を越えている。したがって、このようなトレーニングで、最高度の強度要求に十分対応できるようになる。しかし、一般的には次の点に注意すべき

である。負荷時間が長くゲームグループが小さいほど、負荷はより多く乳酸性の無酸素性能力のほうに向けられる。負荷時間が短くゲームグループが大きいほど、非乳酸性の無酸素性能力がより前面に出てくる。これらの持久性トレーニングは、サッカー専門の重要性が非常に高いので特別の注意を向けるべきである。

> トレーナーは、望むトレーニング効果が達成できるように、負荷時間、回復休息、選手数を選ぶべきである。

4. 持久性トレーニング法の基本原則

①サッカー選手の持久性能力は，一般的持久性（基礎持久性）と専門的持久性にもとづいている。基礎持久性は，まずもって範囲を強調し強度の高さは二義的であるような持久性トレーニングによって獲得される。基礎持久性がすべての専門的持久性の基盤をつくっている。というのは，基礎持久性が代謝パラメータと心臓-循環パラメータに関して，強度の高い負荷と負荷後の急速な回復のための前提をつくり出すからである。したがって，サッカー選手の持久性能力を向上させる場合，最初に基礎持久性を，その後に専門的持久性を発達させるべきである。この順番については，決して手順前後を犯してはならない。

②「持久性タイプ」と「スプリンタータイプ」が存在するので，持久性トレーニングは，負荷能力に応じて区分して行わなければならない。

③サッカー選手の持久性能力は，最大でなく最適に発達させるべきである。持久性トレーニングを強行すると，スピードとパワーのパラメータでマイナスが生ずる。

④準備期には，トレーニング回数を多くしすぎないように（トレーニングキャンプではしばしば1日に4回トレーニングが行われる）すべきである。なぜなら，身体は負荷に対してもはや生物学的にポジティブに反応できず，選手はシーズン初めにオーバートレーニング状態にあることになる。同じことが，個々のトレーニングに積み込みすぎや，いくつかの強度の高いトレーニングの連続にも当てはまる。生物学的にポジティブな負荷の消化を保証するため，強度の負荷の後には回復ランニングなどをつなげるべきである。

⑤「ハードな（強度が高い）ほど，それだけよい」のモットーでトレーニングする誤りを犯してはならない。というのは，望ましくない無酸素的乳酸性の負荷が稼働されるので，これによってとくに有酸素的持久性能力とスピード特性が損なわれるからである。

⑥全シーズンを通じて基礎持久性が十分であるためには，一つには十分に長時間かけて発達させ，さらに少なくとも週1回の有酸素性持続走トレーニングで維持をはからなければならない。

⑦トレーニング時間が限られているチームは，技術的・戦術的練習を削って持久性トレーニングをすべきでない。

⑧トレーニング回数が少ない場合には，基礎持久性の発達・維持は，もっぱら個人トレーニングで行わなければならない。同じように，トレーニングの開始時と終了時のウォームアップとウォームダウンは，持久性発達に役立つ。持久性の向上では，目標に対して適切な方法と内容を用いるように注意すべきである。基礎持久性獲得には，とくに持続法とエクステンシブなインターバル法が，サッカー独自の専門的持久性向上にはインテンシブなインターバル法とゲーム法が，回復を行うトレーニングには回復走が適している。

⑨トレーニングは自己目的ではない。トレーニングで用いられた方法・内容で，どこまでさまざまなプレー要因が効果的に発達したか，ゲームでわからなければならない。

⑩短時間の強度の高い持久性トレーニング（FT線維を選択的に動員）には，その次に範囲を強調した負荷（ST線維を動員）をつづけることができる。この順番を逆にすることはできない。なぜなら，長時間の負荷ではしだいにST線維が，そしてST線維が疲労するとFT線維が，つまり両方の筋線維タイプが消耗してしまう。

⑪持久性トレーニングの有効性は，最適のトレーニング負荷だけでなく，最適の回復措置（十分な休息時間，正しい食事など）にもかかっている。

⑫計画とコントロールなしの持久性トレーニングはない。長期のトレーニング過程のきめ細かい

コントロールは，恒常的なインフォーメーションのフィードバックと修正を通じてのみ可能である。

⑬長期のトレーニング過程では，中間目標と目標値が必要である。

5. 持久性トレーニングの期分け

1 ── 一般的基礎

一般的には，有酸素的基礎持久性が最適に発達するのは，規則的に比較的長期間（6〜8週間）適切な方法と内容でトレーニングされる場合だけである。達成された有酸素的持久性の水準は，年間を通じていわゆる「維持トレーニング」（少なくとも週1回30〜45分間つづく有酸素性トレーニング）が行われる場合だけ維持できる。

> ゲームだけでは，準備期に重点的な持久性トレーニングで獲得された水準は，向上はおろか維持もできない。

図35は，ゲーム期にはゲームに独自の負荷が優先され，これだけでは十分に高い水準の基礎持久性を維持できなかったことを示している。準備期には持久性トレーニングが十分に行われ，有酸素性能力の注目すべき向上をもたらしたのに対し，ゲーム期にはほとんど完全に怠られ，その結果が急速な有酸素性能力の低下であった。

2 ── 準備期

有酸素的な一般的持久性と無酸素的な専門的持久性の両方を内容とするサッカー選手の持久性能力は，長期の冬季準備期に，理想的には約8週間以上で発達させることができる。

> 準備期の1〜2週間の持久性トレーニングでは，比較的長期間の安定的基盤をつくり上げるには不十分で，少なくとも約8週間，週4回のトレーニングでからだの適応現象が現れ，その上に安定的基盤をつくることができる。

準備期の最初の3〜4週間には，重点は有酸素的基礎持久性の安定化と向上におかれる。この場合に生化学的視点から見て中心にあるのが，脂肪代謝と炭水化物代謝の最適化および筋内の脂肪貯蔵とグリコーゲン貯蔵の増加である。選択する方法は持続法で，内容は，負荷持続時間約20〜40分の中程度のペースでの比較的長時間のランニングである。強度は，乳酸値2mmol/lの有酸素性作業閾値内，あるいは心拍数120〜160拍/分内で走る。週当たりトレーニング回数が2〜3回の下位レベルでは，これは個人トレーニングで行うこと

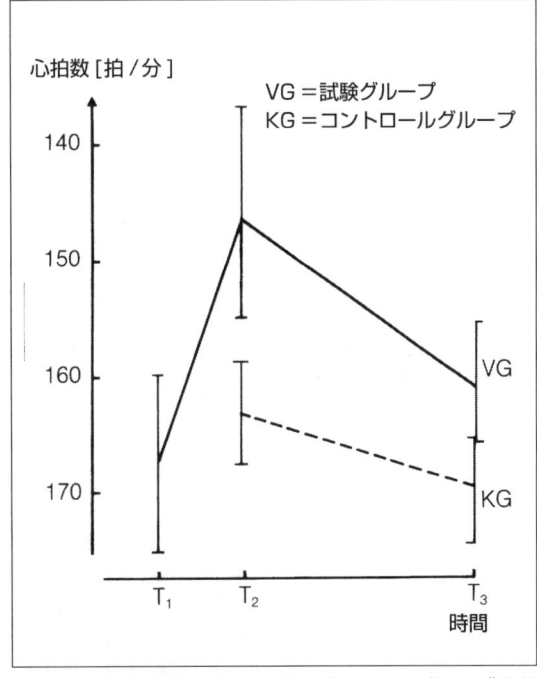

図35 準備期の開始時（T_1）と終了時（T_2）およびリーグ戦前半終了時（T_3）の有酸素的持久性能力，与えられたスピード（持久性タイプ22分30秒，スプリンタータイプ24分30秒）での5000m走後の心拍数で測定（Binz/Wenzel, 1987）

ができる。基礎持久性は，トレーニング後の回復過程を最適化するウォームダウンと結びつけて向上を図ることができる。

第4週から，強度を高めたペース転換のランニング（転換法，鬼ごっこ，エクステンシブなインターバル法）が，強度の低いランニングにとって代わる。さらにサッカー専門の持久性要求に応えるために，複合的形式とゲーム形式がトレーニングの中心になってくる。例：グラウンドを区切って4対4，5分間，回復局面は5分間の回復域（有酸素性の作業閾値あるいは120～160拍/分の心拍数）でのジョギング休息，を6セット。

より強度の高いランニングでは，局面的に，平均心拍数約175拍/分が対応する無酸素性作業閾値の域で（短時間ではこれを越えて）走るようにすべきである。局面的にとは，選手ができる限り長く基礎持久性発達に最適の域で走り，その間により高い強度の部分が何度も入るようにしようと試みることを意味する。ペース転換走の構成は，無酸素性作業閾値を何度も短時間に越えて一時的な酸素負債が現れるようにし，この酸素負債が引きつづくより穏やかなランニングの局面で再び取り除かれるようにする。とはいえ，強すぎるアシドーシスと高い心的な負荷を避けるために，ペース転換では決して高すぎる強度にならないように注意すべきである。ペースの調節は自分で行う。つまり選手は「よい」と感じたら短時間ペースを上げ，すでに少し「ばてた」と感じれば，再び「満タン」になるまでランニング速度をいくぶん落とす。ペース転換と同時に，直線走から方向転換走にすべきである。というのは，こうしてさまざまな筋群が鍛えられ，サッカー独自の専門的持久性の基礎がおかれるからである。

生化学的にみると，ペース転換法と複合的なゲーム形式で，非循環的に脂肪代謝から炭水化物代謝に（そして逆に）転換する能力が鍛えられる。これによって，このサッカー独自の負荷に対する回復能力が最適化される。このインターバル的な負荷構成では，乳酸値は最大で6mmol/lまで上昇し，心拍数が約170～180拍/分に達するようにすべきである。準備期の初めには，とくに脂肪代謝にかかわる有酸素性能力の向上が前面に出ていたとすると，強度の増加あるいはペース転換走によって，代謝の点での要求が炭水化物代謝の方向に変化する。この炭水化物代謝は，試合において強度の高いプレーを保証するのに非常に重要な役割を果たす。

いっそう高い強度によって筋および肝臓内のエネルギー貯蔵は使い尽くされ，これは引きつづいて超回復をともなう。継続的にトレーニングすると，糖分貯蔵をほとんど倍増でき（25頁参照），これによってエネルギー的にゲームでより高いプレ

ーが可能となる。さらにこれだけでなく，ATP・CP貯蔵の再合成能力が，糖分代謝の最適化によって改善される。つまり選手は，ゲームに典型的な5〜25mの距離のダッシュを内容とする短時間の最高度の強度で反復する負荷を，スピードをほとんど損なわずにこなすことが，しだいにできるようになる。とはいえ，この最適な適応過程が生ずるためには，少なくとも週4〜5回のトレーニングが必要である。

このようなトレーニングでは，サッカー選手のパワーとスピードにとって非常に重要なFT線維が持久性向きのST線維に転化してダッシュスピードを損なってしまう，という危険を冒すことにはならない。毎日約30分の持久性トレーニング，加えてしだいにサッカー専門の筋力とパワーのトレーニングは，サッカー選手のような非持久性スペシャリストにとっては，持久性の基礎をつくるだけである。毎日数時間持久性トレーニングを行うのなら，このような筋線維組成の変化をもたらすかもしれないが，毎日30分の持続走ではこういうことは起こらない。

強度の高すぎる持久性負荷では，筋のグリコーゲン貯蔵がはっきりと枯渇し，その回復には48時間かかることもある。したがって，比較的長い距離をつねに高い速度で，あるいは厳しい恒常的なペース転換で走ろうとするのは無意味である。なぜなら，この場合累積効果でしだいにグリコーゲンが欠乏して持久性能力が低下する可能性があるからである。準備期で正しいペース転換とは，短時間のペース上昇の後再び十分に長い回復局面をつづけるやり方であり，この回復局面で，発生した代謝老廃物とくに乳酸は，再び酸化で取り除かれるのである。

基礎持久性を最適に発達させるには，強調された持久性トレーニングをゲーム期まで入れ込まなければならない。アマチュア下位レベルでは，「緊急の解決」としてもっぱら個人トレーニングの形態で行う「純粋な」有酸素的持久性トレーニングと，複合的な形式・ゲーム形式は，平行して並んで利用される。プレー能力が低いほど，そしてトレーニングの数が少ないほど，いっそう複合的なトレーニングをより早くより包括的に導入すべきである。

しかし，ゲームに近い形の複合的な持久性トレーニングは，エネルギー的には有酸素性/無酸素性の混合形態であって，基礎持久性にとって理想的な，そして有酸素性能力に影響するすべての要因が最適にトレーニングされるような，純粋に有酸素性のエネルギー供給とはならない(23頁参照)点に注意すべきである。

効果的な基礎持久性発達の基本的側面は，アマチュアのための負荷要素と適切な方法と内容を考慮に入れて，以下のようにまとめられる。

トレーニング頻度：全体で8週間の期間に週4回持久性トレーニング(基礎トレーニング)

トレーニング強度・持続時間：

第1週〜第3週

○選手が呼吸困難に陥らずしゃべれるくらいの速さで走る。

○少なくとも30分走る。走る時間は，15分×2，10分×3，10分×4などに分割してよい。短い「休み」に体操を組み込むこともできる。

第4週〜第8週

○ランニングの間にペースを頻繁に転換する(鬼ごっこ)。呼吸困難になるまでペースを上げ，それから再びゆっくりと走る(呼吸の正常化)。

○ランニングの間にジャンプとジャンプコンビネーションを導入する。しかし選手を「へたばらせ」ない。

シーズンの残りの時期

○きついゲーム，あるいは強度の高い技術的・戦術的トレーニング単位の後に，約30分間の持続走をゆっくりしたペースで行う(回復)。

○その他に週2回持久性トレーニングを行う(ペース転換・ジャンプコンビネーション・スタートダッシュ・体操をともなう)。

表8は，準備期におけるアマチュアチームのための基礎トレーニングの組み立てと内容的構成についての総括的概観を与えている。

レベルにかかわらず準備期の最初には，基礎持久性の体系的・継続的な構築に重点をおくべきである。この準備局面では，範囲を強調した個人的に調節可能なランニング形式をトレーニングの重点とすべきである。

準備期の初めには，選手自身がランニングのペースと距離を選択できなければならない。ランニングのペースは，個々のトレーニング状態に合わせるべきである。チームやグループでのトレーニングならば，能力グループに分けて行うべきである。単調さを防ぐために，変化の多い形式を用いる。さらに持久性トレーニングの意味と目的について，簡単にだれにもわかりやすく理由づけて，動機づけをすべきである。

しかし，これまで述べてきたことは，週当たり2〜3回のトレーニングが通常のアマチュア下位レベルでは，多くの場合に実現できない。したがって，長期間持続する高いプレー能力の基盤をつくり出す準備トレーニングを，試合期にも入れ込んで行うべきである。試合期のためにできるだけ早く高度な能力水準に達するには，リーグ戦直前の時期(2週間)にはトレーニングの頻度を高めなければならない。

> アマチュアでは，時間不足から，リーグ戦前に使える短い時間には技術的-戦術的トレーニングを強調し，体力的基盤の養成は最小限プログラムだけにすることが必要となる。体力的基盤の養成，とくに基礎持久性発達のためには，トレーニングを追加するか個人トレーニングを行わなければならない。これを時間やその他の理由から行えないか行いたくない者は，個人的なベストのプレーはできないし，また調子を長期間にわたっては維持できない点は覚悟しなければならないだろう。

さらに加えて準備期は，スポーツ的な能力を最適化するのに有効な点に疑問の余地はないにもかかわらず，アマチュアでは次のような一連の妨害要因によって，かなりその場しのぎの性格を持つことになる。

○多くの選手が，この重要な構築期を年次休暇で過ごしてしまう。これによって安定的なメンバーが組めず，継続的に体力を構築している選手と新しく加わる選手との間には，かなりの体力的な能力の相違ができてしまう。

○不利な気候条件(たとえば夏の厳しい暑さ，冬の凍ってプレー不能のグラウンドなど)によって，さまざまに替わりの解決(夏の自由意志での早朝ランニングか夕方ランニングや冬の体育館での持久性トレーニング。動機づけなどの問題あり)を強いられるか，計画目標が十分には実現できない。

> 数多くの起こりうる妨害要因から，トレーナーが即席の解決を見出す天才にならなければならない場合もまれではない。こうしたトレーナーは，「5分間で」彼のトレーニング構想を目の前の条件に適合させ，意味のあるトレーニングを軌道に乗せることができるのである。

3 ゲーム期

準備期のトレーニングは，強調点を移動させながら，切れ目なくゲーム期のトレーニングに移行する。一方で，サッカー専門の持久性能力は，ゲームに近い複合的な形式と持久性に対応する持続時間の技術的-戦術的トレーニングによって向上が図られる。他方で，基礎持久性は回復促進措置として，とくに1週間ごとのリーグ戦ゲームや厳しいトレーニングの後で，いわゆる「回復走」によって，ゲーム期全体を通じて十分な水準に維持される。

有酸素的持久性能力は，シーズンが経過する中で明確に変動する。シーズン初めの基礎持久性発達を図る有酸素性の負荷から，ゲームに独自な持久性とスピード作業を強調して行う場合の無酸素性の負荷へと大幅に転換すると，有酸素的持久性

表8　週3回トレーニング義務のアマチュアチーム用の準備期トレーニング計画（Bisanz, 1983）

第1週	第2週	第3週	第4週
月曜： ○個人トレーニングとして30分間森林走かクロスカントリー	月曜： ○個人トレーニングとして40分間森林走かクロスカントリー	月曜： ○個人トレーニングとして40分間森林走かクロスカントリー，しばしばペース転換	月曜： ○個人トレーニングとして40分間森林走かクロスカントリー，ペース転換，体操，ジャンプコンビネーション付
火曜： ○ボールに慣れる練習（プレーヤー当たりボール1つ） ○30分間森林走かクロスカントリー	火曜： ○技術と1対1での動きの向上 ○3×10分森林走かクロスカントリー，休息時には体操（緩いジャンプ）	火曜： ○グループ戦術的行動の向上（攻撃と守備） ○3×10分森林走かクロスカントリー，ペース転換，体操，ジャンプコンビネーション付	火曜： ○個人戦術・グループ戦術のトレーニング ○ジャンプトレーニング：8〜10回，3セット ○20分間森林走かクロスカントリー
水曜： ○2人組でのボールに慣れる練習 ○2×15分森林走かクロスカントリー，休息時は動いて体操	水曜： ○1対1状況での技術と動きの向上 ○3×10分森林走かクロスカントリー，休息時は体操とジャンプコンビネーション	水曜： ○20mダッシュ，最大ペース10本を2セット ○ゲーム戦術的トレーニング	水曜： ○20mスタート，10本×2 ○Aチーム対Bチームのゲーム
木曜： ○個人トレーニングとして30〜40分間森林走かクロスカントリー	木曜： ○個人トレーニングとして2×20分森林走かクロスカントリー	木曜： ○個人トレーニングとして2×20分森林走かクロスカントリー，ペース転換，ジャンプコンビネーション付	木曜： ○個人トレーニングとして2×20分森林走かクロスカントリー，ペース転換で
金曜： ○3人グループで動きながら技術練習，ゲーム2×10分 ○2×15分森林走かクロスカントリー，休息時はジャンプ体操（ゆるいジャンプ）	金曜： ○グループ戦術的行動の改善，ゲーム形式2対2（3対3から5対5まで）それぞれに対応して重点をおく ○3×10分森林走かクロスカントリー，体操付	金曜： ○ゲーム戦術的トレーニング ○日曜日が最初のリーグ戦の試合なら，Aチーム対Bチームか攻撃対守備のゲーム そうでなければ ○ゲーム戦術的トレーニング ○ペース転換で3×10分森林走	金曜： ○20〜30mダッシュ10本 ○チーム戦術的トレーニング
土曜： ○内部でゲームないし格下相手とのゲーム	土曜： ○外部相手とのゲーム	日曜： ○最初のリーグ戦ゲームあるいはその他の相手とのゲーム	日曜： ○最初（第2）リーグ戦ゲーム

次の4週間は，体力分野では準備期の第3週・第4週と同様にする。今や技術的-戦術的トレーニングは，リーグ戦のゲームでわかる欠点と，次のゲームにいっそう向けられる。チームのトレーニングが週2回だけなら，安定的なプレー能力の達成には，少なくとも2つの自由意志で行う個人トレーニングを上述のような持続走の形式でこなさなければならない。この要求は当然にも，あるいはとくに，週1回か2回しか一緒にトレーニングできない女性チームにあてはまる。

能力は低下する。有酸素的持久性能力の低下は，エネルギー的な視点からは無酸素性能力の増加によっては決して埋め合せることはできないので，規則的な間隔で週最低1回30分の持久走（維持トレーニング）によって基礎持久性を十分に高い水準に維持するよう，シーズン中でも注意すべきである。

> シーズン全体を通じて基礎持久性を高い水準に維持すると，急速な回復能力とゲームの終わり近くでも高いプレーテンポで動く能力を支えるだけでなく，シーズンの終わりごろに「慢性的な」力の低下に陥るのを妨げる。

4 ── 移行期

リーグ戦の後でも，選手が約4週間の休暇に入る前に，通常は若干の親善試合が行われるし，勝ち進んでいるチームの場合はさらにカップ戦の試合がある。引きつづく準備期までに極端な能力低下を避けるために，リーグ戦の終わりごろと休暇中には次の点を肝に銘じておくべきである。

①タイトルや降格の問題がすぎたとしても，リーグ戦の最終局面でトレーニングをやめてはならない。やめると，すでにこの局面で体力的な能力低下が生じてしまう。そして引きつづく休暇期間にはこの能力低下はいっそう進み，この結果，準備期を不必要に長引かせてしまう。リーグでほぼ真ん中に位置するチームでは，シーズンの終わりごろに回復走を多く行うのが望ましい。これは一つには，厳しく心身に負荷のかかったシーズンからの回復に役立ち，他方で次のシーズンの準備期への備えとなる。

②休暇中ですらも，選手は「積極的に」休むよう配慮すべきである。身心の回復の中には，体力的基礎能力の個々人に適した「維持トレーニング」が含まれている。筋力・スピード・可動性と同様に持久性もまた，回復走のようなふさわしいトレーニングによって十分に高い水準に維持しなければならないのである。

トレーニング休止期には，とくにミトコンドリアの酵素活性が低下するのに対し，最大酸素摂取量と毛細血管数への影響はそれほどではない。サッカーについては，トレーニングの停止と再開の影響は，心臓-循環系と代謝系に関してだけ研究されてきた。リーグ戦の前半と後半の間の7週間（3週間を回復，4週間を準備トレーニングに利用する）の効果を研究した結果，最大酸素摂取量の低下と再増加はわずか4％だったのに対し，とくに最初の非トレーニング週に，さまざまなミトコンドリア酵素の活性低下は27％にものぼった。この場合注目すべきは，準備トレーニング開始にともなう能力の再構築よりも，この能力低下のほうがいっそう急速だったことである。70％削減されたトレーニング（同時にトレーニング頻度の17％減少）は，持久性能力をなんら悪化させていない。

③準備期間が限られているので，完全に「受け身で」休暇を過ごし，全分野で「最初からやりなおし」になるのは，どんな場合でも避けるべきである。多くの研究は，まさに体力の分野では，1人で行う「最小トレーニング」が奇蹟的な効果を及ぼし，大幅に縮小して身体的負荷の少ない維持トレーニングによってでも，「調子」を高い水準に維持できることを示している。こうした移行期に個人責任で行うトレーニングによって，引きつ

づく準備期間のために，すみやかにゲーム向きの体力上昇を図る基盤がつくられる。

以上から，大幅に縮小された「維持トレーニング」でも，つづけるなら持久性能力とその他の体力的特性を高い水準に維持することができる。回復と極端な能力低下防止は，この種のトレーニングで最適に達成される。トレーナーは選手に対して，この場合にはわずかの努力で最大に報われることを明らかにしなければならない。

回復トレーニングは，低い強度（有酸素性作業閾値の域で心拍数約130拍/分に対応する）と比較的長い持続時間（30～40分）で特徴づけられる。1回で行っても，10～15分の単位で2～3回に分けて行ってもよい。可能であれば，体操や自分で選んだ他の補助スポーツ，そして消耗的だったシーズン後の心身の回復を加速する物理療法措置（サウナ，マッサージなど）と組み合わせて，できる限り毎日行うのが望ましい。

回復トレーニングは，引きつづく準備期において切れ目なく基礎持久性トレーニングに移行すべきである。この移行は流れるようで，実際にはほんのわずかな強度の上昇に表現されるだけである。以前の心拍数約130拍/分の強度から，同じ持続時間と頻度（しかし少なくとも週4回）で今や140～160拍/分の間で走るようにする。

5 ── 1回のトレーニングの中で

基礎持久性トレーニングには，1回のトレーニングの中でさまざまな可能性がある。時点に関しては，トレーニング開始時（ウォームアップ局面），中心部（準備期でのトレーニングの重点として），トレーニング終了時（ウォームダウン）が適している。とはいえこの場合に，範囲と強度も，内容的な構成も，今あげたトレーニングの部分に応じて相違が生じる点に注意すべきである。

①トレーニング開始時

ウォームアップの目的は，後につづくトレーニング内容の高度・最高度負荷に向けて，一般的・専門的に心身の面で身体を準備することである。基礎持久性トレーニングの意味では，わずかの負荷強度で（成人で心拍数約160拍/分まで）10～20分のランニング（ボールを用いる/用いない，課題あり/なし）による全身的ウォームアップが適している。乳酸値が高くなりすぎて他のトレーニング内容を十分にこなせなくなることのないように，強度の高すぎるウォームアップは避けなければならない。この意味で，長すぎるウォームアップ走も（ときおり文献の中で，1kmあたり4～5分の時間を指定して7kmまでのランニングプログラムを見かける）拒否すべきである。なぜなら，これは持久性は促進するが，トレーニングの残りを行う選手にとっては過大要求なのである。

②トレーニングの中心部

多くのトレーニング回数が可能なチームの場合は，持久性トレーニングを1回のトレーニングの中心的重点とすることができる。この場合に，ボールなしの形式を用いて「純粋な」ランニングで，あるいはボールを用いて複合的な結びつきの中で，持久性に強調点をおいてトレーニングできる。トレーニング時間が短いチームの場合は，基礎持久性は，もっぱら技術的-戦術的トレーニングの枠内で向上を図るべきである。

③トレーニング最終部分

ウォームダウン（58頁参照）は全種目のスポーツで回復過程の最適化のために普及している。しかし，このわずかな強度（心拍数は約140拍/分）のウォームダウンは，回復を加速するだけでなく，とくに準備期開始時ないし相対的に低いトレーニング状態の時点では，基礎持久性を向上させるのにも役立っている。トレーニングの最終部分では，持久性に目的を定めて用いることができるが，この場合にも最後の10分を穏やかなすでに回復を準備するウォームダウンで終わるように注意しなければならない。

6. 持久性テスト

1 —— 一般的基礎

①テストの意義

トレーナーが，トレーニングの有効性についてフィードバックによる知識を得て，次からのトレーニングの制御に用いるときにだけ，効果的なトレーニングを構成することができる。そしてトレーニング制御は，さまざまのテストによって，能力を最適化するための適切な情報が年間を通じて得られる場合にだけ可能である。だからテストは，短期・中期・長期のトレーニング過程を制御するための不可欠の道具なのである。テストはとくに，ゲームではつねに明らかになるとは限らない体力面での欠陥を診断する可能性を与える。

テスト結果にもとづいてトレーナーは，欠陥が存在する場合にはこれを取り除くために，個々の選手，チームの一定部分，チーム全体，に対して適切な措置をとることができる。サッカーのさまざまな分野のテスト結果から，たとえば体力的な能力は，同一チーム内，そして同一プレー水準の中で大幅に相違することがわかっている。したがって，チームのプレー能力を均等化する際には，体系的なトレーニングを構成する場合にテストによる能力コントロールが不可欠だ，との一般的基本原則に注意すべきである。

②テストの基準

体力テストを実施する際は，ふさわしい基準と実施可能性（実行可能性，組織の負担，場合によっては費用）に注意を払うべきである。学問的な点からは，主要基準（有効性・信頼性・客観性）と，とくに実施にあたって意義がある副次的基準（経済性・標準性・比較可能性・有用性など）とが区別される。

主要基準については，次の指摘が興味を引く。
○テストの有効性が示すのは，問題設定に対応して把握すべきことをどの程度現実に把握しているかである。
○テストの信頼性が示すのは，対応するメルクマールを測定する正確さの程度（測定正確性）である。
○テストの客観性は，検者・評価者・判断者の個人からのテスト実施の独立性の程度を表現する。

体力テストの諸基準間の相関係数の高さは，トレーナーと選手にとって方向づけを行う助けとなる。可能なら，少なくとも受け入れられる相関係数を示す体力テストを探すべきである（表9）。

副次的基準については，次のように指摘されている。
○経済的な体力テストとされるのは，短時間に実施可能，テスト材料・機器をわずかしか必要としない，取り扱いが簡単，グループテストとして実施可能，早く，複雑な計算なしに評価可能，といったテストである。
○標準化された体力テストとは，個々のテスト結果を分類整理するために照合すべきデータが存在するテストである。精確に測定された年齢別・性別・能力レベル別などの基準値が，すぐ後の評価作業を合理化する。
○比較可能とは，一つの（いくつかの）平行テストないし類似の有効性証言をもつテストが存在し，これと選んだ体力テストとを関連づけることができる場合である。
○有用とされるのは，ある体力的能力を測定し，それを知ることが実践で必要なときの体力テストである。

③体力テストの長所・短所・限界

テストによってサッカーのプレー能力の部分要素を把握する特別の長所として，次の点があげられる。
○体力的・コーディネーション的能力，スキルな

表9 スポーツ運動テストの諸基準間の相関係数
(Barrow/McGee,1971)

基準間相関係数	有効性	信頼性	客観性
0.95～0.99	—	優	優
0.90～0.94	—	良	良
0.85～0.89	優	可	可
0.80～0.84	良	可	可
0.75～0.79	可	弱	弱
0.70～0.74	可	弱	弱
0.65～0.69	問題有(非常に複合的なテストには可)	問題有(テストセットには可)	問題有
0.60～0.64	問題有	問題有	問題有

どの個々の能力要素が，再現可能な形で測定できる。
○これらの能力要素における個々人の能力状態は，全体的な条件構成の影響なしに検証可能である。
○能力発達をフォローできる。
○観察とは逆に，主観的な影響は大幅に排除される。

補足的に，次をつけ加えるべきだろう。
・部分要素テストは，長期・短期のトレーニング過程における効果的なトレーニング制御（長期的トレーニング過程における部分目標の設定，年間の期分けにおける目標設定など）にとって，絶対必要な前提である。
・テストは部分的欠点の発見を可能にし，潜在的な停滞原因を取り除くのに役立つ。

スポーツテストの特別の短所は，次のようである。
・プレーの複合性は把握できない。
・テストへの取り組み・動機づけが選手ごとにさまざまであって，これはテスト結果にかなり影響する。

体力テストの結果は，とくにサッカーのような複合的なスポーツでは，複合的なプレー能力の細部要因についての指摘を与えるに過ぎず，過大評価すべきでない。体力テストの限界は次のようにまとめられる。
○体力テストは，体力の個々の部分の粗い診断に適している。体力の精密診断は，高価で費用の嵩む生化学的・バイオメカニックス的・スポーツ医学的な研究手続きによらなければならない。
○スポーツ的運動行動は，体力だけでなく，選手の個性に結びつく（部分的には他の要因で大幅に埋め合せ可能な）一連の能力要因によっても決定されている。つまり，体力テストで筋力・持久性・スピードなどの部分側面だけが把握されるが，コーディネーション的部分がわずかなかなり基礎的な動きにもとづいて体力の影響の程度が結論されるので，この能力がスポーツ的行動に現実にどこまでかかわるかを精確に証言することはできない。
○体力は選手の部分機能を表現しているにすぎない。この部分機能を加算して選手の全体を結論してはならない。
○個々の体力テストから何がいえるかは，その対象についての現在の確実な知識と緊密に関連させて考察しなければならない。体力テストは，それぞれのスポーツ運動の要求条件（構造）を考慮し，基本的な要因が反映するようにシミュレートするときにだけ，利用可能な結果をもたらすことができる。
○実施規定をきっちりと守ったとしても，中間で起こるできごと，テスト効果，つまりあるテストの実行が第2，第3のテストの値に及ぼす影響，さらに偶然的な誤りといった要因が，体力テストの結果にさまざまな程度で影響する。これは原則的にすべての測定にあてはまる。

サッカーでは，持久性・筋力・スピード・可動性についてのテスト手続きに関して，ふさわしい有効性と比較可能性が残念なことにしばしば見られない。サッカー文献の中には，年齢別，性別，あるいは能力別に基準化されたテストは，これまでまったくといってよいほど見当たらない。グループ内部で測定された値を過去あるいは引きつづく年の値と関連させて比較し，トレーニング方法的な結論を引き出す作業は，大部分トレーナーに任されている。

テスト実施にあたっては，プロのトレーナーにはCクラスチームの名誉職トレーナーよりも多くの可能性(財政的・人員的・時間的)が開かれているのは当たり前である。したがって，能力コントロールのために，すべてのレベルで採用可能なさまざまのテスト可能性の提示を試みておこう。

2 —— テストの種類

体力テストでは，グラウンドで特別の装置を用いることなく行える単純なスポーツ運動的テスト(フィールドテスト)と，スポーツ医学的な機関の協同作業でだけ(場合によってはかなりの費用支出をともなって)実現できるスポーツ医学的テスト(実験室テスト)とが区別される。スポーツ医学的な能力診断を用いて，選手の一般的・専門的な身体的能力の発達状態についてできる限り正確で詳細な判断を下し，最適なトレーニング構成のためのスポーツ種目専門の情報を獲得し，場合によって能力予測も立てるべきである。これは，実験室テストとフィールドテストの結合によって，年に数回それぞれのトレーニング期に実施されればベストである。スポーツ医学的なテストによるこうしたトレーニング支援は，これをトレーナーと選手自身も望んで理解する場合にだけ成功をもたらす。

実験室テストの長所は，基本的により良好な標準化可能性と再生可能性に，その短所は，スポーツ種目の専門性をこれまでは欠いていて能力の部分要素しか把握していない診断だ，という点にある。

フィールドテストの長所は，スポーツ種目の専門性が大きく，トレーニングの経過の中でのスポーツ能力の変化がより良好かつ正確にとらえられる点にあり，その短所は，標準化，再生，実施が困難な点にある。フィールドテストはとりわけ有酸素性・無酸素性のトレーニング形式のために現実的なトレーニング強度を検証し，場合によっては修正するのに適している。とくに適しているのが，トレーニング負荷の間の血中乳酸濃度の測定である。

3 —— 有酸素的持久性能力(基礎持久性)のテスト

(1)「単純な」ランニングテスト

有酸素的持久性能力の測定テストで最も多く用いられているのが，12分間走(クーパーテスト)，1000m走，3000m走，5000m走である。さらに，8分間走と15分間走がある。この種のテストの問題性は，有効性，つまりテストが測定すべきものを実際に測定しているかどうかである。これらのランニングを，最大スピードで一定時間ないし一定距離走るよう指示して行うと，消耗度が高いので，有酸素的持久性でなく有酸素的と無酸素的の持久性の混合をテストすることになる。走る距離が短いほど，無酸素的の乳酸性のエネルギー供給過程の割合が高まる。したがってこうしたテストは，意図した特性とは別の特性(有酸素的-無酸素的混合持久性)を測定しているので，有酸素的持久性を確認するには条件つきでのみ有効であるにすぎない。

①クーパーテスト（12分間走）

クーパーテストは，有酸素的持久性能力測定で最も頻繁に用いられるテストなので，詳しく述べておこう。12分間に走った距離で，選手の持久性能力が推定される。さまざまの年齢段階とプレーレベルの評価表で，選手の持久性能力を，他の被

表10 少年のためのクーパーテスト評価表
(Obermann/Walz,1979)

年齢段階	D-ジュニア (10〜12歳)	C-ジュニア (12〜14歳)	B-ジュニア (14〜16歳)	A-ジュニア (16〜18歳)
体力				
優	2850m	2950m	3050m	3150m
秀	2650m	2750m	2850m	2950m
良	2250m	2350m	2450m	2550m
可	1850m	1950m	2050m	2150m
不可	1250m	1350m	1450m	1550m
不十分	不可よりも少ない走行距離			
(少女はすべての段階で少年よりも約200m少ない)				

表11 11/12〜18歳の児童・ジュニア（男子）におけるクーパーテスト結果と体重当たり最大酸素摂取量
(Apor,1988)

年齢 [歳]	クーパーテスト距離 (平均値[m])	被検者数	最大酸素摂取量 (平均値[ml/kg・分])	被検者数
11〜12	2585±18	127	56.0±1.97	16
13	2595±21	113	57.8±2.3	15
14	2793±17	156	51.4±1.8	21
15	2800±24	78	56.0±1.2	31
16	2938±15	140	58.6±1.2	37
17	3021±18	141	56.9±1.3	33
18	2924±52	12	—	—

表12 男子クーパーテストの成績の評価づけ
(Cooper,1970)

成績グループ	走行距離[km]	酸素消費[ml/体重kg・分]
Ⅰ＝非常に悪い	1.61未満	28以上
Ⅱ＝悪い	1.61〜2	28.1〜34
Ⅲ＝中程度	2〜2.4	34.1〜42
Ⅳ＝良い	2.4〜2.8	42.1〜52
Ⅴ＝非常に良い	2.8以上	52.1以上

験グループと比較して容易に評価できる。しかし，個人間比較は限られた意味しか持たない。なぜなら，ランニングのタイプ（持久性タイプ，スプリンタータイプ）や選手のポジションからは，さまざまに異なった能力が想定されるからである。それにもかかわらず，同じプレーレベルやポジションの選手との「大体の比較」は興味深い。また，各々の選手に対して，望ましい「最低値」ないし「目標値」を伝えるべきである。

②クーパーテストのための評価表

サッカーをする児童・ジュニアの持久性能力評価については表10に掲げた値がある。Dジュニアは平均距離2070m，Bジュニアは2590m，そしてAジュニアは2690mが測定されている。Aジュニアのトップチーム（週4回トレーニング，プロ志望の選手）については，準備期開始前のクーパーテストで平均して3184mの走行距離が測定された（ベストは3530mであった）。要求目標は，3200mである。

11/12歳から18歳までの児童・ジュニアについて，クーパーテストでの走行距離の発達と最大酸素摂取量の発達とを比較すると，最大酸素摂取量は年齢に応じては変化しないのに対し，クーパーテスト値は明確に向上を示し，両者は決して緊密には相関していないことが確認される（表11）。したがって，年齢に応じた持久性発達を見積もるに，クーパーテストでの走行距離測定のほうが最大酸素摂取量測定よりも適切な手段である。

成人（男性）向けには，クーパーが表12の評価表を示している。ジュニア・児童とは逆に，成人

表13 クーパーテストでの男子の能力決定基準
(Kunze, 1977)

走行距離[m]	能力分類
2000まで	弱
2400まで	中程度
2800まで	良
3200まで	優
3200以上	優秀

では体重当たり最大酸素摂取量は一定の枠内で走行距離の値と相関している。つまり，最大酸素摂取量が多いほど，有酸素性持久性能力あるいはクーパーテストの走行距離は高い。

今日でもくり返し推薦指定値としてサッカーの文献に見出される，クンツェが提示したサッカー選手のための評価（表13）は，今日の競技サッカーにとってはもはや方向づけの助けにはなりえない。図36は，バイエルン州で毎年行われているスポーツ教師課程適性試験結果で，これには，最適の動機づけ条件（走行距離2679m以下は試験不合格）の下で，さまざまのトレーニング状態のさまざまなスポーツ種目の者が受験しており，スポーツ専攻志望の若者（年齢は平均で約20歳）の持久性能力を見るのに格好のデータを提供している。これとクンツェとクーパーが示している基準値を比較すると，持久性能力を判断する場合には，これら基準値はトレーニングしていない者には有効だが，十分にトレーニングしているアマチュアや，ましてプロのサッカー選手には有効性を持ちえないのは明らかである。また，ブンデスリーガと団体リーグのサッカー選手については，クーパーテストでほとんど同じ成績で（表16），この成績は，図36のスポーツ専攻学生では評価3（良）である。つまり，スポーツ専攻学生の「卵」は，（動機づけが不十分な）アマチュアやプロのサッカー選手とほぼ

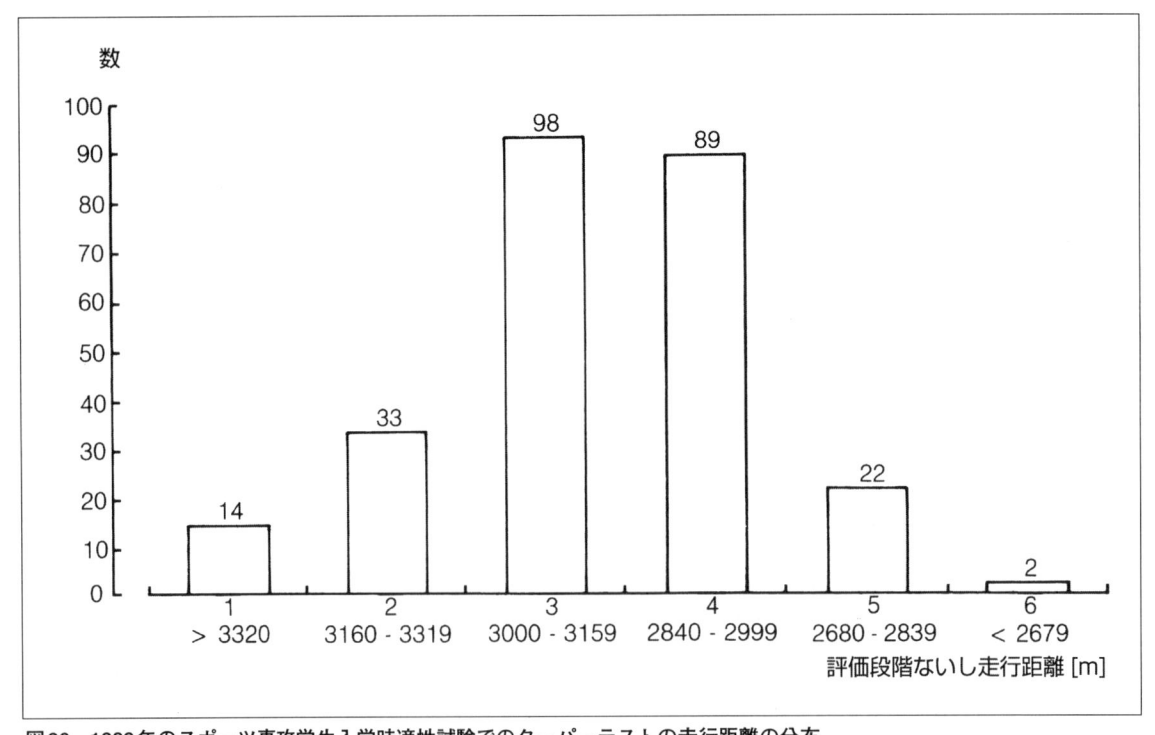

図36 1989年のスポーツ専攻学生入学時適性試験でのクーパーテストの走行距離の分布
評価1＝3320m以上:14(5.43％);評価2＝3160～3319m:33(12.79％);評価3＝3000～3159m:98(37.98％);評価4＝2840～2999m:89(34.49％);評価5＝2680～2839m:22(8.53％);評価6＝2679m以下:2(0.78％)

同じ成績を示しており，動機の視点からだけでもクーパーテストの判断はいかに問題があるかが見て取れる。

> まとめると，アマチュア上級とプロのサッカー選手について「最適に」発達させた持久性を考えると，表14に提案した評価（ポジションごとに相違）が適切である。これ以上持久性を向上させるのは，意味があるとは思えない。なぜなら，これによってプレー能力を決定する他の特性，とくにスピードが犠牲になるからである。

30歳代から50歳代のシニアサッカー選手の持久性能力を見積もるには，比較値が表15から得られる。

③クーパーテストにおける持久性能力判断の諸問題

クーパーテストの走行距離からいえることを過大評価してはならない。クーパーテストでの成績は，そのときの動機づけや全力投入する心構えにかなり依存している。動機づけの高い選手は全力を出し切り，いっそう高い能力だが動機づけの不十分な選手よりも長い距離を走ってしまう。このため，一連の研究ではアマチュアとプロのテスト値にはほとんど差がない。表16では，アマチュアとプロの成績は，クーパー距離の平均値で見るとほとんど同じである。この結果にもとづくなら，プロとアマチュアは持久性能力の点では相違はなく，サッカーのプレー能力全体の中で持久性要因の意義はあまり大きくないと考えなければならないだろう。しかしこの場合に，乳酸値を測定してみると，プロは，一方では同じことを少ない乳酸産生で行った，つまり彼らのトレーニング状態のほうがよい，他方ではアマチュアと比較して全力を出し切っていない，あるいはテストを「手抜きで」走ったと結論しなければならない。表16のプロは，テストの前のリーグ戦で大敗北を喫していたので，このテスト実行に十分な程度には動機づけができなかった。この動機づけは，持久性能力の測定には決定的なのである。したがって，クーパーテストをいつ行ってもよいわけではない。

表14　著者のアマチュア上級・プロのサッカー選手向けクーパーテスト評価表

走行距離[m]	能力カテゴリー
2800まで	弱
2800〜3000	並
3000〜3200	十分
3200〜3300	良
3300〜3400	非常に良
3400以上	卓越

つまり，ゲームでの敗北後，強度のトレーニング負荷の後，ないしはさまざまな理由による「落ち込み」の時点には，選手の完全な心構えは期待できないのである。

また，クーパーテストと平行して行われた乳酸値測定も，解釈を誤る可能性がある。なぜなら，測定される血中乳酸値の高さは，クーパーテストの行い方によって影響を受けるからである。多く

表15　シニアサッカーの男性・女性向けクーパーテスト評価表 (Grosser/ Brüggemann/Zintl, 1986)

男性	走行距離[m]			
体力	30歳まで	30〜39歳	40〜49歳	50歳
優	2800	2650	2500	2400
良	2400	2250	2100	2000
可	2000	1850	1650	1600
不可	1600	1550	1350	1300
不十分	不可よりもわずかな距離			

女性	走行距離[m]			
体力	30歳まで	30〜39歳	40〜49歳	50歳
優	2600	2500	2300	2150
良	2150	2000	1850	1650
可	1850	1650	1500	1350
不可	1550	1350	1200	1050
不十分	不可よりもわずかな距離			

表16 ブンデスリーガの選手(A)と団体リーグの選手(B)のクーパーテストのデータ (Gerisch/Tritschoks,1985)

A	安静時乳酸値 [mmol/l]	クーパーテスト 距離 [m]	乳酸値 [mmol/l]	B	安静時乳酸値 [mmol/l]	クーパーテスト 距離 [m]	乳酸値 [mmol/l]
1	1.75	3050	14.55	1	2.97	3124	17.93
2	1.51	2900	11.00	2	2.36	2847	14.05
3	1.75	3100	11.56	3	2.22	3235	14.85
4	1.07	3135	13.49	4	2.25	3231	14.00
5	1.68	3175	7.73	5	1.46	3221	13.86
6	1.29	2825	7.10	6	1.96	3033	13.85
7	1.14	3115	10.27	7	1.75	2702	17.10
8	1.75	2820	3.38	8	2.83	3083	8.52
9	1.84	3050	5.33	9	2.47	3058	8.50
10	0.96	3075	8.01	10	1.61	2991	13.84
11	1.00	2965	8.73	11	2.97	2859	10.61
				12	2.00	2908	12.36
				13	1.75	3134	11.38
				14	2.10	2632	7.64
$\overline{X}$	1.43	3019	9.20	$\overline{X}$	2.19	3004	12.75
S	0.34	124	3.38	S	0.49	192	3.11

表17 準備トレーニング開始前(テストⅠ)と6週間のシーズン準備終了後(テストⅡ)のクーパーテストでの走行距離(m), 血中乳酸値(mmol/l) ブンデスリーガ2部チームのライセンスプレーヤー (Gerisch,1990)

選手	テストⅠ [m]	テストⅡ [m]	相違 [m]	乳酸値[mmol/l] テストⅠ	テストⅡ
1	3225	3370	145	5.2	6.4
2	3345	3320	−25	12.5	14.6
3	3355	3425	70	13.0	15.7
4	3125	3345	220	4.8	8.2
5	2960	3210	250	6.7	10.0
6	2950	3115	165	7.8	11.8
7	2965	3115	150	7.5	9.7
8	3030	3155	125	9.1	12.6
9	3035	3315	280	9.1	11.6
10	3125	3275	150	10.7	11.8
11	2950	3190	240	9.4	11.5
12	3150	3190	40	11.3	12.0
13	3150	3265	115	11.3	11.7
14	2750	2980	230	7.4	8.5
15	2775	2785	10	10.0	7.0
$\overline{X}$	3059.33	3203.67	144.33	9.06	10.87
S	177.73	163.68	91.28	2.50	2.60

の場合に，選手は12分間走の終了1分前を知らされる。すでにそれまで走った距離，あるいは走ろうと望んでいた距離（たとえば前回のテストからはっきりと向上を示したい）に応じて，一部の選手は長めの「ラストスパート」によって，「目標値」達成のためにできる限り長い走行距離にしようとする。しかし，この最後のスパートは非常に乳酸値を高め，これによって「真の」有酸素的持久性能力の正確な判断が困難となる。したがって，つねに全走行時間を同一のペースで走り，ラストスパートなしで走り終えるよう，選手に対して指示すべきである。

④トレーニング制御の手段としてのクーパーテスト

トレーニングを精確に制御する道具としてクーパーテストが役立つのは，基本的に走行距離に加えて乳酸値も測定できる場合だけである。財政的に豊かなアマチュアやプロでは，ぜひとも乳酸値を同時に測定しなければならない。できない場合には，クーパーテストの結果は「だいたいの見積もり」としては利用できるが，それ相応に控え目に解釈しなければならない。とくに，選手がどの程度全力投入したか，についての情報を得ておくことは重要である。こうした情報は，主観的な印象分析（走り方，呼吸，顔色など）や，選手への質問（「どの位きつくやったかな？」「もう2～3周走れるかな？」）を通じて得ることができる。とはいえこのような「データ調査」では，客観的な乳酸値測定と比較すると，誤る確率ははるかに高い。

クーパーテストをトレーニング制御の道具として用いるなら，次の点に注意すべきである。

①「目標値」（短期目標と長期目標，中間目標と「最終」目標）設定に際しては，個々人のトレーニング状態・ポジション・戦術的役割などで相違するように配慮する。持久性能力に欠陥のある選手は，個人トレーニングでポジション適合的に「基準」に達するようにする。したがって，彼の中間目標は，他の選手とは異なる。中盤選手，ゲームメーカー，あるいは特別任務（たとえばマンツーマンのマーク）をもつ選手は，他の選手よりも高い持久性能力，つまりいっそう高い「目標値」でなければならない。十分に発達した基礎持久性をもつ持久性タイプは，持久性の分野では「簡単にすまして」，他の分野の課題に専心させることができる。スプリンタータイプは，持久性タイプとは異なるように負荷をかけなければならない（23頁参照）。

②クーパーテストの結果は，正しく判断しなければならない。表17を表面的に考察すると，ほとんどすべての選手で6週間の準備期にテスト結果が向上し，トレーニングが選手の持久性能力を有効に高めたように見える。走行距離と乳酸値とを比較的に考察して初めて，一部の選手は走行距離は伸びたが持久性能力は高まらなかったとわかる。表17で示されたクーパーテスト結果の問題性は，若干の例に即して次のようにコメントできる。

○選手12（中盤選手）と選手13（ゴールゲッター）は，第Ⅰテストでは11.3mmol/lという相対的に高い負荷乳酸値（83頁参照）で，彼らの役割からすれば不十分な距離しか走っていない。

○選手8（守備選手）と選手9（リベロ）は，第Ⅰテストではブンデスリーガ2部としては話にならない成績である。彼らが守備選手であること，また9.1mmol/lの乳酸値なのでもっと全力投入して長い走行距離を達成するよう要求できることを考慮しても，低い成績である。両選手とも第Ⅱテストではより長い距離を走った（プラス125mと280m）けれども，全力投入の度合いが基本的により高い（12.6ないし11.6mmol/）ので，本当にトレーニングで増加したのかは，少なくとも選手8については疑わしい。

○選手15はテストⅠとⅡでほとんど同じ走行距離の成績だが，血中乳酸値を10.0から7.0mmol/lへと下げることができたので，持久性能力の向上を想定できる。とはいえ，レギュラーを狙う若手選手としては，まだまったくお話しにならないと判定すべきである。

○ 選手6(第2キーパー)と選手7(フォワード)は全力投入-乳酸値が7.8ないし7.5mmol/lと相対的に低いのでいくぶん割り引いて考えるとしても，第Ⅰテストではなるほど同じように問題ある走行距離の成績を示している。しかし，フォワードと比較してゴールキーパーにとっては，この欠陥はそれほど重大ではない。なぜなら，キーパーはもっぱら異なった目標の下にトレーニングしているからである。

○ 選手4(中盤選手)は，第Ⅰテストで3125m走ったにすぎないが，彼の持久性能力は，3345mないし3355m走った選手2(フォワード)，および選手3(中盤選手)と少なくとも同じくらい高いと評価できる。なぜなら，彼はこの走行距離を極端に少ない全力投入度で達成している(4.8mmol/lでは彼は無酸素性作業閾値を全然越えていない)のに対し，他の2人は12.6ないし13.0mmol/lで大幅に力を使いつくしているからである。選手4は，第Ⅱテストで3345mと注目すべき走行距離であるが，乳酸値が8.2mmol/lとまだ成績向上の余地を残している。

まとめると，これら個別ケース分析の事例にもとづいて，クーパーテスト結果は，持久性能力の判断のため，あるいは能力制御の道具としては無批判的に利用してはならない。持久性能力の客観的判断ができるのは，同時に乳酸値測定が行われる場合だけだが，これができない場合には，次の点を確認しておきたい。つまり，もしトレーナーが選手を十分に動機づけ，完全に能力を使い切らせるのに成功するならば，乳酸値測定なしでもクーパーテスト結果の評価から利用可能な証言を引き出せるのである。その他に，標準化された実施の仕方(比較可能な回復状態，栄養摂取状態，事前のウォームアップなど)が尊重されるべきである。

(2) 心拍数測定をともなうランニングテスト——負荷設定とトレーニング制御のための心拍数測定

以上の持久性テストの欠点はとくに，つねに選手に全力投入を要求しなければならない点で，結果ないし結果の判断は，被検者の動機づけに強く影響される。「動機づけ」や「全力投入の心構え」の要因を排除するために，心拍数の記録をとりな

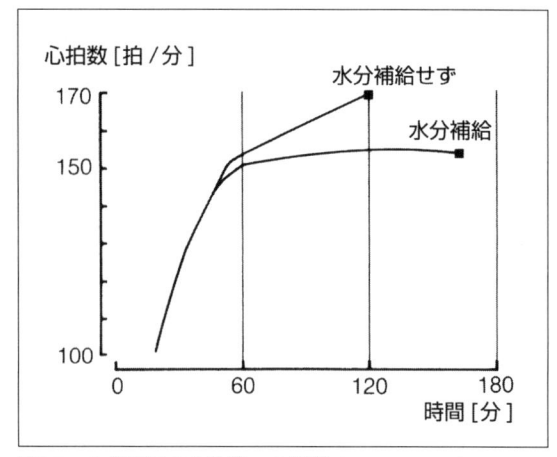

図37 水分不足の心拍数への影響 (Janssen, 1989)

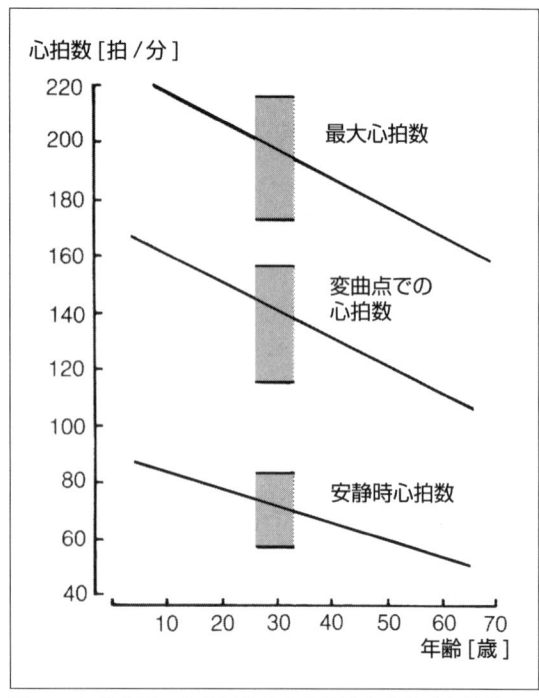

図38 年齢上昇に伴う最大負荷心拍数と安静時心拍数の減少 (Janssen, 1989を改変) 垂直の柱は同一年齢の個人間でいかに相違が大でありうるかを示している。

表18 トレーニングとゲームにおいて，プレー行動に依存する心拍数
(Dufour, 1982)

プレー行動	心拍数[拍/分] トレーニング	親善試合	リーグ戦
安静	66～72	－	72～108
ウォームアップ	78～138	96～126	138～150
ランニング	120～150	126～132	120～162
スプリント	150～160	162～168	156～180
ボールを持ってスプリント	120～150	150～174	162～216
ドリブル	150～168	150～180	144～210
ランニングからパス	120～144	138～150	138～168
タックル	78～114	126～150	138～168
ヘディング	150	160	180
ペナルティキック	126	－	150～180

表19 5000m走を例とする有酸素的持久性能力測定のためのプレーヤータイプ別の負荷強度
(Binz, 1985)

プレークラス	負荷終了後の心拍数(拍/分) 負荷終了後の乳酸値(mmol/l)		1000m当たりのランニングペース[分] 全ランニング時間(5000m)[分]	
	持久性タイプ	スプリンタータイプ	持久性タイプ	スプリンタータイプ
市リーグ	130～150 1.5～2.5	140～160 2.5～3.5	5:00～5:15 25:00～26:15	5:15～5:30 26:15～27:30
地方リーグ	130～150 1.5～2.5	140～160 2.5～3.5	4:30～4:45 22:30～23:20	4:45～5:00 23:45～25:00
アマチュア上級リーグ	130～150 1.5～2.5	140～160 2.5～3.5	4:15～4:30 21:15～22:30	4:30～4:45 22:30～23:20
ブンデスリーガ1・2部	140～160 1.5～2.5	140～160 2.5～3.5	4:00～4:15 20:00～21:15	4:15～4:30 21:15～22:30

がらの低い強度のランニングが提案されている。同一強度での低い心拍数は改善された持久性能力の状態を，高い心拍数は悪化した持久性能力の状態を示しているであろう。しかし心拍数は，測定器具によって測定する場合にだけ正確で，触診での脈拍測定(指ないし手での測定)は大きな不正確性を示し，大まかなことしかわからない。さらに，図37が示しているように，水分不足のときは心拍数は増える点に注意しなければならない。また，年齢が高くなるにつれて，安静時と最大負荷心拍数も，変曲点心拍数(77頁参照)も，低下する点を考慮しなければならない(これはとくに長期比較の際に注意すべきである，図38)。

最後に，心理的ストレス(興奮，業績圧力)が心拍数を高める可能性がある点にも，考慮を払わなければならない。表18が示しているように，ゲーム状況では同一負荷でより高い心拍数となる。ストレス要因は心拍数に大きな影響を及ぼす，つまり心的要因は心臓の負荷への応答に決定的に作用するので，身体的な負荷を測定する場合には，心拍数測定は条件つきでだけ使用可能である。

①一定速度での5000m走と有酸素的持久性能力測定のために併行して行う心拍数測定

さまざまな研究から，無酸素性作業閾値は，準備期開始時で1000mで4分40秒ないし4分10秒のタイムに相当する3.6～4.0m/秒のランニング速度にある。こうしたテストの実施にあたっては，速すぎる速度で走らないこと，および選手のタイプを考慮することに注意しなければならない。表19は，5000m走の標準化のために負荷強度をプレーレベル別・筋線維タイプ別に示そうと試みたものである。一定の心拍数を提示してランニング

強度を決定する場合には，すでに述べたように，一定強度の運動でも，若い選手とトレーニングを積んでいない選手はより高い心拍数を，年をとった選手とトレーニングを積んだ選手はより低い心拍数を示す点に注意すべきである。

このテストで決定的なのは，個人間比較（選手間の比較）でなくて，個人内比較（同一選手のいくつかの値の比較）である。さまざまな選手の心拍数の出発値は，安静時でも負荷時でも非常に広い範囲

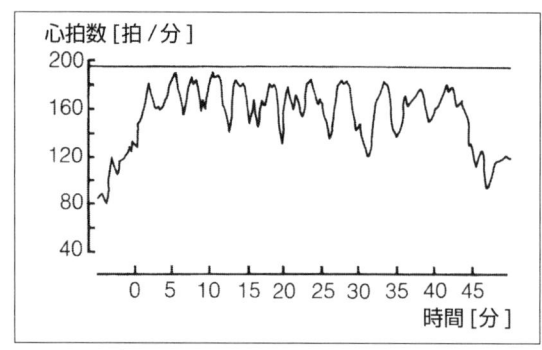

図39 あるプロ選手のゲーム前半の心拍数（Goubet,1989）

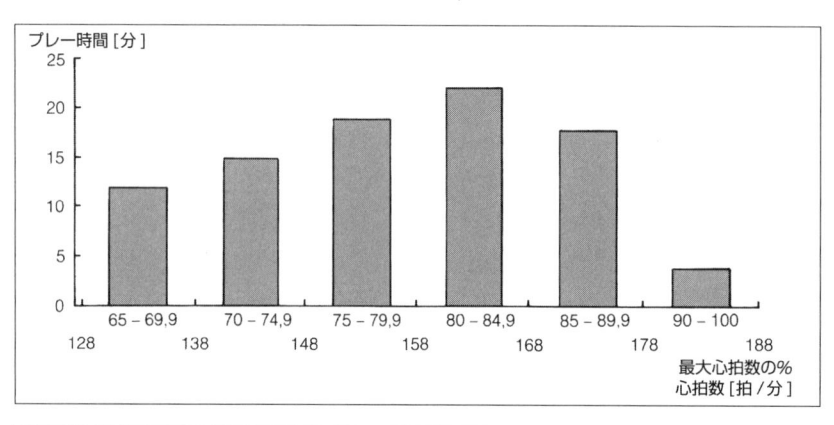

図40 リーグ戦ゲームのあるプロサッカー選手の心拍数の変動と個々の心拍数レベルが全ゲーム時間に占める割合
（Goubet,1989）

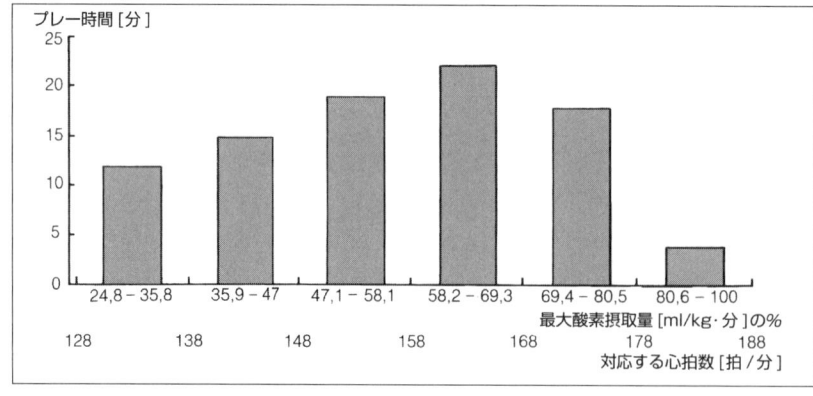

図41 リーグ戦ゲーム中のあるプロサッカー選手の心拍数の変動とこれに対応する最大酸素摂取(VO_2max)負荷 （Goubet,1989）

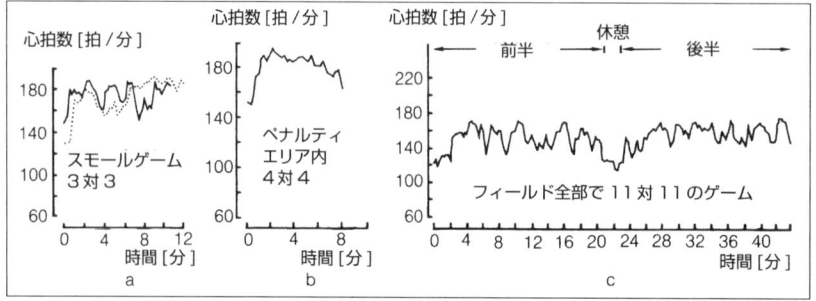

図42 さまざまなゲーム形式での心拍数の変動
（Minarovjech et al.,1969）

に散らばっている。決定的なのは，トレーニングの影響による個人の値の変化である。たとえば，準備期開始時にある選手の心拍数（ランニング直後＝負荷心拍数）が156拍/分，負荷終了1分後（回復心拍数）が138拍/分で，6週間のトレーニング後にこれらがそれぞれ144拍/分と126拍/分となれば，有酸素的持久性の分野でこの選手のトレーニング状態は改善している。ゲーム期にこの値が同一か増加するならば，基礎持久性は不変のままか低下している。トレーナーはこれをふさわしいトレーニング措置で考慮し，これからのトレーニング計画に取り入れる。

②負荷測定ないしトレーニング制御の道具としての心拍数

　心拍数測定によるトレーニング制御は，最も有用で最も利用しやすい方法の一つである。心拍数測定は，とくにトレーニングやゲームにおけるエネルギー支出，したがって負荷の程度が測定できるので意義がある。心拍数は一連の要因によって影響されるが，これを測定すると負荷の測定にも回復の測定にも非常によい情報が得られる。心拍数約120〜170拍/分の域では，心拍数増加は身体的負荷の増加とリニアーな関係にある。

　とくに継続的な持続負荷では，心拍数は負荷を見積もるための有用なインジケーターである。心拍数130拍/分（成人）ないし160拍/分（子ども）で走ると，有酸素性作業閾値（2 mmol/lの乳酸値に対応する）の域でのトレーニングである。こうしたトレーニングは，とくに脂肪代謝の最適化，回復に役立つ。これに対して，約175拍/分（成人）ないし190拍/分（子ども）で走ると，無酸素性作業閾値（4mmol/lの乳酸値）の域でのトレーニングである。このように強度の高い持久性トレーニングでは，とくに糖代謝に負荷がかかって改善される。心拍数測定は，トレーニング中ないしゲーム中の強度管理にも役立つ。これによって，正しいトレーニング構成について，さらには選手がトレーニングを進んで行っているかについても情報が得られる。

　以下の図は，さまざまなゲーム形式・トレーニング形式の負荷についてイメージを与えている。図39は，ゲーム（プロチーム）でのある選手の心拍数の変動を示している。全ゲーム時間の中でのさまざまな心拍数の時間的な割合は，図40からわかる。図41は，あるプロサッカー選手のリーグ戦ゲーム中の心拍数変動と，これにともなう最大酸素摂取量負荷（持久性能力の総体的基準として）を示している。図39, 40, 41は，サッカー選手の全ゲーム時間中の心拍数は，トレーニングとして有効な持久性の域内にあること，したがって，サッカーのゲームそれ自体が，持久性能力向上の一つの適切な手段でもあることを明らかにしている。

　図42は，フィールドを限ったスモールゲーム（3対3, 4対4）では，負荷心拍数は，グラウンド全部の11対11のゲームでよりも高いことを示している。さまざまなトレーニング種目での心拍数の変動は，図43からわかる。

　最後に，心拍数測定は，トレーニングによる疲労状態を発見するのにも適している。図44からわかるように，1時間のトレーニング負荷の後3時間たっても，負荷心拍数も回復心拍数も変化したままである。この変化の大きさから，さまざまなトレーニング後の個人的な負荷の消化あるいは不消化について推測ができる。

(3)コンコーニテスト

　コンコーニテストは，心拍数で持久性能力を測定する方法の一種だが，最近では能力診断研究の中心となっているので，取り出して考察しておこう。

　現在のところ，2つの閾値が能力診断とトレーニング制御に体系的に用いられている。つまり，負荷を増大させる場合の乳酸値の変動を記した乳酸値曲線(83頁参照)と，作業を増加させる場合の心拍数の変動を記した心拍数曲線（コンコーニテスト）である。両者からさまざまのことがいえる。

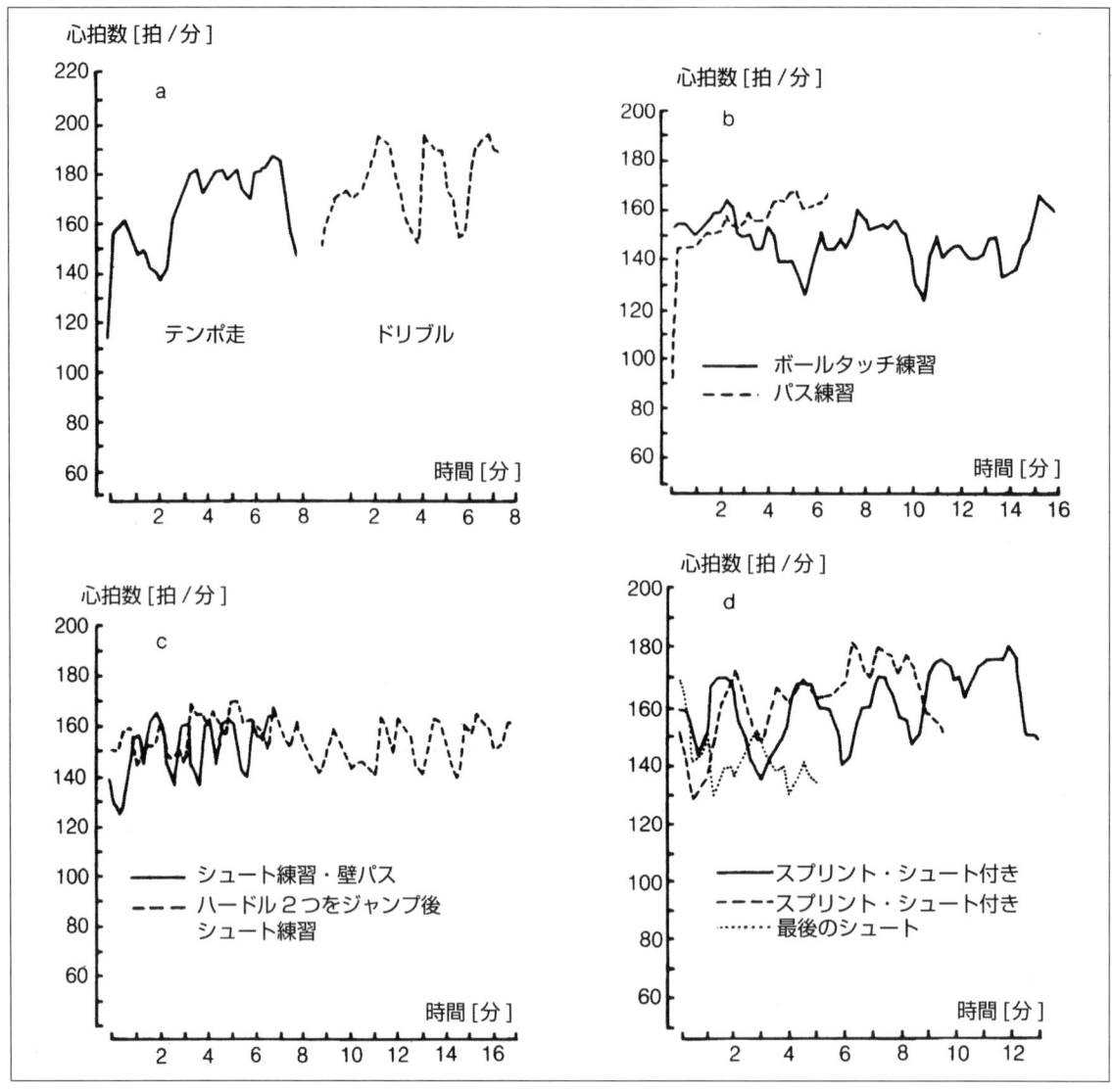

図43 さまざまなトレーニング種目での心拍数の変動（Minarovjech et al., 1969）

○どのくらいの作業のときに、有酸素性-無酸素性作業閾値、ないし無酸素性作業閾値に達するか？
○現在の有酸素性能力はどのように見積もられるか？
○一つのトレーニングサイクルの中で、有酸素性能力にどのような変化が生じたか？
○閾値の作業から出発して、どのように持久性トレーニングでの負荷強度を設定すべきか？

①コンコーニの原理（運動生理学的背景）

図45が示しているように、継続的に負荷を増加していくときは、負荷強度と心拍数とはリニアーな関係にある。しかし一定の強度から、心拍数変曲点と呼ばれる折れ目が生じる。ここからは、作業強度を高めることはできるが心拍数は以前ほどは高まらない。無酸素性作業閾値を越える領域

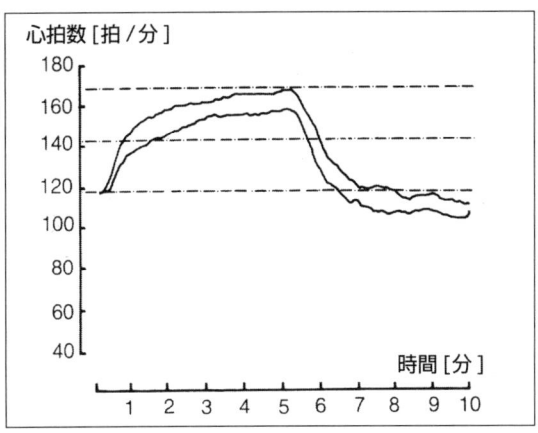

図44 同一速度(3.6m/秒)での5分間走および引きつづく5分間の歩き休息での心拍数の変動 (Lehnertz, 1989)
上のカーブは，1時間のテニストレーニングの後，下のカーブは事前の身体活動なし。スタート前に約100mのジョギングで心拍数を120まで上げてある。

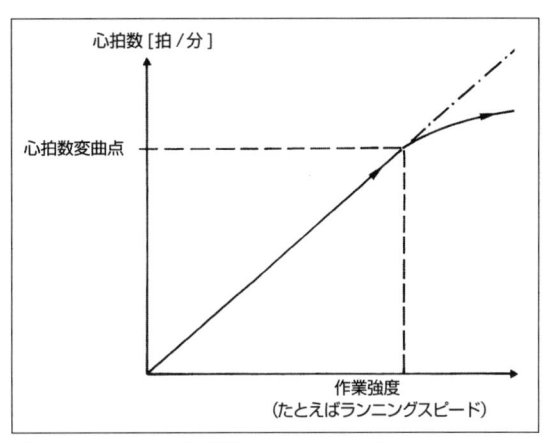

図45 コンコーニの原理 (Janssen, 1989)

では，酸素摂取量増加はリニアーな増加に対応するよりも少ない。酸素摂取量は，最初はとくに運搬能力したがって心拍数に依存しているが，無酸素性作業閾値を越える負荷では，心拍数も，与えられる負荷強度から考えられるほどには増加しない。コンコーニは，実験室テストとフィールドテストの双方で，この事実関連をいわゆる「変曲点」でもって記述することができた。

コンコーニによれば，この変曲点は，エネルギー供給がまだ「完全に」有酸素的に確保可能な最大作業強度を示している。このように乳酸値測定なしで「無酸素性作業閾値」が測定でき，これによってトレーニングを制御して最適の持久性トレーニングができるようになる。たとえば，ある選手の変曲点での心拍数が170拍/分と測定されたなら，次からはこの心拍数の域でのトレーニングを多くすればよい。なぜなら，この強度が有酸素性持久性能力の最高度の増加をもたらすからである。

コンコーニテストの特別の長所としてとくに，疲労状態をともない被検者の意志力に高すぎる要求をする完全なオールアウトにはならない点がある。一定のペースでもはや走れなくなれば，走者はテストを止める。コンコーニテストは，たとえばクーパーテストとは反対に，どのプレーレベルにある選手でも喜んで行う。

②実施方法

ウォームアップ後，全参加者に心拍数測定器を取りつける。コンコーニテストは非常にゆっくりしたペースでスタートし(一般的には200m当たり72秒)，後200mごとに最初は2秒ずつ，その後(200m当たり40秒を切ってから)は1秒ずつペースを上げてゆく。ランナーは，この所定のペースについていける間だけテストに参加する。

50mごとに音(笛，あるいはテープに録音したペースメーカー音)で，走者が均等に上昇していくペースをつねに守れるよう助ける。したがって，50mごとにマークをおき，ペースが高められる200mのマークは，特別の印をつけたマーク(小旗/竿など)で強調しておくべきである。ペースメーカーがない場合は，ペース表と笛を用いる。50mごとにコントロールの笛が吹かれ，そのとき選手は所定のランニングマークのところに達していなければならない。200mごとには，加えて呼びかけ/特別の笛の音/コース係によって，迫っているペース上昇に注意を向けさせる。心拍数のデータを蓄積する心拍数測定器が利用できない場合は，心拍数記録をとる。テストしている選手は，マークを通る際に心拍数測定器を見て実際の値を200m

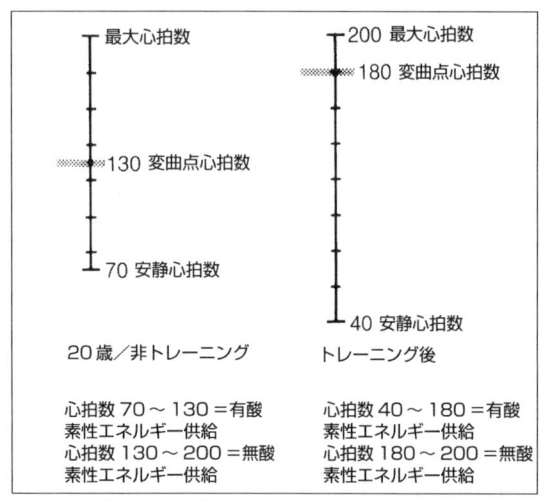

図46 持久性トレーニング前後での同一人の変曲点のシフト (Janssen, 1989)

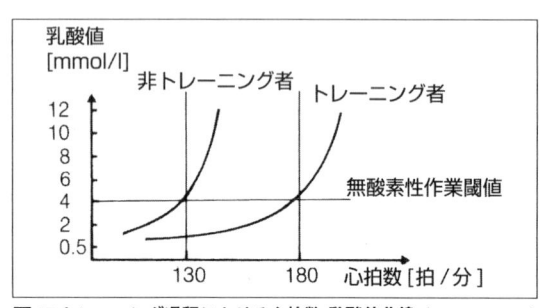

図47 トレーニング過程における心拍数-乳酸値曲線 (Janssen, 1989)

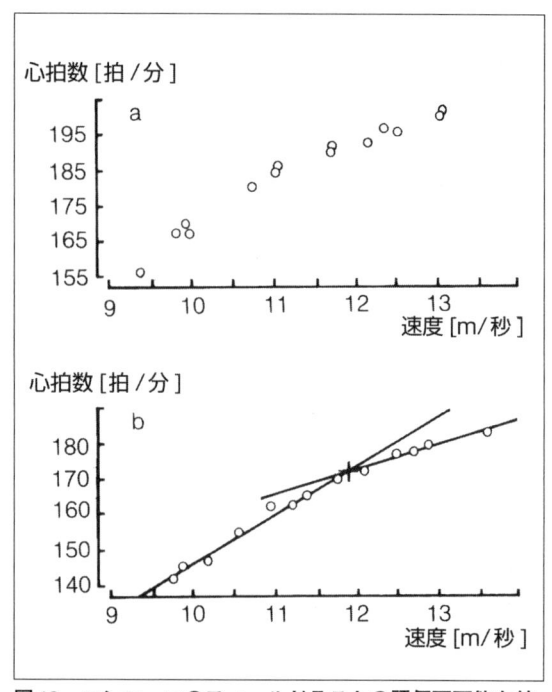

図48 コンコーニのフィールドテストの評価不可能な結果と可能な結果
a)は評価不可能な曲線の例で，走者は速度をリニアーに上げるのに成功しなかった。b)は良好に評価可能な曲線の例で，変曲点は曲線の勾配の急な部分と平らな部分の回帰直線の交点として測定される。(Jacob et al., 1988)

マークのところにいる記録係に叫び，そのときにテストに参加していない選手が200mごとの心拍数をメモし，これを後でふさわしい評価フォーミュラに記録する。

③コンコーニテストの評価の問題点

コンコーニテストは，最大ランニング速度の測定を通じて現実の有酸素的持久性能力を測定するのにとくに適している。さらに心拍数曲線の個人内比較は，持久性能力発達の強弱に価値ある示唆を与えてくれる。図46，47が示しているように，持久性トレーニングによって心拍数変曲点のシフトがもたらされる。つまり，良好にトレーニングするほど，心拍数変曲点はより高い心拍数のところになる。

しかし，「無酸素性作業閾値」を測定してトレーニング制御を行うには，コンコーニテストは条件つきでのみ適しているにすぎない。コンコーニテストでは，変曲点がすべての場合に認められるわけではなく，そしてこれがしばしば無酸素性作業閾値とは一致しないために，十分に正確な個人的トレーニング制御が可能なわけではない。図48は，評価が誤ったり不可能になる主な原因が，リニアーな作業増加が不十分であるか存在しない点にあることを示している。変曲点が一義的に決定できないなら，誤ったトレーニング心拍数の測定となり，とくに高すぎる心拍数値の場合は，長期的には選手に対する過大要求となってしまう。なぜなら，つねに「無酸素性作業閾値」を越える高すぎる負荷強度でトレーニングすると，ハードなトレーニング活動にもかかわらず，有酸素性能力の低下をともなうオーバートレーニング状態を引き起こす可能性があるからである。

コンコーニテストの結果を解釈する場合には，いくつかの実施時の変数，たとえば回復してグリコーゲンの多い状態か疲労してグリコーゲンの減少した状態かに応じて，トレーニングにとってさまざまに異なり，部分的には誤った帰結が引き出される可能性がある。したがって，テスト実施にあたっては，つねに同一の標準化されたテスト前提条件に配慮すべきである。この前提条件標準化は，テスト結果の有効性に大きな意義がある。なぜなら，作業閾値は，これまでもっぱら想定されてきたように単に持久性能力の変化に対して反応するばかりでなく，同様に現実の疲労・回復状態にも敏感に反応する（図66を参照）からである。疲労の場合には，約7～10％のパフォーマンス低下が起こりうる。それだけでなく，心拍数曲線の左右への大幅のシフトが生じ，これは個人間の閾値ないし変曲点の大きな相違をともなう可能性がある。さらには，乳酸産生能力のかなりの減少が確認される。

「コンコーニ閾値」は，能力が非常に異なるグループでは，等質的なグループよりもむしろ評価可能なデータを提供する。児童では，「無酸素性作業閾値」のインジケーターとしての心拍数曲線の変曲点は，成人におけるよりも大きな正確性で確認されると思われる。児童・ジュニア向けの屋外と体育館でのコンコーニテスト（100mごとのペ

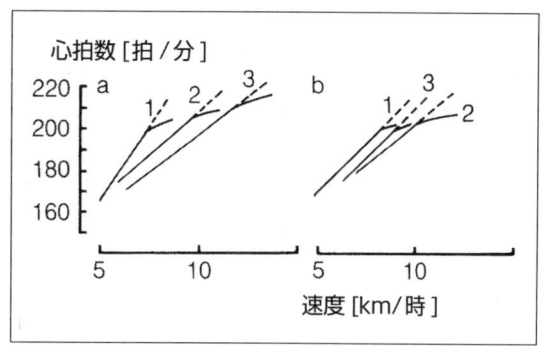

図49　2人の児童のトレーニングのさまざまな時点での心拍数とランニング速度の関係の変化（Ballarin et al.,1989）
児童bの第3テストは骨折による40日間の不活動の後に実施。

ース上昇）で，規則的に確認でき良好に再生可能な変曲点が見出されている。この変曲点は，児童の持久性能力増加につれて上昇し，不活動の時には低下した（図49）。したがってこのテストは，児童とジュニアの分野で，トレーニング過程が経過する中での持久性能力を，制御ないし判断するのに適していると思われる。

④コンコーニテストについての総括的考察

スポーツ生理学的な視点からは，コンコーニテストはなるほどトレーニング制御にとって多くの価値ある示唆を与えるが，無酸素性作業閾値測定については，現在有効な乳酸値診断に置き換わるものではない。表20は，コンコーニテストで測定された閾値の評価可能性がもつ問題性の概観を

表20　コンコーニ閾値測定のための心拍数曲線評価可能性に関する文献（Heck et al.,1989）

方法	総数	測定不能数	同%	著者	
自転車	34	4	11.8	アイクナー／ムス	(1983)
自転車	43	12	27.9	リベイロ他	(1983)
自転車	72	8	11.1	ガイズル他	(1985)
トレッドミル	10	3	30.0	ヤーコプ他	(1987)
自転車フィールドテスト	7	7	100.0	ヤーコプ他	(1987)
自転車フィールドテスト	14	4	28.6	ヤーコプないしアラティベル他	(1988)
走りフィールドテスト	28	9	32.1	ウアハウゼン他	(1988)
自転車	12	11	91.7	ウアハウゼン他	(1988)
トレッドミル	13	7	53.8	キュイパース他	(1989)
トレッドミル	3	3	100.0	キュイパース他	(1989)
ボートエルゴメータ	28	2	7.1	マイスナー	(1988)
トレッドミル	10	1	10.0	ティベリ他	(1988)
回転クランク	40	13	32.5	クリューガー他	(1988)
実験室／フィールドテスト	113	43	38.1	ホーフマン達	(1988)
自転車	440	84	19.1	著者自身	(1988)

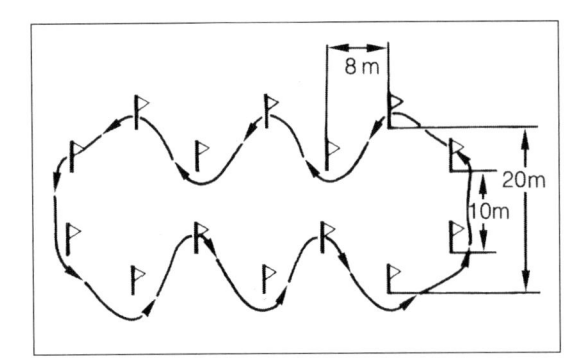

図50 プロープストのインターバルテストのためのコース設定（Probst, 1988）

示している。コンコーニテストの結果から誤ったトレーニングを導き出さないために、作業閾値はできるだけ正確に測定しなければならない。この場合、閾値は疲労と回復に敏感に反応するので、テストの前提条件（トレーニングと栄養摂取）を標準化すべきである。さらに、コンコーニテストは、できるなら乳酸値測定と結合すべきである。心拍数の変動によって持久性トレーニングを適切に制御できるのは、心拍数の変動と負荷強度の関係が、トレーニングの中での乳酸コントロールによって規則的に検証されて知られているときだけと思われる。

> コンコーニテストは「無酸素性作業閾値」測定の点では問題があるかもしれないが、同一選手のデータをトレーニング過程の中で比較するならば、コンコーニの意味での心拍数の記録は、トレーニング状態ないし持久性能力の向上について有益な指摘を与えてくれる。つまり、持久性能力が高いほど、それだけ少ない心拍数で決められたランニング速度をこなすことができる。

⑤プロープストによる修正コンコーニテスト

プロープストは、すばやいダッシュと方向転換が安静的な局面と次から次に交替するサッカーのような非循環的なスポーツ種目向けに、選手を慣れた環境（サッカー場）でそのスポーツ専門の負荷でテストするための独自のインターバルテストを開発した。このテストで中心となるのは、たとえば陸上長距離走のような循環的なスポーツ種目向けに開発されたコンコーニテストを、サッカー独自に適応させることである。サッカーでは、無酸素性域の非常に強度の高い負荷が有酸素性域の強度の低い負荷と相互に転換する。このテストは、サッカー独自の加速作業と方向転換作業に近づこうとする負荷形式を選んでいる。

十分な基礎持久性（有酸素性能力）は、選手が強度の低いプレー局面で急速に回復するのを可能にする。つまり、回復能力は持久性能力と緊密に組み合わされている。この理由から、テストの間に負荷局面と30秒の安静局面が交替する。この30秒間の心拍数の低下で、選手の回復能力が観察できる。

⑥実施方法

15〜20分間のウォームアップ後、選手はサッカーシューズを履いて課題コース（図50）を走る。心拍数測定器をつける。課題コースは、グラウンドに14のマークでつくる。マーク間の距離は10m、1周の距離は140mになる。負荷段階ごとに選手はコースを2周（＝280m）し、次の周回との間に30秒間の休みを入れる。

コンピュータ（事前に設定されたペース表にしたがった笛でもよい）が、ピープ音でランニング速度を指示する。コンスタントなランニング速度を守るには、走者はこのピープ音が鳴ったときに、マークのところにいなければならない。スタートのペースとしては、18マーク/分（10.8km/hに相当）がよい。30秒間休息ごとに1マーク/分（0.6km/h）ペースを上げる。選手は所定のペースが守れなくなるまでつづける。

⑦評価

テスト結果は2つの面から解釈できる。

1) 時間経過の中での心拍数の判断

図51が示すように、心拍数は休息局面での低い負荷、つまり有酸素性域で急速に低下する。なぜなら、作業開始で登場した酸素負債を解消すればよいだけだからである。負荷強度の増加と共に

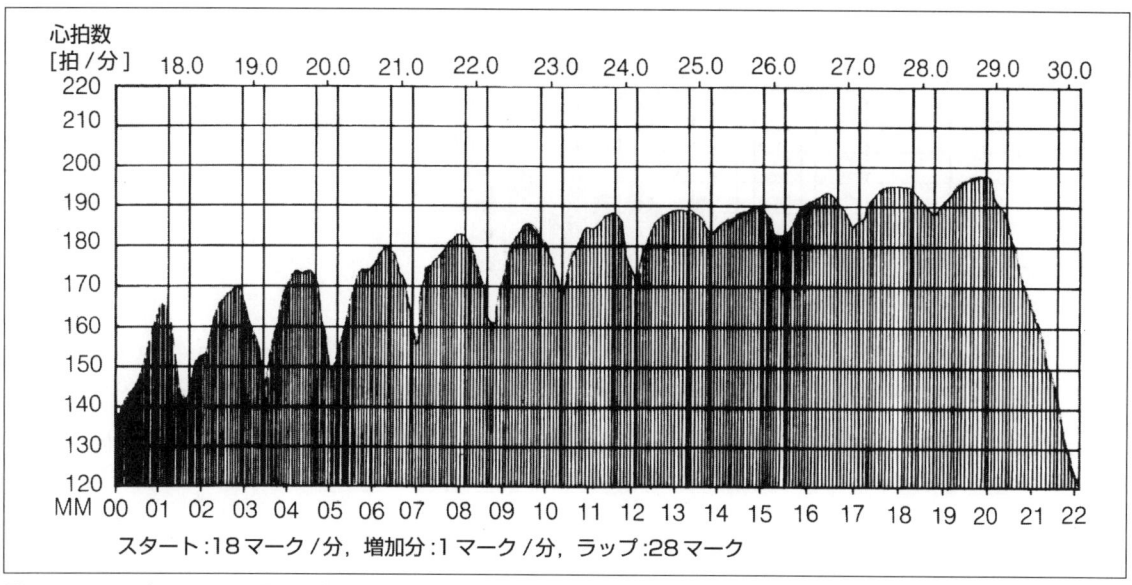

図51 インターバルテストの間の心拍数の変動（Probst,1988）負荷の開始時には心拍数は負荷に遅れ，筋肉は酸素負債を負うが，休息局面で負債はなくなる(これは有酸素性域では急速かつほぼ完全に行われるが，無酸素性域では遅れて不完全である)

無酸素性代謝の割合が増加し，酸素負債が増えてくる。これによって，酸素負債を取り除くためにより多くの酸素と有酸素性代謝活動の上昇が必要なので，休息時の心拍数低下の緩慢化がもたらされる。負荷心拍数と回復心拍数との間の振幅は減少する。有酸素的持久性能力が高いほど，回復能力もよい。図51は，この選手が25マーク/分のペースまでは十分に回復できたことを示している。ここから彼は無酸素性作業閾値を越え，引きつづく休息時の心拍数低下はわずかとなった。このテストで測定されたさまざまな持久性レベルの選手の心拍数の変動と比較すると，回復能力の相違ないし持久性能力の高さの相違が，非専門家にも「一瞥して」わかる。つまり，選手A(図52)は低い持久性能力と劣った回復能力しか持っていない。選手B(図53)の双方の値はこれよりよく，選手C(図54)はベストの値を示した。

2)心拍数とパフォーマンスの関連の判断

心拍数をランニング速度と関連させてみると，コンコーニテストと同様に無酸素性作業閾値のところでこの変動は折れ目を持つ(図55)。評価の問

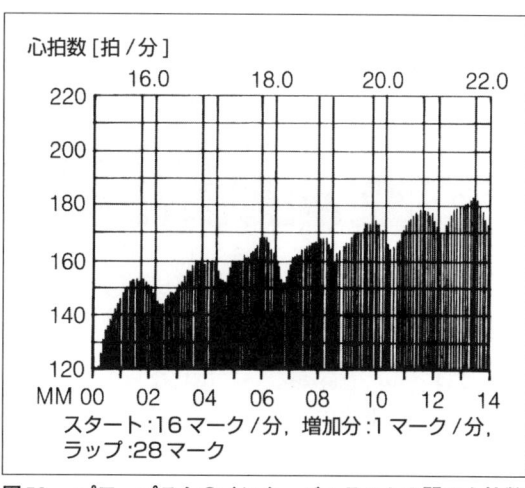

図52 プローブストのインターバルテストの間の心拍数の変動（著者自身の調査）
トレーニング状態と回復能力の劣る選手(A)

題は，すでに述べたコンコーニテストの問題と対応している。

⑧トレーニングにとっての帰結

ゲームスポーツの種目では，このトレーニングの持続時間は，一般的に20～40分である。これ以上長いランニングは十分な基礎持久性発達のた

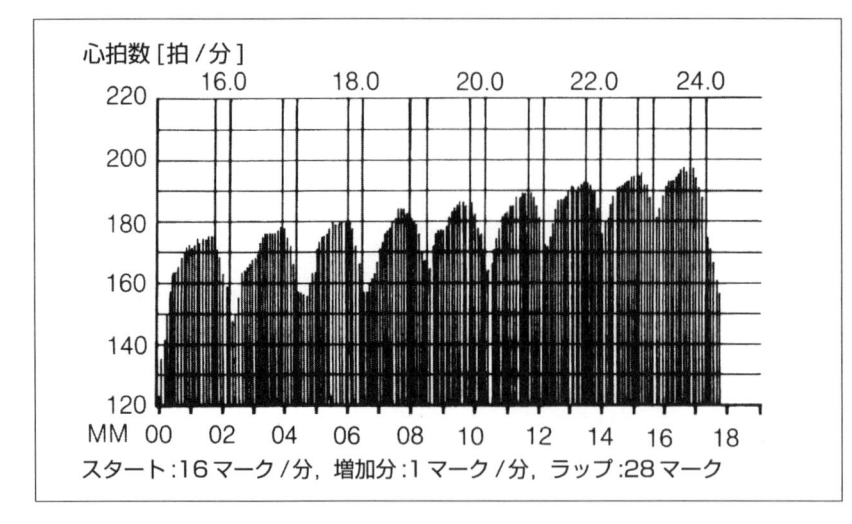

図53 プロープストのインターバルテストの間の心拍数の変動（著者自身の調査）
トレーニング状態と回復能力が中程度の選手(B)

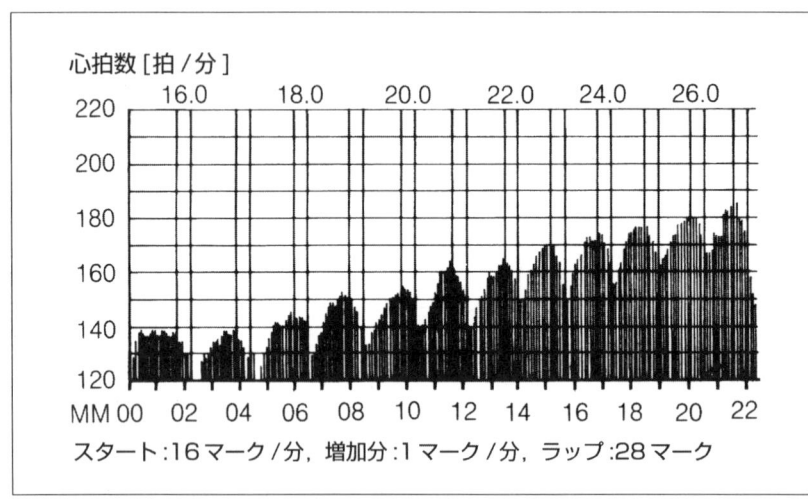

図54 プロープストのインターバルテストの間の心拍数の変動（著者自身の調査）
十分に持久性トレーニングをつみ良好な回復能力をもつ選手(C)

めにはほとんど意味がない。なぜなら，有酸素性能力の最大の上昇ではなく十分な有酸素性能力が達成されるべきだからである。プロープストによれば，テスト結果にもとづいて表21の強度でトレーニングすべきである。このテストを一つのトレーニング期終了後にくり返すなら，心拍数曲線が右へシフトした場合は持久性状態の改善が結論される。

(4)乳酸値テスト
①ランニング負荷にともなう乳酸値測定
すでに述べたように(69頁参照)，負荷をかけるのにともなって乳酸値を測定するのは，オールアウト負荷レベルの測定あるいは持久性能力測定を行って横断的・縦断的に比較する場合に，非常に優れた手段である。

> テスト終了時の6.0〜8.0mmol/lの乳酸濃度は，オールアウトではない。オールアウトの中程度レベルは乳酸値8.0〜12.0 mmol/lで，高いレベルは12.0〜16.0mmol/l，非常に高いレベルは16mmol/l以上である。

乳酸値の変動を測定するために，さまざまな作業グループが種々の測定法を開発した。これら測定法の結果は，類似してはいるが同一ではない。

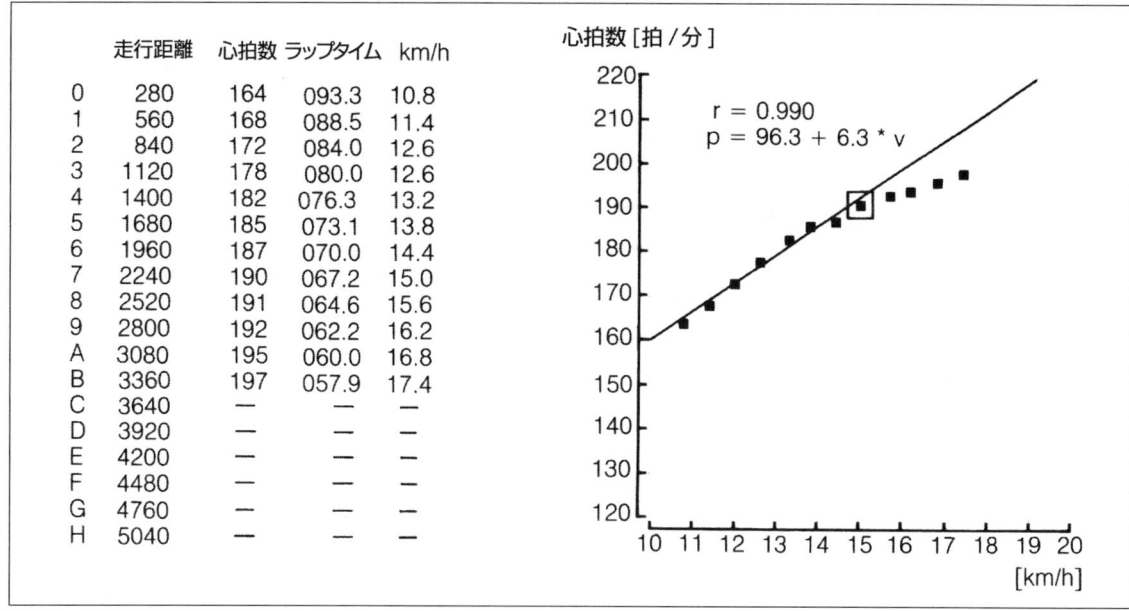

	走行距離	心拍数	ラップタイム	km/h
0	280	164	093.3	10.8
1	560	168	088.5	11.4
2	840	172	084.0	12.6
3	1120	178	080.0	12.6
4	1400	182	076.3	13.2
5	1680	185	073.1	13.8
6	1960	187	070.0	14.4
7	2240	190	067.2	15.0
8	2520	191	064.6	15.6
9	2800	192	062.2	16.2
A	3080	195	060.0	16.8
B	3360	197	057.9	17.4
C	3640	—	—	—
D	3920	—	—	—
E	4200	—	—	—
F	4480	—	—	—
G	4760	—	—	—
H	5040	—	—	—

$r = 0.990$
$p = 96.3 + 6.3 * v$

図55 心拍数-ランニング速度の関連 (Probst, 1988)

表21 トレーニング強度 (Probst, 1988)

持続走	強度(折れ目の速度の%)	持続時間(分)
中速度	85～90	30～40
高速度	90～97	20～30

しかし，次の点はすべてに共通している。
○持久性能力が増大するにつれて，負荷を増加させていくときの乳酸値上昇はより後になる。
○持久性能力が改善されると，変曲点での乳酸値の絶対値が減少する。低い乳酸値は，有酸素性エネルギー供給の割合が高くなると現れるので，したがって高い持久性能力を示している。

図56と図57からわかるように，トレーニング状態が改善されるにつれて，同一負荷では筋疲労の現れとしての乳酸産生率が減少する。図57が示すように，持久性トレーニングが十分な選手は，不十分なトレーニングの選手よりも，同一乳酸値でより高いランニング速度を示す。

② 「無酸素性作業閾値」確定のための乳酸値測定

サッカー選手の持久性能力を測定するためには，乳酸値4mmol/lの無酸素性作業閾値，ないしは個人的な無酸素性作業閾値(表22を参照)が，重要な値である。

> 横断的比較でも縦断的比較でも，無酸素性作業閾値は有酸素的持久性を判断する客観的な基準である。

無酸素性作業閾値の測定は，持久性能力の測定だけでなく，最適のトレーニング強度を選択してトレーニング制御にも役立つ。この場合に目標設定とトレーニング過程の時点に応じて，個々人ごとに最適の心拍数の域でトレーニングする。無酸素性作業閾値の域での心拍数は，20～30歳代では約170拍/分，児童では約190拍/分である。この心拍数は，持久性能力向上に特に効果的である。

> 無酸素性作業閾値測定に利点がある理由はとくに，他のテスト(コンコーニテストあるいは最大酸素摂取量測定テスト)とは逆に，動機づけやオールアウトの負荷はなんら役割を果たしていない点にある。

図58は，負荷強度を増加させる場合の乳酸値と心拍数の変動を，少年選手と成人選手とで示し

ている。一つのサッカーチーム内部（横断的調査）では，個々の選手の有酸素的持久性は，無酸素性作業閾値の測定によって比較的正確に測定できる。縦断的には，有酸素的持久性向上のために用いた方法と内容の効率性はコントロールでき，必要な場合は修正できる。同一の持久性能力でも乳酸値曲線は選手ごとに非常に異なっている可能性があるので（図59），トレーニング制御のためには選手1人ひとりについて乳酸値曲線を測定すべきである。

　心拍数測定をともなった個々人の乳酸値曲線測定がトレーニング制御にとっていかに重要かを，一つの事例に即して明らかにしてみよう。乳酸値曲線が左側に位置する選手と右側に位置する選手が，150拍/分で走るようにという指示でトレーニングするなら，左側の選手は高い乳酸値で極度に強度の高いトレーニングとなるが，右側の選手はほとんど努力する必要はない。したがって，心拍数コントロールによる持久性トレーニングは，すべての選手に対して個人的に適応させなければならない。

　表22は，「無酸素性作業閾値」と相関する心拍数ないし最大酸素摂取量（VO_2max）負荷の値は，トレーニングによって変化することを示している。エクステンシブな持久性トレーニングとインテンシブな持久性トレーニングは，原則的に有酸素性ないし無酸素性作業閾値に対応する心拍数で行うべきである。トレーニング過程の中で，無酸素性作業閾値での作業能力は最大酸素摂取量よりも大幅な改善が見られ（88頁参照），さらにゲームでのプレー成績との相関もしばしばいっそう緊密なことがわかっている。

③乳酸値曲線の判断

　持久性能力が改善されると，乳酸値曲線は右へとシフトする（図60）。この場合に，乳酸値曲線の変曲点は，持久性トレーニングを十分に積んでいる選手ではわずかの選手より遅く生じ，またその乳酸値も低い。無酸素性作業閾値の域でのパフォ

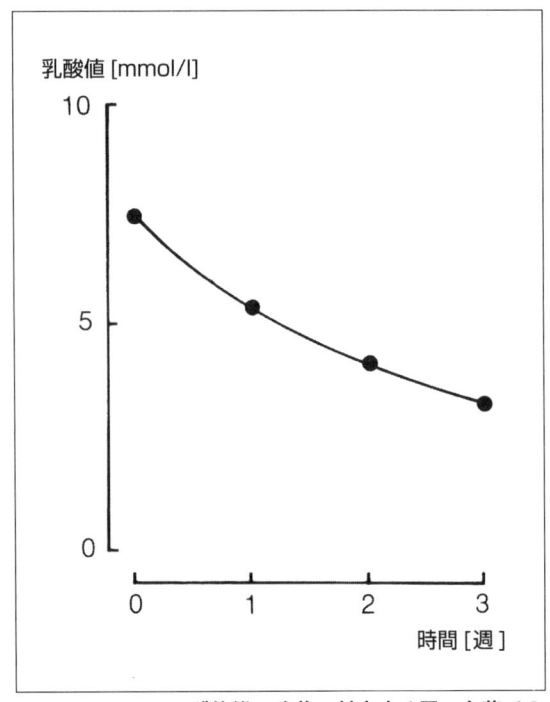

図56　トレーニング状態の改善に対応する同一負荷での乳酸値の継続的低下；測定は週ごと（Gaesser/Poole, 1988）

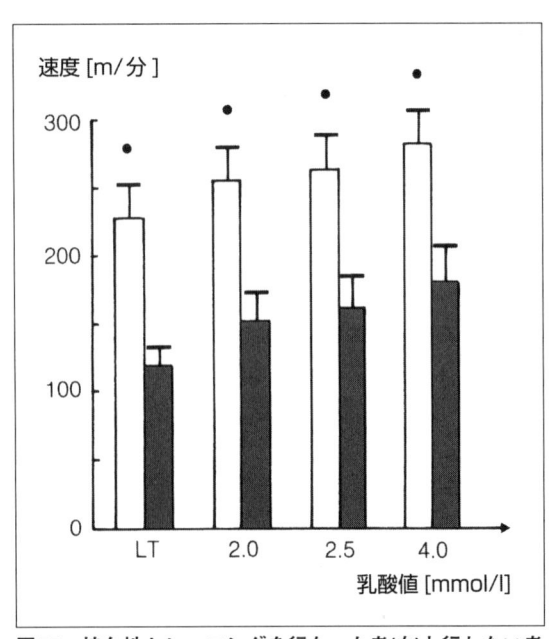

図57　持久性トレーニングを行なった者(白)と行わない者(線入り)のさまざまな負荷-乳酸閾値でのトレッドミルランニング速度（Seip et al.,1991）

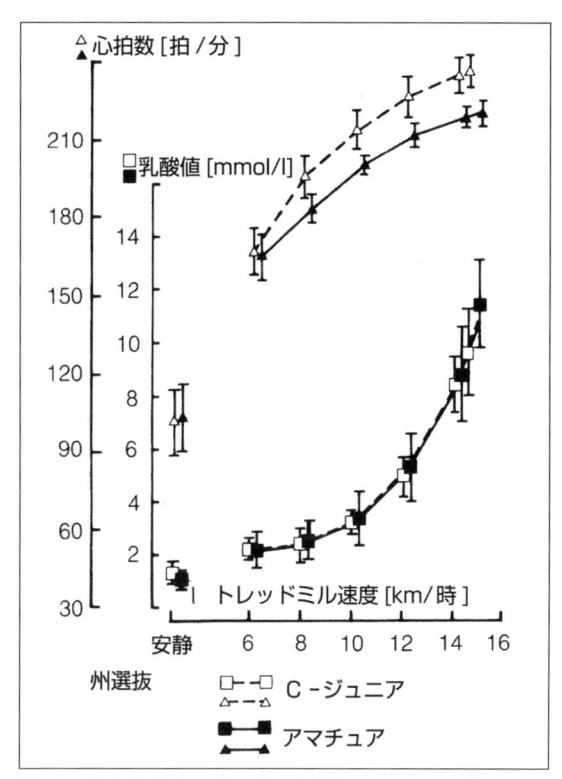

図58 少年と成人のサッカー選手の，トレッドミルランニング負荷を漸増的に上昇させた場合の乳酸値と心拍数の変動（Hort/Flothner, 1983）

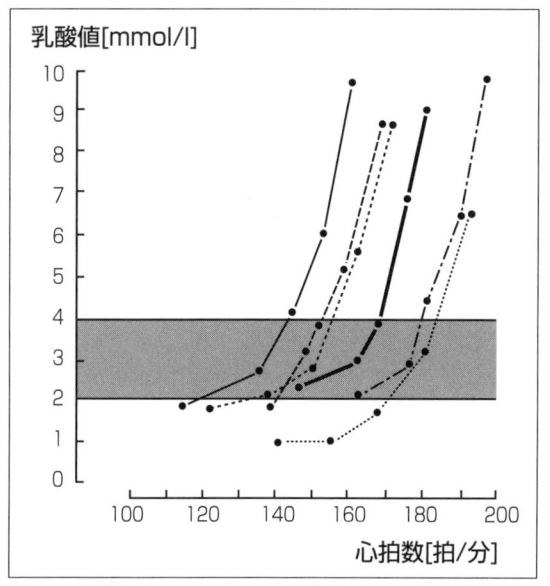

図59 比較しうるトレーニング状態にあるさまざまな運動選手の乳酸値曲線（Janssen, 1989）

ーマンスは，決定的な基準であって，無酸素性作業閾値，したがって有酸素的持久性が高いほどゲーム時間全体を通じて維持できる平均的プレーテンポは高くなる（図61）。

しかし，持久性能力の過度の発達は，サッカー選手にとって非常に重要な特性であるスピードやパワーに対してマイナスに働く。図62からわかるように，マラソン走者の無酸素性作業閾値はスプリンターのそれよりも高いが，無酸素性で乳酸産生の運動能力とランニング速度を無酸素性作業閾値から最大へと上昇させる能力は，スプリンター（広い意味でサッカー選手もこれに入る）のほうが，「純粋な」持久性スポーツ選手よりも明らかに高い。つまり，持久性能力を適切な基礎持久性能力を越えて過度に発達させるのは意味がない。現在のところ，サッカー選手にとっては，無酸素性作業閾値（乳酸値4mmol/l）の域での，4 m/秒（≧14.4km/時に相当する）か，これよりやや早いランニング速度で，ゲームに必要な有酸素性能力の点でも回復の点でも完全に十分とみなされている。

> 最大でなく最適に発達した持久性能力を，サッカー選手は追求すべきなのである。

図63は，6週間のスピード持久性トレーニングないし持続走トレーニング後の，無酸素性作業閾値（乳酸値4mmol/l）でのランニング速度の変化を示している。

④乳酸値の変動とそこからいえる点に影響する諸要因

乳酸値ないし「無酸素性作業閾値」およびこれと相関するランニング速度は，クーパーテストの場合と同様に，次のような一連の要因に依存している。

1）トレーニング

無酸素性作業閾値の域での能力を判断するには，その前のトレーニングについて正確な情報を得る必要がある。なぜなら，能力の増大がこの作業閾値を右へシフトさせるとまったく同様に，作業筋

表22 トレーニングの経過と無酸素性作業閾値，最大酸素摂取量，心拍数 (Grosser/Zintl,1986)

非トレーニング者の無酸素性作業閾値	VO_2maxの50〜70%	心拍数 140〜150拍/分
トレーニング者の無酸素性作業閾値	VO_2maxの70〜80%	心拍数 170〜175拍/分
高度トレーニング者無酸素性作業閾値	VO_2maxの85〜95%	心拍数 180〜190拍/分

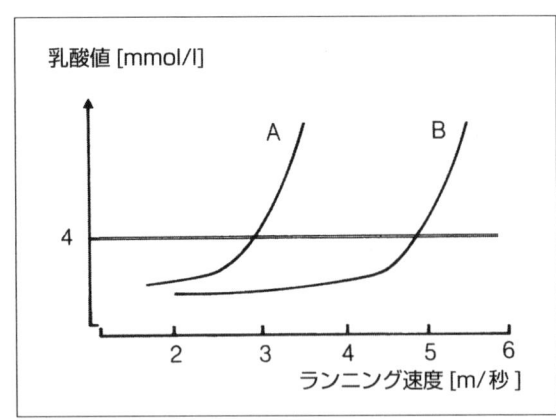

図60 持久性トレーニングの乳酸値曲線への影響
曲線AとBは同一人；曲線Aはトレーニング時期開始時，曲線Bは3ヵ月間のトレーニング期間後。結論：乳酸4mmolでの走るスピードは増加した。曲線A：3m/秒；曲線B：5m/秒。つまり曲線は右へとシフトした。有酸素性能力は明確に増大した。(Janssen,1989)

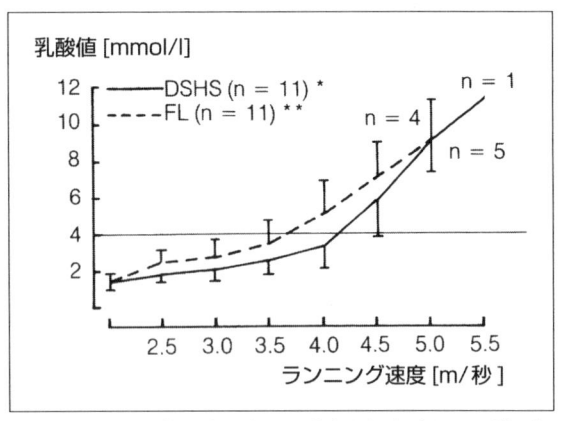

図61 トレッドミル上でオールアウトした時のコンディションのよいチーム(DSHS)と悪いチーム(FL)の乳酸値水準
DSHS＝大学チーム；FL＝DFBサッカー教師(元プロ)
(Gerisch/Rutemoller/Weber,1988)

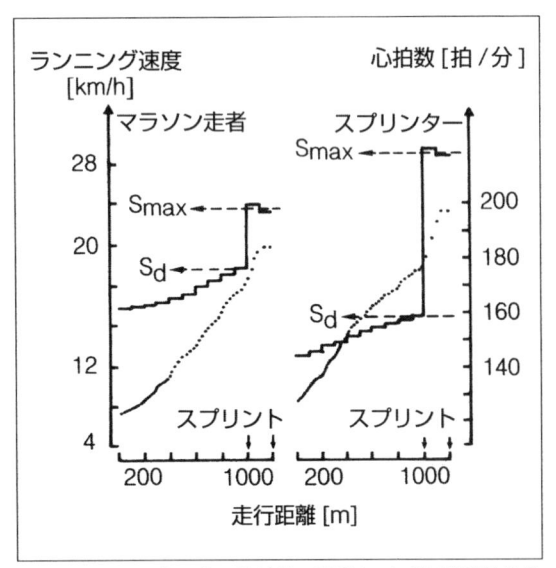

図62 (1000m走の中で持続的に調整して)「無酸素性作業閾値」に達した後の200mスプリントによる，最大乳酸性能力の測定
マラソン走者とスプリンター (Borsetto et al.,1989)

群でのグリコーゲン枯渇もこの閾値を右へシフトさせるからである。トレーニングのさまざまな持続時間・強度・反復回数は，異なる程度で作業筋群内のグリコーゲンを枯渇させる。この場合に，グリコーゲン貯蔵の減少がトレーニングによるのか，栄養摂取の仕方によるのか，それとも両者によるのかは何の影響も及ぼさない。

　強度の高いランニングトレーニング(60〜90分の持続)の反復は，回復が不十分(12〜14時間の休息)だと無酸素性作業閾値を上昇させる(図64)。無酸素性作業閾値が上昇するのは，グリコーゲンの備蓄水準が低下するので，筋レベルでは最大乳酸値はもはや達成できないからである。これで，代償として脂肪代謝が高められる。したがって，疲労のおさまる局面では，脂質がエネルギー源として重要な役割を果たしている。サッカー選手では準備期にしばしば行われている3日間連続での強度の高い持久性負荷では，筋群の中で約80％

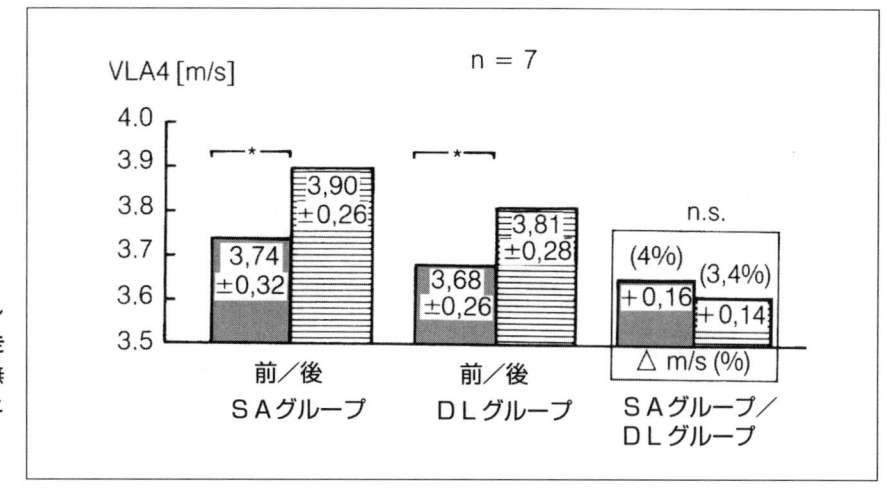

図63 スピード持久性トレーニング(SA)ないし持続走トレーニング(DL)前後の無酸素性作業閾値でのランニング速度(VLA4)
(Föhrenbach et al., 1991)

のグリコーゲン枯渇となり，全身的疲労が増加する。しかし，十分に持久性トレーニングを積んでいる選手は不十分な選手よりも，強度の高いトレーニング負荷によって「ヘトヘトになる」ことが少ない。

したがって，これまでつねにトレーニング状態の改善と解釈されてきた，無酸素性作業閾値を測定した際の乳酸値曲線の傾きのフラット化と右へのシフト(図60参照)は，グリコーゲン欠乏の場合(強度の高いトレーニングやゲームの後の状態，オーバートレーニング状態)には，誤った解釈と誤ったトレーニングを導く恐れがある。つまり，乳酸値と心拍数がより低いことが，より良好なトレーニング状態と誤って受け取られ，あるいは逆にランニングをストップするときの速度が低い原因として，行う心構えの低さが指摘される可能性がある。

2) 筋中の糖分貯蔵(グリコーゲン貯蔵)の高さ

乳酸産生は，筋中に貯蔵されているグリコーゲンの量に大幅に依存している。グリコーゲン備蓄が多ければグリコーゲン消費も高まり，より高いグリコーゲン消費はより高い血中乳酸値をもたらす(図65)。したがって，乳酸値の変動を判断する際には，トレーニング状態だけでなく筋グリコーゲンの存在量も考慮すべきである。逆に，いわゆるグリコーゲン簡易テストでの乳酸値曲線の図示で，比較的単純に筋グリコーゲンの貯蔵を測定できる。これは試合準備や，たとえばオーバートレーニング状態の回避といったトレーニング制御の中で役に立つ。

3) 食事

無酸素性作業閾値は，炭水化物の多い食事か少ない食事かによって影響される(図66)。グリコーゲンの少ない食事だと，作業能力は低下する。

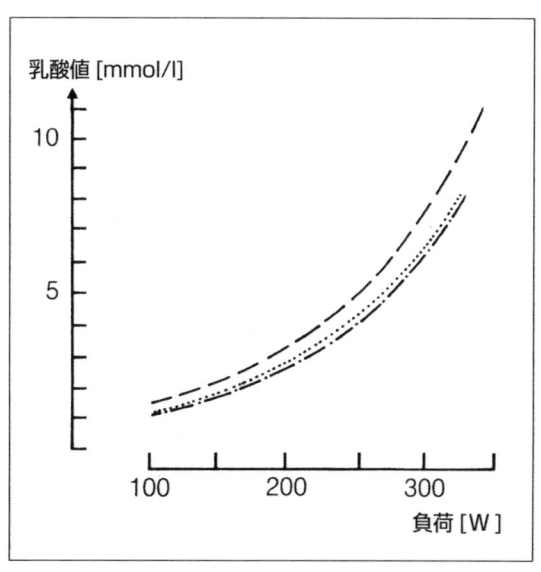

図64 3日間連続でのオールアウトと不十分な休息時間での乳酸値曲線(---=第1日；……=第2日；-・-=第3日)
(Fric et al., 1989)

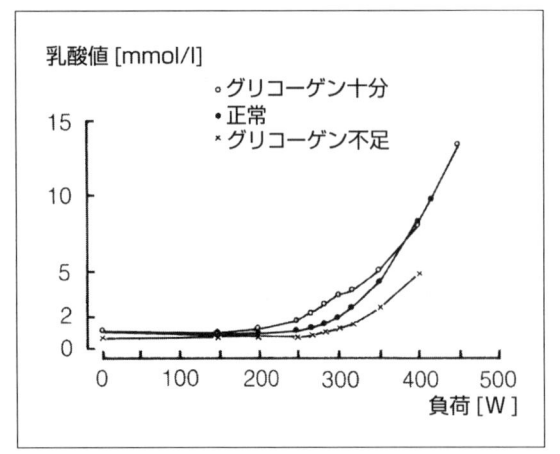

図65 乳酸値曲線の形状と位置へのさまざまなグリコーゲン貯蔵の影響（Braumann/Busse/Maassen,1987）

この作業能力の低下は，安静時には乳酸的なエネルギー供給が妨げられて遊離脂肪酸の燃焼が増加し，負荷の際には乳酸値が低くなって呼吸商がいっそう低くなる点にもとづいている。呼吸商とはO_2の対CO_2比で，純粋に糖分燃焼だと1，純粋に脂肪燃焼だと0.7になる。

グリコーゲンが少ない状態で筋での乳酸産生が減少する結果として，乳酸値曲線の右へのシフトが見掛け上もたらされ，これによって持久性能力が過大評価されるので，誤ったトレーニング指示がされる可能性がある。

4)実施の仕方

無酸素性作業閾値測定の際は，負荷の種類もテスト結果に影響を及ぼしている。トレッドミルに代えて自転車エルゴメータで負荷をかけると，この閾値は低下する。3～4分間の段階での負荷増加テストを用いても，さまざまに異なる結果が得られる。この場合に乳酸値曲線は，スタート時負荷，段階の持続時間（個々の段階が長ければ長いほど閾値は低い），挿入される休憩，傾角などの函数として変動する。

以上のように，さまざまな解釈の困難性，誤って解釈する可能性，不確実性にもかかわらず，乳酸値測定ないし「無酸素性作業閾値」測定は，持久性能力測定ないしトレーニング制御に最高度に重要である。とはいえ，測定された数値はつねに慎重に解釈し，つねに比較可能で基準化された枠組条件のもとでとらえるべきである。

(5)有酸素的持久性測定のその他のテスト
①最大酸素摂取量の測定

心臓循環および代謝の総体的な指標値としての最大酸素摂取量は，最大有酸素性能力の総体的基準である。高度に持久性トレーニングを行った選手は，最大酸素摂取量の域で作業を長くて15～

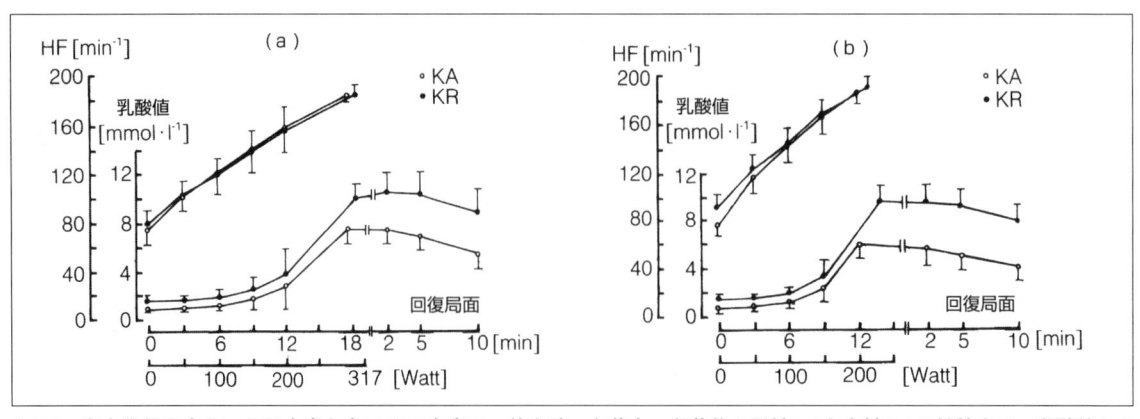

図66 炭水化物の少ない(KA)食事と多い(KR)食事で，休息時・負荷中・負荷後の男性(a)と女性(b)の被検者の，乳酸値と心拍数(HF)（Frohlich/Urhausen/Kindermann,1989）

表23 持久性能力を決定している若干のスポーツ医学的パラメータの統計的平均値（Hollmann et al., 1981 および Kindermann/Schnabel/Schmitt, 1981）

プレークラス	心容量 [ml]	相対的心容量 [ml/kg]	相対的最大酸素摂取量 [ml/kg·分]
1978年ワールドカップ選手(n=17)	1003.1 ±119	13.36 ±1.51	62.02 ±4.49
1978年ワールドカップのキーパー(n=4)	961.25 ±80	12.3 ±0.97	56.2 ±1.17
ブンデスリーガ2部 (n=17)	936 ±84	13.0 ±1.3	61.5 ±4.0
アマチュア州選抜 (n=17)	918 ±75	12.3 ±0.9	60.1 ±3.4
ＤＦＢ選抜A-ジュニア (n=17)	851 ±78	12.0 ±1.0	57.6 ±5.7
州選抜C-ジュニア (n=20)	726 ±128	11.7 ±1.0	56.9 ±3.5

20分間つづけることができる。一般的にサッカー選手では、体重当たり最大酸素摂取量は、58～62ml/kg/minで、ブンデスリーガのチームとアマチュアリーグのチームとの間には、なんらの相違も見られない。他のスポーツ種目と比較すると、トップの持久性スポーツ種目の選手は85ml/kgの最大酸素摂取量で、もっぱら座って生活している非トレーニング者は44mlである。すでに述べたように、サッカー選手に十分に発達した基礎持久性を要求する場合に、たとえば陸上競技の中距離選手の有酸素性能力を要求するというのは決して望ましくない。

種々のテストで、ランニング速度と最大酸素摂取量は相関する。テストでは、速度をしだいに上げていき、一定時点を越えると速度を維持するランニングが行われる（コンコーニテストや乳酸値曲線調査と比較できる）。

まとめると、体重当たり最大酸素摂取量の測定から、個々人の持久性能力について判断が可能となる。とはいえ、体重当たり最大酸素摂取量は有酸素性能力の判断のための決定的な数値としては、以前ほどは用いられない。いっそう信頼のおける基準とみなされているのは、今日ではすでに述べた「無酸素性作業閾値」(45頁参照)、とくに「個人的な無酸素性作業閾値」およびこれと対応するランニング速度である。

②心臓の大きさの測定

最大酸素摂取量測定と同様に、持久性能力診断のための持久性に関連する心臓パラメータの測定も、今日ではしだいに用いられなくなっているが、この場合にも、トレーナーは文献の中であげられている心臓の大きさについて知っているべきだろう。表23は、持久性を決定する心臓-循環量についての総括である。すべてのサッカー選手が、十分に発達した持久性能力にもとづいて、スポーツ心臓の意味での心臓肥大化の始まりを示している。

4──サッカー独自の専門的持久性能力のテスト

すでに述べたように、一般的な実験室テストやフィールドテストの欠点は、これらテストには大部分サッカーの独自性が欠け、このスポーツ種目のための十分に有効な説得力に欠ける点にある。ゲーム独自の持久性のテストは、サッカーのゲー

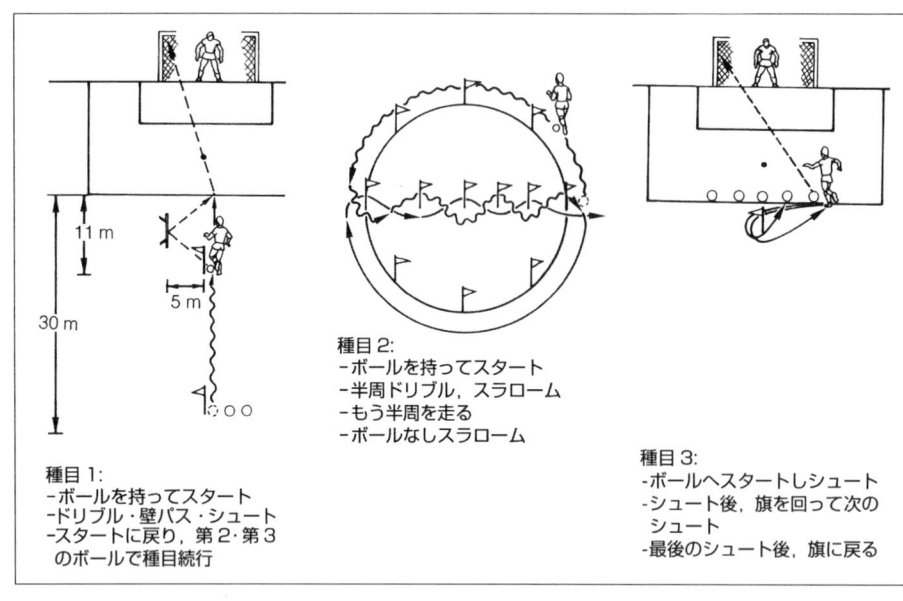

種目1:
- ボールを持ってスタート
- ドリブル・壁パス・シュート
- スタートに戻り,第2・第3のボールで種目続行

種目2:
- ボールを持ってスタート
- 半周ドリブル,スラローム
- もう半周を走る
- ボールなしスラローム

種目3:
- ボールへスタートしシュート
- シュート後,旗を回って次のシュート
- 最後のシュート後,旗に戻る

図67 サッカー専門の持久性テスト(SAT)の3種目 (Stiehler/Konzag/Döbler, 1988)

	運動強度				
	ウォーキング	ジョギング	クルージング	スプリント	(合計)
1試合当り平均走行実績	2854	5648	1005	227	9734
全走行距離に占める割合	29.1	57.7	10.1	2.5	100
200m課題コースへの置き換え	40	110	30	20	200

表24 ヴィンクラーによるブンデスリーガ1部プレーヤーの平均的走行実績(1981/82年シーズン)と,200m課題コースへのその置き換え (Binz, 1985)

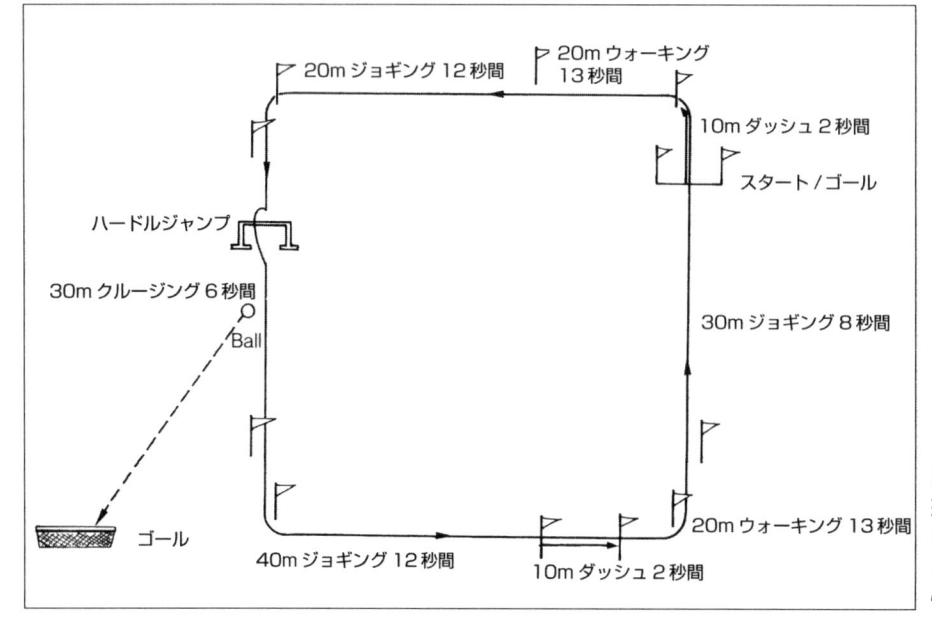

図68 ゲームの負荷構造を200m課題コースに割り振ったビーレフェルトのサッカー持久性テスト (Binz, 1985)

ムに特徴的な負荷の転換を内容としなければならない。ゲームの量的な分析（走行距離，一定の技術的-戦術的行動の回数など）と質的な分析（ランニングが行われた強度，どのようにそしてどの技術的-戦術的行動で動き反応したか）が，この場合にこうしたテストを構成するのに重要な示唆を与える。

(1)単純なサッカー専門の持久性テスト
　　（フィールドテスト）
①SAT持久性テスト
　図67は，いかに相対的に簡単な方法でサッカー専門の持久性能力がとらえられるかを示している。測定値を判断する際には，一緒に心拍数と乳酸値の測定を行えば，専門的持久性の非常にきめの細かい評価が可能となる。

実施方法
　選手は，3種目で設定された区間を，最大のランニング強度で走り，同時に技術的-戦術的課題を行わなければならない。1セット3種目，1～3セット，種目間休み：1分，セット間休み：2分，3セットでの選手1人のテスト時間：20分弱。

評価の仕方
○各種目の走行時間を純粋に測定し，そしてシュートの正確性と質を評価する。
○はずしたシュート＝－2秒。
○シュートの質は5段階評価（5＝1秒，4＝0.5秒，3＝0秒，2＝－0.5秒，1＝－1秒）。
○以上の時間全部を合計して，全走行時間（秒表示）とする。

(2)スポーツ医学的なサッカー専門持久性テスト
①ビーレフェルトのサッカー専門持久性テスト
　ビーレフェルト大学で，ゲームの負荷に合わせたテストが開発された。ゲームを分析して得た負荷構造を基礎に，1ゲーム当たりのさまざまな動き（表24）をその割合ごとに200mの課題コースに割り振った（図68）。テストではコースを10周し，総距離は2000mとなる。標準化の必要から，個々の部分の運動時間は指定してある。運動強度の転換，たとえば歩きからスプリントへの移行はその場所（旗竿）に黒板で示し，時間はその部分ごとにカセットテープを使ってスピーカーで聴覚的に指示する。ランニング強度は，トレーナーが課題コースの中央から選手に対しその部分のタイムを大声で逆数えして伝えることもできる。能力評価は，心拍数と乳酸値の測定による。
　このテストの負荷強度は，1週間3回トレーニングのチームの水準に合わせてある。図68に示した例では，選手は2000mを11分20秒で走る。このテストを利用する場合に，最高度のプレーレベルでは強度をやや高め，下のプレーレベルでは低くするよう勧められる。このテストの有効性をアマチュアで検証した結果，サッカーのゲームに特徴的な値（235頁参照）である乳酸値3.9mmol/lないし心拍数170拍/分となった。

②ギーセンのサッカー専門持久性テスト
　新しく開発されたギーセンのサッカー専門フィールドテスト（図69）では，伝統的な負荷方法と比較して有意に高い最大作業パラメータを測定できた。有酸素性-無酸素性作業閾値（4mmol/l）で，心拍数150拍/分（平均年齢17歳の最高プレーレベルのジュニア選手）ないし142拍/分（平均年齢24.3歳のアマチュアのオーバーリーガ選手）が測定された。最大乳酸値（血中乳酸値）は11.6～12.4mmol/lであった。
　これに対してリーグ戦では，無酸素性能力は乳酸値4.7±1.0mmol/lが要求されるだけである。つまり，サッカーでのエネルギー供給は，急速で有酸素的な回復をともなって無酸素的非乳酸性で大部分行われている。サッカー専門のフィールドテストにおいて，そしてまたサッカー専門のトレッドミル・エルゴメータテスト（図70）や専門的持久性向上のためのゲーム形式（54頁参照）でも測定される，約10～12mmol/lの乳酸値は，サッカー選手にとっては十分な無酸素性能力ないし備蓄を現している。

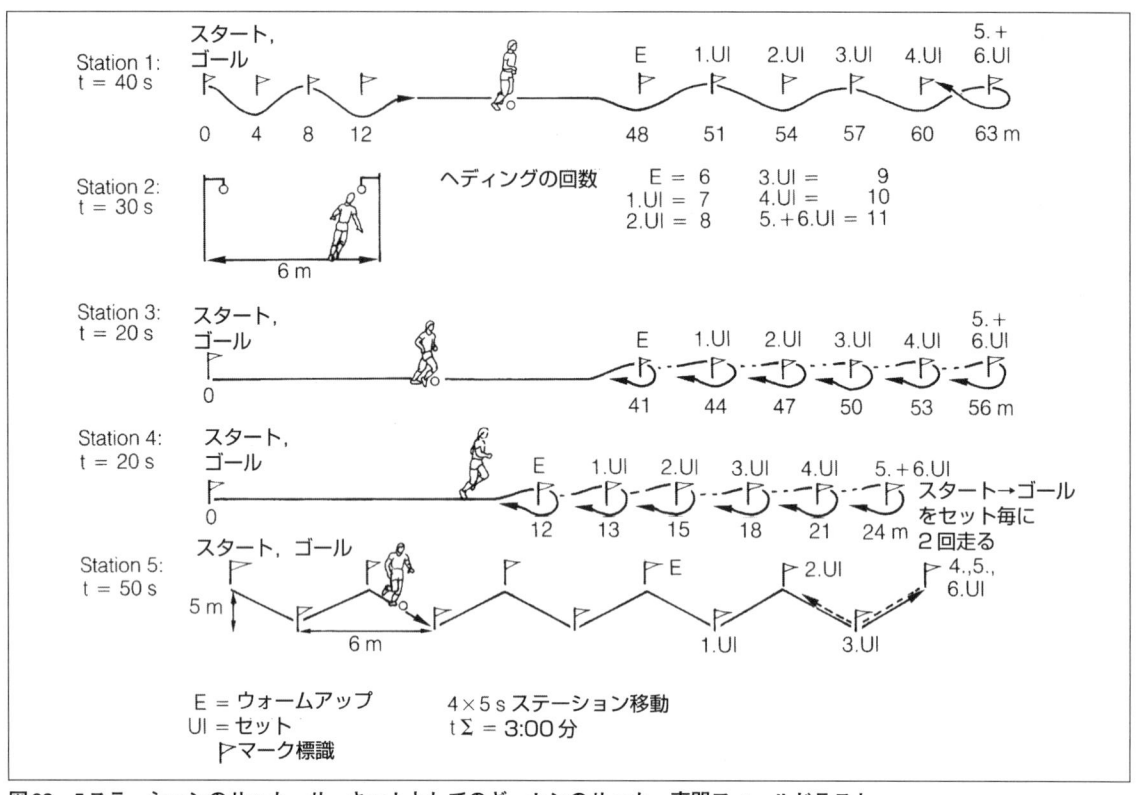

図69 5ステーションのサッカーサーキットとしてのギーセンのサッカー専門フィールドテスト
要求が1セットごとに増加する中で，6セットをそれぞれ3分以内でこなさねばならない。間に入れる1分間の休息は，採血，その他の測定，および短いアクティブリカバリに使う。(Krümmelbein et al.1989)

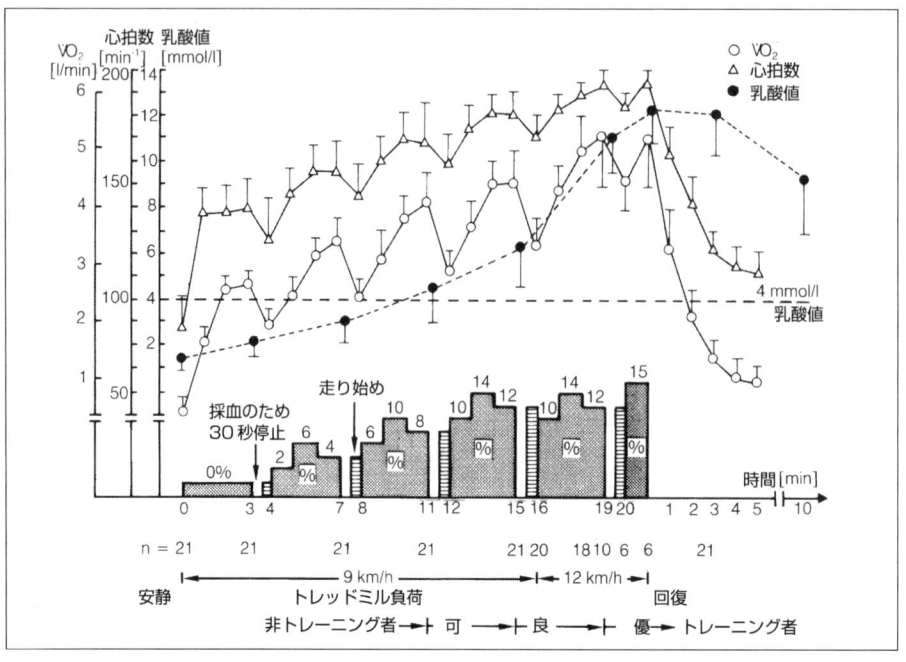

図70 新開発スポーツ種目専門のトレッドミル呼吸エルゴメータでのオールアウト負荷(負荷を累積的に増加させてゆく6段階テスト，それぞれ3分間の負荷段階)の前・中・後の絶対的酸素摂取量(VO_2)，心拍数，乳酸値の平均的な変動，A-ジュニアのサッカー選手 (Krümmelbein et al. 1989)

■**一般持久性・サッカー専門持久性テストの値についてのまとめ**

規則的な能力コントロールと能力評価は，長期的なトレーニング過程の助けとなりこれを有効なものとする。これによって，選手の発達状態(現在値)と発達経過が把握できる。その基盤の上で，複合的なプレー能力を向上させるために，目的(目標値)に向けた，計画・コントロール・制御の可能な個人別の能力の開発を図ることができる。正確で客観的な能力の測定や評価は，サッカーにおいてはゲームが高度に複合的であるために，限定され制約された形でしか可能ではない。これはとくに，ゲームでは認知的要素が大きな割合を占める点による。個々のプレー能力を決定する要因の把握と分析につづいて，つねにまとめの解釈と評価の形で総合を行うべきである。なぜなら，個々のプレー行動は孤立させて考察したり評価してはならないからである。

すべてのトレーナーは，できる限り効果的でゲームに対応した持久性トレーニングを実現するよう，関心を持つべきである。しかしこれができるのは，「現在値」と「目標値」について明確なイメージを持ち，適切なテスト機器が利用できるときだけである。明確な目標設定がなければ，目標に向けたトレーニングはできない。さまざまなテストによって，トレーニング構成をきめの細かいものにして有効な持久性トレーニングを行うことができる。

7. 児童・ジュニア期の持久性トレーニング

1 ── スポーツ生理学的基礎

児童とジュニアは，まれに年齢による特性がある（96頁参照）けれども，持久性トレーニングでは原則的に成人と同じ適応現象を示す。この場合に形態学的・心肺的な数値が向上するだけでなく，たとえば「無酸素性作業閾値」といった生理学的パラメータも対応して変化する。つまり児童年齢では，パフォーマンスの維持に決定的に関与したりパフォーマンスを限定する器官や器官系の構造的・機能的適応現象がもたらされる。

年齢に応じて，持久性能力の特徴はさまざまである。図71から明らかなように，発達の早い者が最も能力が高く，発達の遅い者が最も能力が低い。どちらの場合にも，体重当たり心容量は，児童初期から成人年齢までの男女で，コンスタントに $10 \sim 10.5 ml/kg$ の大きさで，心肺の能力と大きさとの間に不調和な発達は確認されない。したがって，児童の心臓は完全ではなく，からだは機能的に限定されているという考えは今日では通用しない。児童の心臓ないし心筋線維は，成長やトレーニングの過程で調和的に発達する。発達の中では心筋線維の数は同じままで，個々の線維がいっそう長く太くなるだけである。心筋線維が長くなるにつれて，心拍数は低下する。成長やトレーニングによる肥大と結びついて心内室も大きくなり，一回拍出量が増加する。こうして心臓の活動は，しだいに効率化し経済化していく。

児童とジュニアの心臓-循環系のトレーニング刺激に対する反応は成人の反応と異ならないので，持久性トレーニングを行うのはなんら問題がなく，むしろプラスの適応変化が期待される。すでに10歳児において，心拍数と回復能力へのトレーニングの影響が確認されている。長距離走でも，サッカーのような走るゲームでも，規則的な持久性トレーニングで，児童は持久性能力をかなり向上させる。図72は，毎週のサッカートレーニングが児童の持久性能力を高めるのに役立ち，こうして心身の作業能力を高めることをはっきりと示している。

児童に合わせてサッカーに関連させた形式で持久性をトレーニングする意義は，まさに児童・ジ

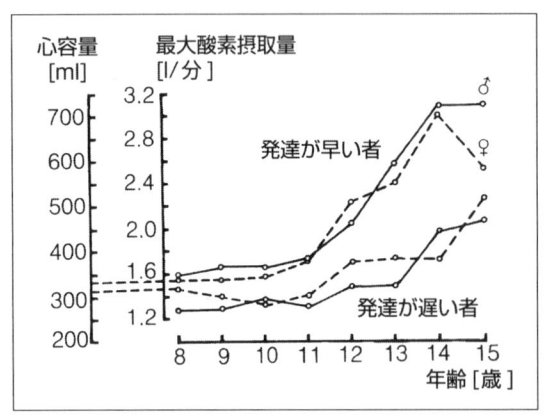

図71　8〜15歳で発達の早い者と遅い者における心容量と最大酸素摂取量(持久性能力の総体的基準として)
（Hollmann et al.,1983）

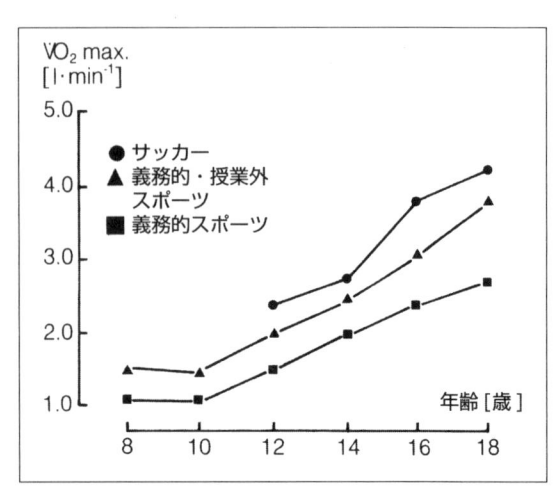

図72　さまざまなスポーツでの少年の持久性能力(最大酸素摂取量で測定)　（Bringmann,1989）

ュニアの年齢においては，大部分が非常に低いスタート水準だという点にもとづいて，持久性能力での進歩が，スピード，パワー，スピード持久性，筋力，筋持久力，敏捷性といった他のフィジカルな能力要因にも影響を及ぼす点にある。

疲労に対する抵抗能力は一般的に，すべての必要なトレーニングの方法・形式を効果的に用いるための基本的な前提である。基礎持久性がある場合にだけ，負荷基準（242頁参照）のふさわしいバリエーションによってトレーニング負荷の強度を最適な形で高められる。

(1)有酸素性能力

児童ないしジュニアのからだは，すでに述べたように，複合的な高い適応能力を持っている。これはとくに，有酸素性能力の分野にあてはまる。5～12歳の年齢の児童はすでに最初の30秒で最大酸素摂取量の41～55％に達するのに対して，成人ではこの値が29～35％である。

有酸素性の持久性負荷では，児童はとくに脂肪酸代謝の能力がある。児童では，脂肪酸化率は成人と比較して高い。しかし，とくに強度の高い負荷で要求される糖分代謝に関しても，児童は比較的長時間持続する負荷でもなんら問題がない。児童のからだにとって必要な糖分燃焼は，持久性負荷の間少なくとも1時間までは完全に確保されている。この点は，児童の代謝は血糖低下に対してとくに過敏なので，特別の意義がある。

> したがって児童とジュニアは，心肺の視点からも代謝の視点からも有酸素の域での持久性負荷に適している。

年齢上昇につれて身体が大きくなり，これと緊密に相関して，児童とジュニアにおける絶対的な最大酸素摂取量も大きくなる（図73）。体重1kgごとに，絶対的最大酸素摂取量は平均して55.2ml/分増える。

図74からはしかし，持久性トレーニングを行

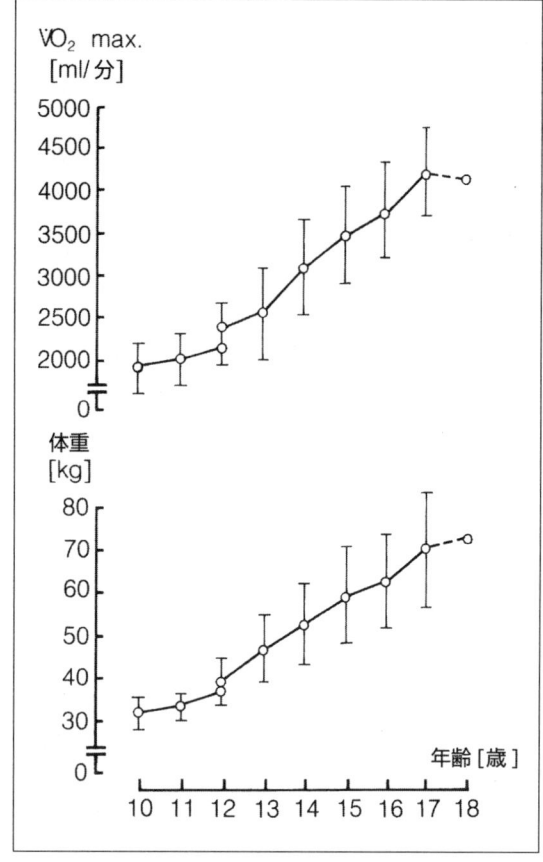

図73　10歳～18歳年齢での持久性能力の総体的基準としての絶対的最大酸素摂取量(VO_2max)　(Daniels et al., 1978)

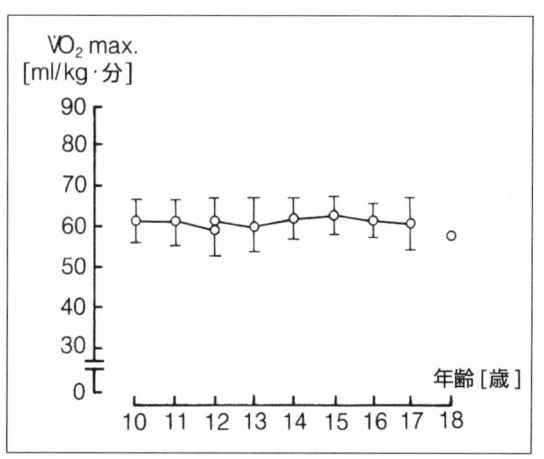

図74　持久性トレーニングを行った児童の年齢ごとの体重当たり最大酸素摂取量　(Daniels et al., 1978)

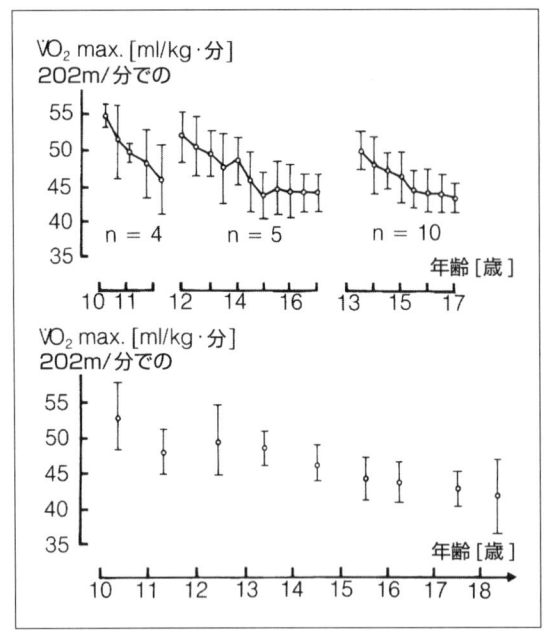

図75 ランニング速度202m/分での準最大酸素摂取量(ml/kg・分)への成長とトレーニングの影響
a)縦断面研究，b)横断面研究 (Daniels et al., 1978)

った若い選手では，体重当たり最大酸素摂取量には年齢に応じた変化は現れない。体重当たり最大酸素摂取量は児童年齢の早期から成人の成熟段階まで，非トレーニングの男性で45～55ml/分で，女性では38～45ml/分である。この場合に興味深いのは，体重当たり最大酸素摂取量が同じであるにもかかわらず，持久性能力にはかなりの向上が現れる点である。年齢が高くなるにつれて，一定スピードでの体重当たり最大酸素摂取量の低下に表現されるランニング運動の経済化と，持久性能力の向上がもたらされる（図75）。これは，同一条件下では大きい児童は小さい児童よりも高い持久性能力を示すことを意味している。

> 最大酸素摂取量増加と有酸素的持久性能力の増加の程度は，成長にもトレーニングにも緊密に関連している。

児童・ジュニアの年齢では，持久性トレーニングが適していることを確認するだけでは十分ではない。児童やジュニアの関心を持久性トレーニングに向けさせようとする者は，この年齢段階に特徴的な持久性の諸問題，つまり比較的長い負荷にはつねにともなう単調と退屈の要因と，同じく大部分持久性要求にともなう苦痛・苦労の要因を，初めから回避ないし最小化しなければならない。

(2)無酸素性能力

有酸素性能力とは逆に無酸素性能力は，児童ではジュニアや成人と比較してはっきりと限定されている。年齢が高くなるにつれ，児童の無酸素性能力は成長にともなった向上を見せる。8歳児の絶対的無酸素性能力は14歳のジュニアの値の45～50％で，体重当たり無酸素性能力は約65～70％であった。

この乳酸産生の能力をトレーニングによって高めることができるとしても――長年トレーニングした児童・ジュニアは，これまでの教科書的見解とは逆に，消耗的な試合負荷の後では成人と比較できるほどの高い血中乳酸値を示すことがありうる――，これは決して生理学的な負荷を表してはいない。なぜなら，乳酸除去（100頁参照）したがって回復能力も，児童では成人に対して低いからである。

それだけでなく児童では，無酸素性負荷でカテコラミン値は10倍以上にも上昇する。しかし，この場合に注目すべきは，児童では乳酸産生の能力が低いので乳酸値は17歳から18歳の者よりも約45％低いのに，アドレナリン値は約25％高いという事実である。児童にとっては好ましくないストレスホルモンのこの高い増加は，次の2つの理由で，生理学的にもまた年齢的にも適合していない。第1に，児童やジュニアに対して，すでにこの年齢で心身の負荷可能性の限界まで引っ張り，後に必要となる能力予備を早期に動員してしまうのは，意味があるとは思えない。ジュニアの高い「ドロップアウト」率は，無酸素性のトレーニングはハードすぎる，つまり年齢には対応していな

いことを明白に示しているのである。第2に，早期の合目的的でない能力アップのために，保護メカニズムを無視すべきでない。通常は低い解糖能力と低いカテコラミン値は，強すぎるアシドーシスとグリコーゲン分解から児童のからだを保護し，こうして限られた炭水化物貯蔵を，グルコースに依存する器官（たとえば脳）のためにとっておくのである。最大酸素摂取量の約80％，心拍数160〜180拍/分の無酸素性作業閾値の域までの負荷強度においては，ストレスホルモンの増加は2倍になるにすぎず，これには児童は十分に耐えられる。しかし，完全なオールアウトに至るまでの負荷強度では，スタート値の10倍への飛躍的なストレスホルモン増加となり，これは成人と比較して児童はストレス許容度が低いので，急速に心身への過大要求となる可能性がある。

児童における無酸素性の酵素能力の増加は，いっそう低いテストステロン（男性性ホルモン）値というホルモン状況によって，成人よりも低い率でしか起こらないように思われる。解糖酵素，とくにフォスフォフルクトキナーゼの活性は児童では成人よりも低く，身体が発達する中で初めて増加する。無酸素性能力の増大は，とくに思春期開始とテストステロン増加とともにいっそうの加速を見る。

> 児童・ジュニアの持久性トレーニングを行う場合には，無酸素性能力が低いことを考慮すべきである。トレーニング方法・内容の選択とトレーニング負荷の強度・持続の組み合わせは，年齢に合わせなければならない。

児童のプレー行動を観察すると，児童は傾向的につねに短く集中的にその都度の活動を行うことが確認できる。強度の高い鬼ごっこをする場合は，無酸素性で乳酸産生の負荷を妨げる独自のルールを適用するとよい。つまり，「自由エリア」（＝ここでは捕まえてはいけない）で，必要に応じて回復ポジションをとることができるようにする。これ

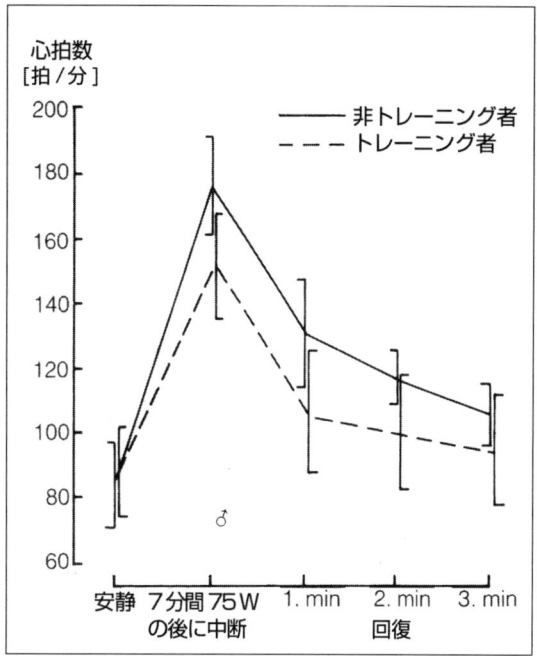

図76 定められた準最大負荷の前・中・後の心拍数の変動
非トレーニングとトレーニングの少年 (Bringmann, 1980)

で児童は，「自動的に」彼らの年齢に合わせて行動する。

児童の持久性トレーニングでは，低度から中程度の強度（ジョグのペース）あるいは非乳酸性の性格の（持続時間3〜5秒ないし約20〜30ｍまでの）強度の高い短時間負荷を選ぶべきである。「耐久力」のトレーニングは，この年齢段階の心身的前提には対応していないし，サッカーのゲームにとっての意義は二義的である（235頁参照）。トレーニング方法としては，持続法と短時間のインテンシブなインターバル法が勧められる。

(3) 心拍数の変動

心拍数は，トレーニングと非トレーニングの少年・少女では，トレーニング状態に応じて負荷の前・中・後で特徴的な変動を示す（図76）。トレーニングした児童は，多面的な経済化効果にもとづいて，負荷に対して低い心拍数で反応する。負荷後の回復局面での速い心拍数低下は，速い循環調

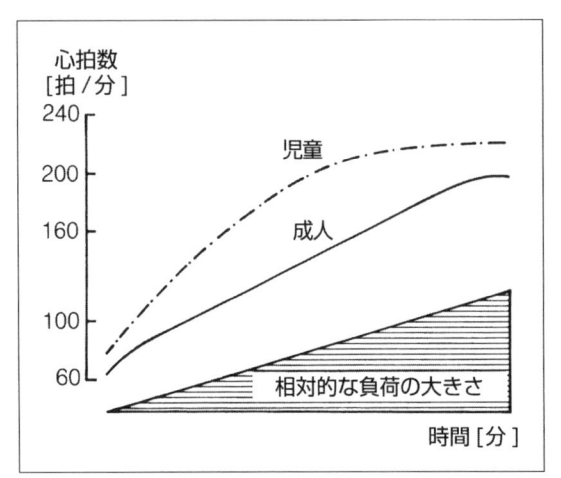

図77 成人と児童における比較的同一の負荷増大での心拍数増加 (Pahlke et al., 1979)

整にもとづいている。

児童年齢では，負荷の中・後の心拍数の変動に関して若干の特殊性に注意を払わなければならない。身体的負荷を増加させていくと，児童の心拍数は成人よりも急速に上昇する。しかし成人とは逆に，高度・最高度の負荷はほとんど変わらず高い心拍数でこなされているのである(図77)。

最大心拍数は，20～30歳の成人では1分間に約200だが，児童では明確に200を越える。220拍/分という心拍数の値は，学齢初期・中期の児童では決して病的反応のしるしではない(表25)。成人とは逆に110～180拍/分の心拍数域では，すでにわずかの負荷増大でも心拍数は大幅に増加する。

これに対してすでに高い心拍数では，かなりの負荷増大でも心拍数増加はあまり明確ではない。児童年齢では，さまざまの比較的高い・高い強度でほとんど同じ心拍数が時折測定される(図78)。心拍数を負荷のパラメータとして利用するのなら，負荷の組み合わせや負荷の評価に際しては，以上の点に注意しなければならない。

2 ── さまざまな年齢段階における特殊性

(1) 初期・後期学齢の児童（F, E, Dジュニア）

初期学齢の児童(F, Eジュニア)では，心拍出量の明確な増加と安静時心拍数の継続的減少が見られる(図79)。この機能的変化の原因は，一方では絶対的な心臓重量増加ないし心腔の拡大であり，他方では末端での抵抗の減少(末端流路全横断面の拡大による)である。

サッカーをプレーして持久性トレーニングを行った児童・ジュニアでは，トレーニングしない者と比較してさらに発達が見られる。図80が示すように，持久性能力の総体的基準としての最大酸素摂取量は，12歳までのトレーニングした男女児童でほぼ同様に増加する。その後は，この数値は男子ではさらに継続的に増加するのに対して，女子では14歳以降ほとんど同じにとどまっており，性別に独自の発達となる。

有酸素性能力にも無酸素性能力にも妥当するが，

表25 15分間走と35分間走での非トレーニング児童の心拍数 (Pahlke et al., 1979)

被験者数・性別	年齢[歳]	強度[m/s]	負荷時における心拍数[拍/分]								乳酸値[mmol/l]
			1.	5.	10.	15.	20.	25.	30.	35.	
3 m	8	3.00	196	200	200	204	204	208	208	210	2.4
3 m	9	3.25	196	202	204	208	208	210	210	214	2.2
2 m	10	3.30	190	200	207	214	−	−	−	−	2.0
4 m	11	3.55	192	200	208	212	−	−	−	−	2.3
4 w	8	2.60	194	200	205	210	214	216	216	218	2.1
3 w	9	2.75	194	200	202	208	212	212	212	214	2.3
2 w	10	2.85	194	204	209	214	−	−	−	−	2.0
3 w	11	3.15	196	204	210	214	−	−	−	−	2.1

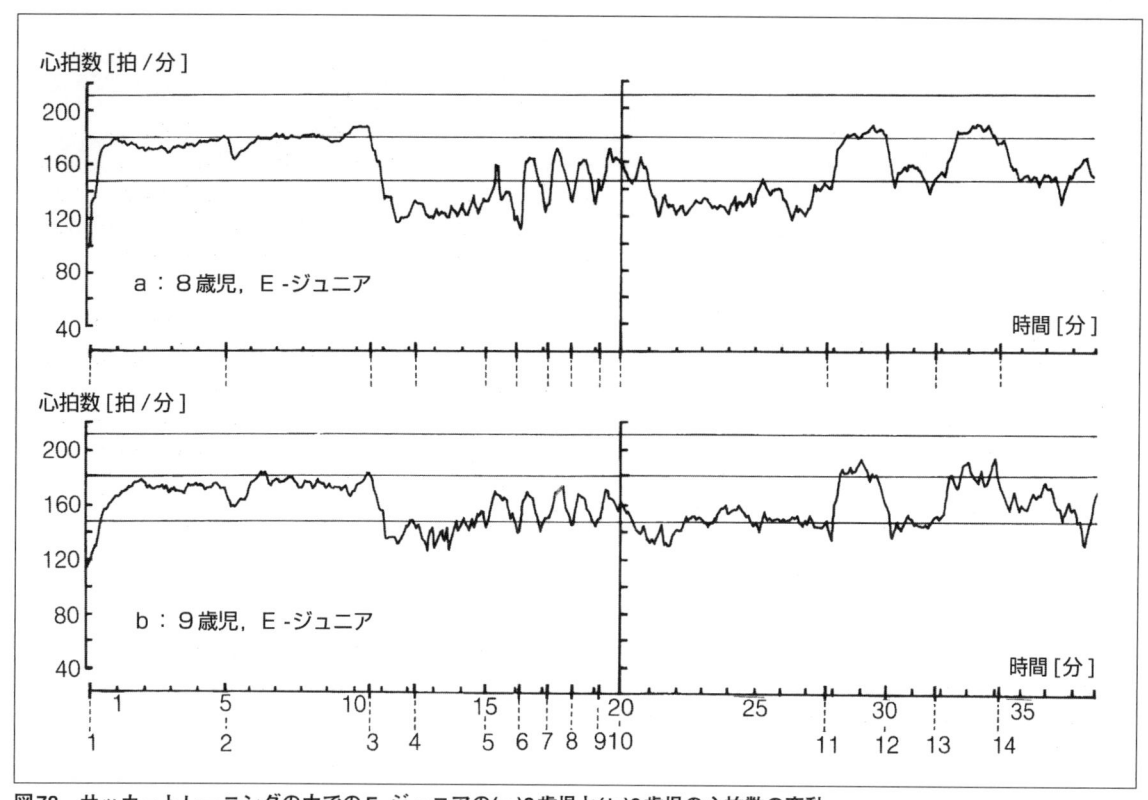

図78 サッカートレーニングの中でのE-ジュニアの(a)8歳児と(b)9歳児の心拍数の変動
1～2＝ボールなしでの継続的持続走(非常にゆっくりしたウォームアップ)，2～3＝パスしながら短い休息の後，ボールをもって継続的な持続走，3＝ストレッチを伴う体操，3～4＝短い歩き-回復休息 4～5＝ストレッチ・柔軟体操，5～10＝20mスプリント5本，10～11＝インサイドキックでパスとトラップしてアクティブリカバリ，11～12＝2分間1対1，12～13＝向い合ってスローインしてアクティブリカバリ，13～14＝2分間1対1，14＝技術トレーニング(向い合ってインステップキック，壁パス-シュート，最後に練習ゲーム5対5)。

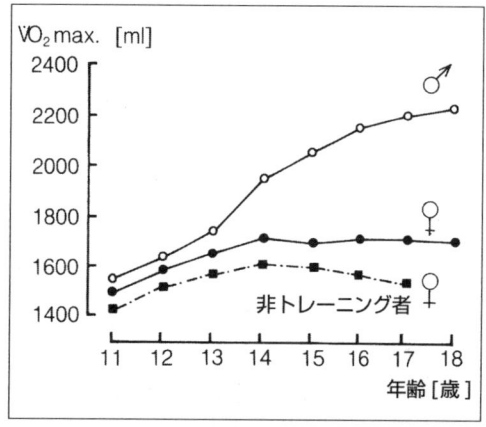

図79 年齢に応じた一回拍出量と心拍数の発達 (Bringmann, 1980)

図80 トレーニング・非トレーニングの男女の子どもの最大酸素摂取量(VO_2max)の発達
(Dietrich et al., 1974)

持久性能力	ゴールキーパー	守備	中盤	攻撃	平均
体重1kgあたり最大酸素摂取量[ml]	51.4	55.1	61.1	55.9	56.23

表26　さまざまなポジションの12歳サッカー選手の有酸素性能力(持久性能力)
体重1kgあたり最大酸素摂取量で表現
(Beel, 1988)

持久性能力の発達は，トレーニングの程度だけでなく児童の年齢的成熟にも依存している（図71参照）。トレーニングして成熟の早い児童は，無酸素性エネルギー獲得のいっそう高い能力を示すが，産生される乳酸を再び除去する能力は非トレーニング者と比較して高いわけではない。乳酸除去能力が低いので，無酸素性のトレーニングは，結果として疲労状態が長くつづくのでこの年齢では効果的に用いることはできず，むしろマイナス要因である。中程度の強度の持久性トレーニングは有酸素性代謝能力の拡大だけでなく無酸素性代謝能力の拡大をももたらし，有酸素性能力と無酸素性能力は相互作用を通じて相互に有利に影響し合うので，持久性能力の無酸素性の構成要因は有酸素性の側面から向上させるべきである。

> 児童トレーニングの課題は，まず基礎持久性をつくり出すことであって，専門的持久性能力の形成ではない。

すでに児童年齢で，サッカーではポジション独自にさまざまな程度の持久性トレーニングが行われる。表26は，サッカーをしている12歳児について，ポジション独自の持久性能力の変化を示している。包括的なトレーニングの意味だけでなく，持久性トレーニングを最適化する意味でも，児童・ジュニアには全部のポジションをプレーさせ，すでにFジュニアでしばしば見られるような「早期専門化」を無条件に避けることに重点をおくべきである。

> 将来に対する長期的な展望を持つのはトレーナーの役目だが，6歳児をすでにキーパー，バック，フォワードに「仕上げる」のは無理である。将来に向けたトレーニングには多面性が必要である。なぜなら，展望を持つサッカー選手は，一つのポジションの限られたレパートリーをマスターしているだけでなく，体力的にも技術-戦術的にも「すべてができ」なければならないからである。

11歳から13歳の児童には，基礎持久性向上のための最適負荷強度として，中程度の心拍数である約190拍/分ないし乳酸値3.64mmol/l（4mmol/lの無酸素性作業閾値域の中かわずかに下）に対応する，約3.2m/秒（192m/分）のランニング速度が適している。

(2) 第一思春期・第二思春期期(C,B,Aジュニア)

子どもでは最高のトレーナビリティは，とくに加速的成長の時期にある。思春期の子どものからだは大幅な変化を被るので，適応能力とトレーナビリティはこの時点で最も大きい。とくに持久性と筋力という体力的特性が，主として成長による体重と身長の増加にもとづいて発達する。この場合に持久性の発達は，思春期で身長が伸びた良好な心臓-体重比の時点でとくに，最適のトレーナビリティの時期となる。思春期には，トレーナビリティは優れているにもかかわらずさまざまな面で体重当たりの相対的な数値の低下が確認される。この事実は，いっそうの向上に十分なほどトレーニング刺激を高められなかったこと，そしてとくに少女の場合は体重が思春期の成長でトレーニングの増加よりも大きく増加したことで説明される。

思春期には持久性にかかわる適応能力は高いが，負荷が不十分にしかかけられないと，持久性能力の完全な発達は達成されない。こうしてこの年齢段階でのトレーニングが，後のプレー能力を決定する。思春期とくに第二思春期に無酸素性能力は大幅に向上するので，目標を定めた無酸素性持久

性能力の向上に役立つようなトレーニング方法・内容を用いることも，いまや可能となる。とはいえ，これら方法と内容は，限られた範囲で，個人間の相違に非常に強く配慮した形式で用いるべきである。それから移行期の終わりごろに，いっそうの強度・範囲の上昇を可能とし成人トレーニングにしだいに近づくような負荷の前提ができてくる。

3 ── 基礎持久性発達のための方法と内容

　基礎持久性は，長期的トレーニング過程において継続的，体系的，かつ漸増的に負荷を増大させる形で行うべきである。児童・ジュニア期の十分に発達した基礎持久性は，専門的持久性の基盤を形成し，負荷をいっそう良好に担い，全般的なプレー能力を向上させ，他の体力的・コーディネーション的能力要因にプラスに影響する。

　基礎持久性トレーニングのために，さまざまな年齢段階向けに次のような一般的な勧めができる。
○10歳以下のサッカー児童では，基礎持久性はとくにゲームとさまざまの競争形式で発達させることができる。この場合に，ときおり軽いランニングを入れることもできる。
○10〜12歳の年齢では，基礎持久性は計画的かつ意識的に，とくにランニングと，いわゆる補完的スポーツ種目のゲームやトレーニング手段で発達させることができる。
○12〜14歳の年齢では，一般的基礎持久性は，継続的かつ体系的にさらに発達させなければならない。なぜなら，からだが負荷に対して非常に良好に適応するからである。

(1) 初期・後期学齢の児童(F，E，Dジュニア；年齢6〜12歳)

　基礎持久性発達のための主要なトレーニング方法は，インターバル的な負荷と，児童に合わせて修正した持続走である。持久性トレーニングは，方法と内容が児童の「自然の」動きの習慣に合っていなければならない。したがって，伝統的なトレーニング形式のすべてが，児童の持久性トレーニングにも適しているわけではない。たとえば持続走や鬼ごっこといった持久性トレーニングの「定番」は，児童・ジュニアでは「やがてできるようになる」だけで，「1時間目」のトレーニング内容ではない。上位の目標は，「長時間ゆっくりと走ること」への喜びを長期的に発達させて，さらに維持することである。しかしこれは，能力に応じて一定の距離ないし時間をジョグし，それから回復のためにまた歩く，いわゆるインターバルジョッグを通じてのみ可能である。持続刺激の意味での継続的な負荷は，たとえばボールを用いた動きなど，他のことが前面に出ているときにだけ受け入れられる。

　児童ないしジュニアが休みがいるとはまだ全然思っていないときにすでに，トレーナーは回復の休みを入れるべきである。こうして，「簡単だ」という感じを与えるのに成功するのである。最初は1分，2分あるいは3分間のランニングとし，間に1分間の歩き休みを入れる。ランニングの間は負荷から気をそらすよう(走る場所の選択，手や足でボールをドリブルするなどの小課題)配慮し，同様に歩き休みでも気をそらす(体操をはさむ)ようにする。インターバルジョッグは，将来目標「30〜40分間の持続走」に対応して，ほぼ同じ時間行うべきである。したがって，ジョッグの合計時間は20〜25分である。持久性は，間欠的な持続負荷からしだいに長い持続負荷への原理にしたがって発達させるべきである。インターバルジョッグと持久性の遊びの結合トレーニングで，心身の疲労抵抗を着実に向上させられる。この場合に，フィジカルな負荷増大は持続負荷増大によって，心的な負荷増加は内容的な組み替え(児童・ジュニア向けの遊びの形式から通常の持続走へ)によって行う。

　以下では，児童・ジュニアのサッカートレーニングで用いることのできる若干の持久性の遊び形式を示しておこう。課題を設定して，一定したランニングのペースを確保すべきである。

・時間感覚走：児童は，できればボールを使って，1，2，3分間などグラウンドを自由に走る。事前に設定したランニング時間が過ぎたと思った者は立ち止まる。だれが時間感覚が最も優れていたか？
・時間見積もり走：事前にランニング距離を設定し，ランニング時間（ジョグ時間）を走る前に見積もって（そして記録し），実際に走った時間と比較する。時間感覚が最も優れていたのはだれか？
・休みにリフティング競争を行うインターバルジョッグ

(2) 第一思春期・第二思春期(C，B，Aジュニア；年齢12〜18歳)

この場合にも方法として問題となるのは，持続法とインターバル法である。とはいえ持続走は，今や単に遊びの形式をとるだけでなく，「純粋形式」でも用いられる。継続的な持続走と並んで，今やペース転換をともなう持続走がしだいに多く用いられる。適切な形式は，持続法およびインターバル法による負荷である。

持続法による負荷
○森林走，野原走
○5，10，15kmの自転車とのパートナー走
○オリエンテーリング走

インターバル法による負荷
○インターバルトレーニング，とくにエクステンシブな方法で比較的長い距離を走る。
○ペース転換走（インターバル原理ないし持久走原理による）
○サッカー練習形式と遊び形式，練習試合・トレーニング試合・試合

トップのジュニアサッカーでは，すでに休暇にはいる前2週間に，選手には「緩やかな」自分でやる持久性トレーニングの指示（アクティブリカバリと有酸素的基礎持久性の維持）が与えられる。ゲームに必要な持久性能力のトレーニングは，一般的な大原則である「一般から専門へ」にしたがって，次の2つの相互に緊密に結びついた段階を踏んで行わなければならない。

○準備期の最初の3週間には，基礎持久性を重点的に発達させ，安定化させる。
○第3週からは，ゲーム独自の専門的持久性発達がつづく。

持久性は週1回森林走などによって鍛えられるトレーニングの最初の2週間を度外視すると，持久性トレーニングは最初からできる限り複合的な形式で行う。このための若干の例は次のようである。
○持久性の性格を持ったボールでのトレーニング（持続的な動きの中でのボール扱い）
○持久性課題コース（54頁参照）
○数が不均等なゲーム形式（負荷の強度が高い1対1状況の回避）
○ゲーム形式（54頁参照）と持久走（53頁参照）の交替

複合的な持久性トレーニングは，一方では純粋な持久性トレーニングよりもジュニアに対して動機づけしやすいし，他方では平行して行う技術的-戦術的トレーニングへの可能性が開かれているという利点がある。

注意点：ゲーム形式では，負荷局面をできる限り中断しないために，トレーナーの修正の指示は最小限に押える。

4 専門的持久性発達のための方法と内容

サッカーをしっかりとプレーするには，基礎持久性だけでは十分ではなく，サッカー独自の専門的持久性を平行して発達させなければならない。持久性トレーニングをしだいにゲームに近づけていくことで，ゲームに重要な持久性要因の形成が保証される。専門的持久性発達のために，さまざまな年齢段階向けに次のように勧められる。
○10歳より下の年齢では，専門的持久性を発達させる必要性はない。試合とゲームで行われる負荷で足りる。

○10〜12歳の年齢では依然としてゲームが支配的である。児童は1時間にわたって積極的にプレーし，ボールと「じゃれ回る」ことができる。独自の課題をつけた強度の高いランニングの形式で，児童たちが専門的負荷刺激に慣れるのを，補足的に少しずつ始めることができる。
○12〜14歳の年齢では，一般性の原理に注意して，専門的持久性の基盤の体系的な構築を開始する。

専門的持久性は，児童ではゲーム的にしたインターバル負荷で最もよく鍛えられる。これには，ゲームに近い練習形式・ゲーム形式と，さまざまのゲームも含まれる。これらすべての形式で重要なのは，強制されずに児童自身でコントロールできる，回復と負荷の転換である。

(1) 初期・後期学齢の児童(F, E, Dジュニア；年齢6〜12歳)

すでに述べたように，児童には目標を定めた専門的持久性のトレーニングは行わず，ゲーム自体およびさまざまなゲーム形式とスモールゲームによって基礎持久性と並行して発達させる。すべてのペース転換走(専門的持久性課題コース，障害物課題コースなどによる)とインターバル的に連続するリレー走は，子どもも喜んで受け入れ，専門的持久性の発達に役立つ。リレーのメンバー数は，過大要求つまりランニングの間の休息が短くなりすぎないように選ぶ。サッカー専門のゲーム形式の1対1，2対1，1対2，2対2，3対1，3対2，3対3。1対1ないしスモールゲームは児童には高い負荷なので，つねに2〜3分間とし，同じ長さのアクティブリカバリ(スローイン練習，向い合ってのパスなど)を入れるようにする。

(2) 第一思春期・第二思春期(C, B, Aジュニア；年齢12〜18歳)

思春期に入ると無酸素性能力が増大するので，無酸素性負荷をしだいに増加させることができる。専門的持久性発達にとくに適しているのが，一つにはゲーム形式である。これは，前の年齢段階よりも大きいグループにして戦術的要求を高めるだけだが，さらにさまざまな持久性課題コースないし持久性ステーション課題がある。

専門的持久性トレーニングのための非循環的な負荷変化をともなう持久性課題コース(ボールなしとあり)の例として，次のプログラムが役立つ。図81に示した課題を次つぎに行う。3つの持久性課題コースすべてに，同一の組織形式で若干の変更での実施となるようにしてある。

一般的注意。開始時に選手を，80×40mの大きさの四角のコーナーに，同じように分ける。グループ(必要ならランニング能力別に)は指定された方向に同時にスタートし，決められた課題を持つさまざまのランニング区間を走る。この場合に，均一のランニング負荷を確保するため止まってはならない。グループは追い越してもよい。

■ 持久性課題コース a (図81a)
○ランニング区間1：緩やかなランニングから5回ヘディングの真似(爆発的，片足ジャンプ)
○ランニング区間2：緩やかなランニングから3〜5mの短いダッシュ(インアンドアウツ)
○ランニング区間3：互い違いに置いたコーンの間を速いテンポ走。コーンの間隔は3m。走りながらコーンに手で軽く触れる。区間の残りは緩やかに走る
○ランニング区間4：次つぎと速走で前走り/後走り，4×20m
○ランニング区間5：60mのスピードアップ走
○ランニング区間6：腕を回して緩やかな両足跳び走(あるいは緩やかなサイドステップ)

■ 持久性課題コース b (図81b)
○ランニング区間1：選手は緩やかなドリブルからボールを自分で前に出し，つづいてヘディングの真似
○ランニング区間2：緩やかなドリブルから3〜5mの短いダッシュ
○ランニング区間3：互い違いのスラロームコースを通って両足で速いドリブル。残りの区間は

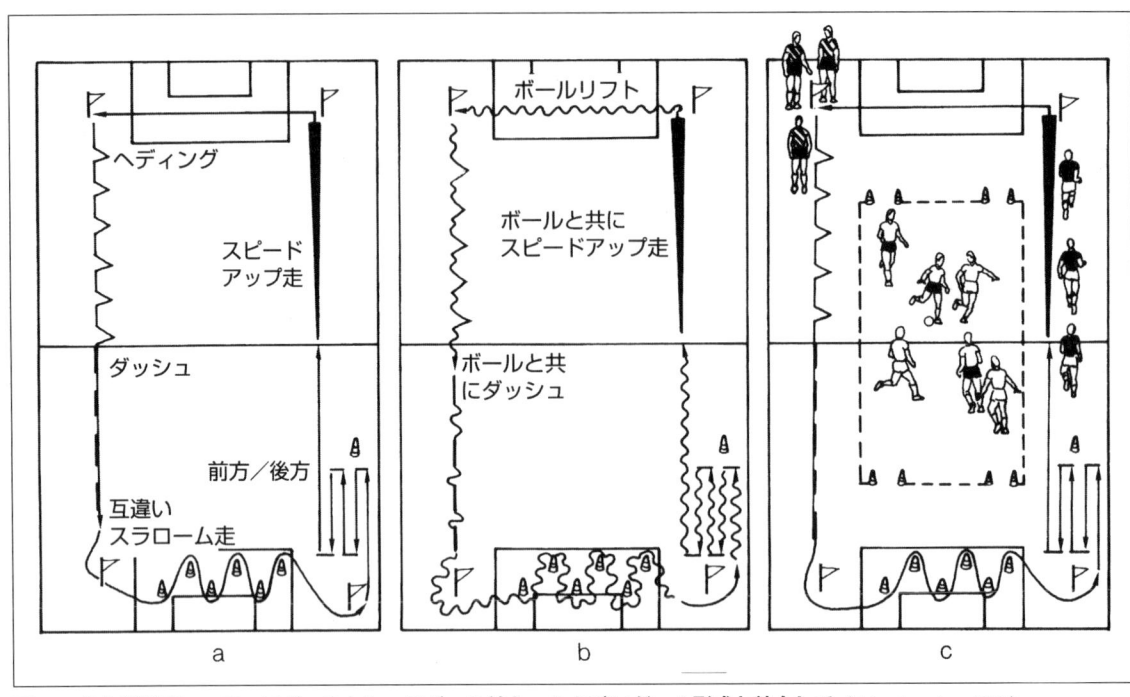

図81 持久性課題コース，(a)ボールなし，(b)ボール付き，および(c)ゲーム形式と結合して（Erkenbrecher, 1990）

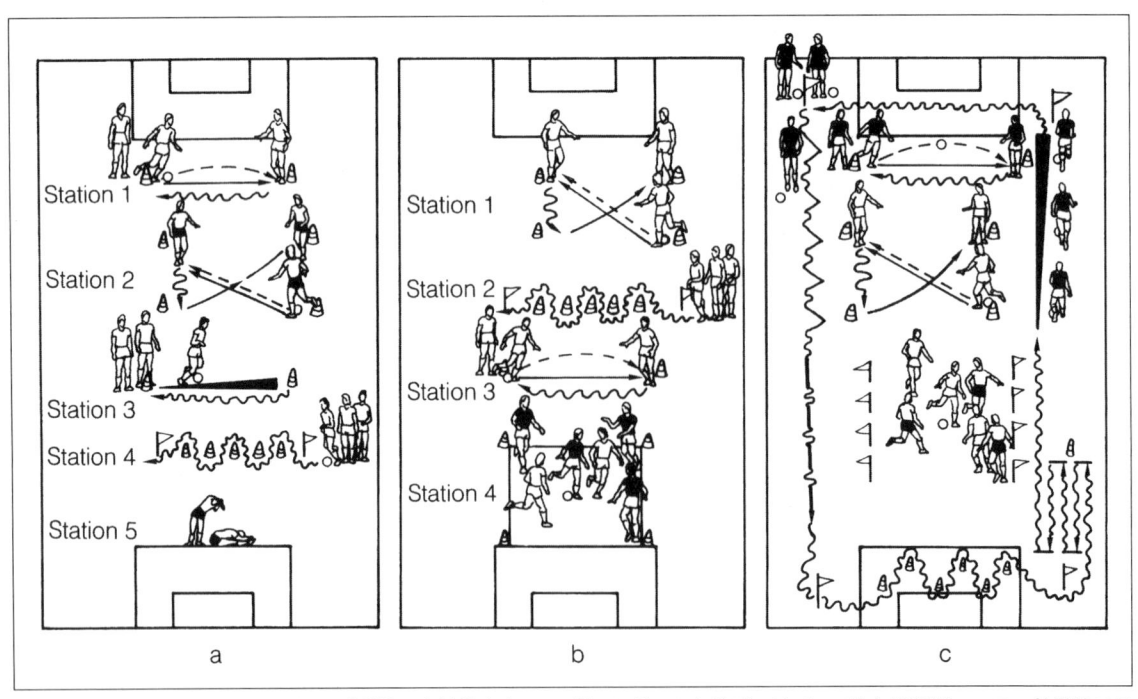

図82 持久性ステーション課題，a)「純粋に」技術志向，b)4対2のゲームと結びつけて，c)持久性課題コース・技術的ステーション課題・ゲーム形式のコンビネーション（Erkenbrecher, 1990）

緩やかにドリブル
○ランニング区間4：前方/後方交互にボールを運ぶ，4×20m。ボールは足底で動かす
○ランニング区間5：ボールと共に60mのスピードアップ走
○ランニング区間6：緩やかに前方に動きながらボールリフト

■持久性課題コースc（図81c）
　選手は，2つのランニンググループと2つのゲームグループに分かれる。
○2つのランニンググループは，持久性課題プログラム1～3の一つ（最もよいのはプログラム1）を選ぶ。ランニング時間は20分。
○2つのゲームグループは，グラウンドの中で4つの小ゴールで3対3/4対4をする。ボールタッチ2回。シュートはセンターラインを越えてから（すべての選手が動きつづける，「シュート」だけではない）
○20分後に，ランニンググループとゲームグループは交代する。
　この持久性課題コースの時間は，約40分になる。

　専門的持久性は，技術的-戦術的な形でステーション課題の形式でも鍛えることができる。この場合に注意すべきは，「純粋に」技術的な持久性ステーション課題は40分以上長くすべきではない点である。というのは，さもないと集中とモチベーションが薄れてしまうからである。

　以下の例は，持久性ステーション課題は「純粋に」技術志向であるが，ゲーム形式とさまざまに組み合わせても行えることを示している。図82で示した指示にしたがって行う。3つの持久性ステーション課題すべてに，同様の組織形式で若干の変更での実施となるようにしてある。

■技術志向のステーション課題（図82a）
○ステーション1：選手は30m離れて向い合い，一方は長い浮き球を送り，他方はこのロングパスをコントロールして相手側までドリブル
○ステーション2：グループは10×5mの四角の3隅を占めて，短いパスと動きながらボールコントロール練習
○ステーション3：選手は次つぎに30mの距離をスピードアップのドリブルで走り，帰りはスタート点まで移動しながらボールリフト
○ステーション4：選手は次つぎにスラロームコース（距離は20m）を速いテンポでドリブルで通り抜ける。スラロームの列の10m前と後では「緩やかに」ジョグ
○ステーション5：個々人で体操。ジュニアは「トップ10」（276頁参照）の中からストレッチ

■4対2をともなうステーション課題（図82b）
ゲームはボールタッチ2。ボールはどんなときも「休ませて」はならない。全時間は60分間。
○ステーション1（3選手/12分間）：短いパス練習
○ステーション2（3選手/12分間）：ドリブルの練習
○ステーション3（3選手/12分間）：浮き球の練習
○ステーション4/5（6選手/24分間）：4対2。

■持久性課題コース・技術的ステーション課題・ゲーム形式3対3のコンビネーション（図82c）
　3つの6人グループをつくり，このグループはさらに3人チームに分ける。6人グループは，次つぎにゲーム形式・練習形式・持久性課題コースの一つを行う。全時間は60分間。
○グループA（持久性課題コース）：選手は，フィールドの外の回りに設定した持久性課題コース（持久性プログラム1～3を参照）を走る。時間は20分間。
○グループB（3対3）：選手は，フィールドの中の半面でボールタッチ2ゴール4つで3対3。時間は20分間。
○グループC（技術練習）：もう一つのフィールド半面で，3選手が交代で技術練習の一つをこなす。例：浮き球プレーの練習（時間は10分間），ショートパス練習（時間は10分間）。

5 ── 児童・ジュニア年齢における持久性トレーニングの方法的基本原則

①児童・ジュニアの年齢での持久性トレーニングは，とくに十分な基礎持久性の形成と，したがって有酸素性能力の向上のためである。

②無酸素的持久性（とくに非乳酸性の）は，児童・ジュニアではとくにゲーム形式（さまざまなスモールゲームとチームのボールゲーム）を通じて改善できるのに対し，有酸素的基礎持久性はゲーム以外で十分に最適化しなければならない。ゲームだけでは，なるほど有酸素性能力も向上するが，しかし必要な最適の程度にではない。

③基礎持久性トレーニングの問題点は，児童はそれまでの彼らのゲーム行動に対応して，「ゆっくりと均一に」「できる限り長く」走ることは知らない点である。すべてを「すぐに」やりたいと思うのは，児童の気持ちに合致しているが，なにかを「できる限り長く」持続的に行うというのは，児童の気持ちに反している。楽しいことだけを「粘り強く」するのであって，そうでないと児童はすぐにほかのことをしようとする。持久性トレーニングは単調さの危険があるので，児童に受け入れられるよう気分転換が多く児童が喜んで行うものでなければならない。トレーニングが進むと，だんだんとわかるようになって，「楽しさ原則」によるトレーニングは「ほんの少しの」労働ないし苦労へと重点を移すことができる。しかし，基本的な考えの変更が行われるわけではない。

④テストで走る距離としては，これまで多くの場合に要求されてきた600〜1200 mは，無酸素性の割合が強すぎるので適当でない。最初は任意のランニング速度での5，10，15分間走を選ぶべきである。一定の最低範囲（15〜20分間走）に達したなら，目標値（義務値ではない）の形で最低要求を導入すべきである。

⑤持久性トレーニングは，なんらかの形式，とくにスモールゲームとサッカー専門の練習形式・ゲーム形式で，毎トレーニング時間，十分な程度に行うべきである。

⑥有酸素的持久性トレーニングには，遅すぎる開始はあっても早すぎる開始はない。

⑦有酸素的持久性能力は，女子では12/13歳，男子では13/14歳でトレーナビリティが最も高い。

⑧持久性トレーニングは，とくに範囲（距離・時間）を強調すべきで強度は強調すべきでない。

⑨持久性トレーニングは，個人的条件に対応させて相違のある形で，そして外から強制せずに行うべきである。

⑩持久性トレーニングは，気晴しに富み，退屈せず，子ども向きであり，またやって楽しく，子どものファンタジーに沿うものであるべきである。

⑪トレーニング方法・内容の選択は，児童・ジュニアの心身の前提に合致しているべきである。

⑫持久性トレーニングが健康を促進するよい影響を及ぼす点に早くから言及すべきである。

OPTIMAL SOCCERTRAINING

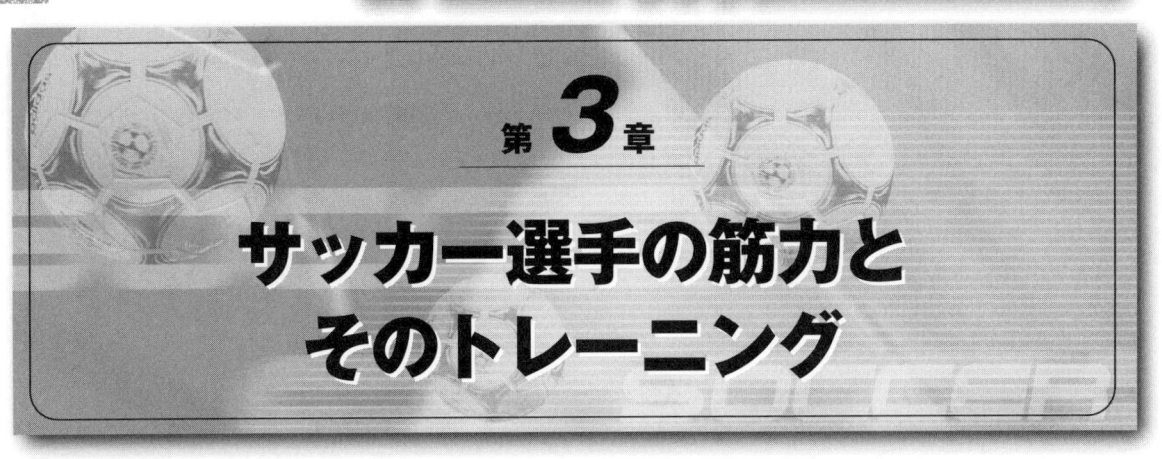

第3章 サッカー選手の筋力とそのトレーニング

第1節 サッカー選手の筋力

1. 筋力とは

　身体的な側面と心理的な側面の双方を把握する「筋力」を正確に定義するには，物理学的な「力」の規定とは反対に，かなりの困難がある。というのは，筋力・筋作業・筋緊張の種類ないし性格の相違は，極度に多面的で多くの要因によって影響されるからである。したがって，サッカー選手のプレー能力に重要な筋力の種類との関連だけで，筋力の概念の定義を明らかにしよう。

2. 筋力の種類

　サッカー選手が必要とする筋力の種類については，これまでに何度も問題とされてきたし，将来も異なった形で何度も問題とされるにちがいない。図83は，大部分のスポーツ種目にとって最重要の筋力の主要形態，すなわちパワー・最大筋力・筋持久力，およびこれらの下位カテゴリーないし混合形態を示している。

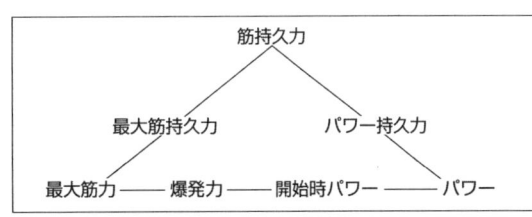

図83　筋力の3主要形態の相互関連（Weineck, 1990）

1 ── パワー

　ゲームを分析するなら，最も重要で最も多くあげられる筋力の要因，つまりパワーがすぐに指摘される。サッカー独自の動きの中では，筋収縮形態として，加速的（＝ポジティブに動的＝コンセントリック[短縮性]）な形態とブレーキ的（＝ネガティブに動的＝エキセントリック[伸張性]）な形態の2

種類が支配的である。この点を，トレーニングで考慮しなければならない。加速的筋力動員の典型的な例は，ジャンプ・キック・ダッシュである。ブレーキ的筋力動員の典型的な例は，サドンストップ・方向転換（フェイントを含む）ならびにランニングとジャンプの受け止め局面である。全体として，サッカーでもっぱら問題となるのは，パワー的で持久性のある筋群を必要とするダイナミックで高度に爆発的な動きである。児童・ジュニアや女性といった多くのトレーニング分野でも，パワーは筋力トレーニングの中心的な目標の一つである。

2──最大筋力

これに対して，もう一つの基本的な筋力要因，つまり最大筋力(とくに下肢の)の意義はしばしば過小評価されている。最大筋力トレーニングが怠られている理由は，次のように多様である。
○最大筋力トレーニングの必要性は，不足がちなトレーニング時間の中で立ち入るほど緊急とはみなされていない。
○最大筋力トレーニングをすると体の切れが悪くなり，遅くなるという間違った見解が選手とトレーナーにある。
○最大筋力水準とパワーの間の密接な関連をトレーナーが知らない。
○切り離して行う筋力トレーニングは，ゲーム独自の要求に対応できず不十分とトレーナーがみなしている。
○ゲームに近い形でないトレーニングを選手が嫌う。
○多くのチームは，最大筋力トレーニングをするのに必要なトレーニングルームや機器を持っていない。

最大筋力トレーニングが絶対に必要なことをありありとわかるようにし，サッカーに合ったその実行方法の可能性を解明するのが，この章の一つの目的である。

3──筋持久力

サッカー選手に必要とされる第3の筋力カテゴリーは，筋持久力である。筋持久力のトレーニングは，サッカー選手の一般的な体力づくりに際して，とくに支持筋群で重要な役割を果たしている。筋持久力の最適化のためには，腹筋群と背筋群は，特徴的な支持筋としてもっぱらST線維からなっているので，最大筋力やパワーのトレーニング方法ではなく，筋持久力発達の方法（ゆっくりとした動きで行う，高い反復回数）をとるべきである。

3. サッカーと筋力

サッカー選手に筋力トレーニングが必要なことに，疑問の余地はない。サッカーでは，筋力はさまざまな形態や下位カテゴリーで現れるが，これらはプレー能力に決定的に影響する要因である。ゲームを含め，なんらかの形式でサッカー専門のプレー能力にとって最も重要なこの要因を鍛えないチームは存在しない。サッカー選手は，次のような多面的な視点からこの筋力という体力的特性を必要とする。

①サッカー専門のパワー特性強化のため
一般的な筋力水準とジャンプ力・キック力・ダッシュ力との間には，緊密な相関関係が存在している。効果的なヘディングは良好なジャンプ力なくしては考えられない。ジャンプ力は，ヘディングトレーニングの前か，これと並行して強化を図らなければならない。ボールスピードやシュートにとって，とくにキック運動に参加する筋群の筋力が重要なことは明らかである。サッカー選手は非サッカー選手に比べてキック力が高い。しかし，

これは技術が高いだけでなく，シュートにかかわる筋群のトレーニングにもとづくより高い筋力に大幅に帰着する(図84)。これだけでなくさらに，トレーニング回数がより多くゲーム数も多い上級の選手は，下級の選手よりも明確にパワーがある(表27)。ここですでに，ゲームが多いだけで(ゲームによる筋力トレーニング)，パワーのパラメータが向上する点が示されている。最後にトップレベルの選手は，測定した速度の全域で他の選手よりもより高められた筋力水準を示す。したがって，トップの選手はより明確な筋力特性を持っていると思われる。

適切な筋力トレーニングは，とくにジャンプ力・キック力・ダッシュ力といったサッカー専門のプレー能力にとって直接的な意義があるが，これと並んで次のような他の分野でも重要な機能を持っている。

○技術-体力的能力(例:チャージ・タックル・ドリブルなど)を効率化ないし完全化するため。
○やり通す能力や競り合いでの強さの強化の意味での，一般的競技能力を発達させるため。
○より多くの負荷を担える前提として，あるいはいっそう効率的なトレーニング方法を行うための基盤として。
○競り合いの際に協同筋(主働筋と同一に作用する)として重要だが，通常の負荷形式やゲームでは十分には要求され促進されない，小さな筋群を強化するための補完トレーニングとして。
○弱化しがちな筋群(たとえば腹筋群や大臀筋)の補償トレーニングとして。
○拮抗筋群(作業筋の対抗筋)の均衡化トレーニングとして。

サッカーのゲームでの要求は一見したところ多面的だが，負荷構造はかなりワンパターンである。典型的な負荷要求形態は次のようにまとめられる。

・足・脚・臀部でのブレーキ筋群の負荷，これは他のゲームスポーツ種目でも特徴的である(「歩行スポーツ」)
・方向転換・速い反応でのシザース・回転運動
・ランニング・ダッシュ・ジャンプ運動での伸筋群の負荷
・パス・キックでの股関節屈筋群のパワー的負荷

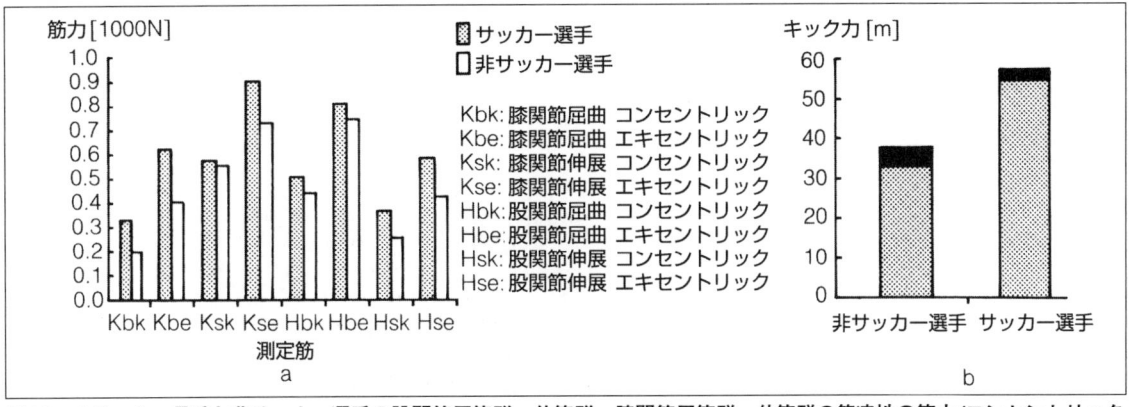

図84 a)サッカー選手と非サッカー選手の股関節屈筋群・伸筋群，膝関節屈筋群・伸筋群の等速性の筋力(コンセントリックとエキセントリック) b)キック力(m) (Cabri et al.,1988)

表27 腕振りと始動の動きつき・なしの垂直とび，およびドロップジャンプでのサッカー選手と非サッカー選手のパワーの成績 (Faina et al.,1988)

	アマチュア	プロ
腕振りなしの立ち垂直とび[cm]	34.2±4.0	40.4±5.2
腕振りつきの立ち垂直とび[cm]	36.9±4.8	43.5±4.9
ドロップジャンプ[cm]	33.7±4.4	42.2±6.5

これらのワンパターンの筋への負荷で，一面的な筋力の発達がもたらされ，こうしてより強くなっていく主働筋群と，無視される拮抗筋群や注目されない支持筋群との間に不均衡が生まれる。これは長期的には，さまざまなプレー能力低下・ケガ・痛みを引き起こす可能性がある。

②ケガ予防として

良好ないし十分に発達した筋群は，運動器官の効果的な保護となる。被嚢と腱は，筋群の支持なしでは，ゲームで運動器官にかかる大きな力を受け止めることは決してできない。ある研究は，脚屈筋群と脚伸筋群の比較を例に，筋群が強化されると対断裂強度が20％高まるのを見出した。拮抗的に作業する筋群の筋力の不均衡は（ここでとくに，腹筋群と背筋群にも言及しておこう），しばしばケガの原因となり，これによって長期的にプレー能力と負荷を担う能力とをつくり上げるのが不可能となる危険がある。

③姿勢予防の意味での筋力トレーニング

現代のように動きの乏しい時代では，学校と職場で長時間座ったままなので，生徒のほとんど2人に1人が十分に発達した体幹筋群が欠如しているために正しい姿勢を保てない。そのため，児童・ジュニアのトレーニングでは，プレー筋群の最適化だけでなく，支持筋群に対して特別の注意を払うべきである。これによって，サッカー選手に典型的な「腰痛」（その原因はとりわけ不十分な腹筋・背筋の発達にある）を，早期にかつ効果的に予防することができる。

総括的に，筋力トレーニングを行う多数の理由が存在するとはっきりいえる。最低限の筋力（選手の年齢・プレー能力・要求水準に依存している）がなければ，運動面で高度の要求を持つ現代のテンポサッカーは実現できない。既存のあるいは獲得された筋力水準は，長期的なトレーニング過程におけるトレーニングの効率性に直接影響を及ぼし，スポーツ的なプレー能力発達を支えたり妨げたりする。

> しかし，一般的には次が当てはまる。すべてのサッカーに重要な筋力のパラメータは，最大にではなく，最適に発達させるべきである。サッカー選手はボディビルダーではなく，多面的なボール扱いの達人なのである。この場合は，技術と戦術が傑出した役割を果たし，体力，したがって筋力は不可欠の「補助力」ないし補完要因であるにすぎない。最も高く跳べる，最も遠くへ跳べる，ないし身体を最も強く投入できる選手がベストなのではなく，正しいタイミングに最適の技術でもって，適切な範囲でこれらの望ましい特性を，サッカーのゲームの中で成功裡に投入できる選手がベストなのである

第2節　サッカー選手の筋力トレーニング

1. サッカーに重要な筋力を発達させる方法

　サッカー選手が必要とする筋力の種類の問題には，簡単に答えることができるが，適切な方法についての問題には即座に正しい答えを見出すことはできない。トレーニング理論では，最大筋力・パワー・筋持久力発達のための伝統的な方法は知られている。しかし，これらの方法はサッカー，それもすべての年齢段階とプレーレベルに即座に問題なく適用できるものではない。

> また，トレーニング科学でしばしば純粋な形で述べられ，大部分トップスポーツ用に考えられた要求は，アマチュアや下のレベルでは必要な時間や手段がないので実現不可能である。できるのは，与えられた環境の下で，最新のトレーニング科学的知識を考慮して理想要求にできるだけ近づこうと試みることである。

　最終的にどの方法が最も適しているかは，とくに行えるトレーニング回数にもよる。筋力トレーニング方法を立ち入って記述する前に，クラブによって異なる出発点と目標設定に言及して，可能な方法と関連づけておこう。

①トレーニング回数に依存する筋力トレーニングと方法

　体力要因である筋力・スピード・持久性を取り出してそれだけを鍛えるトレーニングが高い割合（たとえば1/3）を占めるのが正当化されるのは，十分なトレーニング頻度（たとえば週4回）があって，他のプレー要因（技術/戦術）が怠りなくトレーニングできる場合に限られる。わずかなトレーニングしかできない場合は，ふさわしいトレーニング構成で，筋力トレーニングをゲームの中で行うよう試みるべきである。

> サッカーをプレーできるなら，それは体力的要因を取り出して行うトレーニングに優先する。

　ここでは，サッカーのプレーは，サッカーをプレーすることによってのみ学ぶ，という古くからのヘルベルガーのサッカーの教えが当てはまる。陸上競技的なパワーやスピードのトレーニングは，筋力発達に重要な付随特性を改善するものの，限定されたトレーニング時間のサッカー選手のプレー能力には，直接的には役立たない。

> 基本的には，トレーニングが少ないほど，プレーのすべての分野を平行して同じように向上させるために，トレーニング形式は複合的，つまりボールを用いて行うべきである。

　プレーの中で行う筋力トレーニングは有効な改善刺激であって，したがって筋力やパワーは「プレーしながら」強化することができる。しかし，このようなもっぱらゲームの中で行われる筋力トレーニングは，一定のプレー水準までしか当てはまらないのは当然のことである。プロのサッカー選手は，目的を定めた筋力トレーニングを年間を通じてトレーニング総体の中に組み込むのが明らかによい。

②個人のプレー能力に依存する筋力トレーニングと方法

> プレー能力やトレーニングの程度が低いほど，筋力分野での能力向上はそれだけ簡単な手段で達成できる。まったく低い場合は，ゲームでの筋力へのさまざまな刺激だけで十分である。

とくに子どものトレーニングでは，サッカー専門のパワー特性向上にはゲームによるトレーニングの負荷刺激だけで十分である。バーベルを用いた最大筋力トレーニングは，子どもの場合には危険度が高いばかりでなく，とくに年齢との対応と必要性がないためにまったく行ってはならない。

> これに対して，プレー能力やトレーニングの程度が高いほど，筋力・パワーなどの強化は，それだけさまざまに相違した効果的な方法と方法コンビネーションで行わなければならない。

アマチュアのトップやとくにプロでは，ゲームからの筋力刺激だけでは，最大筋力・パワーをいっそう発達させるにはもはや不十分である。この場合には，筋が要求される負荷に慣れてしまい，超回復の意味でのいっそうの適応過程はまったく始まらず，選手は一定の能力水準に停滞することになる。また，通常のトレーニングで行われる筋力「強化」のトレーニング，たとえばサーキットトレーニングやジャンプセットや一般的な体力づくり体操は，達成された筋力水準の維持に役立つだけで，十分な筋力刺激をもはや引き起こさない。いっそうの能力強化のためには，目的を定めた筋肉づくりトレーニング(114頁参照)を行わなければならない。このトレーニングは，最大筋力水準の向上を通じてサッカー専門のパワーパラメータをいっそう改善する前提をつくり出す。しかし，こうしたトレーニングは長期的に計画し，年間トレーニング構成へ組み込まなければならない。

③自前の筋力トレーニング室を持っているかどうかに依存する筋力トレーニングと方法

ここで問題となる方法は，使用する筋力トレーニング室の器具装備に非常に依存している。重要な器具や筋力マシーンがない場合には，トレーニングの質が落ちるのを覚悟で「即席の方法」を考えなければならない。

以上のように，筋力トレーニングの実行とその方法の選択は多くの点に依存しており，したがってこの問題への接近はさまざまに異ならざるをえない。

> すべての人向けの筋力トレーニングといったものは存在しない。使える時間，目標設定(能力向上・能力維持・能力再獲得・リハビリ筋力トレーニング)，個々の選手の年齢と負荷可能性，時点(準備期・ゲーム期・移行期，181頁参照)，現実の全体的負荷状況(週2回の試合，トーナメント参加など)に応じて，筋力トレーニングの実行と適切な方法の選択がなされる。

1── 最大筋力とその発達のための方法

最大筋力トレーニングのさまざまな方法の見通しを得るために，まずその種類について，次にその能力を決定する要素について述べよう。トレーナーは，その都度トレーニング科学的・スポーツ生理学的な基礎の上で，いろいろな方法の問題点とサッカー選手にとってこれらの方法が適切かどうかを批判的に吟味することができる。

図83で見たように，さまざまな筋力の種類は，相互関係にあり影響し合っている。この場合に，サッカー選手にとってとくに重要なのは，最大筋力がパワーとそのサブカテゴリー(開始時パワー・爆発力)に決定的な影響を及ぼしている事実である。ここで開始時パワーとしては，最も短時間に大きな力積［力を時間で積分した値］を発揮する神経-筋系の能力を理解する。この能力は，とくにゴールキーパー，またすべての守備と攻撃プレーヤーにも重要である。爆発力としては，ある動き(ジャンプ・キック)の経過の中で収縮強度と収縮速度を最大に上昇させる神経-筋系の能力を理解する。この能力もサッカー選手にとって重要な能力要因である。最大筋力とパワーおよびスプリント力との間には，最高度に重要な連関が存在する。

最大筋力は，静的最大筋力と動的最大筋力に区分される。静的最大筋力(アイソメトリック［等尺

図85 さまざまな運動スピード(回転トルクを考慮して)でのコンセントリックとエキセントリックな最大筋力，ならびにアイソメトリックな最大筋力との間の相互関係 (Weineck,1990)

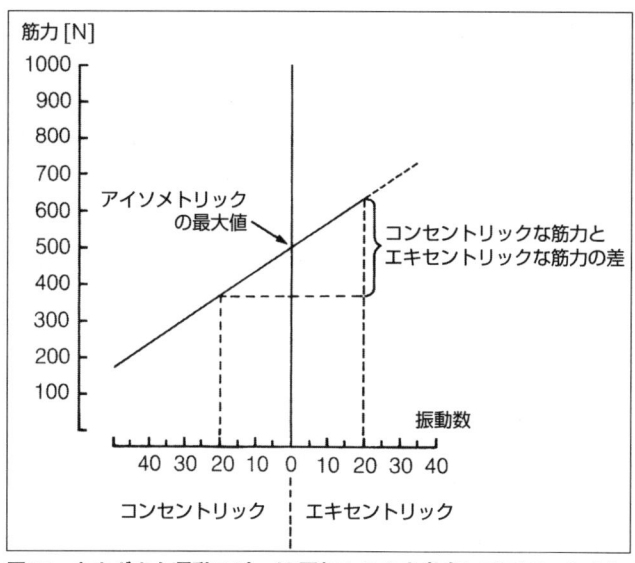

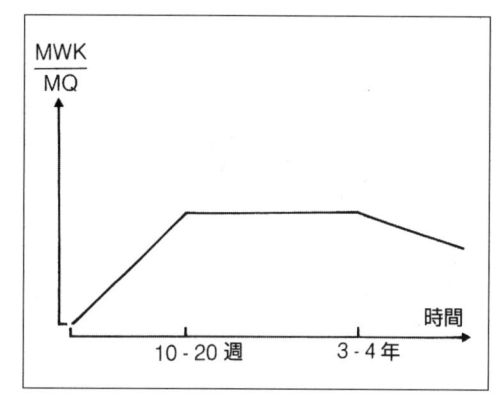

図86 収縮効率の表現としての筋力トレーニングの経過の中での最大随意収縮力(MWK)と筋横断面積(MQ)との関連 (Cometti,1988)

性]な最大筋力，最大支持筋力とも呼ばれる)は，克服できない抵抗に抗する随意的収縮で，神経-筋系が行使できる最大限の筋力を表している。動的最大筋力とは，随意的収縮で，ある動きたとえばシュートの中で，神経-筋系が実現できる最大限の筋力を表している。動的最大筋力は，ポジティブに動的な(コンセントリック，克服する)最大筋力と，ネガティブに動的な(エキセントリック，譲歩する，ブレーキをかける)最大筋力に区分される。

静的最大筋力は純粋な形ではゲームには現れず，サッカーでは無意味に思われるが，コンセントリック・エキセントリックな最大筋力と緊密な相互関係(図85)にあり，またテスト値(190頁参照)として現実の筋力水準を容易に測定できるので，その意味は決して軽視すべきでない。図85が明らかにしているように，アイソメトリックな最大筋力は，コンセントリックな最大筋力よりもつねに大きいが，エキセントリックな最大筋力よりもつねに小さい。これは，とくに筋力トレーニングで十分に利用できる事実である。

> 最大筋力は，以下の要素に依存している。
> ○生理学的な筋横断面積
> ○筋間のコーディネーション(一定の運動で協働する筋の間のコーディネーション)
> ○筋内のコーディネーション(筋内部のコーディネーション)

以上3要素の各々を通じて，最大筋力の強化が達成できる。

(1)筋横断面積増加による最大筋力強化の方法

サッカー選手は，ゲームでは自分の身体を加速し(ジャンプ・ダッシュ)，またゲーム中は動き回らなければならず持久性能力が強く要求されるので，全般的な筋量増加は体重増加ともなるので追求すべきではない。目的を定めた筋肉づくりは，最大でなく最適に行うべきである。つまり，目的は脚の加速筋群だけにある。

> 加えてサッカー選手にとって，脚筋群の極端な筋肥大は追求目標ではない。というのは，これは一定点を越えると筋力ないしパワーの強化にはならず，それどころか低下をもたらすからである(図86)。

最大筋力発達においてエネルギー的には，最大の筋力発揮の時間は数秒間だから，ATP・CPが決

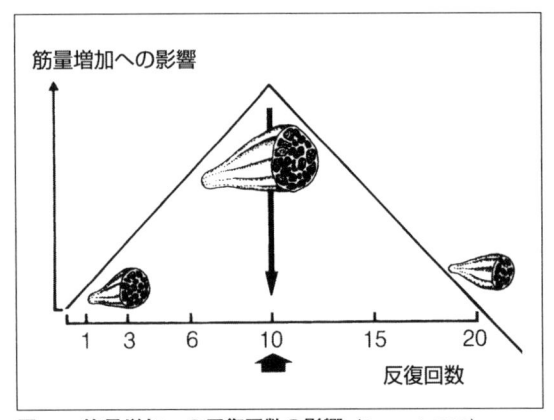

図87 筋量増加への反復回数の影響（Cometti, 1988）

表28 筋肉づくりトレーニングの実行の仕方の例
（Ehlenz/Grosser/Zimmermann, 1983）

○強度：40〜60％
○反復回数：8〜12回（最適：10回）
○運動テンポ：極度の筋増加にはゆっくりで中断なし。
　その他は中程度のテンポ
○セット数：初心者は3〜5セット；選手は5〜8セット
○セット間休息：1.5〜2分間

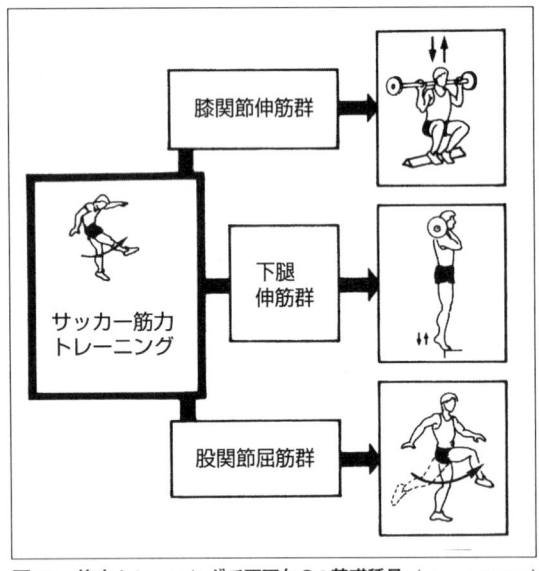

図88 筋力トレーニングで不可欠の3基礎種目（Cometti, 1988）

これはスピードやパワーのパラメータにプラスに影響する。

　筋横断面積増加による最大筋力強化では，いわゆる「筋肉づくりトレーニング」が第1位である。これは，ポジティブに動的でコンセントリックの筋力トレーニングである。約4〜6週間の期間にわたり，中程度の負荷（個人の最大筋力の約40〜60％）と最適の反復回数でトレーニングする。図87は，最大可能な筋量増加にとって最適の反復回数が約10回であることを示している。したがって，選手がほぼこの数をこなすように，重量を選択しなければならない（通常は個人の最大筋力の約60％の負荷）。サッカー選手にとって，この「筋肉づくりトレーニング」の長所はとくに，非常に重い重量で危険をともなって行う必要がない点にある。その他にもこのトレーニング方法は，精神的負担もわずかで，とくにジュニア・初心者に向いている。短所は，筋力増加が筋内コーディネーション筋力トレーニングに比べてゆっくりと生ずる（116頁参照）点である。実行の仕方については，表28に示してある。サッカー選手のプレー能力強化のための筋力トレーニングの主内容である下肢のトレーニングでは，各々のトレーニングで次の3種目を規則的に行うべきである（図88，バリエーションは図110参照）。

○膝関節伸筋群（大腿四頭筋）強化の種目
○下腿伸筋群（腓腹筋群）強化の種目
○蹴り足筋群（立ち足筋群は自動的に一緒に強化される）強化の種目，中心になるのが股関節屈筋群

　コンセントリックな筋活動を特徴とする「筋肉づくりトレーニング」の他に（高度に効果的だが一般的にはほとんど不可能な電気刺激法を別にすると），筋横断面積増加の非常に有効なもう一つの方法として「トータルアイソメトリックス」がある。この方法では，小から大までの負荷で（図89），一定の角度（たとえば半分膝を曲げて）で，疲労でこらえられなくなるまで維持する。この場合に出てくる強力な筋の活性化は，強力な筋肥大刺激を表し

定的な役割を果たす。筋力トレーニングによって，筋内のエネルギー貯蔵の大幅な増加（ATPとCPでは20％，グリコーゲンでは60％まで）が達成され，

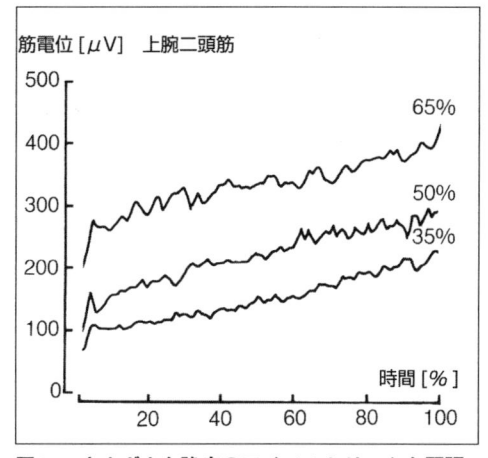

図89 さまざまな強度のアイソメトリックな緊張での疲労しきるまでの筋の電位（Enoka, 1988）

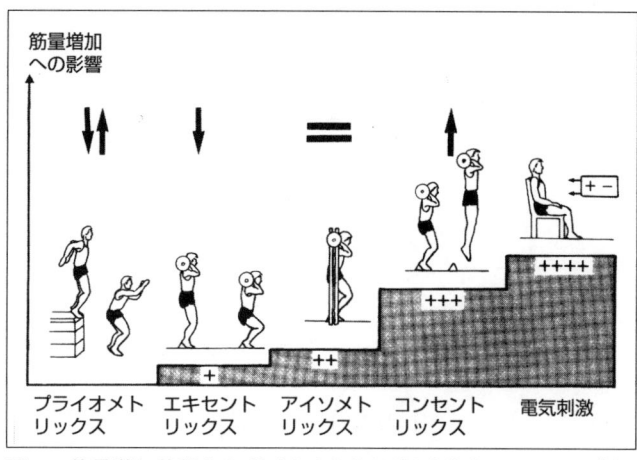

図90 筋量増加(筋肥大)にだけ向けたさまざまな筋力トレーニング方法の効率性（Cometti, 1988）

ている。図89が示すように，疲労の増加をともなうアイソメトリックな緊張で，筋は電気的な活性を高める（これは筋線維動員増加とインパルス頻度の増加を意味している）。したがって，この筋力トレーニング方法は，高すぎる負荷を用いないで，疲労効果によって最大の筋の活性化を引き起こす。この方法の短所は，サッカーの動きからかけ離れた実行方法にある。アイソメトリックスは，最大筋力・パワー・筋持久力強化のためには決して分離してそれだけ行うべきではない。プライオメトリックス[弾性法]・エキセントリックス[伸張性法]・コンセントリックス[短縮性法]と結合させると(187頁参照)，この方法は完全に活性化された筋で運動を行い，こうして神経のキャパシティを完全に使いつくすことができるので，高度に効果的となる。

「事前疲労」トレーニングで問題となるのは，少なくとも2つの筋肉系ないし筋群が参加し，一つの筋が動きの遂行に決定的な部分を占めるようなトレーニングである。次の例がある。股関節屈筋群のトレーニングでは，腸腰筋と並んで大腿直筋が中心となる。大腿直筋は，膝を伸ばす筋であり股関節屈筋でもある2関節筋なので，膝曲げで，他の股関節屈筋群を一緒に使わずに十分に負荷を

かけることができる。さて，こうしてこの最強の股関節屈筋を「事前疲労」させた後で，股関節屈曲トレーニングを引きつづいて行うと，残りの筋への要求は強められることになる。したがって「事前疲労」では，事前に主要筋をこの筋だけを疲労させる分離したトレーニングによって「取り除く」ので，「補助筋群」がとくにトレーニングされる。

図90には，筋量増加による筋力増大の効果的な方法がまとめてある。サッカー選手に「通常の」トレーニングでは，コンセントリックスでパワー強化の基礎として最大の筋量増加が可能である。すでに何度も言及した最大筋力とパワーとの関連は，解剖学的-生理学的視点からは，主として最大筋力の際の収縮フィラメント（アクチンとミオシン）のポテンシャル上昇を通じて説明される。つまり，すべての筋横断面積増加は収縮フィラメント数を増加させ，これを通じて筋の活性化の後により多いフィラメントを急速な力の発揮に動員することができるからである。サッカー選手にとってとくに意味があるのが，脚伸筋群の最大筋力と10mスプリントタイムのきわめて重要な関連である。なぜなら，この距離はゲームで走る距離の中で最も頻度が高いからである。同様に，垂直ジャ

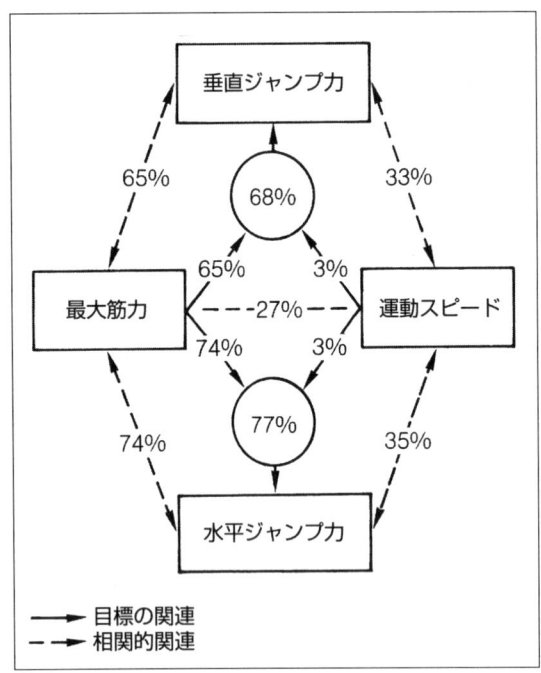

図91 最大筋力と運動スピードの垂直・水平ジャンプ力への影響（Heyden/Droste/Steinhofer,1988）

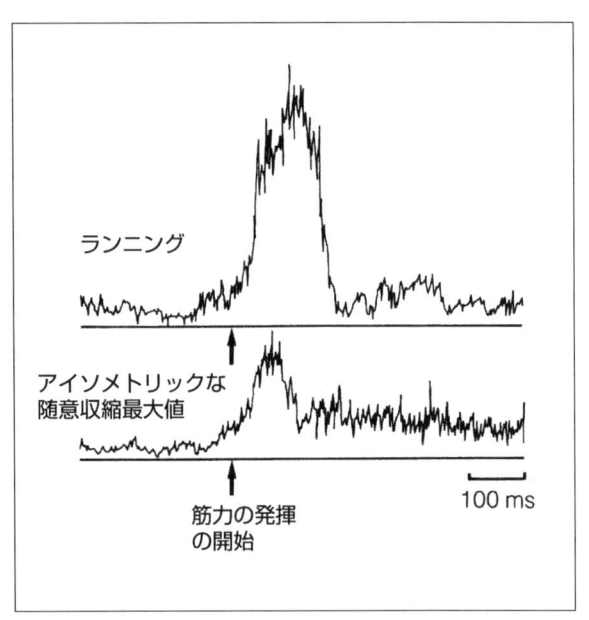

図92 エキセントリックの運動(ランニングでの受け止め局面)と最大のアイソメトリックの運動での腓腹筋の筋電図（Dietz,1985）

ンプ力・水平ジャンプ力・下肢の動きのスピードは，最大筋力水準の向上によって全体として増加する。図91は，この関連と最大筋力のスピードおよびジャンプ力への影響を示している。

> サッカー選手においては，筋量増大の方法は準備期に強調して用いられる。また，「維持トレーニング」(1週間1回)として，トッププロの年間を通じたトレーニング活動の中で欠くことはできない

(2)筋内コーディネーション改善による最大筋力強化の方法

「筋内コーディネーショントレーニング」は，大部分筋肉づくりトレーニングにつなげて行われる。このトレーニングは，既存の筋ポテンシャルの「限界刺激」に役立つべきである。ここで「限界刺激」とは，筋の運動単位の80％までを同時に活性化し，随意的に動員可能な筋力の限界まで達する能力と考える。トレーニングしていない者

やトレーニング不足の選手では，これは約60％にとどまる。中程度の速度と中程度の筋力の運動は，とくに筋横断面積を増加させるのに対し，パワー的に行われる最大のコンセントリックな筋力の動員は，主として筋内コーディネーション改善による筋力増加をもたらす。

> 筋内コーディネーション改善によって，筋横断面積と重量の増加をほとんどともなわない筋力増加が可能となる。この種のパワー強化は，すでに強い筋力を持つサッカー選手にとって，これ以上の体重増加には関心がないので，大きな意義がある。

最大筋力強化の最も有効な「筋内コーディネーショントレーニング法」は，エキセントリックスと高度・最高度強度法である。さらにプライオメトリックスがあるが，これはパワートレーニングの項で詳細に説明する。

エキセントリックスでは，自分の体重ないし超最大負荷(個人最大筋力の120％まで)の受け止めが

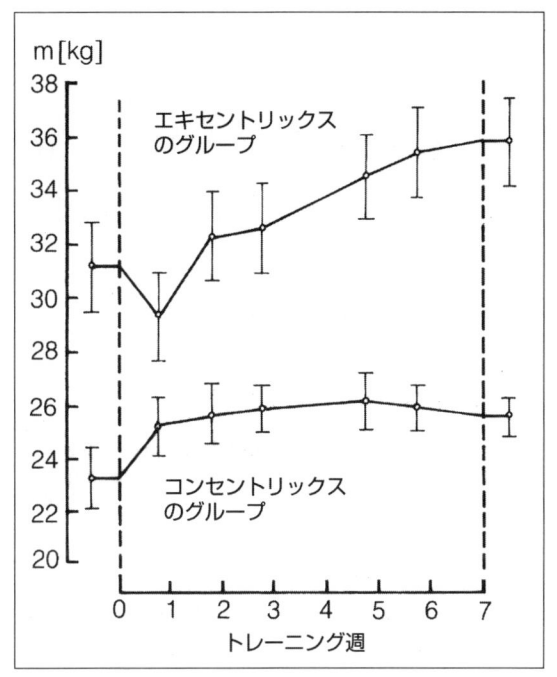

図93 エキセントリックスとコンセントリックス(6収縮，週4回，7週間以上)での筋力増加の比較 (Komi/Burskirk,1972)

前面に出る。このトレーニング法の有効性が高いのは，譲歩的な運動方式では筋伸張反射が解除されて最高度の筋活動が喚起され，非常に強度の高いトレーニング刺激を与えることができるからである。エキセントリックな負荷では，随意的な最大のアイソメトリックな収縮に対して筋の活性化を2～3倍高められる（図92）。これはトレーニングにとって，完全な筋の活性化は，コンセントリックでなくエキセントリックの力の使い方によってのみ達成できることを意味している。また，すでに短期のエキセントリックスですべての最大筋力パラメータが注目すべき増加を示し，これはコンセントリックスの場合よりいっそう明確である（図93）。

図94は，さまざまのエキセントリックスの可能性についての総括的概観である。エキセントリックの種目は，1人で(a)，補助器具を用いて(b)，走路の形状で(c,d)，パートナーと(f)，あるいは特殊な筋力機器（脚プレス器など）を用いて(e,g)行

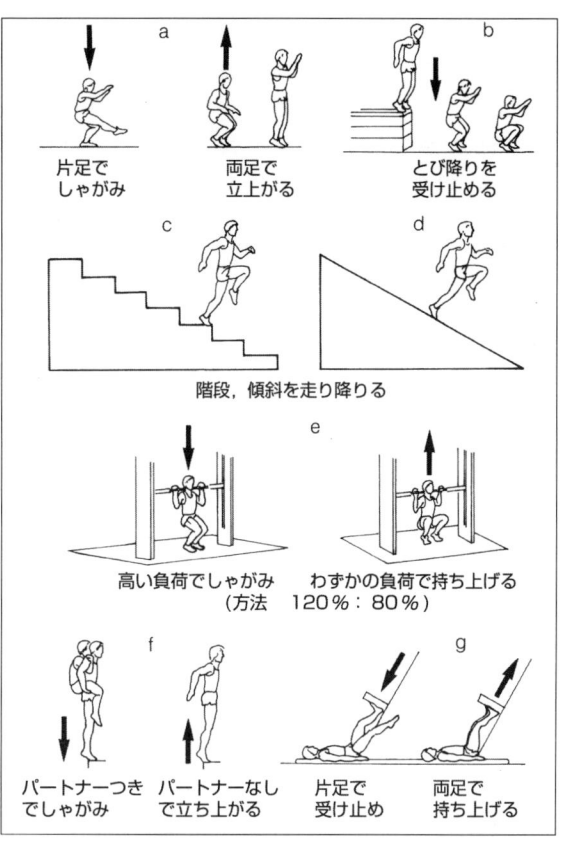

図94 膝関節伸筋群(大腿四頭筋)(種目a,b,c,d,e)と足関節伸筋群(とくに腓腹筋)(種目d,f,g)強化のためのエキセントリックスの諸形態 (Cometti,1988)

える。とくにこの種のトレーニングに不慣れな場合は，このトレーニングはコンセントリックな負荷よりも高い緊張をもたらし，しばしば筋肉痛（172頁参照）を引き起こす点に注意すべきである。エキセントリックのトレーニング要素を導入したり強調する場合には，後のトレーニングを阻害する筋肉痛を回避するために，十分な回復休息をともなって負荷の上昇が漸増的となるように留意すべきである。

筋内コーディネーショントレーニングによる最大筋力強化の第2の効果的な方法は，高度・最高度強度法で，ポジティブに動的なコンセントリックスである。この方法では，高度の負荷(80～100％)と爆発的な動きの遂行が特徴的である。こ

の例として，スクワットからの負荷をともなった膝関節伸展が当てはまる(図95)。図96は，重い負荷ではとくにFT線維に，軽い負荷ではST線維に負荷がかかることを示している。爆発的な動きでは，FT線維が優先的に動員される(図97)。

> 注意点：筋線維組成にとって最適の負荷を最大限可能よりゆっくり動かすなら，とくにゆっくりとした運動単位が活性化され，その筋力が(肥大によって)強化される。こうなると，速いコンセントリックの収縮の場合には，速筋線維にとっての内部抵抗は増加する。これにより筋のパワーは低下する可能性すらある。

爆発的な動きで行う高度・最高度強度法と，中程度の負荷強度をゆっくり中程度のスピードで行う筋肉づくり法を筋電図で比較すると，前者がより高い筋活動を呼び起こし，より高いトレーニング効果を示す(図98)。筋の緊張と運動遂行の速度に依存して，筋内コーディネーション改善の一要因としてのインパルス頻度も変化する。つまり，筋力動員ないし運動速度が高いほど，筋の神経支配頻度は高くなる。

筋内コーディネーションの改善による最大筋力強化のための効果的で補完的かついつでも行える方法として，「最大アイソメトリックス」も適している。この方法では，4～6秒間最大のアイソメトリックな緊張(たとえばハーフスクワットの形で固定バーを押し上げる形)をつくり出す。この方法は，最大の緊張のときにだけトレーニング効果が得られるので，高いモチベーションを持つ選手にだけ適している。

> 動的・静的な形式での高度・最高度強度法は，絶対的にトップのレベルでだけ問題となる。なぜならこの方法は，良好な一般的筋力ベースと技術的「ノウハウ」を前提しており，専門知識がないまま行うと，かなりのケガの危険があるからである(172頁参照)。

筋肉づくりトレーニングと筋内コーディネーショントレーニングが並行して行われる場合，「コ

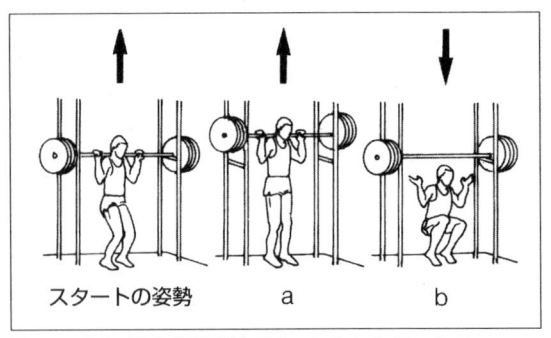

図95　高度・最高度強度法でのコンセントリックス
(Cometti,1988)　バーベルは爆発的に上へ持ち上げられる(a)，引きつづいてトレーニング者はバーベルを最初の位置へ(支持台にはブロック装置がある)落とす(このようにしてエキセントリックスの部分を回避する)(b)

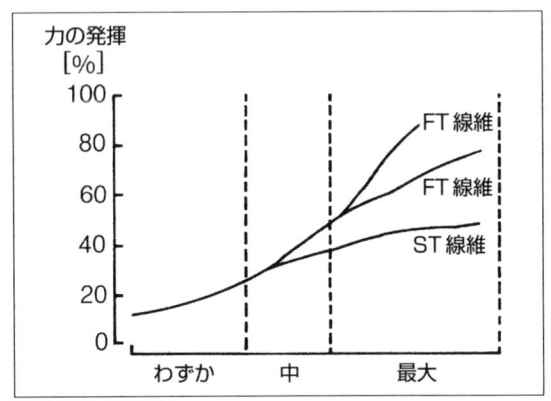

図96　トレーニング強度に依存する筋線維への負荷
(Cometti,1988)

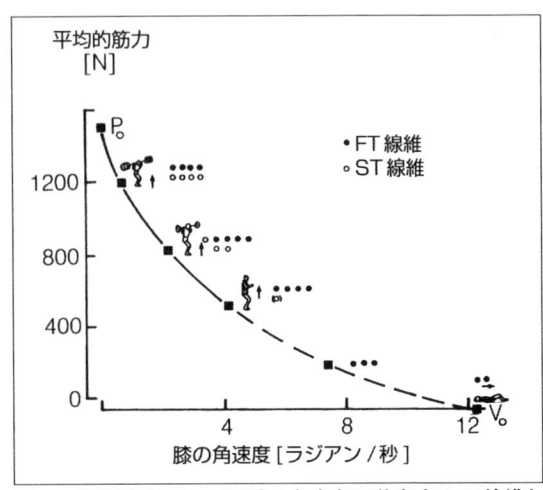

図97　運動速度(ここでは膝の角速度)に依存するFT線維とST線維の割合　(Bosco,1985)

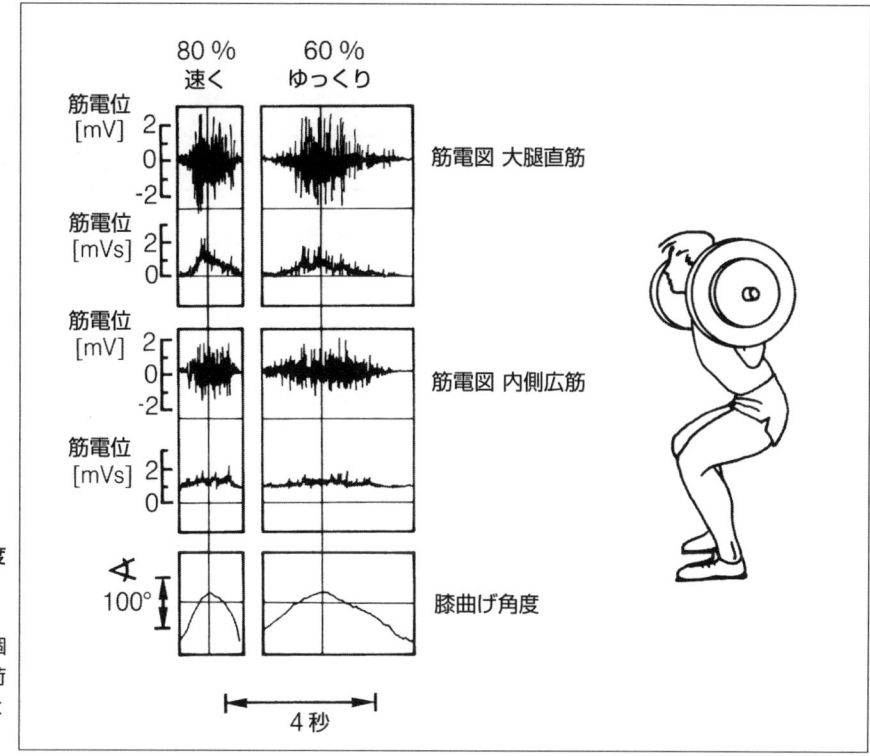

図98 さまざまな運動速度と負荷での筋の活性化
(Kunz/Unold,1988)
運動は左側では爆発的に(個人の最大筋力の80％の負荷で)，右側ではゆっくりと(60％の負荷で)行っている。

ンバインドトレーニング」と呼ばれる。最大筋力発達のための方法についての総括的概観が，図99に示してある。

(3) 筋間コーディネーション改善による最大筋力強化の方法

　最大筋力は，スポーツ種目独自の動きに参加する筋群が，相互の活動に最適に動員される場合にだけ，最大値ないし最適値を達成できる。この場合に，すべての協同筋が最高に可能なハーモニーで協働して同じ方向に機能する点で有効となるだけでなく，拮抗筋も動きの際に最適にリラックスされ，運動の最終局面，たとえばシュートのときに，運動器官総体の保護のために協同筋の力を弱めながら受け止める必要がある(図100)。こうした筋間コーディネーショントレーニングは，ゲーム自体，あるいはゲームに近い形式でだけ最適に実現できる。

　ゲームでの筋活動の多様性と複合性だけが，最適の筋間コーディネーション改善を基盤とする包括的でスポーツ種目専門の筋力発達を可能にする。今日多数の専門家が「ゲーム形式を通じる体力」のモットーの下に，サッカー専門性をいっそう高めたゲームに近い形のトレーニング構成を要求しているのは正しい。

　サッカー専門の筋力発達ないし筋力維持にとって，規則的なゲームは高い意義を持つ。図101は，レギュラーはサブより高いサッカー専門の筋力水準を持っていることを明らかにしている。図102からは，複合的でゲームに近いかゲームと同一の動きによる，筋間コーディネーショントレーニングの意義が明らかとなる。図102aは，複合的な動きを行うときにいかに多面的な筋活動(＝筋間コーディネーション)が必要かを示している。この場合には，図102bに示されるような，動きに決定的なわずかの筋だけが高度に活性化されるので

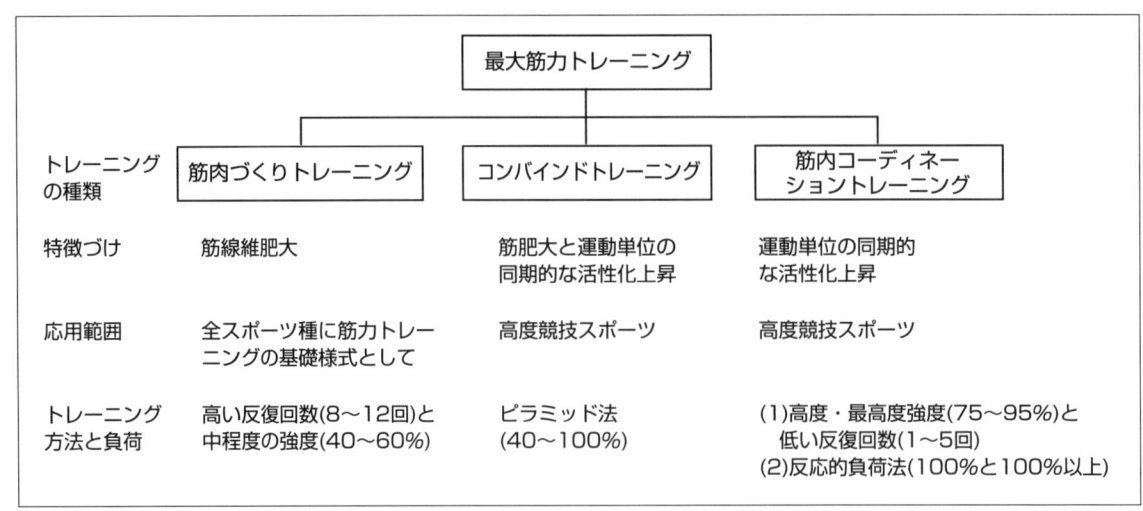

	最大筋力トレーニング		
トレーニングの種類	筋肉づくりトレーニング	コンバインドトレーニング	筋内コーディネーショントレーニング
特徴づけ	筋線維肥大	筋肥大と運動単位の同期的な活性化上昇	運動単位の同期的な活性化上昇
応用範囲	全スポーツ種に筋力トレーニングの基礎様式として	高度競技スポーツ	高度競技スポーツ
トレーニング方法と負荷	高い反復回数(8〜12回)と中程度の強度(40〜60％)	ピラミッド法(40〜100％)	(1)高度・最高度強度(75〜95％)と低い反復回数(1〜5回) (2)反応的負荷法(100％と100％以上)

図99　最大筋力トレーニングの種類・目標・応用範囲（Ehlenz/Grosser/Zimmermann,1983）

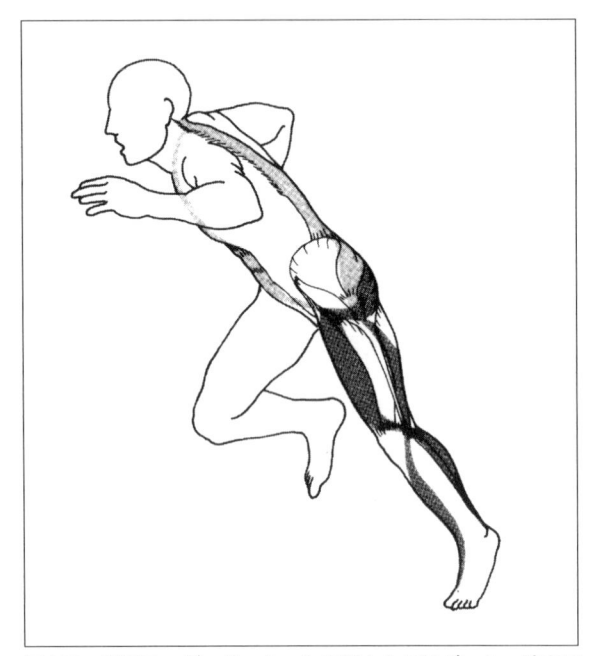

図100　筋間コーディネーションの例としてのダッシュ時の足部・脚部・腰部筋群と付随する筋群（Tittel,1970）

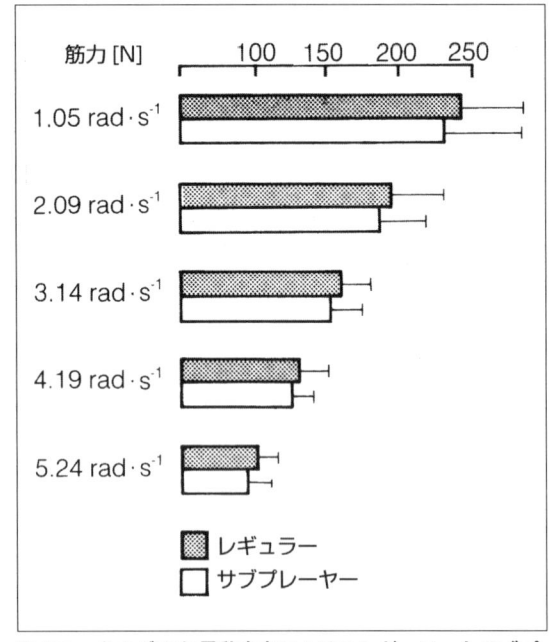

図101　さまざまな運動速度におけるレギュラーとサブプレーヤーの等速性筋力（Togari et al.,1988）

なく，多数のジャンプ安定・膝関節安定・股関節安定の筋が動員されている。そして，これはすべての複合的なサッカー専門の運動に当てはまる。こうした微妙に調整される総体的な筋の連動で，最適のプレーが可能となり，ケガ予防の意味での運動器官の最大の安定性が可能となる。重量を用いたヒールレイズのような単純な筋力トレーニング（図102b）は，このような複合的な要求に答えることはできない。このトレーニングの長所は，ジャンプ力強化のために能力を決定する個々の筋群に目的を定めて，これを切り離して強化する点にある。

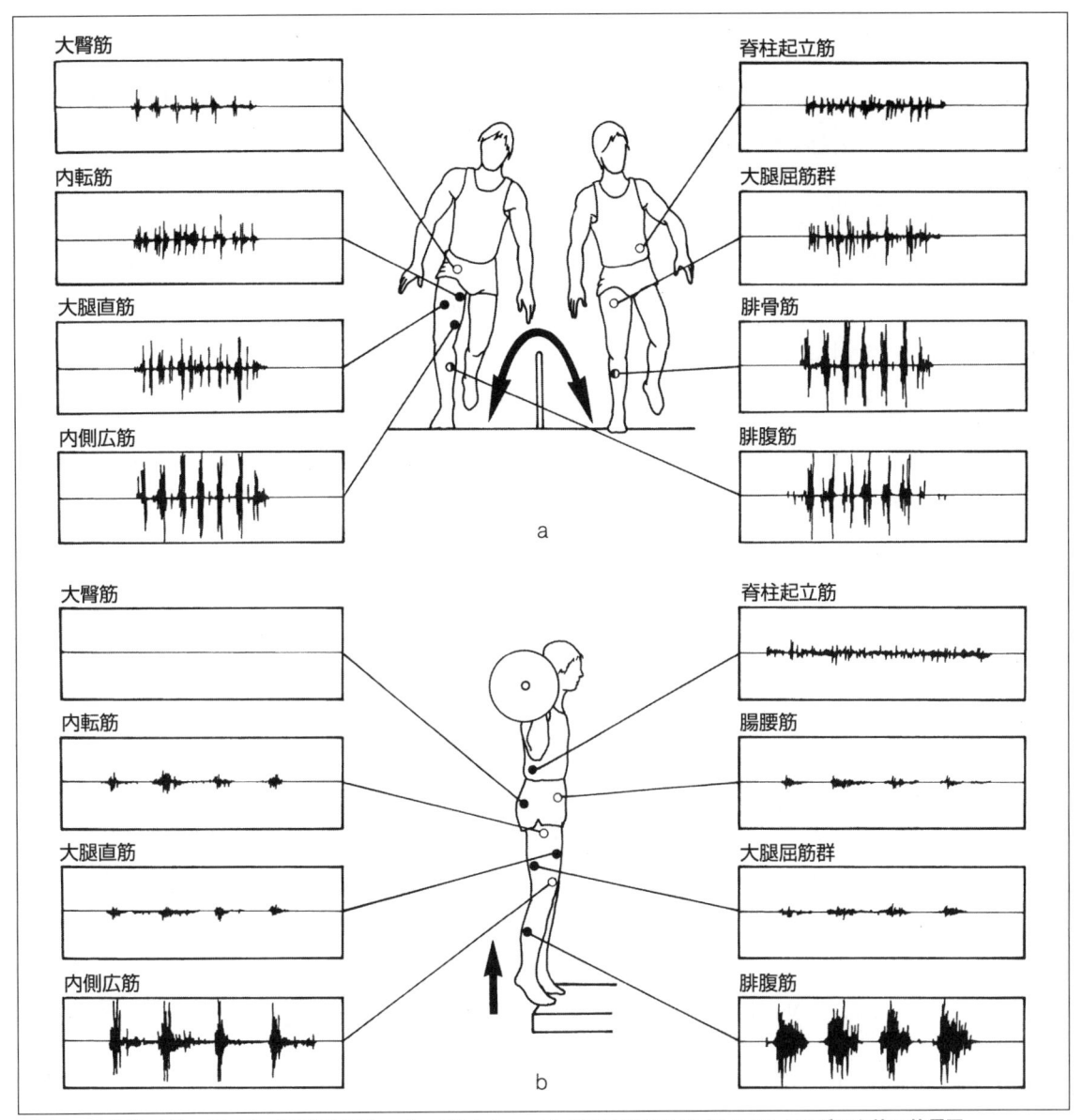

図102 複合的でゲームに近い運動形式(a)，バーベルトレーニングの定型的な形式(b)でのさまざまな筋の筋電図
（Kunz/Unold,1988）[以下の筋電図で，●は前面，○は背面を示す]

2── パワーとその発達のための方法

　パワーは，サッカー選手にとって最重要の体力特性の一つである。パワーは，キック力，ジャンプ力，遠投力に現れる。それだけでなく，パワーはスピード分野での加速能力に大きな影響を及ぼす。パワーの諸要因についての包括的な概観は図103に示した。サッカーに適合的な筋力トレーニングを行うには，パワーのさまざまな要因を知ることが決定的である。図103から，最大筋力がパワーの最重要の要因であることが明らかである。

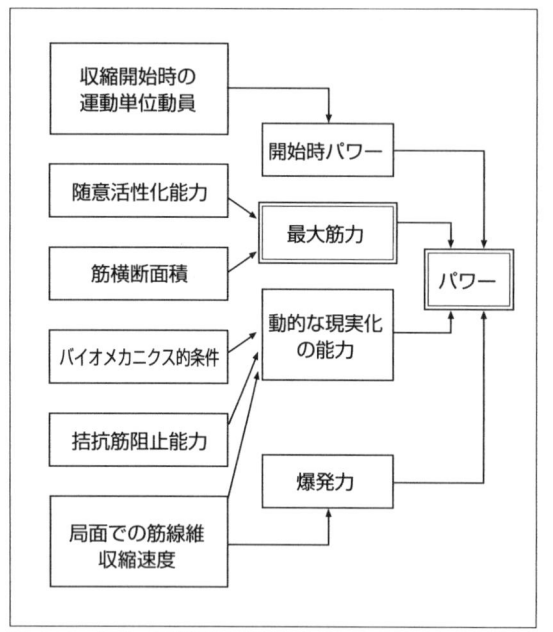

図103 パワーの諸要因と影響要因（Buhrle/Schmidtbleicher,1981）

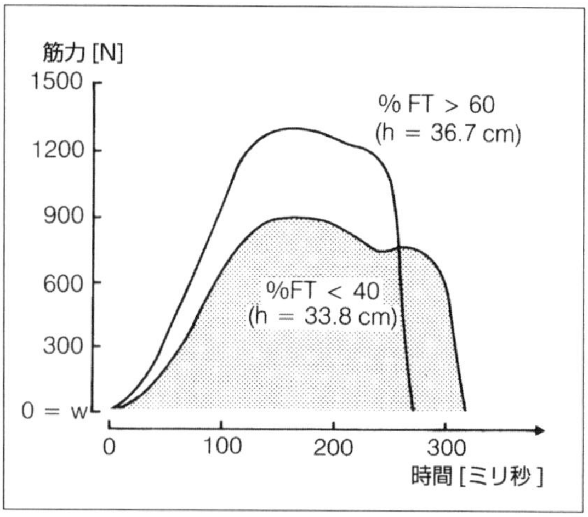

図104 FT線維ないしST線維が多いトレーニング者の単位時間ごとの筋力上昇曲線（hはジャンプ高）
（Bosco/Komi,1979）

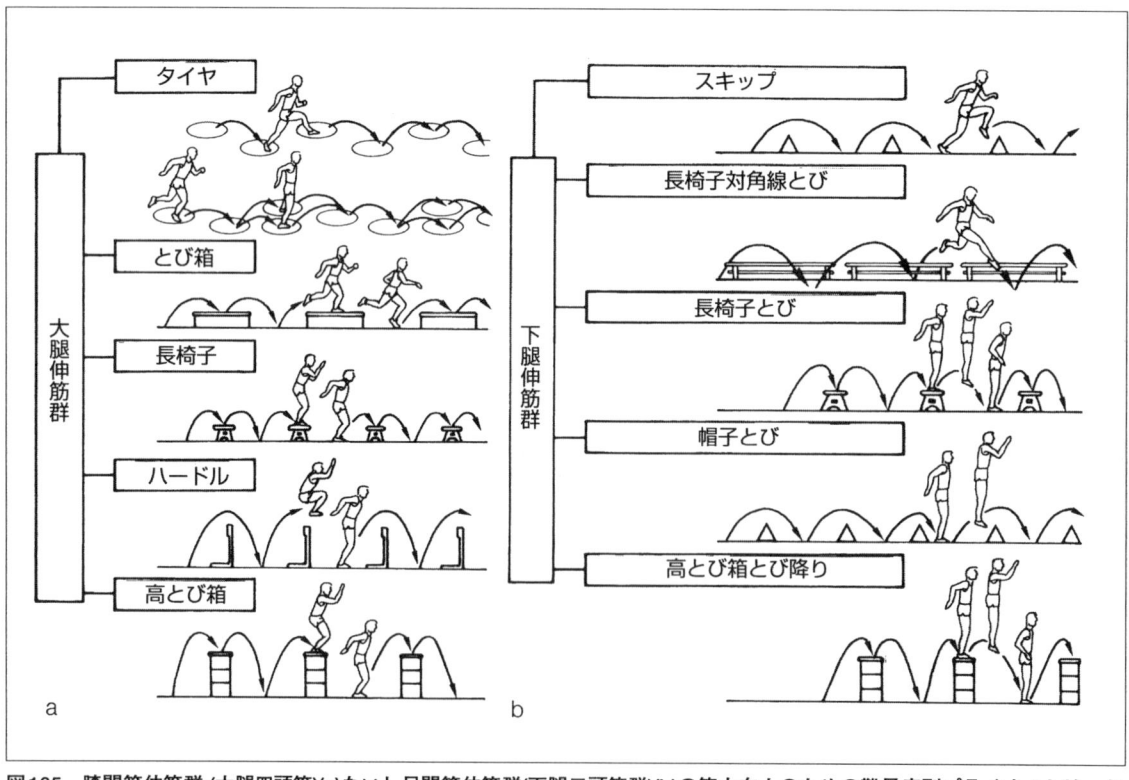

図105 膝関節伸筋群(大腿四頭筋)(a)ないし足関節伸筋群(下腿三頭筋群)(b)の筋力向上のための難易度別プライオメトリックス（Cometti,1988）

したがって，基礎要因としての最大筋力の発達に対して特別の注意を向けなければならない。

パワー（およびその下位カテゴリーの開始時パワーと爆発力）の大きさと明確度は，個々人の筋力上昇曲線からわかる（195頁も参照）。筋力上昇曲線が急傾斜で高いほど，パワー能力はそれだけ良好に形成されている（図104）。筋力上昇曲線の立ち上がりの急激さは，主として次の4つの要因に依存している。
○動員される筋線維の収縮力，つまり筋横断面積（最大筋力部分）。
○動作開始時に同時に動員される運動単位の数。これは，「筋内コーディネーション」の程度と質を反映している。
○活動する筋線維の収縮速度。初めの力積の明確度，したがって爆発力はFT線維の割合と緊密に相関する。
○筋間コーディネーションの質。

したがって，パワー強化のためには，すでに述べたいくつかの最大筋力発達の方法が適している。しかし，これらの方法に加えて，筋内および筋間コーディネーションを向上させるためのとくに重要な筋力トレーニング方法として，いわゆるプライオメトリックスとコントラリメソッド[背反法]がある。プライオメトリックスは，パワー分野では最も普及している重要なトレーニング方法である。

(1)プライオメトリックス

プライオメトリックスは，しばしば弾力性トレーニング，反作用的トレーニングとも，そして下位カテゴリーではドロップジャンプトレーニング（下肢のジャンプ力・スプリント力改善のため），ないしショック法（腕の遠投力改善のため）とも呼ばれる。プライオメトリックスの中心は，ネガティブに動的な外圧に譲歩する部分（ドロップ）を，ポジティブに動的な部分（高く/遠くへ即座にジャンプ）に爆発的に相互に結びつける動的なトレーニングである。この場合に，筋生理学的に筋の伸張反射・事前神経支配・弾性要因の3つの要素が徹底的に利用されている。

プライオメトリックスを行うときの一般的な指示は次のようである。
○爆発的に運動を行う
○6〜10回の反復回数
○初心者: 2〜3セット，上級者: 3〜5セット，高度競技スポーツ者: 6〜10セット
○セット間休息: 2分間
○疲労のないウォームアップした状態でだけ行う

サッカー選手のトレーニングの場合に中心になるのは，ジャンプ・連続ジャンプ・各種のジャンプコンビネーションである。負荷や器具（とび箱やハードルなど）を用いないジャンプだけか，低い高さの障害をとび越えるだけのときは，「小」「単純」「自然」プライオメトリックスと呼ばれる。とび箱やハードルをとび越えるジャンプのときは「中程度」プライオメトリックス，高いないし非常に高い器具（たとえば高とび箱）を越えるジャンプのときは「大」「インテンシブ」プライオメトリックスと呼ばれる。適切な内容としては，片足とび・両足とび，高い幅とび，走りとび，前とび・横とび・後とび，障害とび越しなどがある。図105に，サッカー選手のジャンプ力強化のための，さまざまなプライオメトリックス形式が示してある。

注意点：踵をつけないでジャンプする場合は主に腓腹筋をトレーニングし，踵をつける場合はとくに大腿四頭筋が鍛えられる。児童と初心者（204頁参照）には，とくにタイヤジャンプが適している。上級者とジュニアには，とび箱とび（1段）とベンチ（横）とびが適しており，高・最高レベルの選手にはさらにハードルとび・高とび箱とびが適している。すべてのジャンプで，膝関節伸筋群と並んで腓腹筋群も一緒に鍛えられる。児童には，強い衝撃作用（とくに脊柱に対して）のために足関節伸筋群の選択的なトレーニング（図105b）は無理であ

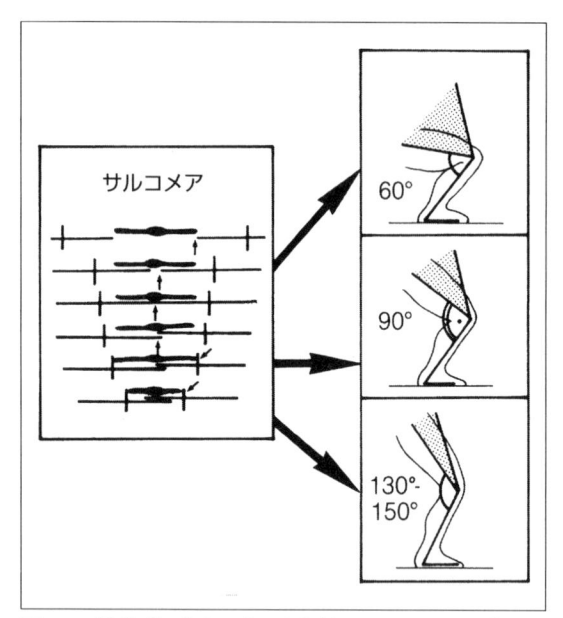

図106 膝曲げの角度に応じた収縮フィラメントの「オーバーラップ」の変化（Cometti, 1988）

る。

　プライオメトリックスは，30，90，150度などのさまざまな膝曲げ角度で行え，これによって効率性を高められる。というのは，この場合にその都度異なる筋の部位に負荷がかかるからである。**図106**は，膝曲げ角度に応じて筋の収縮単位（アクチンフィラメントとミオシンフィラメント）のオーバーラップ範囲が異なり，クロスブリッジの動きの最適化に対し異なった刺激が与えられる点を明らかにしている。この点は，トレーニングで徹底的に利用すべきである。もちろん，スプリントとジャンプの際に主に使われる膝曲げ角度を優先すべきである。

　ドロップジャンプトレーニングでは，わずかの膝曲げで行う場合に最大の筋活動，したがって最大のトレーニング効果が得られる（**図107**）。深い膝曲げのジャンプは，こうしたトレーニングに慣れていない選手には筋肉痛（172頁参照）を引き起こすので注意すべきであり，したがってゲーム直前には行うべきではない。

プライオメトリックスの場合でも，「コントラストメソッド[対比法]」はパワーを増加させる有効なトレーニングである。コントラストは，負荷のバリエーションと方法の転換（コンセントリック/エキセントリック）のどちらに設定してもよい（**図108**）。

> **注意点**：プライオメトリックスでのコントラストメソッドは筋への強い負荷となるので，ケガをしてプレー能力の一時的減退を被らないように，リーグ戦開始の少なくとも4〜6週間前までに終えていなければならない。

　プライオメトリックスで強度をより高くするもう一つの方法は，鉛ベストの着用である。これによってスピードとパワーの負荷ではFT線維がより多く動員され，この点がスピード発達にとくに役に立つ。いわゆる超重量筋力トレーニングで，これによって動きスピードはより高まる。**図109**にもとづけば，活性化される速筋の運動単位の動員頻度と数が，超重量筋力トレーニングの下では眼に見えて向上する。鉛ベストを用いれば，サッカーに典型的な動きの中でパワーがトレーニングできる。しかし，注意すべきは，筋間コーディネーションの意義が大きいので，外的抵抗（鉛ベストの重量）の増加は，比較的狭い許容範囲の中でだけ可能な点である。13％を上限とすべきで，これを越えるとスポーツ種目専門の動きの構造に大幅な変化が生じてしまい，場合によっては悪い動きパターンが形成されてしまう。

　まとめると，プライオメトリックスの長所と短所は次のように特徴づけられる。

[プライオメトリックスの長所]
○高度の負荷強度にもとづき，筋内コーディネーションの改善によって，筋量ないし体重の増加をともなわずに急速で明確な筋力増加が得られる。これは，持久性スポーツでもあるサッカーにとって，とくに意義がある。
○プライオメトリックスは，高度にパワー的なサ

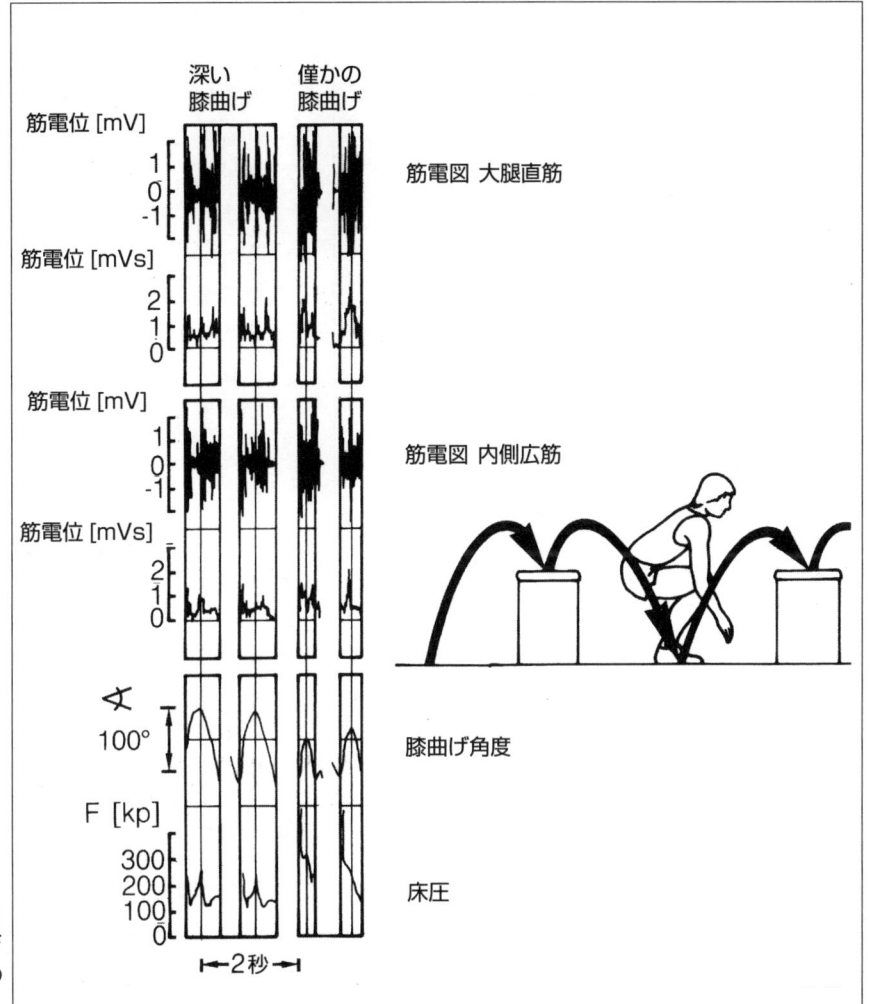

図107 筋電図で表した膝曲げの程度を変えたドロップジャンプトレーニングでの筋の活性（Kunz,1980）

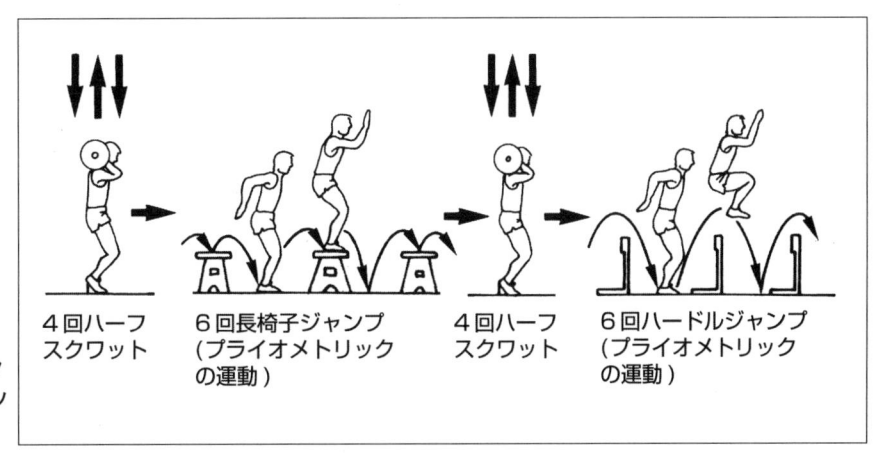

図108 プライオメトリックスにおけるコントラストメソッド（Cometti,1988）

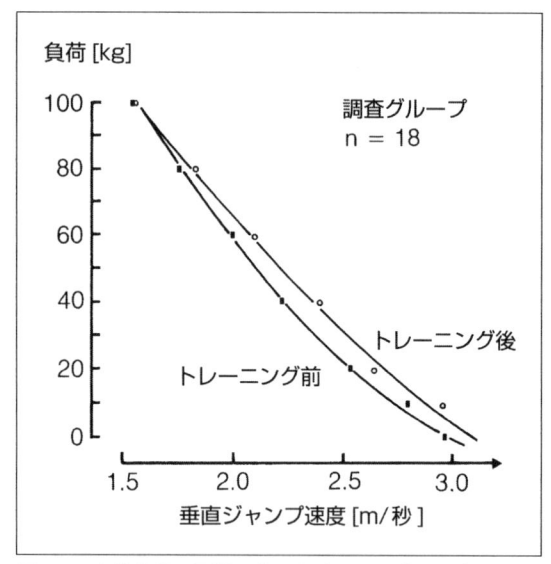

図109 負荷重量の関数で表した踏み切り時の垂直速度，膝曲げからのジャンプで測定，負荷を加えた筋力トレーニング前と後（Bosco, 1985）

ッカー選手にもいっそうのパワー増加をもたらす方法である。

[プライオメトリックスの短所]

○高度の精神的・身体的負荷；プライオメトリックスは，十分に発達した筋力とこれにふさわしい準備のできた能動的・受動的な運動器官を前提している。したがって，児童・ジュニアないし初心者には適していない。

○非専門的に行う（たとえば事前の十分なウォームアップなしに）と，かなりのケガの危険がある。

○トレーニング者がすでに筋内コーディネーション能力の高いレベルにあると，筋力増加の効果はわずかである。

○弾性トレーニングは，正しく行うときにだけ効果がある。たとえば，ドロップジャンプトレーニングの場合には，ブレーキをかける筋力と加速する筋力との間の正しい関係に細心の注意を払うべきで，最適のとび降りの高さは，最高のジャンプが得られるときである。

(2)コントラリメソッド[背反法]筋力トレーニング

この方法は「静動法」「爆発力法」とも呼ばれ，ある動きの動的部分の前に静的な部分が組み込まれる。この事前緊張によって，比較的多数の神経運動的な機能単位を神経支配することができる。つまり，最初の動きの阻止因（静的部分）がなくなると，神経支配が強められた筋線維は，高められた収縮力と収縮スピードを生み出す（動的部分）。それゆえこのトレーニング方法は，とくにパワートレーニングにとって意義がある。

さまざまなトレーニング法を最適に組み合わせることによって，トレーニング効果をさらに高めることができる。とはいえ，この場合に方法やトレーニング手段の正しい順番にも注意すべきである。たとえば，バーベル種目につづいてドロップジャンプの順番は，逆の順番よりも高いパワー能力水準を確保する。以下に，サッカー用のいくつかのコンビネーションとトレーニング計画を紹介しておこう。これらの例は同時に，動的な方法と静的な方法は，さまざまのコンビネーションと難易度で相互に結びつけることができることを明らかにしている。

図110は，サッカー選手の準備期における最大筋力トレーニングの例を示している。ここでは，パワーマシーンを用いた「筋肉づくり法」が，アイソメトリックス，プライオメトリックスと組み合わされている。

サッカーに重要な筋群を鍛える種目組み合わせは，トレーニング状態に応じて3～6セット行う。コントラストメソッドはブルガリアに由来するので，「ブルガリア法」とも呼ばれる。オリジナルの方法の中心は，重い重量（70％）と軽い重量（40～50％）のセットを組み合わせて交互に行う点にあり，軽い重量のセットのときは爆発的な動きで行うことに重点がおかれた。両方のセットともにコンセントリックの収縮で，6～8回の反復数であった。今日では，コントラストメソッドはすべての筋力トレーニング法（コンセントリックス，エ

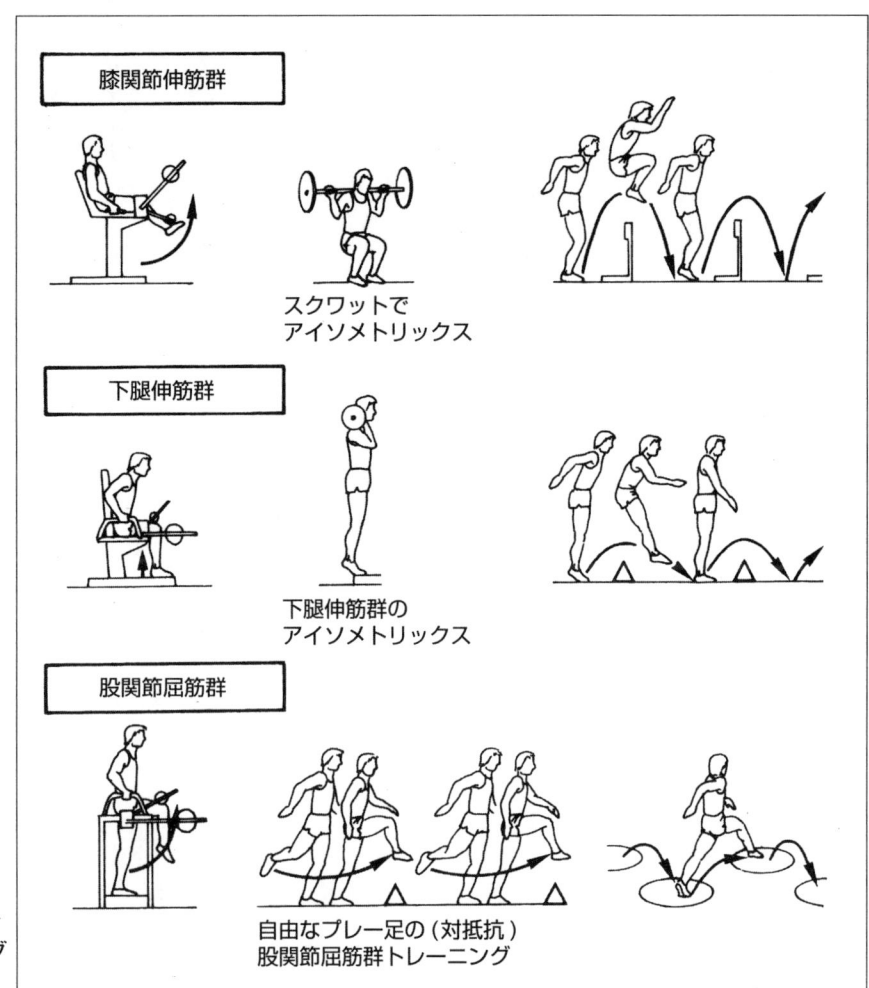

図110 「最大筋力発達」を重点とする筋力トレーニングの例（Cometti, 1988）

キセントリックス，プライオメトリックス，アイソメトリックス，電気刺激）とその組み合わせで行われている。これによって，神経-筋系はとくに集中的に刺激され，トレーニング効果は高められる。コンセントリックスとプライオメトリックスとを組み合わせたコントラストメソッドの単純な例が，図111に示してある。図112は，エキセントリックスとプライオメトリックスを結びつけるコントラストメソッドのもう一つのバリエーションを示している。

沈み込みからのジャンプは，両足でも片足でも行える。若年者・初心者は，包括的なジャンプセットのときは両足で行うべきである。両足ジャンプよりも片足ジャンプのほうが，つねにより高い活性パターン，したがってより高いトレーニング効果が達成される。筋線維の動員パターンの相違と筋間コーディネーションの経過が異なるので，片足での筋収縮では両足でよりもより高い筋力最大値が達成される。これは「片足スポーツ選手」であるサッカー選手にとって，たとえばジャンプトレーニングのときには片足でのトレーニングを優先すべきことを意味している。とはいえ体力づくり期ないし準備期には，両足のトレーニングは基礎トレーニングとして明らかに意味がある。し

図111 コンセントリックスとプライオメトリックスの組み合わせにもとづくコントラストメソッド（Cometti, 1988）

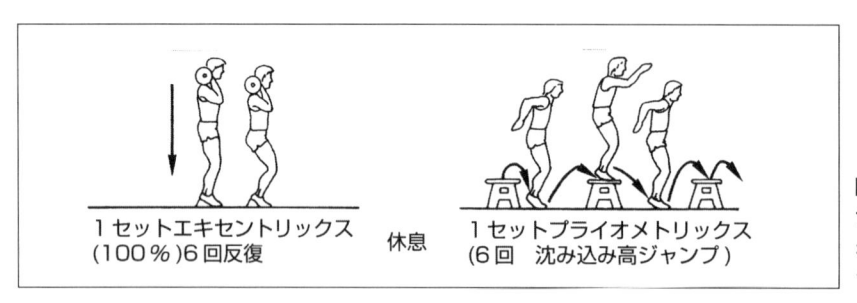

図112 エキセントリックスとプライオメトリックスの組み合わせにもとづくコントラストメソッド（Cometti, 1988）

かし，後の時点になれば，片足ずつのトレーニングを優先すべきである。

サッカー専門の筋力トレーニングを構成する場合には，次のやり方が勧められる。
○筋群当たり，3種目から4種目をつなげる。
○一般的には，負荷つき（パワーマシーンでのバーベル種目）2つに，サッカー専門の動的種目（可能ならボールを用いて）2つを組み合わせる。
○負荷なしのサッカー専門種目は，つねに変えないでおくべきである。
○負荷を用いた種目は，難易度を漸増的に高めていくべきである。

負荷を用いた種目での難易度の漸進的上昇についての示唆は，図113にある。

3 ── 筋持久力とその発達のための方法

サッカーでは，パワーと筋持久力は格別の意味がある。筋持久力は，とくに特別な形態であるパワー持久性の形で，サッカー選手にとってプレー能力を決定する重要な筋力要因である。また，体幹の支持筋群の部位にとって，十分に発達した筋持久力は重要な役割を果たしている。パワー持久性の内容は，比較的長時間，たとえば90分のゲームを通して，キック力・ジャンプ力・ダッシュ力をとくに失うことなくパワー溢れてプレーできる能力である。この持久性は，運動に参加する筋群の急速な回復能力と，したがって全身的・局所的な有酸素性・無酸素性の持久性能力に決定的に依存している。筋持久力の下位カテゴリーとして全身的と局所的，動的と静的が区別されるが，その中でサッカー選手にとっては，脚のパワーにかかわる局所的で動的なパワー持久性が決定的である。

パワー持久性は，もっぱらゲームによる筋力トレーニング，種々のサーキットトレーニングのバリエーション（132頁参照），シュートやジャンプの反復つまりレペティション法での動的トレーニング形式で改善される。補助的には，種々の方法とのコンビネーションでアイソメトリックス（186頁参照）も利用できる。

支持筋群の筋持久力は，最大反復数の動的な筋力トレーニング（最大反復法）で，たとえばゆっくりとした動きでのサーキットトレーニングの中で発達をはかれる。さらに補完的には，高度に選択

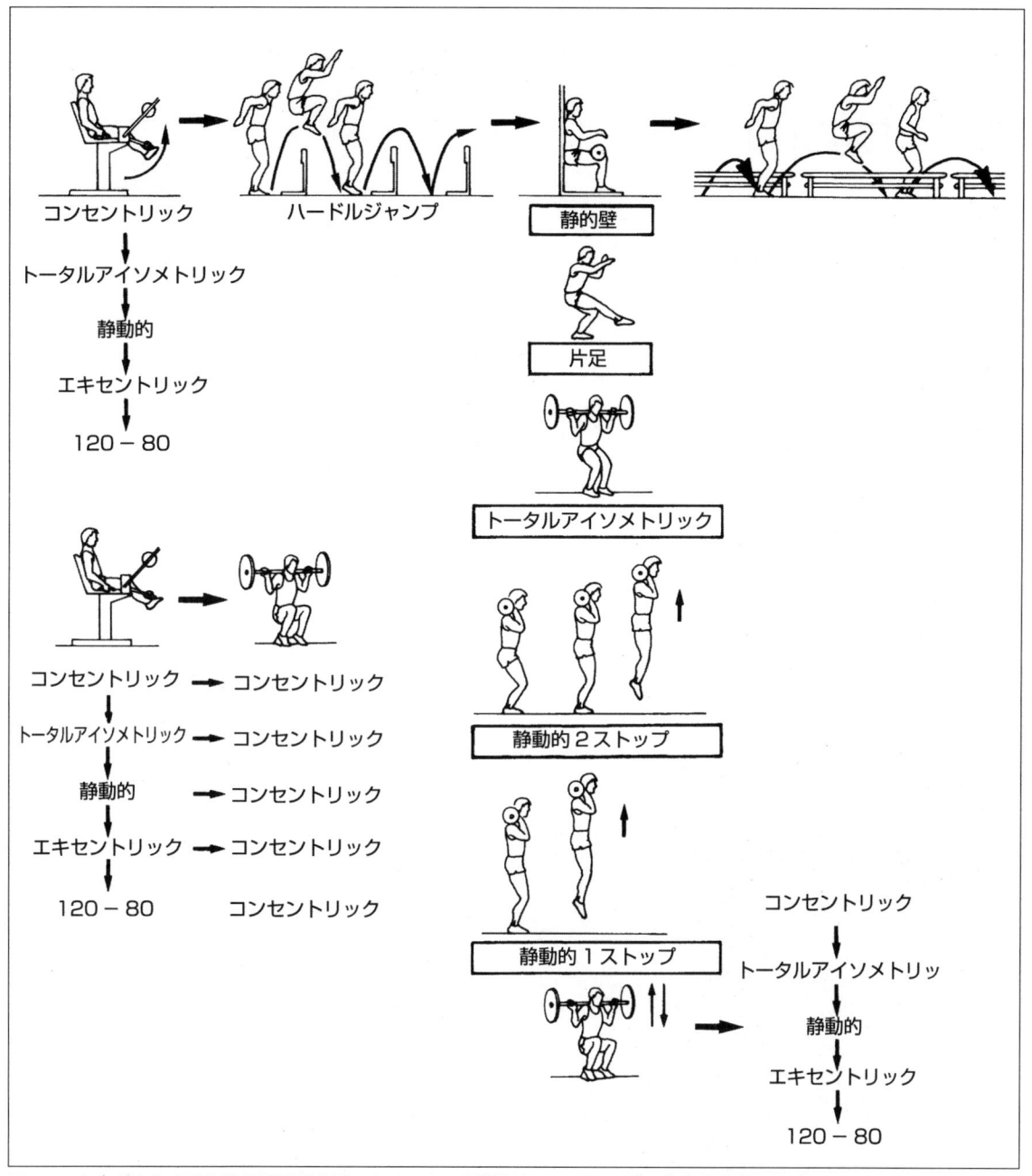

図113 さまざまな方法と筋収縮形態を用いたサッカー専門筋力トレーニングの漸進的展開の例 (Cometti, 1988)

的に体幹筋群の部分を鍛えられるアイソメトリックスもよい。脚と体幹筋群の筋持久力は，パートナーを使った方法でも改善される。

図114は，筋力のさまざまな種類，筋力発達のための適切な方法・組織形式，および対応する実行方法についての総括的概観を示している。

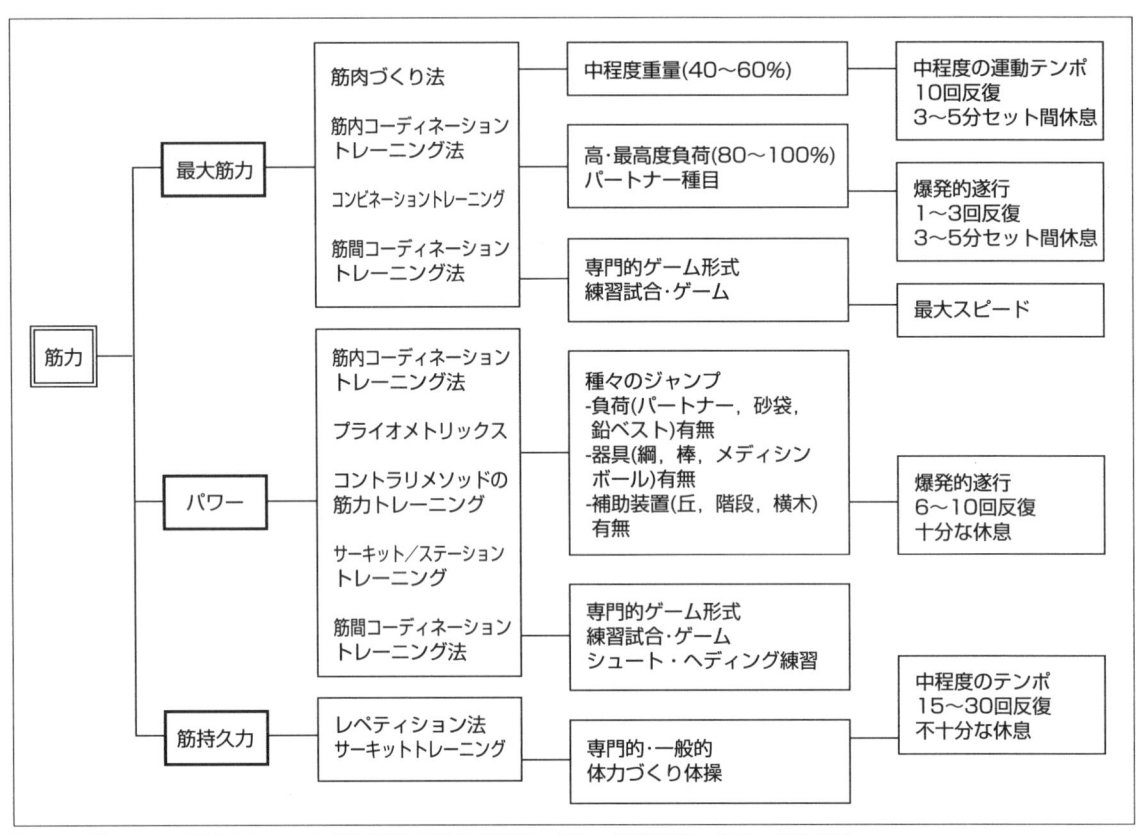

```
                    ┌ 筋肉づくり法 ──────── 中程度重量(40〜60%) ────── 中程度の運動テンポ
                    │                                                   10回反復
                    │ 筋内コーディネーション                              3〜5分セット間休息
                    │ トレーニング法
         ┌ 最大筋力 ┤                     ┌ 高・最高度負荷(80〜100%) ── 爆発的遂行
         │          │ コンビネーショントレーニング │ パートナー種目              1〜3回反復
         │          │                     └                            3〜5分セット間休息
         │          │ 筋間コーディネーション
         │          └ トレーニング法        ── 専門的ゲーム形式 ────── 最大スピード
         │                                   練習試合・ゲーム
         │
         │          ┌ 筋内コーディネーション
         │          │ トレーニング法        ┌ 種々のジャンプ
         │          │                      │ -負荷(パートナー, 砂袋,
         │          │ プライオメトリックス  │   鉛ベスト)有無
  筋力 ──┤          │                      │ -器具(綱, 棒, メディシン    爆発的遂行
         │   パワー ┤ コントラリメソッドの  │   ボール)有無              6〜10回反復
         │          │ 筋力トレーニング     │ -補助装置(丘, 階段, 横木)   十分な休息
         │          │                      └  有無
         │          │ サーキット/ステーション
         │          │ トレーニング
         │          │                      ┌ 専門的ゲーム形式
         │          │ 筋間コーディネーション │ 練習試合・ゲーム
         │          └ トレーニング法        └ シュート・ヘディング練習
         │                                                              中程度のテンポ
         │          ┌ レペティション法                                    15〜30回反復
         └ 筋持久力 ┤                      ── 専門的・一般的              不十分な休息
                    └ サーキットトレーニング    体力づくり体操
```

図114 サッカーの筋力トレーニングに重要な筋力の種類，方法，組織形態，内容，実行方法

2. 筋力トレーニングの実行形式および組織形式

　これまで述べてきたトレーニング方法は，さまざまの実行形式・組織形式で用いられる。しかしトレーニングでは，これらの実行形式・組織形式はしばしばそれら自体が「トレーニング方法」と宣言され，このことが用語的に見てかなりの困難と不確実性をもたらしているのもまれではない。しかし，よりよく体系化を行うためには，筋力トレーニング方法（可能な緊張の種類に応じて，つまり動的・静的・組み合わせ）と，実行形式ないし組織形式とを分離するのが望ましい。スポーツトレーニングで通常の実行形式・組織形式は，次のようである。

1 ── ステーショントレーニング

　バーベルを用いた筋力トレーニングの場合，ステーショントレーニングを次のように区分する。
a) 同一の負荷・反復回数：70％・10回＋70％・10回＋70％・10回　など
b) 負荷変化・反復回数同一：50％・10回＋60％・10回＋70％・10回　など
c) 負荷同一・反復回数変化：80％・10回＋80％・7回＋80％・4回　など

> 負荷の大きさ，反復回数，セット数，あるいは実行形式（爆発的あるいは等速）のバリエーションによって，最大筋力，パワー，あるいは筋持久力が鍛えられる。

2 ── ピラミッドトレーニング

　このトレーニング形式の名称は，負荷の大きさの増減がピラミッド状という点からきている（図115）。

①実行の仕方
○強度：60〜100％
○反復回数：1〜8回
○セット数：種目当たり5〜10セット
○種目数：4〜5
○セット間休息：1 1/2〜2分

　ピラミッドトレーニングは，実行の種類で強調のおき方を変えられる。少ない反復回数（約1〜5回）で高い強度（75〜100％）のピラミッドの頂上に近いところでは，筋内コーディネーションの改善による最大筋力の発達が支配的である。中程度の反復回数（8〜12回）で中強度（40〜60％）に強調をおくと，筋量増加を通ずる筋力強化（＝筋肉づくりトレーニング）となる。多い反復回数（15以上）で低強度（20〜40％）の底に近いところを強調すると，筋持久力の発達が支配的となる。爆発的な遂行で対応して低い負荷では，もっぱらパワーが促進される。静的な筋力トレーニングでは，ピラミッド形式は緊張時間を変更して用いることができる。

②長所
1) ピラミッドの全領域をトレーニングで利用すれば，筋肥大と筋内コーディネーションによる筋力の組み合わされた強化がもたらされ，かくて筋の潜在能力が最適に全面利用される。
2) 限られた時間で比較的急速な筋力増加。4週間のピラミッドトレーニングの効果は，2週間ずつ筋肉づくりトレーニングと筋内コーディネーショントレーニングを分離しての効果より大きい。

③短所
　時間が十分にある場合は，筋肥大のトレーニングと筋内神経支配トレーニングとを分けたほうが，ピラミッドトレーニングよりも効果が明確である。

3 ── サーキットトレーニング

　サーキットトレーニングは，非常に多面的で多様な組織形式が可能である。目標設定・年齢・能

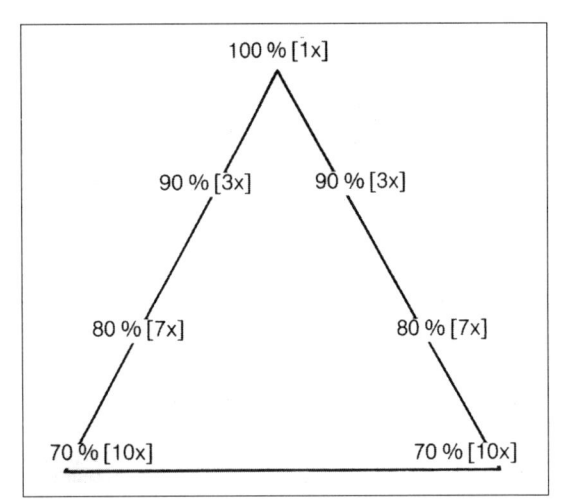

図115 ピラミッドトレーニングにおける負荷の大きさと反復回数の変化

力に応じて6～12のステーションをサーキットで回り，それぞれで重要な筋群を代わる代わる鍛える。鍛える筋力の種類に応じて運動時間は異なるが，一般的には15～40秒間である（持久性サーキットの場合はもっと長い，137頁参照）。運動時間とステーション間休息時間の比率は，能力の高いグループで1：1，低いグループで1：2である。

サッカー選手には，バリエーションをともなう3つのサーキットトレーニングの基本タイプが区分できる。

①**グラウンドないし体育館用の体力サーキット**
　a)器具つき，b)器具なし，c)パートナー種目
②**グラウンドないし体育館用のボール技術サーキット**
　a)個人形式，b)パートナー形式，c)グループ形式
③**グラウンドないし体育館用のボール技術-体力サーキット**
　a)個人形式，b)パートナー形式，c)グループ形式

ボール技術-戦術的サーキットの開発，および計画も実行もサーキットで最も難しい形式，つまりボール技術-戦術-体力の複合形式のサーキットは，理論的には可能だが，正確な種目実行・適正な負荷強度・精確な能力測定とコントロールといった原則を損なってしまう。

サーキットトレーニングの長所は，次のような点にある。
○多くの選手に対して，同時に比較的狭い場所で（つまり体育館でも）最適に負荷をかけられる。
○負荷の様式を変えて，筋力，スピード，持久性，およびこれらの下位カテゴリーである筋持久力，パワー，パワー持久性，スピード持久性を分けてトレーニングできる。
○ボール技術的，およびボール技術-体力的なバリエーションも可能。
○多面的な負荷がかけられる。
○種目強度と全体としての負荷を，トレーニンググループの負荷可能性，また目標設定に応じて変えられる。
○負荷要素であるトレーニングの刺激範囲・刺激強度・刺激時間・刺激密度・トレーニング頻度を変えることによって，漸増的な負荷上昇が，全般的あるいは個人的に可能。
○ステーション，種目の順番を変えて，漸増的な負荷上昇が，持続的あるいはとびとびに行える。
○通常のトレーニングに対して気分転換になり，選手はいっそうのトレーニングへと動機づけられる。
○一定のトレーニング局面に結びついていない。全般的なコンディショニングのためのサーキットトレーニングはとくに準備期に適するが，能力コントロールのためのテストとしてゲーム期に行うこともできる。
○セット数の点で，実行の際に柔軟性を持たせることができる。
○選手に対し，自立性・正しい自己評価・意志的特性(たとえば意志力)向上への励みとなる。
○トレーナーと選手は，ゲーム独自のプレー能力を決定する特殊な要因の水準についての情報を得られる。
○ステーションでの課題を変えて，トレーニング

の作用を，目的に適うよう必要に応じて変化させられる。

最適に行うためには，次の点に注意すべきである。

○ステーションの指示や順番についての情報。
○ほぼ同等の能力になるようなグループ分け（励まし）。
○目的を定めた準備体操（ストレッチやリラクゼーション種目）で集中的なウォームアップ。
○種目の間はアクティブリカバリ！　とくにジャンプ種目の後に立っていたり，座り込んだりすると，血液が末端の作業筋群にとどまったままで，選手は一時的な脳内の酸素不足から意識を失い転倒することもある。
○負荷時間・反復回数・休息時間を知らせた上で，ステーションに分ける。
○回復能力ないしトレーニング状態を測定するために，負荷前の心拍数，負荷時の心拍数（負荷直後10秒間×6），負荷終了後1分後の負荷後心拍数を測定する。
○トレーナーの論評と判断，全般的ないし個人的な，よかった点と不足の点の強調（一般的・個人的な話し合い）。
○サーキットは，開始前に最適の準備をし，必要な器具を揃えておくべきである。

サーキットを行う場合には，目標設定に応じて，正しい動きの遂行（動きのスピード）・最適の負荷強度・反復回数に注意すべきである。

最大筋力強化のためのサーキット（図118参照）では，筋内コーディネーション（116頁参照）向上のためには，高い負荷強度（80～95％）で低い反復回数（2～4）が適している。準備期の筋肉づくりトレーニング（114頁参照）には，60～70％の負荷強度で10回の反復回数が勧められる。最大筋力サーキットでは，ステーション間休息は約2分，セット間休息は3～5分とすべきである。最大筋力サーキットでは，エネルギー的にはATP・CP系が中心になる（113頁参照）。したがって，乳酸を産生しない無酸素性エネルギー供給が優越する。

パワー強化のためのサーキット（図119参照）では，4～10回の爆発的な運動が反復できるように負荷を選ぶべきである。負荷時間と休息時間の割合は，それぞれ15秒間ずつの1：1が最適の負荷休息比として最も効果的である。この負荷設定には，強度低下をもたらさない，最大酸素摂取量の最高度の上昇が達成される，全体の運動量を基本的に増やすことなしに運動の延長が可能だ，といった長所がある。セット後の休息は2～4分である。パワーサーキットでも，乳酸を産生しない無酸素性エネルギー供給が中心になる。

パワー持久性向上のためのサーキットでは，10～15回の爆発的な反復が可能なように負荷を下げなければならない。ステーション間休息は1分，セット間休息は2～4分である。パワー持久性サーキットでは，エネルギー供給には，ATP・CP系に加えて，すでに部分的には無酸素性の解糖系が前面に出てくる。

全身的な筋持久力向上のためのサーキット（図121参照）では，負荷時間は30～60秒で，中程度の運動スピードで15～30の反復回数である。この場合には，無酸素性で乳酸を産生するエネルギー供給が中心になる。この種のサーキットトレーニングは，全身的コンディショニング，局所的疲労耐性，ないし全身運動を行う際の耐久力（＝全身的無酸素性能力）向上に役立つ。しばしば，さまざまな実行速度となるように，パワー持久性サーキットと筋持久力サーキットとは組み合わされる。

有酸素持久性（53頁参照）向上のためのサーキットでは，30～50の反復回数が可能になるように，大部分は自分の体重か低い負荷だけで運動が行われる。この場合には，ステーション間休息は1～1 1/2分（120～140拍/分の心拍数に対応する），セット間休息は3～5分とする。

最大筋力サーキットとパワーサーキットの場合は，高度・最高度強度法（117頁参照）にしたがって，筋持久力サーキットの場合は最大反復法（128頁参

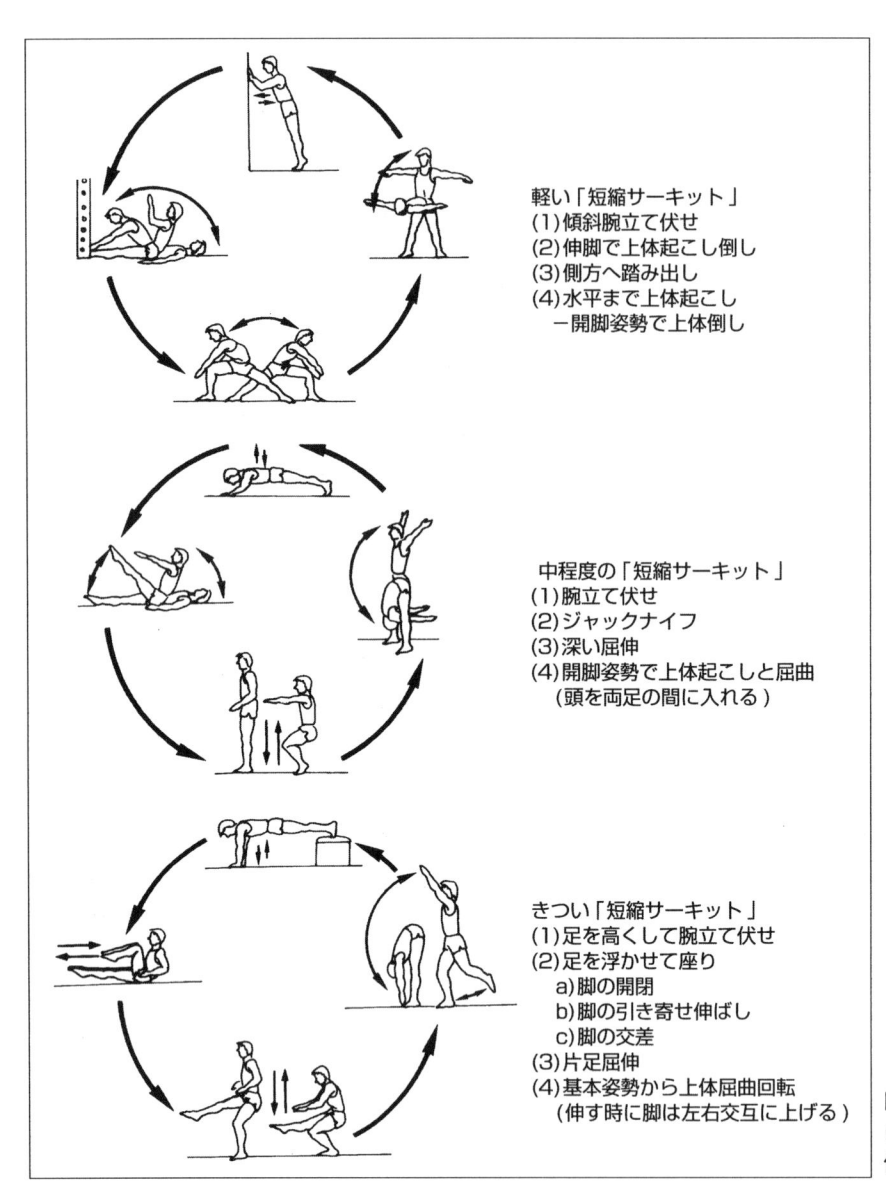

軽い「短縮サーキット」
(1) 傾斜腕立て伏せ
(2) 伸脚で上体起こし倒し
(3) 側方へ踏み出し
(4) 水平まで上体起こし
 －開脚姿勢で上体倒し

中程度の「短縮サーキット」
(1) 腕立て伏せ
(2) ジャックナイフ
(3) 深い屈伸
(4) 開脚姿勢で上体起こしと屈曲
 （頭を両足の間に入れる）

きつい「短縮サーキット」
(1) 足を高くして腕立て伏せ
(2) 足を浮かせて座り
 a) 脚の開閉
 b) 脚の引き寄せ伸ばし
 c) 脚の交差
(3) 片足屈伸
(4) 基本姿勢から上体屈曲回転
 （伸す時に脚は左右交互に上げる）

図116　実行難易度を段階的に上昇させたトレーニングの例（Scholich, 1965）

照）にしたがってトレーニングが行われる。持久性サーキットでは，インテンシブとエクステンシブなインターバル法および持続法が用いられる。

> サッカー選手にとっては，パワーとパワー持久性のサーキットは，ゲーム期間ないし準備期の最後に最大の意義がある。全身的コンディショニングのための筋持久力サーキットは，もっぱら準備期に用いられる。

最大筋力・パワー・パワー持久性のサーキットを行うときには，筋群が代わる代わる負荷を受けるように注意する。つまり，脚・体幹（腹筋群・背筋群）・肩・腕の強化が交代する。これに対して持久性サーキットの場合は，同一の筋群が次つぎに負荷をかけられてから次の筋群へと移る。種目の難易度は，目的を定めて実行の仕方を変えて，しだいに高まるようにする（図116）。

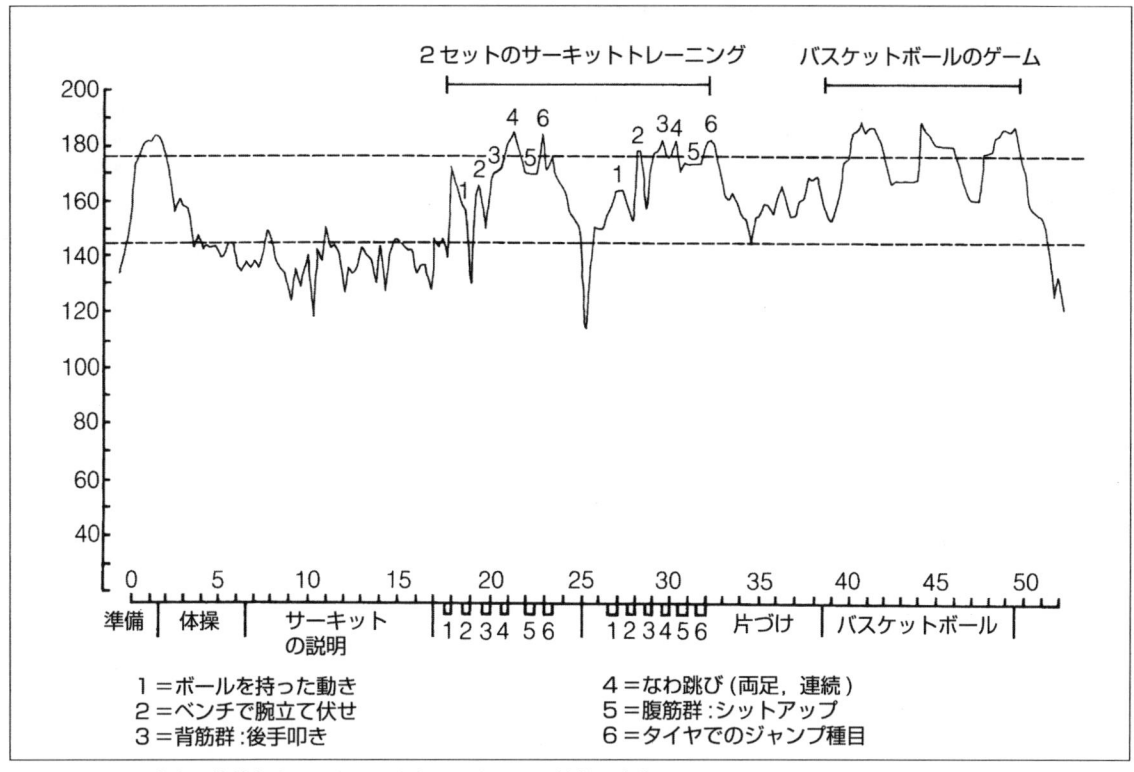

図117 14歳の少女が筋持久力サーキットを行ったときの心拍数の変化

グラフ内ラベル：
- 2セットのサーキットトレーニング
- バスケットボールのゲーム
- 準備／体操／サーキットの説明／片づけ／バスケットボール

- 1 = ボールを持った動き
- 2 = ベンチで腕立て伏せ
- 3 = 背筋群：後手叩き
- 4 = なわ跳び（両足，連続）
- 5 = 腹筋群：シットアップ
- 6 = タイヤでのジャンプ種目

　サーキットトレーニングで，局所的な筋持久力と筋力を鍛えるだけでなく，全身的な心臓-循環系も鍛えて持久性トレーニングにもするかは選択する種目の構成，それに参加する筋群，および負荷時間に依存する。図117は，14歳の少女が筋持久力サーキットを行ったときの心拍数の変化を示している。最高心拍数は大きな筋群（たとえばジャンプ種目の脚部）が参加したときに，最低心拍数は小さな筋群（たとえば腕立て伏せのときの伸腕筋群）が参加したときに達成されている。しかし，種目間の完全な休息なしの継続負荷なので，持久性トレーニングとして有効な総体的負荷となっている。表29は，大きな筋群ないしできるだけ多くの筋総量の参加が，それだけ高い身体的な総負荷つまり高い最大酸素摂取量へと影響する点を明らかにしている。とくに脚が参加する種目は，酸素摂取量を上昇させ，したがって全身的持久性能力の向上に適することを示している。

　大きな筋群の参加は，心拍数の増加にも影響を及ぼす。小さな筋群ではわずかの増加が測定できるだけだが，大きな筋群では心拍数増加は非常にはっきりしている。したがって基本的に，両足を用いるジャンプや屈伸あるいはさまざまの身体全体を使う種目（たとえば腕立て伏せ姿勢での，脚引き寄せ-伸ばし）では，高い心拍数が期待される。

　全身的な持久性能力の向上をはかるなら，たとえばその場スキップ・さまざまのジャンプバリエーションのような，多くないし大きな筋群が参加する種目を優先すべきである。

　以下では，サッカー選手にとくに適した若干の特徴的な筋力サーキットを示す。

1) パワーマシーンを用いた最大筋力サーキット
（図118）

動員筋群	筋量[kg]	最大酸素摂取量[l/分]	著者
1腕 (R)	2～3	1.55	Lewis et al., 1983
1脚 (R)	6～8	2.34	—
2脚 (R)	12～15	3.12	—
2腕 (R)	5～7	3.27	Åstrand & Saltin, 1961
2脚 (R)	12～15	4.66	—
2脚 (R)	12～15	4.47	Åstrand & Saltin, 1961
2脚 (L)	12～15	4.69	—
2脚 (R)	12～15	4.76	Åstrand & Saltin, 1961
2脚 (R) + 2腕 (S)	17～22	4.48	—
2脚 (L)	12～15	4.71	Hermansen, 1973
2脚 (L) + 2腕 (SR)	17～22	4.82	—

表29 さまざまな筋量の筋群への最大負荷が持久性能力の総体的基準としての最大酸素摂取量に及ぼす影響 (Savard/Kiens/Saltin, 1987)
R＝自転車
L＝ランニング
S＝距離スキー
SR＝ローラースキー

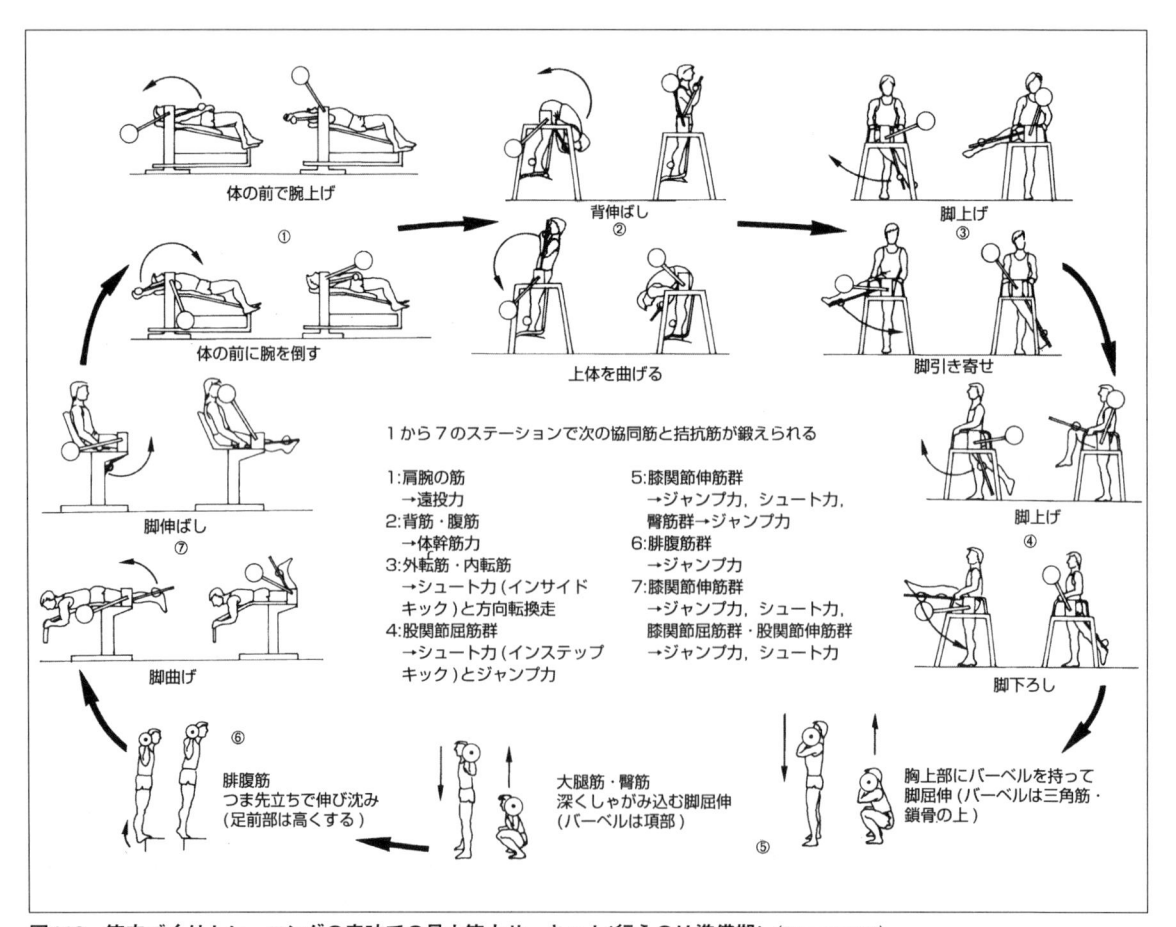

図118 筋肉づくりトレーニングの意味での最大筋力サーキット(行うのは準備期) (Egger, 1988)

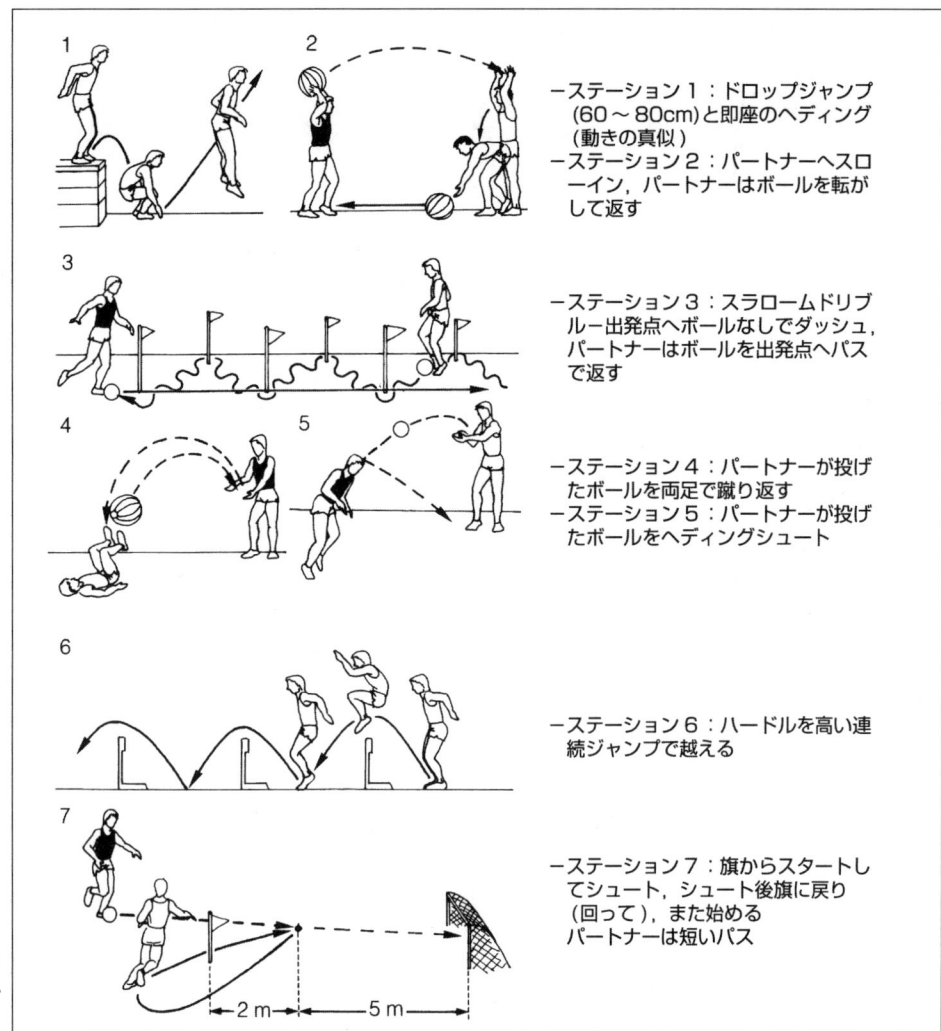

図119 パートナーの補助を使うパワーサーキット

- ステーション1：ドロップジャンプ(60～80cm)と即座のヘディング(動きの真似)
- ステーション2：パートナーへスローイン，パートナーはボールを転がして返す
- ステーション3：スラロームドリブル-出発点へボールなしでダッシュ，パートナーはボールを出発点へパスで返す
- ステーション4：パートナーが投げたボールを両足で蹴り返す
- ステーション5：パートナーが投げたボールをヘディングシュート
- ステーション6：ハードルを高い連続ジャンプで越える
- ステーション7：旗からスタートしてシュート，シュート後旗に戻り(回って)，また始める　パートナーは短いパス

2) パートナーの補助を使うパワーサーキット
(図119)

3) 専門的パワー(ジャンプ力)サーキット

目標：ジャンプ力強化。

やり方：1，2ないし3人でジャンプ力課題コースを回る。2セット行う。

4) パワーを強調したパートナー形式のボール技術-体力的サーキット(図120)

目標：中心になるのは，サッカー技術の向上と並んでパワーのトレーニング。技術種目と体力種目が交互に登場する。負荷局面と休息局面は30秒で交替する。最大限の速さで行う。

5) 体育館での全身的な筋持久力サーキット(図121)

実行方法：30秒ごとの運動と休息。2つのセット間に3～5分間のアクティブリカバリ。

注意：種目②では，「腹筋初心者」は腰と膝を曲げてゆっくりしたテンポで行う。種目⑥では，腹筋をよりよく鍛えるため，また「腰曲げ初心者」は，脚を曲げ，腰をできる限り高く持ち上げるように行う。

6) グラウンドでの全身的な筋持久力サーキット

a) 純粋に体力向上のための筋持久力サーキット

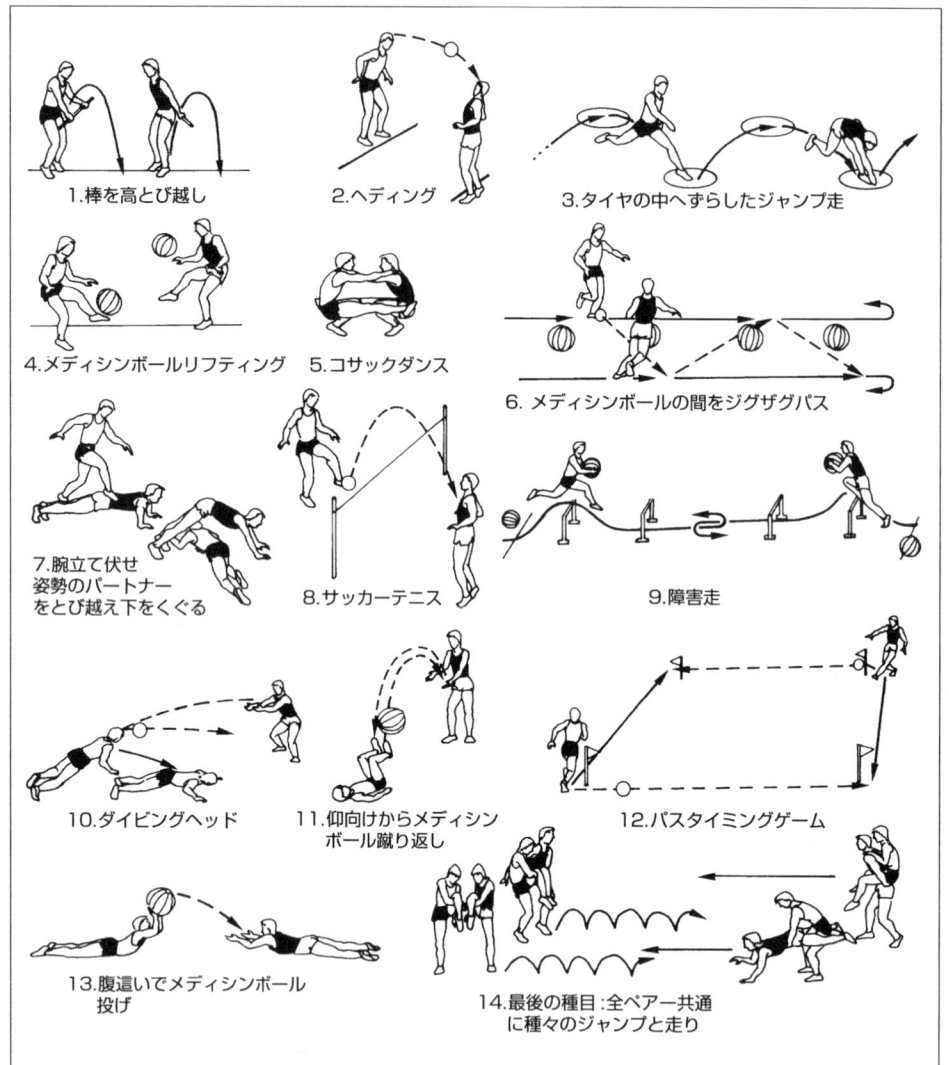

図120 技術-体力サーキット
(Gerisch, 1977)

1. 棒を高とび越し
2. ヘディング
3. タイヤの中へずらしたジャンプ走
4. メディシンボールリフティング
5. コサックダンス
6. メディシンボールの間をジグザグパス
7. 腕立て伏せ姿勢のパートナーをとび越え下をくぐる
8. サッカーテニス
9. 障害走
10. ダイビングヘッド
11. 仰向けからメディシンボール蹴り返し
12. パスタイミングゲーム
13. 腹這いでメディシンボール投げ
14. 最後の種目：全ペアー共通に種々のジャンプと走り

b) グラウンドでの専門的筋持久力（ジャンプ力）サーキット
c) ジャンプとダッシュの筋持久力を強調した，ボール技術-体力的サーキット（図122）
サッカー場に4つのステーションをつくり，それぞれのステーションで4人の選手がトレーニングする。
第1ステーション：ゴールラインからハーフラインまでダッシュ（15回，帰りはゆっくりジョギング）
第2ステーション：ゴール前20mにAが立ち（旗竿），ゴールエリアの横ラインにBが立って，ダッシュしてくるAにジャンプヘッドの高いボールを投げる。Aはゴールを狙ってヘディングし，旗竿まで走って戻る。10〜15回ヘディング後交替。もう2人がゴールを外れたボールを拾う。
第3ステーション：1〜2m幅のゴールで2対2。
第4ステーション：ハーフラインにいくつかボールを置く。Aはペナルティエリアまでドリブルして，ゴールへシュートする。それから次のボールを取りに戻る。Bは近くに立って他の選手が拾っ

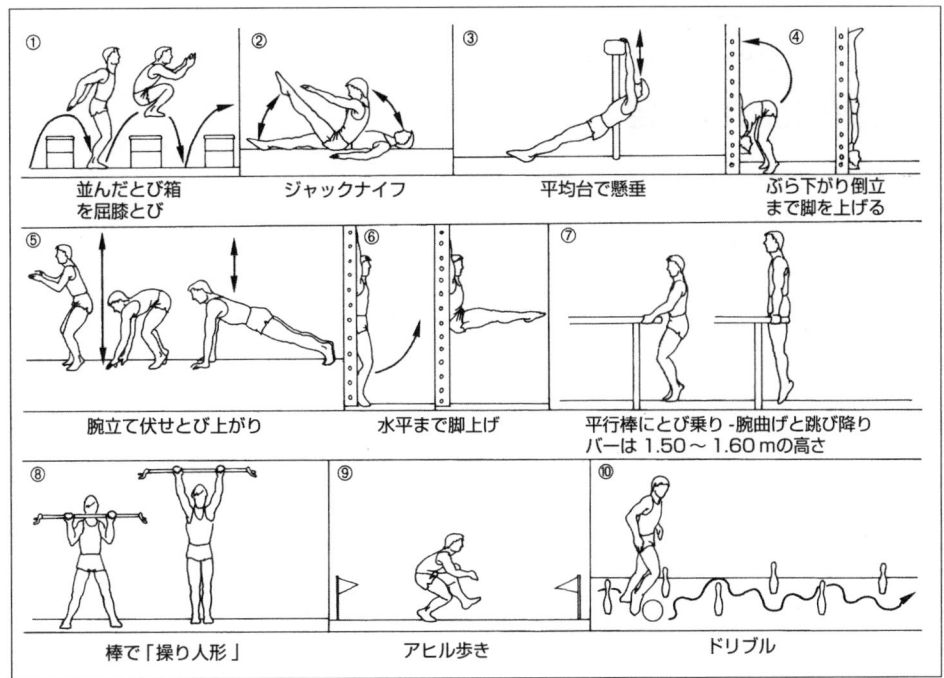

図121 筋持久力サーキット
(Scholich, 1965)

① 並んだとび箱を屈膝とび
② ジャックナイフ
③ 平均台で懸垂
④ ぶら下がり倒立まで脚を上げる
⑤ 腕立て伏せとび上がり
⑥ 水平まで脚上げ
⑦ 平行棒にとび乗り - 腕曲げと跳び降り バーは1.50～1.60mの高さ
⑧ 棒で「操り人形」
⑨ アヒル歩き
⑩ ドリブル

たボールをハーフラインの上に置く。全選手が6～8回ドリブルしてシュートする。2セット。

④サーキットトレーニングとステーショントレーニングの相違

両者は似ているが本質的な相違がある。サッカーのステーショントレーニング（131頁参照）では，一定の時間にさまざまのステーションで，体力技術・戦術・組み合わせの課題が，その都度ステーション間での完全な回復の後に行われる（たとえば，ペナルティエリアからシュート10本，3セット）。これに対してサーキットトレーニングでは，局所的な筋力効果だけでなく心臓-循環系ないし全身持久性のトレーニング効果も狙うために，意図的に不完全な休息で負荷と回復がつねに交替して運動が行われる。

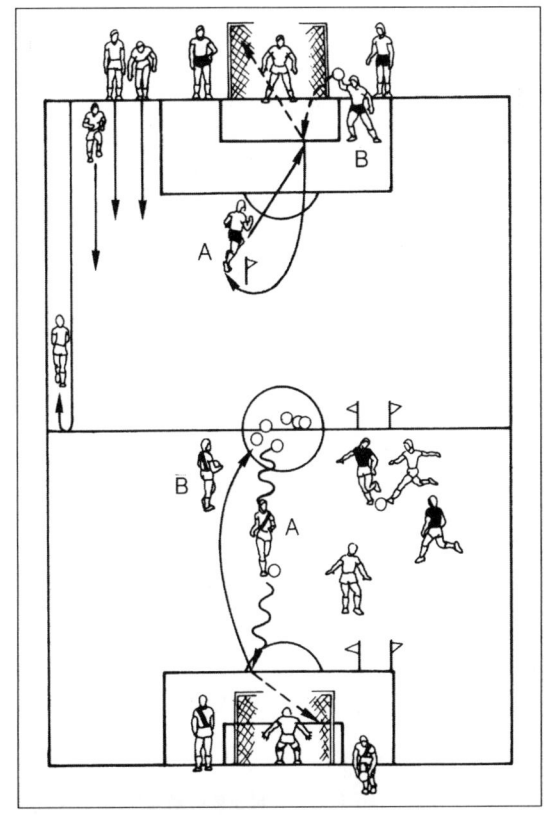

図122 ボール技術-体力サーキット

3. サッカーに重要な筋群発達のための内容

次に,サッカーのプレー能力にとって最重要の筋群について述べる。さらに,最も効果的なトレーニング種目についても述べよう。以下では,目的を定めたトレーニング効果をあげるために詳細な解剖学的問題に立ち入らなければならないので,ここでまず人間の最重要な筋の解剖学的概観を示しておこう(図123,表30)。

以下の叙述をよりよく理解するために,筋の活性度を判断する重要な方法,つまり筋電図について簡単に触れよう。筋電図は,筋の電気的活性度を図示することで,筋力トレーニングのときに筋にかかる負荷を正確に測定する。針電極数に応じた数の筋の,トレーニングの間の活性度が観察できる。こうして,どのような種目のときにどの筋ないし筋群にとくに負荷がかかっているかが客観的に測定できる。こうして,体幹および下肢筋群強化のためのすべての伝統的な筋力・体力トレーニング種目を筋活性化の点で検証し,プレー能力に決定的な筋を最適に強化する種目を正確に選び

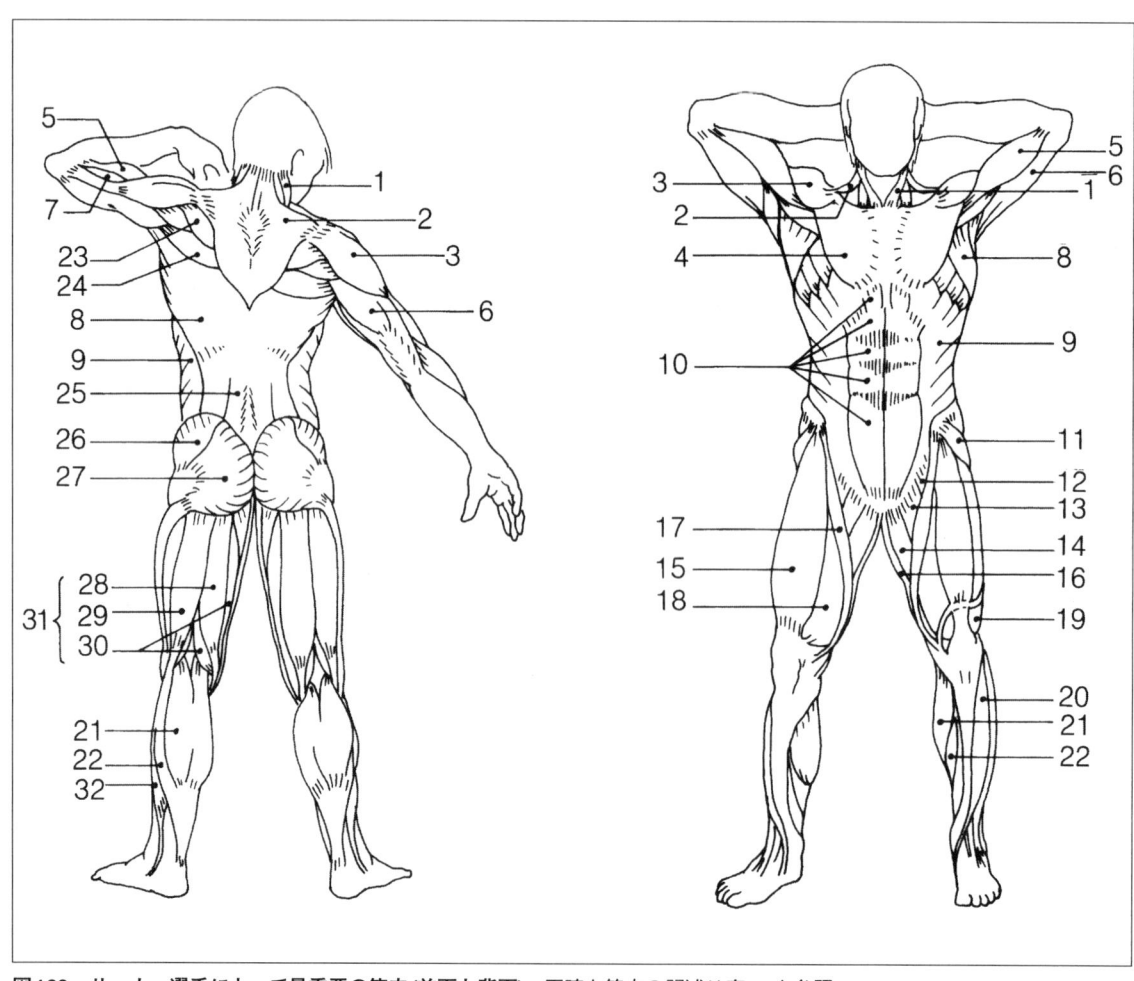

図123 サッカー選手にとって最重要の筋肉(前面と背面)　正確な筋肉の記述は表30を参照。

出すことが可能となった。さらにまた，スポーツ種目専門のトレーニングでは軽視される筋群に目的を定めて「補完トレーニング」によって強化し，筋の不均衡(174頁参照)を予防することもできる。

一つあるいは複数の筋にかかる負荷を判断するには，筋の収縮力との関連で，筋電図の振幅の大きさをおおよそ見積もることができなければならない。図124は，さまざまな強さの筋収縮力ないし活性化の筋電図のグラフで，こうした見積もりを可能にしている。したがって，筋電図のグラフの振幅が大きいほど，筋力トレーニングの際にその筋にはそれだけ強く負荷がかかっている。

1 —— ジャンプ力とダッシュ力強化のためのトレーニング種目

(1) ボールなしの専門トレーニング種目

ジャンプ力は，ヘディングの効率と並んで選手のスピードに対しても決定的に影響を及ぼすが，目的を定めた筋力トレーニングによって大幅に強化できる。ジャンプ力はとくに，腓腹筋群・膝関節伸筋群(大腿四頭筋)・股関節伸筋群(大腿屈筋群と大臀筋)のパワー/最大筋力に依存している。

表30　サッカー専門で最重要な骨格筋の一覧と機能

	名称	サッカー専門の主要機能(動的・静的)
1	胸鎖乳突筋	ヘディングの際の頭部固定
2	僧帽筋	上肢帯安定・体幹安定
3	三角筋	肩関節安定に最重要
4	大胸筋	腕を前方へ下げる　→スローイン，キーパーのスロー
5	上腕二頭筋	肘を曲げる
6	上腕三頭筋	肘を下げる　→スローイン，キーパーのスロー，→転倒の際の支え
7	上腕筋	肘を曲げる
8	広背筋	腕を前方へ下げる　→スローイン，キーパーのスロー，→体幹安定
9	外腹斜筋	体幹を前方へ曲げる，旋回する，横へ曲げる　→体幹安定
10	腹直筋	体幹を前方へ曲げる，横へ曲げる　→体幹安定
11	大腿筋膜張筋	股関節屈曲　→シュート，→ダッシュ
12	腸腰筋	股関節屈曲　→シュート，→ダッシュ
13	恥骨筋	脚を閉じる　→方向転換走
14	長内転筋	脚を閉じる　→方向転換走，→ダッシュ
15	大腿直筋	膝関節伸展，股関節屈曲　→シュート，→ダッシュ，ジャンプ
16	薄筋	脚を閉じる　→方向転換走
17	縫工筋	股関節屈曲，膝関節屈曲　→シュート，→ダッシュ
18	内側広筋	膝関節伸展　→シュート，→ダッシュ，ジャンプ
19	外側広筋	膝関節伸展　→シュート，→ダッシュ，ジャンプ
20	前脛骨筋	足を高く上げる，立ち足の時下腿を足に引きつける　→ランニング運動を支える
21	腓腹筋	足関節伸展　→ダッシュ，ジャンプ
22	ヒラメ筋	足関節伸展　→走る，ダッシュ，ジャンプ
23	棘下筋	腕を横へ上げる，下げる，外側へ回す
24	大円筋	腕を横へ下げる　→スローイン，キーパーのスロー
25	脊柱起立筋	背を伸ばす　→体幹の安定，→すべての体幹の運動に参加
26	中臀筋	脚を突っ張る　→方向転換走
27	大臀筋	股関節伸展　→ダッシュ，ジャンプ
28	半腱様筋	股関節伸展，膝関節屈曲　→ダッシュ，ジャンプ
29	大腿二頭筋	股関節伸展，膝関節屈曲　→ダッシュ，ジャンプ
30	半膜様筋	股関節伸展，膝関節屈曲　→ダッシュ，ジャンプ
31	大腿屈筋群	股関節伸展，股関節屈曲　→ダッシュ，ジャンプ
32	腓骨筋	足関節伸展　→足首調整の筋

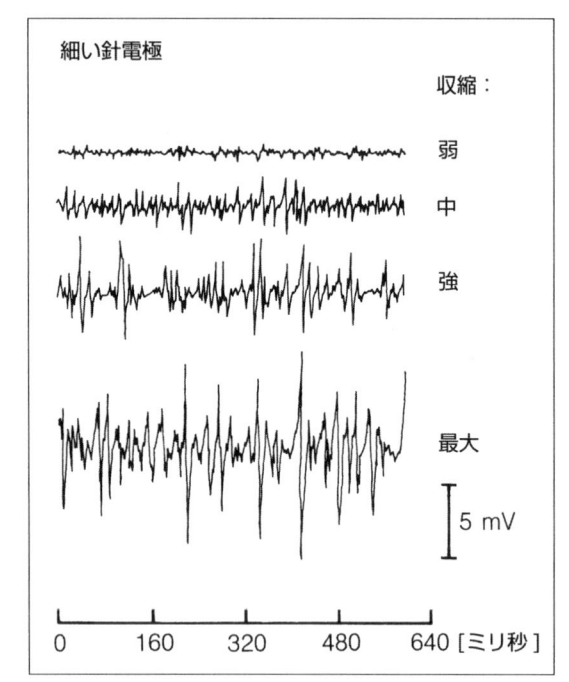

図124　種々の強さの筋収縮での筋電図(David,1983)

①腓腹筋群強化のトレーニング種目

腓腹筋群の筋力は，筋肉づくりトレーニング(114頁参照)か，筋内コーディネーショントレーニング(116頁参照)で強化できる。時間が十分にあれば，筋内コーディネーショントレーニングの前に筋肉づくりトレーニングを入れるべきである。なぜなら，これで全体としてより高いパワー能力が得られるからである。

筋電図での筋活性度の研究が示しているように，次のトレーニング種目が，とくに足関節伸展力強化(解剖学的に正確には足底反射である)に適している。

1)選択的な筋量増加の一番のトレーニング種目

重量(バーベル/パートナー)を用いて足関節伸展トレーニング(図102b)
○腓腹筋群に対する最大筋力トレーニングは，筋肥大をもたらす。
○このトレーニングはレッグプレスでもできる(初心者は片足でも)。
○腓腹筋群への選択的負荷となるように，膝を伸ばして行う点に注意する。
注意点：ゆっくりと運動を行うので，種々の筋が関節安定化的には動員されない(図102と比較せよ)。

この筋肉づくりの種目は，準備期の最初から週何回も，少なくとも4週間行う。リーグ戦時には，「維持トレーニング」(週1回，182頁参照)として行える。

2)筋内コーディネーション最適化を通ずるパワー強化の一番のトレーニング種目

障害を側方にとび越す片足とび(図102a)
○もっぱら筋内・筋間コーディネーション改善によってパワーを強化する，単純なパワートレーニング。
○身体全体の筋群が活動しており，特殊にジャンプ遂行を支えるだけでなく，ジャンプに参加する関節(足・膝・腰)も安定させ，とくに足関節のケガを予防する。
○主たる作用は，下腿伸筋群と大腿伸筋群にある。

3)2)と同様の活性パターンのトレーニング種目

○両足足関節ジャンプ(図125a)　注意点：側面の安定化筋(長腓骨筋・大腿屈筋群)の活性化はわずかである。
○片足足関節ジャンプ(図125b)　注意点：足関節の安定化筋(長腓骨筋)と膝関節安定化筋である大腿屈筋群の活性化はわずかである。
○障害を越えて前方へ片足ジャンプ(図125c)　注意点：上級者向けの要求の高い種目。腰部の筋が付加的に強度に活性化される。
○側方への片足ジャンプ(左右交差する，図125d)　振り足は踏み切り足の前を通って側方のジャンプする側に着く。注意点：作用はこれまでの種目と同様だが，加えて内転筋が強度に活性化される。
○側方への片足ジャンプ(左右つねに交替する，図125e)注意点：このサッカー独自の方向転換を組み込んだ種目は，足関節伸展力を強化するだけでなく，足関節安定器官を強化してケガ予防

図125 筋内コーディネーション改善による足関節伸展筋力強化の種目

に役立つ。
○操り人形（図125f）　注意点：この種目では、ジャンプに用いる筋群はほとんど活性化しない。主としてウォームアップ向けに適している。

> 　方向転換をともなう多くのジャンプトレーニングは、サッカー専門の足関節伸展力を強化するだけでなく、関節安定化器官を強化してケガ予防に役立つという長所も持っている。バーベルトレーニングは、こうした関節安定化器官強化やケガ予防にはあまり役立たない。なぜなら、この場合には筋は、複合的で急速に変化する外的な運動条件(加速する筋活動とブレーキをかける筋活動の急速な交替)に反応する必要はなく、これに対応する関節安定化のための器官も鍛えられないからである。

　トレーニング回数の少ないアマチュアチームや少年チームは、必要な筋力特性はゲームでサッカー独自に鍛えられる。これに対してサッカーのプロは、十分にトレーニングを行えるので、ゲームによる筋力トレーニングに加えてさらに専門的バーベルトレーニングはできるし、すべきである。なるほどゲームの中で多くのサッカー専門の筋力ないしパワーへの刺激は与えられ、とくに筋の反射的な能力と筋内コーディネーション的な能力は向上するが、運動が多数となりまた負荷が非循環的なので、たとえば筋量増大トレーニングのように、一定の筋群に目的を定めて比較的長時間にわたって鍛えることはできない。ゲームだけでは個人的な欠陥がしばしば十分には把握されず、不十分な筋力にもとづくダッシュ力不足は、これを取り出して解消することはできない。

　これまでのことから明らかなように、すべてのレベル・年齢にあてはまる普遍的な妥当性を持つ筋力トレーニングは存在しない。トレーナーや選手は、筋力トレーニングの諸問題について十分に意識を持ち、トレーニング種目レパートリーを、必要性や可能性を考慮して批判的に取捨選択すべきである。

4)「足首を伸ばす筋群」トレーニングへの補完トレーニングとしての足関節安定化筋の強化

　サッカー専門の筋力トレーニングでは、とくにゲーム的に鍛えられる場合には、しばしば作業筋だけがもっぱらトレーニングされ、また一定のトレーニング種目は関節を安定化する筋を一緒に鍛えることがほとんどないので、筋の不均衡を回避

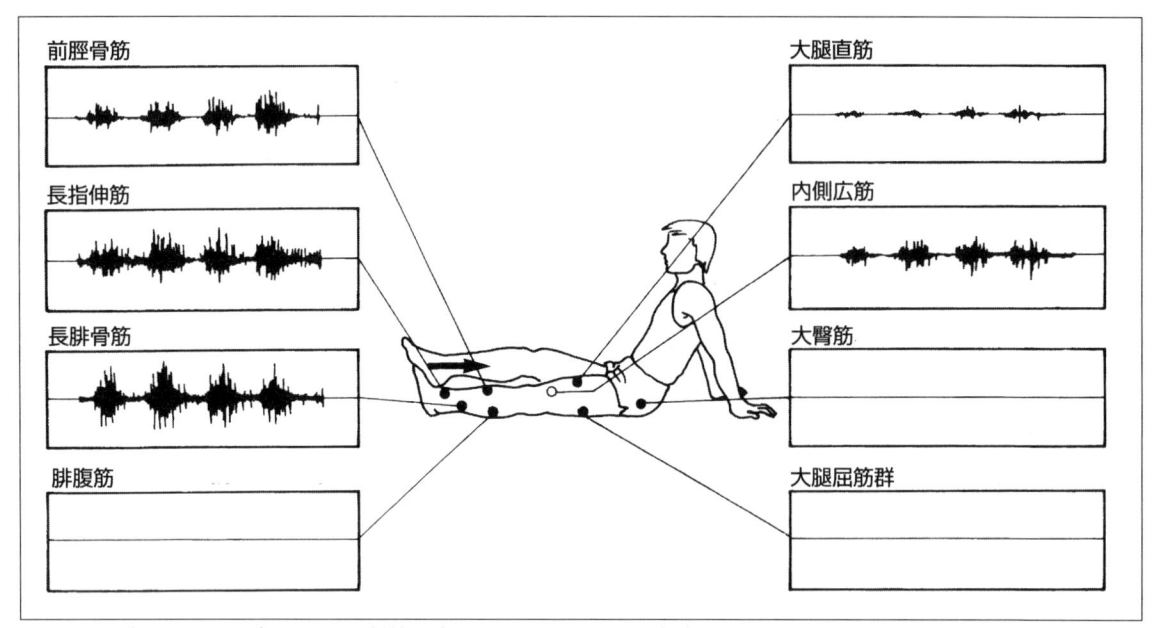

図126 反対足(あるいはパートナー)の抵抗を受けながら足を外側へ開く種目での主要な筋(大腿直筋；内側広筋；前脛骨筋；長指伸筋；長腓骨筋)の筋電図 (Kunz/Unold, 1988)

するためには，拮抗筋や重要な関節安定化筋も一緒にトレーニングすべきである。特別に重視すべきは，側面の足関節安定化筋，とくに長腓骨筋である。側面の腓骨筋は，選手が外側へ足をひねらない(この筋は足の一番外側を支えている)ために，決定的な役割を果たしている。外側へ足をひねるケガは，外側靱帯の伸ばし(捻挫)ないし断裂の形をとって，サッカーのケガの中で最も頻度が高い。足関節上部の靱帯損傷の97％は一番外側の側面靱帯にかかわり，外側靱帯損傷は，サッカーのケガ全体の22.5％にのぼる。

長腓骨筋の選択的強化の最適トレーニング種目として「反対足の抵抗を受けながら足を外側へ開く」(図126)がある。この種目では他の足を「曲げる筋」(長母指伸筋と長指伸筋，前脛骨筋)も強化される。

○部分的には動的で，部分的には静的なこの最大筋力トレーニングは，重要な足関節安定化筋に目的を定めて強化し，ケガ予防に決定的に寄与する。とくに外側靱帯に問題がある選手には，他に替えがたい基本種目である。

○この種目は，筋の速い反応(予測できないプレーに重要)は要求しないし鍛えないので，つねにジャンプトレーニングと結びつけて行うべきである。

注意点：抵抗力が外側領域というよりも足の中央に加えられるなら，もっぱら他の足を「曲げる筋」(正確には伸筋)が鍛えられ，これに対して長腓骨筋の活性化はわずかである。これは当然である。なぜなら，この筋の機能は，一方では足の外側部の支えと安定化と同時に，他方では足首の伸展(足底反射)にもあるからである。

5) 足関節を鍛えるトレーニングを行うときの重要な留意点

①足関節伸展トレーニングは，最初はつねに両足で，後に片足で行うべきである。なぜなら，片足のトレーニングは関節に対して極度に高い負荷をかけることになるから。たとえば，すでに歩行の際に，股関節の負荷がかかっている側では体重の2.5～5倍の負荷で，片足立ちでは約4倍の負荷

になる。股関節にとってはつながっている「緩衝器」である膝関節と足関節では，この負荷の値は部分的にはさらに大きい。こうした負荷は漸増的に準備すべきである。したがって，児童は最初はつねに両足で，後に少しだけ片足で連続ジャンプを行うべきである。なぜなら，関節安定化筋は長すぎる連続ジャンプでは急速に疲労し，ケガの危険が増すからである。

②ジャンプは最初はまっすぐ，それから方向転換を入れて行うべきである。方向転換は，すでに高度のコーディネーション能力と十全に発達した関節安定化筋の反射を必要とする。

③トレーニング計画には，方向転換ジャンプの前に方向転換走，たとえばスラローム走を入れるべきである。というのは，ジャンプはランニングより高い関節・筋の能力を要求するからである。

④連続ジャンプでは，ジャンプ数・セット数は漸増すべきである。とくにまだわずかしかトレーニングしていない児童・ジュニア，さらに準備期の開始時には，慎重な増加に注意すべきである。

⑤ジャンプは足関節筋力を，もっぱら筋内・筋間のコーディネーション能力の最適化を通じて向上させる。この点での筋力強化は急速に達成できる（188頁参照）。したがって，ジャンプとダッシュは，いわゆる「切れをよくする」ために直接のゲーム準備として最後のトレーニングに，あるいは「反射覚醒」のために直接のゲーム準備の中でウォームアップの際に行うべきである。

⑥足関節のケガは，サッカー選手で最も多いケガの一つである。この理由から，「プレーを行う筋群」だけでなく，関節を安定させる筋ないし拮抗筋群を，いわゆる補完トレーニングの中で考慮すべきである。

⑦練習試合とゲームは，複合的な足関節筋群を鍛える優れた形態である。どのような個別のバーベルトレーニングも，このゲームに固有の「反射の訓練」を十分には代替できない。

⑧足と下腿の筋群強化，およびケガ予防のため

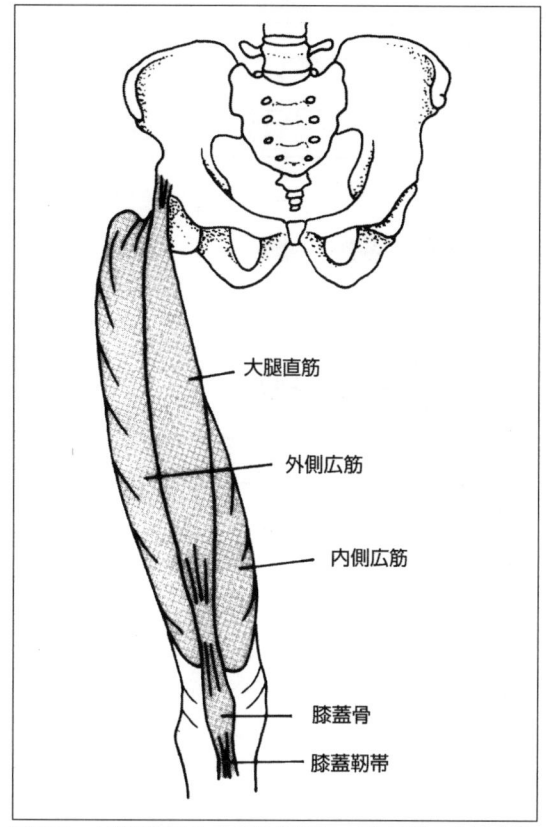

図127 大腿四頭筋とその構成部分，大腿直筋，内側広筋，外側広筋，および大腿直筋の下にあって(図では見えない)中間広筋 (Weineck, 1988)

のジャンプトレーニングは，可能であれば裸足で，とくに体育館では軟らかいマット上で行うべきである。踏み切り足が母趾球（親指のつけ根）の上に置かれ，踏み切り足の膝がほとんど伸ばされているときに，このトレーニングは最も効果がある。

⑨足関節は，屈曲軸と伸展軸では十分に可動的であるべきだが，しかし側方に対してはできる限り安定的であるべきである。この安定性は，側面の下腿筋群（とくに腓骨筋）強化によって獲得しなければならない。

②膝関節伸筋群強化のトレーニング種目

すべてのダッシュやジャンプで，決定的な役割を果たしているのは，大腿四頭筋の伸展力である（図127）。大腿四頭筋は，通常はゲームによる筋

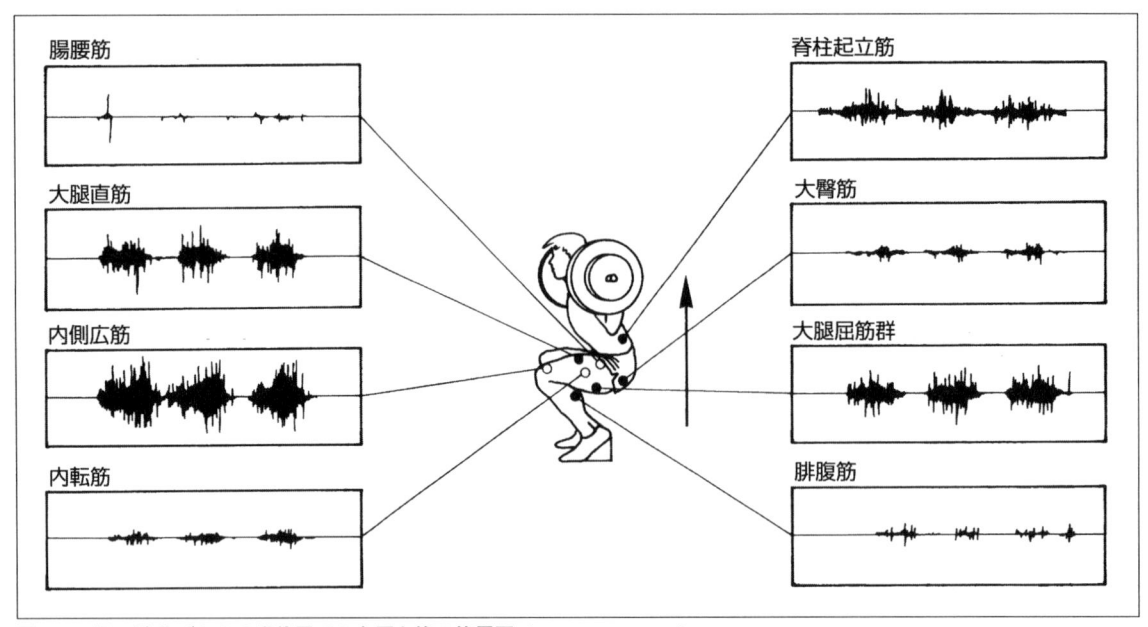

図128 深い膝曲げからの脚伸展での主要な筋の筋電図 (Kunz/Unold, 1988)

力トレーニングですでに十分に発達している。しかしこの筋の筋力は，既存のトレーニング時間で特別に行うバーベル種目とジャンプ種目によってさらに良好に発達させることができ，この筋力発達は，つねにジャンプ能力とダッシュ能力の強化に結びついている。

> 注意点：この特徴的なサッカー独自の「プレー筋」は短縮の傾向があるので，筋力トレーニングのたびに規則的にかつトレーニングと併行してストレッチしなければならない(276頁参照)。

この筋は多くの場合きわだって発達しており，その拮抗筋である膝関節屈筋（大腿屈筋群）は筋力トレーニングではほとんど無視されている。したがって，しばしば筋の不均衡がつくられてしまい，これは痛みの訴えや典型的なケガをともなう(177頁参照)。これには，膝関節屈筋を強化するための補完トレーニングが必要となる(149頁参照)。膝関節の側面を安定化するには，内側広筋および外側広筋がとくに重要である。これらの筋はゲームによるトレーニングですでに十分に発達してい

るが，とくに膝に問題を抱えている選手には，付加的な選択的補完トレーニングが望ましい(160頁参照)。

1) バーベルを背負っての脚伸展(図128)
筋量増加の一番の種目として，バーベルを背負って深い膝曲げからの脚伸展がある。
○運動器官への高度の負荷のため，上級者が最大筋力とパワーを強化するためだけに適している。
○身体の正しい姿勢に注意を払う。なぜならこの場合だけ，膝関節伸筋が最大限に活性化されるからである。上体を前に出すと，股関節伸筋群と背筋群の負荷が強められる。
○とくに膝関節伸展として考えられたこの種目では，アキレス腱は踵楔で負担解除しておく。同様に背筋群保護のため重量挙げ用ベルトの着用が勧められる。

2) 機器を用いた脚伸展
同様のトレーニングが，膝関節伸展用マシーンないしレッグプレスを用いた脚伸展である。この種目は，なるほど背中に問題を抱えた選手にとくに適しているが，後の大腿筋群や臀筋群がほとん

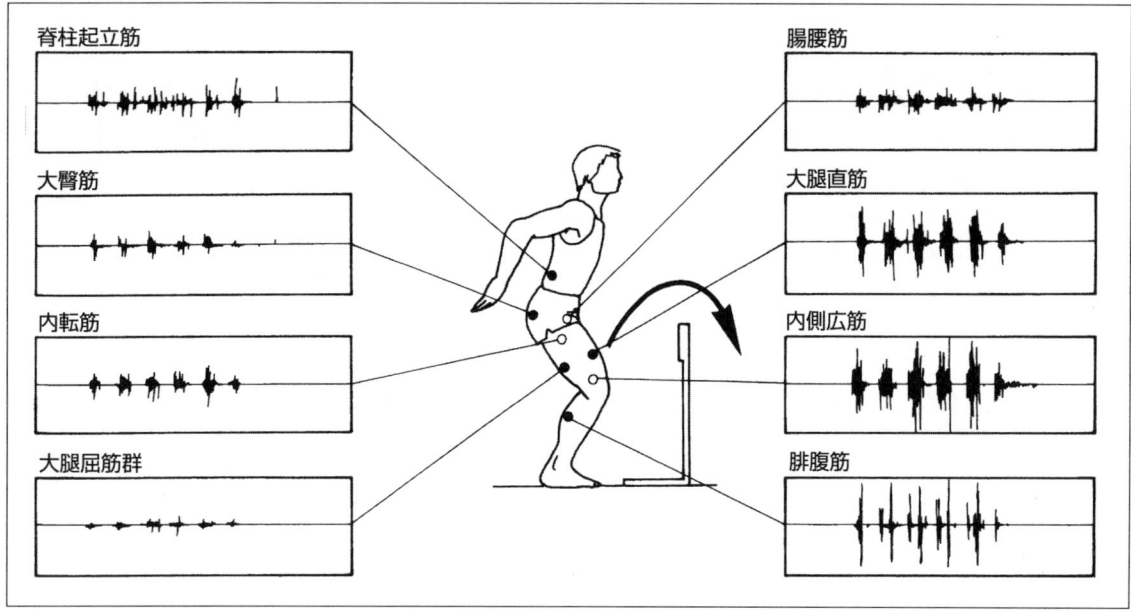

図129 両足屈膝によるハードルジャンプで主として動員される筋の筋電図 (Kunz/Unold, 1988)

ど活性化されないので、先の種目に比して効果が低い。注意点：膝関節伸展用マシーンで爆発的に運動を行うと、大腿四頭筋の垂直部分の活性が上昇し、同時に内側部分の活性は低下する。ここから、この場合にはレッグプレスと比較して、非機能的な垂直方向の引張り負荷が想定される。この理由から、レッグプレスのほうを優先すべきである。

3) 障害越え両足屈膝ジャンプ

筋内コーディネーション、部分的には筋間コーディネーションの最適化を通ずるパワー強化の一番のトレーニング種目として、障害（たとえば可倒ハードル）越え両足屈膝ジャンプ（図129）がある。

○とくに膝関節伸筋群のためのパワー種目である。しかし爆発的に行うために、一連の他の足関節・膝関節・股関節の安定化筋群も一緒に活性化され、強化される。

○高いジャンプのときはもっぱら膝関節伸筋群が、低い場合は股関節屈筋群・伸筋群が活性化されている、低くて速い連続ジャンプは、腰椎への高度の負荷のため上級者にだけ適する。

○高いジャンプは、すべてのレベル・年齢に適し

4) その他の種目

類似の活性パターンをもつトレーニング種目として、さらに次が適している（図130）。

○「レッグプレス」での脚伸展(a)

○片足ベンチ上り（爆発的に行う）(b)：膝関節伸筋群と並んで、股関節安定化筋も一緒に発達させられる。

○重量つき伸脚ジャンプ(c)：体幹筋群に強度の負担を強いるので相応の準備をした選手にのみ勧められる。

○ドロップジャンプ(d)：上級の選手にも非常に強度の高いジャンプ形式で、ゲームの中ですべてのブレーキと方向転換の動きに要求されるような、反応的な筋力がとくに促進される。これまでの種目と同様に、十分に発達した体幹筋力がこの種目の前提である。

○屈膝ジャンプ（沈み込み蛙ジャンプ）(e)：大腿筋群前面を強化するための非常に強度の高い種目。欠点は沈み込み姿勢や長いブレーキの動きのた

図130 膝関節伸筋群強化の種目

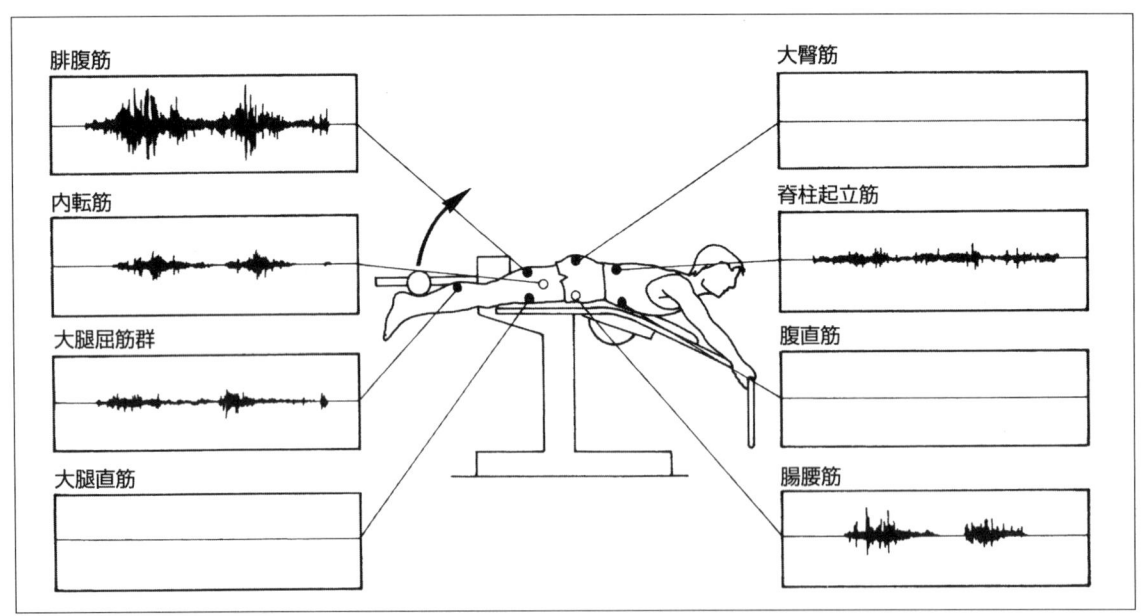

図131 パワーマシーンでの膝曲げで動員される主要な筋（脊柱起立筋・大臀筋・大腿屈筋群・腓腹筋・長内転筋・大腿直筋・腸腰筋・腹直筋）の筋電図 （Kunz/Unold,1988）

めに，サッカーではほとんど出てこない動きである。
○上で止まる長椅子ジャンプ(f)：体育館で十分実行可能なこの種目の長所は，動きの転換がコントロールできること。

選手をよりよく動機づけるには，ボールを使ったコーディネーション的なジャンプ種目が適している。
○立ってボールを弾ませながら，ボールを左右にとび越える。

○交互にステップを踏みながら、左右交互の手でボールを弾ませる。
○屈膝姿勢で母趾球でジャンプしながらボールを両手で弾ませる。
○屈膝姿勢からジャンプヘッド。

　ジャンプ力トレーニングをヘディングトレーニングと結合するのは勧められる(158頁参照)。

5) 膝関節伸筋群トレーニングの補完トレーニングとしての膝関節屈筋群の強化

　大腿四頭筋は、ゲームだけでなく、筋力とパワーを鍛える多くの専門的体力トレーニングでも大幅に中心となり、したがって非常に高いトレーニング状態となるので、その拮抗筋である大腿屈筋群としばしば不均衡になる。逆に大腿屈筋群は、ゲームでもトレーニングでもあまり鍛えられない(174-5頁参照)。

注意点：大腿屈筋群は、二関節筋として、膝関節に対しては屈曲の意味で、股関節に対しては伸展の意味で作用するので、補完トレーニングの意味では2つの方法で目的を定めてトレーニングできる。つまり、一方では膝関節屈曲機能向上の種目であり、他方では股関節伸展機能が前面に出る種目である。サッカー選手にとっては、膝関節屈曲よりも股関節伸展の機能の方が前面に出ている。補完トレーニングでは、この点を考慮すべきである。

　膝関節屈曲機能の意味での、大腿屈筋群それ独自の強化の伝統的トレーニング種目は、図131に示した腹這いでの膝曲げである。しかし、前もって注意しておくべきは、この種目は部分的には望ましくない「副作用」をしばしば問題ありとされている他の筋群に対して及ぼす点である。この種目では、腸腰筋および脊柱起立筋も強力に活性化される。しかし、腸腰筋は、サッカー選手にあってはランニング・ジャンプ・キックの筋として強度にトレーニングされ、多くの場合強力に発達していて短縮の傾向があり、また脊柱起立筋は、腰椎部位において同様に短縮の傾向がある。この種目は意図はよいが、とくに脊柱前弯症の所見があるか、すでに明白に股関節屈筋群の短縮が見られる選手には非常に問題がある。したがって、体幹筋群の発達が不十分だと、副次的影響のほうがめざす効果よりも大きくなる点に注意すべきである。

　同様のことが、図132と図133に示した種目にも当てはまる。

○膝立て姿勢でパートナーを使って膝曲げ(図132)：上級者にだけ適している。両腕で早めに支えて容易なものにすることができる。注意点：膝の下に軟らかい敷物をおく。
○腹這い姿勢からパートナーの抵抗に抗して膝曲げ(図133a、膝を支えない)：サッカー選手ではしばしば短縮している腸腰筋は、臀筋群(とくに大臀筋)の動員によって作用からはずれている。
○パートナーの抵抗に抗して片足の膝曲げ(図133b、他の足は地面で支える)：片足が支えているために背筋群の活性度は明確に低いので、「腰に問題を抱える」(大部分腰椎部での短縮した脊柱起立筋)選手にとっては、先の種目より望ましい。

　筋内・筋間コーディネーションを通ずる膝関節屈筋群強化の一番のトレーニング種目として、踵上げ(図134)がある。立ったまま、あるいは前進運動で行うことができ、ランニングスピードが大きいほど筋の活性度は高まる。

○複合的なランニングトレーニングとして、このパワー種目は大腿屈筋群だけでなく脚筋群全体を強化する。
○サッカー専門の筋力トレーニングとして適しており、ケガ予防にも役立つ。

> 大腿屈筋群は、以上の特殊膝曲げの種目で強度に活性化されるが、サッカー独自の問題筋群である望ましくない他の筋をも活性化してしまう。したがって、補完トレーニングにおいては、大腿屈筋群に対しては股関節伸展種目を優先すべきである。

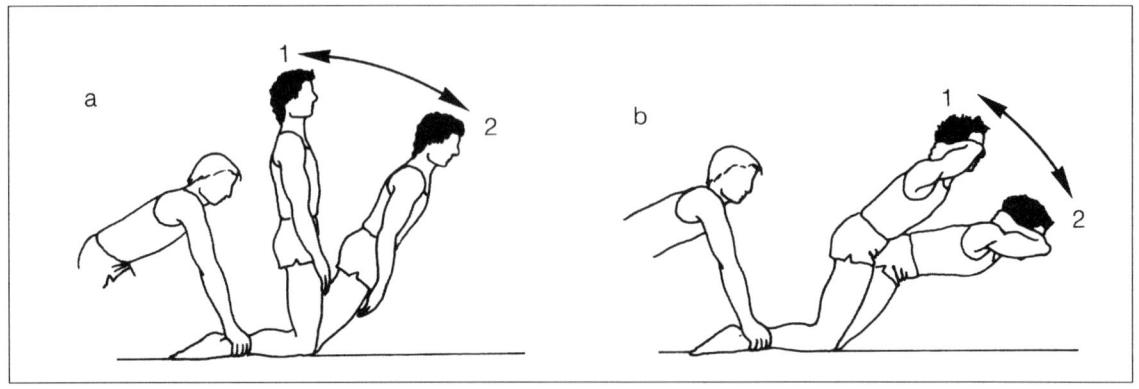

図132 大腿屈筋群への負荷の例　a)もっぱらアイソメトリックな負荷：1＝下げる；2＝支える　b)動的-プライオメトリックの負荷：位置1から上体を倒す；位置2でブレーキをかけ即座に位置1まで戻る。この場合に動きは，主として膝関節で行う。

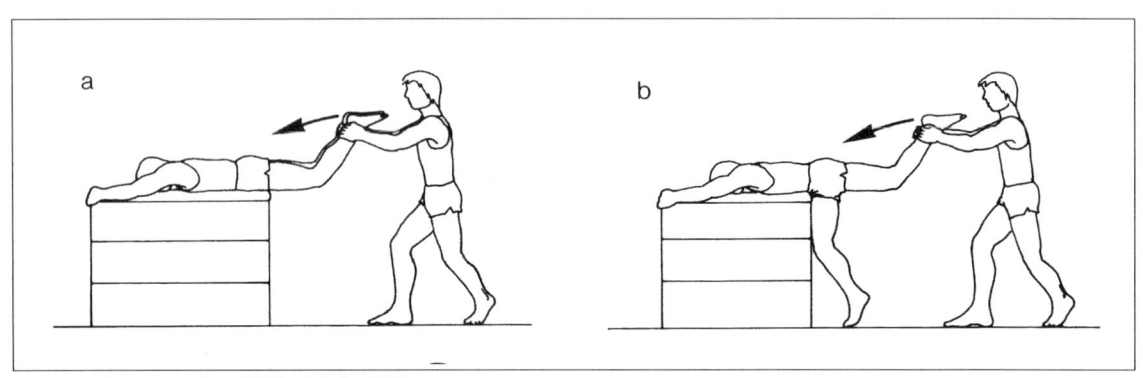

図133 パートナーとの膝関節屈筋群の種目

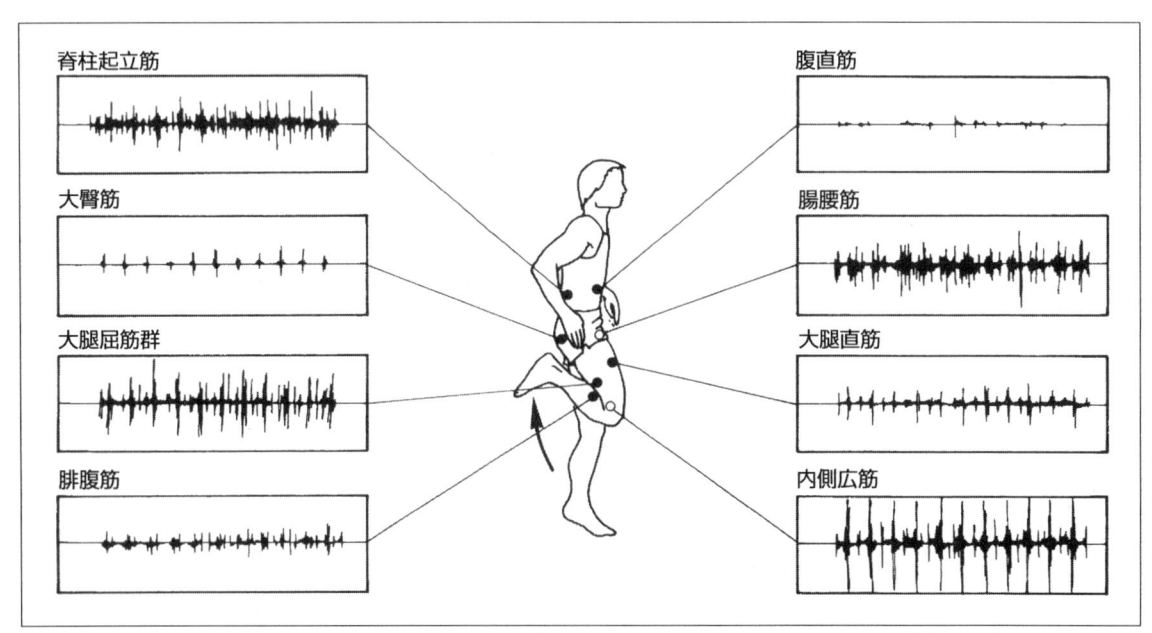

図134 「踵上げ」での主要な筋 (腹直筋・脊柱起立筋・腸腰筋・大臀筋・大腿直筋・大腿屈筋群・腓腹筋・内側広筋) の筋電図
(Kunz/Unold, 1988)

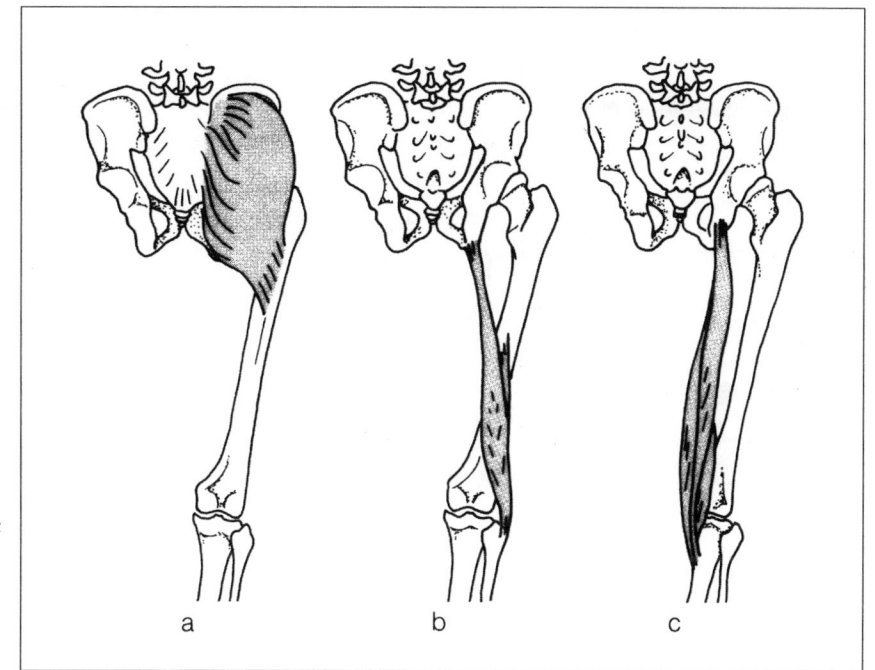

図135 最も重要な股関節伸筋群（Weineck,1988）
a)一つの関節とつながる大臀筋；b)二つの関節とつながる(股関節伸展と膝関節屈曲)大腿屈筋群；c)半腱様筋と半膜様筋

③股関節伸筋群強化のトレーニング種目

図100に示した伸張ループの意味で，走力・ジャンプ力強化の重要な第3の筋群は，股関節伸筋群であり（図135），この筋群はそれ独自のトレーニングで強化が図れる。ジャンプ力を強化するには，膝関節伸筋群（大腿四頭筋）の強化だけでなく，体幹筋群，とくに臀筋群が重要な役割を果している。この筋群の強化は，トレーニングでしばしば怠られている。

筋量増加の一番のトレーニング種目として「上体後方起こし」と「脚後方引き」がある。

1)上体後方起こし（パートナーの補助，図136）
○股関節伸筋群も下部背筋群もトレーニングされる。背中を伸ばす筋群に過度に負担をかけないために，とくに短縮や筋けいれんが生じている場合には，動きは水平までにし，背中を丸くして行うべきである。
○主として大腿屈筋群が強化される。臀筋群，とくに大臀筋の動員は，速く起こす（爆発的な運動遂行）のと，負荷（砂袋・バーベル）あるいは行い方の修正（片足・支点を大腿に）で高めることができる。

2)脚後方引き（図137）
○ゆっくり行うととくに大腿屈筋群が強化され，爆発的に行うと大臀筋の活性度上昇がもたらされる。
○すべての股関節伸展運動においては，脊柱起立筋は骨盤を安定させる筋として働く。

筋内と筋間のコーディネーション最適化によるパワー強化の一番のトレーニング種目として次がある。
○まっすぐのジャンプ走（水平的要素が前面に）
○登りジャンプ走（スタジアムの階段・斜面・段箱）
○爆発的に行うベンチ上り（図130を参照）

股関節伸筋群の筋力強化のために，さらに次がある（同様の活性化パターンをもつ）。
○重量を用いた深い膝曲げからジャンプ（重量は後，踵は支えない，図138a）：上級者にだけ適している。上体前倒しに力点をおくと，主に股関節伸筋群が活性化される。注意点：背中をまっ

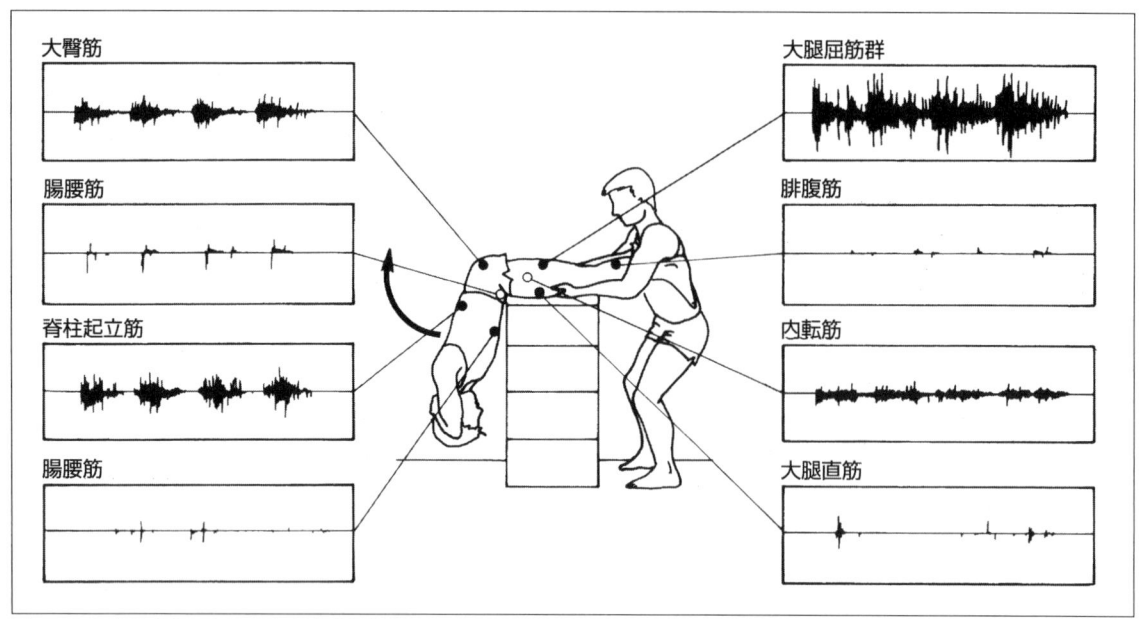

図136 上体後方起こしでの主要な筋の筋電図（Kunz/Unold, 1988）

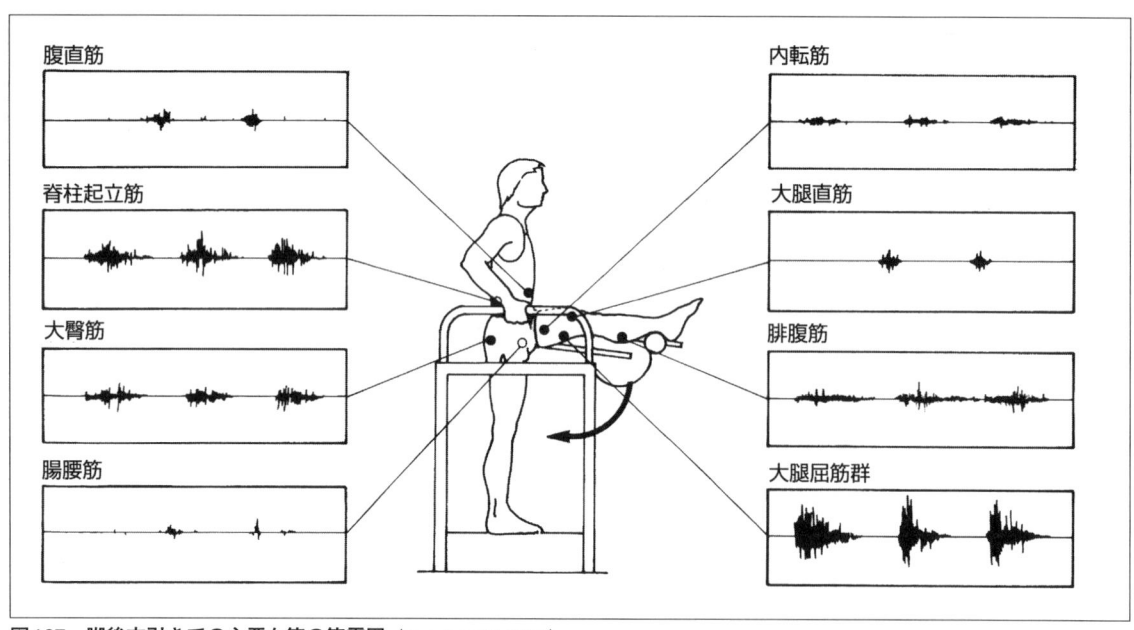

図137 脚後方引きでの主要な筋の筋電図（Kunz/Unold, 1988）

すぐに。

○パワーマシーンで脚を後方へ引く（脚を曲げて，図138b）：脚を曲げた形で行うために，股関節を伸展するのはもっぱら一関節筋の大臀筋によって行われる。脊柱起立筋はほとんで活性化しない。脊柱の部位で背筋群が短縮ないし引きつった選手にとくに適している。

○後方への上体起こし（脚は曲げる，図138c）：脚

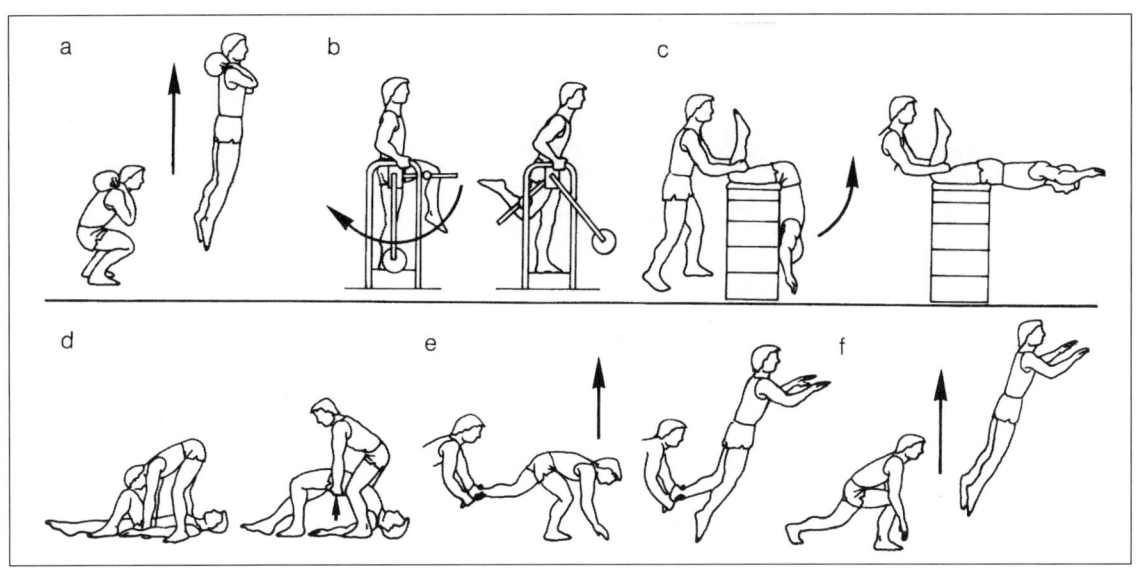

図138　股関節伸筋群強化の種目

を曲げることにより大腿屈筋群は短縮されるので，股関節を伸展する点では力の展開を制約されている。したがって，あまり動かされない臀筋群を選択的に強化するのに非常に適している。同一の運動を片足ですると，臀筋群はさらにより活性化される。

○腰を高く上げる，パートナーの抵抗をつける/つけない（片足，図138d）：すべての股関節伸筋群が同じように活性化される。利点は，コントロールと配量が十分できることである。

動的なトレーニング種目として，図129・130であげた以外に，次がある。

○事前に地面に触れてから片足で伸展ジャンプ（踏み切り足はほとんど伸ばす，図138e）：この強度の高い種目では，すべての股関節伸筋群が強力に活性化される。注意点：このパワー種目は，準備の不十分な（股関節伸筋群がトレーニング不足の）選手には明白に筋肉痛をもたらす。したがって，上級者だけにするか十分な準備を行ってからにする。この種目を踏み切り足を曲げて行うと，膝関節伸筋群（大腿四頭筋）の強力な活性化によって大腿屈筋群は活動を抑えられ，こ

れによって臀筋群はより活性化される（初心者には非常に筋肉痛の危険）。

○踏み出しジャンプ（地面に触れる/触れない，図138f）：体倒しが大きいほど，股関節伸筋群は活性化される。この前の種目と同様に，膝関節伸筋群の強力な活性化によって，大腿屈筋群が拮抗筋として活動を抑えられ（拮抗筋の反射的抑制），これで大臀筋がより活性化される。

④股関節屈筋群強化のトレーニング種目

股関節屈筋群は，サッカー選手にとってすべてのダッシュ，ジャンプだけでなく，とくにシュートの能力にとって決定的である。図139がはっきりと示しているように，シュートのときには蹴り足側で，股関節での爆発的な屈曲，膝関節での伸展，腹筋群の同時的収縮が生ずる。立ち足側では，この蹴り足の動きが腰・膝・足首での伸展によって強力に支えられる。蹴ったボールの速度，したがってシュートの威力にとっては，股関節屈筋群（腸腰筋・大腿直筋・大腿筋膜張筋）のほうが，膝関節伸筋群よりも大きな役割を果たしていると思われる。

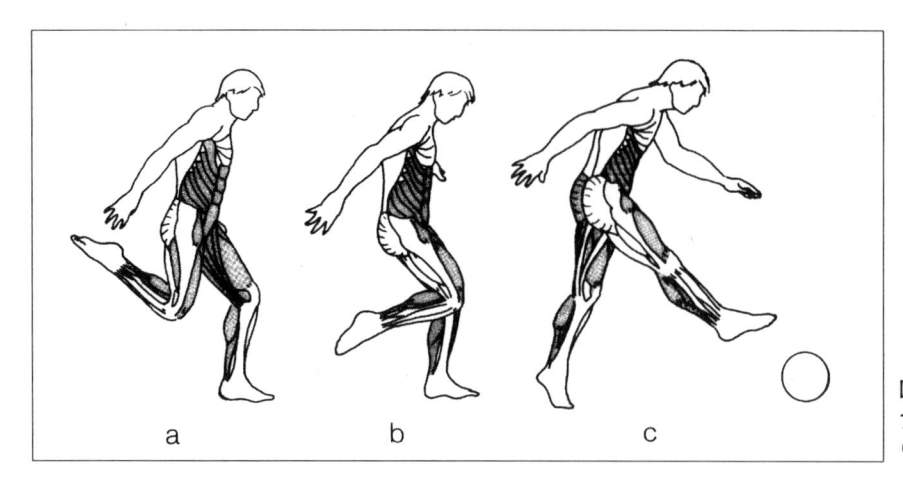

図139　シュート(インステップキック)での筋動員
(Weineck,1988)

　したがって，筋力トレーニングでは，股関節屈筋群に特別の注意を向けるべきである。とはいえ，拮抗筋を平行して鍛えたり均衡化のためのストレッチング(269頁参照)を行うことなしに，これら筋群を一面的に強化するのは，長期的には問題が多い点に注意すべきである。というのは，大腿直筋と腸腰筋はもともと短縮しやすく，この傾向はトレーニングでいっそう強まるからである。この筋群のストレッチが不十分だったり，腹筋群が十分に発達していない場合には，前方への骨盤傾斜と脊柱前弯症を引き起こす可能性があり，これはケガの危険を増加させ，あるいはサッカー専門の運動パターンの乱れを引き起こすこともある。

　図140は，最重要の股関節屈筋群の概観である。股関節屈曲の際の筋力展開に際しての，これら筋群の重要性を見積もるのに，次の筋力値が役立つ。
○大腿直筋（160.88Nm）　　○腸腰筋（98.10Nm）
○大腿筋膜張筋（73.58Nm）　○縫工筋（42.18Nm）
○小臀筋前部（34.34Nm）　　○恥骨筋（26.49Nm）
[Nm = Newton meter ; 1Nm＝1ジュール＝1ワット秒]
後傾姿勢からでは，さらに内転筋も一緒に働く。合計作業量は約441.45Nmである。

　大腿の前屈の程度は，股関節屈筋群の収縮力だけではなく，大腿屈筋群の伸展にも依存している。とくに膝を伸ばした前屈の場合には，この筋群は大きな伸展抵抗を示し，わずかしか伸展されていない膝曲げでの前屈よりも，前屈の程度が大幅にわずかとなる。とくにサッカー選手における大腿後部のケガの割合が高いのは，この筋群が，たとえばシュートの場合に爆発的な股関節屈曲と膝関節伸展によって非常な伸展を受けるからである。ゲーム前のウォームアップないしストレッチの不足，あるいは疲労によって容易に肉離れなどになる。

　筋量増加の点で股関節屈筋群を強化する一番のトレーニング種目として，インクラインベンチで負荷を用いて/用いないでの体幹前屈（図141）がある。種目の特徴づけ：脚を伸ばして固定し，股関節屈筋群さらには腹直筋も強度に活性化される。付加重量（砂袋・バーベルプレートなど）を用いれば，筋の活性化はさらに高まる。膝関節伸展でなく股関節屈曲が中心なので，大腿直筋は下部よりも上部の部位で活性化する。注意点：この種目は，すでに明白な脊柱前弯症や腸腰筋短縮の選手には適さない。なぜなら，この場合には望ましくない骨盤ポジションが強まるか，あるいは股関節屈筋群がいっそう短縮するからである。

　同様の筋活性化パターンの種目として，次がある。

1)パワーマシーンでの股関節屈曲（図142）

　前の種目とは逆に，このトレーニング形式は，脊柱前弯症の選手にも適するという利点をもって

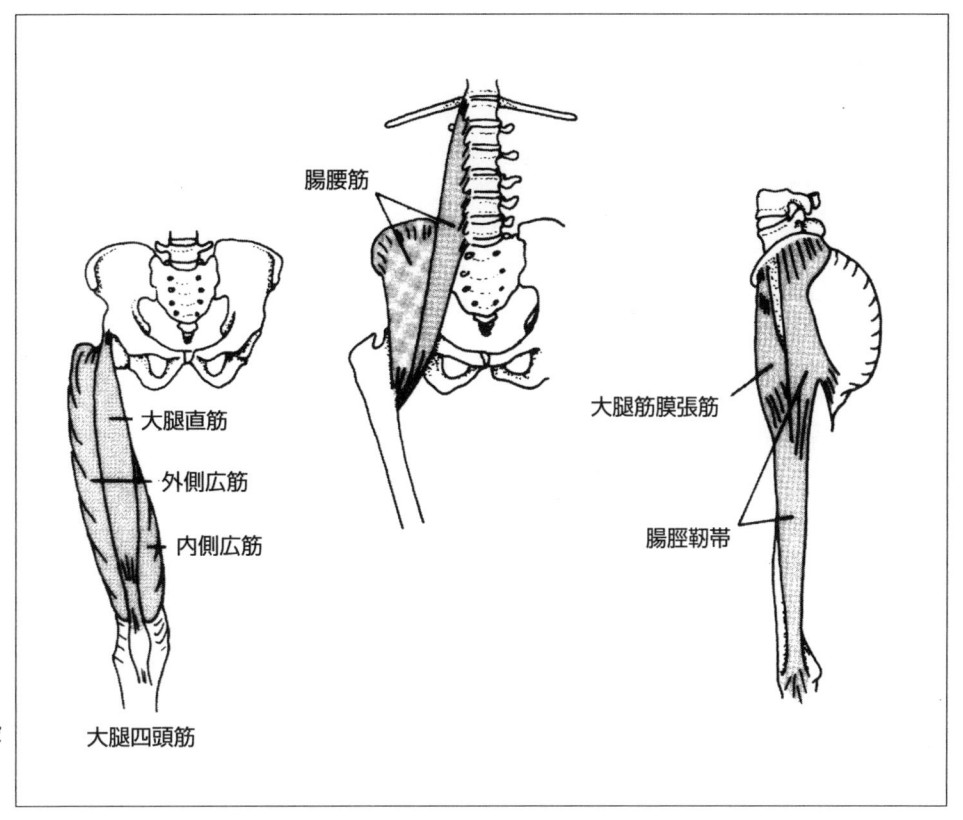

図140 最重要の股関節屈筋群 (Weineck, 1988)

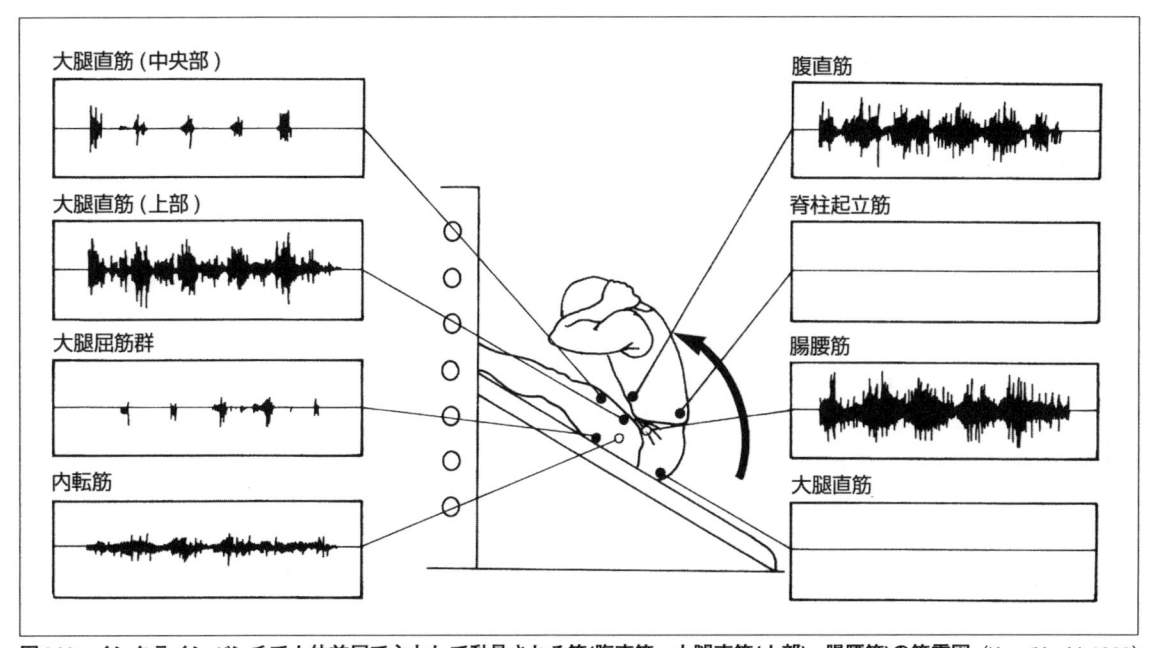

腸腰筋
大腿直筋
外側広筋
内側広筋
大腿筋膜張筋
腸脛靱帯
大腿四頭筋

図141 インクラインベンチで上体前屈で主として動員される筋(腹直筋・大腿直筋(上部)・腸腰筋)の筋電図 (Kunz/Unold, 1988)

大腿直筋(中央部)
大腿直筋(上部)
大腿屈筋群
内転筋
腹直筋
脊柱起立筋
腸腰筋
大腿直筋

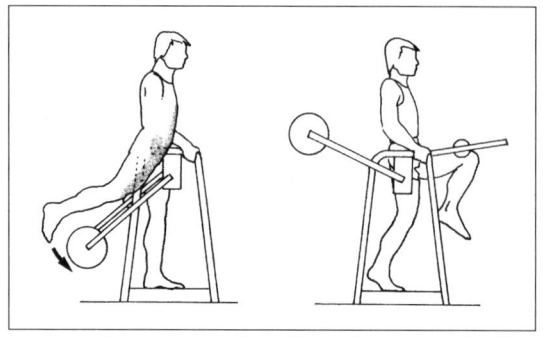

図142 パワーマシーンでの股関節屈曲で 主として動員される筋群: 腸腰筋・大腿直筋・腹直筋

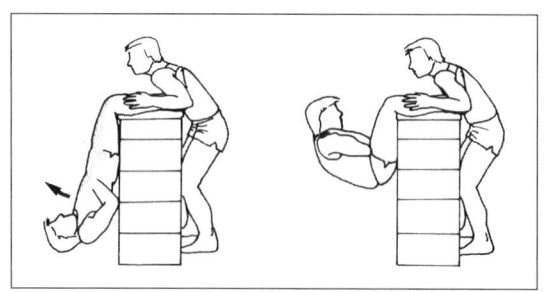

図143 パートナーとの股関節屈曲で 主として動員される筋群: 腸腰筋・腹直筋・大腿直筋

2) パートナーとの股関節屈曲 (図143)

これは非常に強度の高い種目で，すでに十分にトレーニングした選手だけが行うことができる。すべての参加筋群に，動きの全範囲で強力に負荷がかかる。体幹を同時にねじると，腹斜筋群も同時に鍛えられる。

筋内コーディネーション最適化を通ずるパワー強化の種目として，ジャックナイフ(図144)がある。

これは，すべての股関節屈筋群と腹筋群のよいパワートレーニングである。運動を速く行うほど，筋の動員と活性度は大きくなる。注意点：腹筋の弱い選手や脊柱前弯症の選手には適さない。

コンセントリックの種目に変えてエキセントリックの種目でも，股関節屈筋群は効果的に鍛えることができる。

3) 仰向け姿勢からの脚倒し (図145)

この種目は，まさに問題あるトレーニング形式である。というのは，一方では股関節屈筋群，他方では腹筋群を鍛えているからである。この種目は，しばしば誤って「純粋な」腹筋トレーニング種目とされている。

この種目は，基礎トレーニングでは(図145a)，緩やかなテンポで交互に脚を下げたり(エキセントリックのトレーニング)，上げたり(コンセントリックのトレーニング)する。上級者のトレーニングでは，この種目はパートナーつきで行い，パートナーは脚を勢いよく下方に投げ出し，横たわっている選手は脚が地面に着く前に受け止める(図145b)。脚が勢いよく地面の方向に投げ出されると，腹筋の弱い選手，とくにジュニアでは，脚が地面に近づくにつれしだいに脊柱前弯となる。つまり，腹筋は骨盤をまっすぐに支えられず，骨盤は股関節屈筋群の伸張的な力によって前方に傾けられ，脊柱腰椎部位で望ましくない脊柱前弯を引き起こしてしまう(図146)。加えて，すでに弱くて伸ばされすぎている腹筋群は，この種目でさらにいっそう伸ばされる。したがって，この股関節屈筋群強化の種目は，十分に「腹筋を鍛えてある」選手には適しているが，「腹筋の初心者」には適していない。なぜなら，「股関節屈筋群トレーニングと腹筋強化」という二重の目標は同時に達成はできず，さらにこの種目は(腰椎部位での脊柱起立筋短縮によって)「腰痛」を引き起こす場合もあるからである。

> 筋肉づくりトレーニングでは，この種目は誤って行う(脊柱前弯形成)場合，あるいは爆発的な動きスピードで行う場合には，「非機能的」とすべきである。なぜなら，この場合には，遅筋群としての腹筋群は，「非生理学的に」つまり「速筋的に」鍛えられ，またすでに脊柱前弯の位置にある股関節屈筋群はさらに短縮され，かくして脊柱前弯症が強められることになるからである。

4) シュートに参加する筋群のトレーニングについてのまとめの考察

シュートのときには，協同筋だけでなく拮抗筋

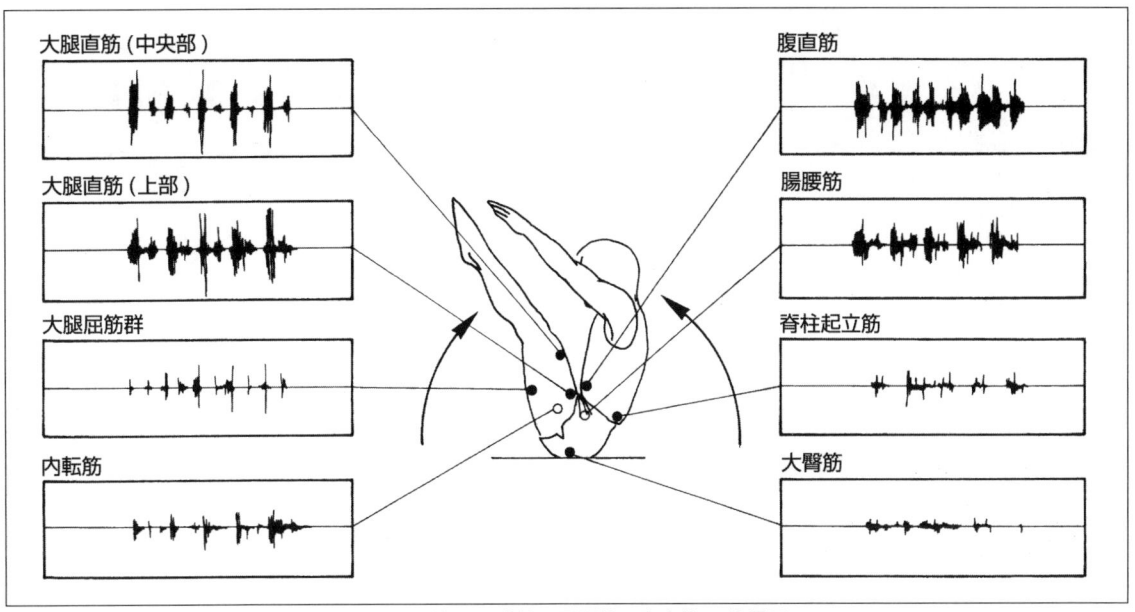

図144 ジャックナイフで主として動員される筋(大腿直筋・腸腰筋・腹直筋)の筋電図 (Kunz/Unold, 1988)

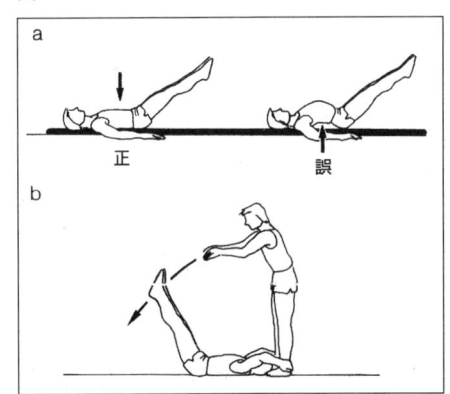

図145 股関節屈筋群(と腹筋群)のトレーニング(a)の正と誤,パートナーとのトレーニング(b)

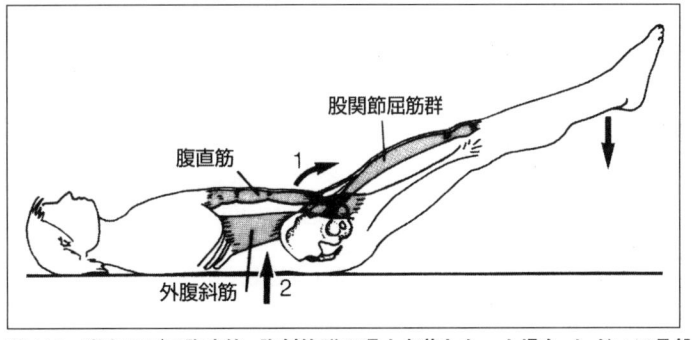

図146 脚を下げて腹直筋・腹斜筋群の過大負荷となった場合,しだいに骨盤が前方に傾き(矢印1),引きつづいて明確な脊柱前弯が形成される(矢印2)

も重要な役割を果たしている。

図147は,さまざまのシュート局面での電気的活性度を示している。振り下ろし局面(局面4)の開始とともに,筋電図で示された最重要の協同筋は,膝関節伸筋群の外側広筋と内側広筋(両筋とも膝を伸ばす大腿四頭筋の部分である),ならびに股関節屈筋群である。拮抗筋として働くのは,この時点から股関節伸筋群(大臀筋と半腱様筋と半膜様筋を含む大腿屈筋群),および膝関節屈筋群(再び大腿屈筋群)である。

協同筋も拮抗筋もシュートでは重要なので,トレーニングにとって重要ないくつかの帰結が生ずる。

①筋力トレーニングでしばしば怠られている拮抗筋は,シュート力に影響するだけでなく,ケガ予防の意味でもこれまで以上に強化されるべきなので,もっとトレーニングに取り入れなければならない。

②拮抗筋は,シュート時の動きのコントロールに協同筋とともに決定的な役割を果たしている。つまり,シュートのコーディネーション要素に決定的に影響している。

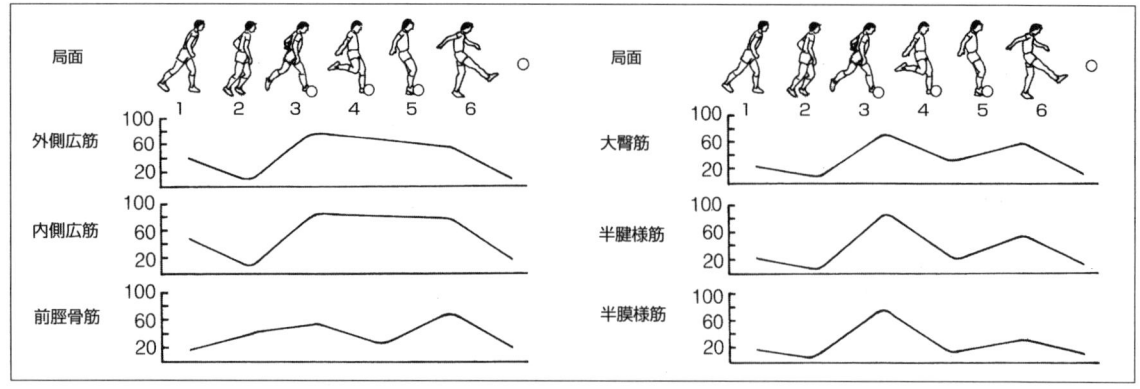

図147 シュートの局面経過の中での6つの筋肉の筋電図パターン (de Proft et al., 1988)

> ③シュートに動員される筋群の専門トレーニングでは，シュートの動きに対応して，協同筋(主働筋＝膝関節伸筋群と股関節屈筋群)はコンセントリックス，拮抗筋(対抗する筋群＝膝関節屈筋群と股関節伸筋群)はエキセントリックスでトレーニングするよう注意すべきである。

エキセントリックとコンセントリックの筋力トレーニングを通して協同筋と拮抗筋との間の筋の均衡をつくり出すことで，ケガの発生率の低下，神経-筋的な神経支配パターンの改善，キック力の強化が達成できる。

(2) ボールを使った専門トレーニング種目
①ヘディングトレーニング

サッカー選手のジャンプ力は，これに重要なすべての筋群を選択的に強化することで鍛えられるが，これだけではたとえばヘディング時の競り合いのように，この能力を最適に用いるには十分ではない。この理由から，ジャンプ力トレーニングは技術-戦術的トレーニングと結びつけなければならない。タイミング・身体技術・ジャンプ力をゲームに近い形で複合的に鍛えるには，ヘディングトレーニングを重視しなければならない。

ジャンプ力とヘディングの技術-戦術面両者の強化にとくに効果があるのが，ペンデルでのヘディング(8〜10回ジャンプで1セット，3〜6セットが最適)と3人1組のヘディングトレーニングである。

「純粋な」ヘディングトレーニングよりももっとゲームに近いのが，平行して1対1をともなう現実のゲーム状況への組み込みである。

②ジャンプとランニングのコンビネーション

サッカー選手に特徴的なことは，状況に応じて片足あるいは両足でジャンプできなければならないだけでなく，考えられるどのような動きの結合からでも，走ってジャンプ，ジャンプしてすぐダッシュ，ジャンプしてジャンプ，ジャンプして走ってジャンプなど，ジャンプとダッシュを効果的に結合できなければならない点である。サッカー専門のジャンプ力トレーニングは，この点を考慮してランニングと結びつけなければならない。

2── 内転筋群・外転筋群強化のためのトレーニング種目

まっすぐ走る場合にも，とくに方向転換走やストップのときにも，内転筋群と外転筋群は，しばしば軽視されているが重要な役割を果している。大腿の最も重要な内転筋群は，次のようである (開脚姿勢からの値，図148)。

○大内転筋 (274.68Nm)　　○大臀筋 (122.63Nm)
○長内転筋 (119.68Nm)　　○短内転筋 (88.29Nm)
○半膜様筋 (82.40Nm)　　　○腸腰筋 (56.90Nm)
○大腿二頭筋 (53.95Nm)　　○半腱様筋 (38.26Nm)
○恥骨筋 (36.30Nm)　　　　○外閉鎖筋 (36.30Nm)
○薄筋 (28.45Nm)　　　　　○大腿四頭筋 (21.58Nm)

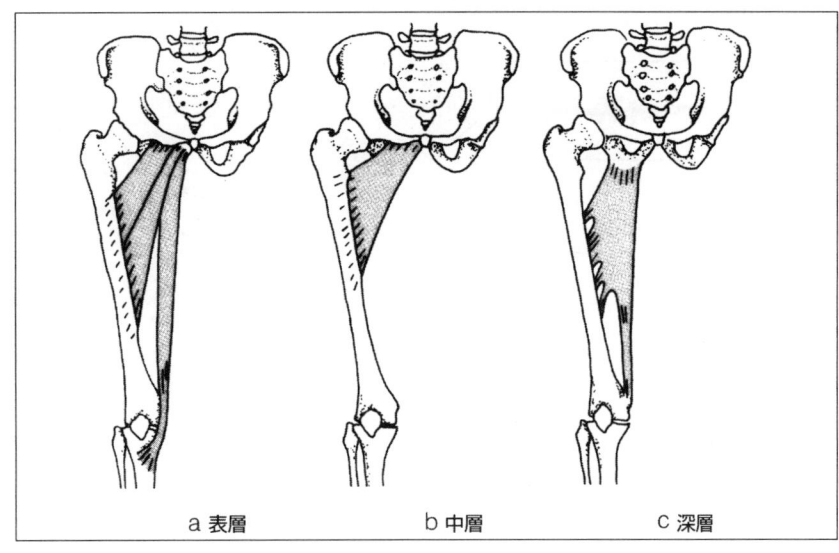

図148 長内転筋と短内転筋
(Weineck,1988)

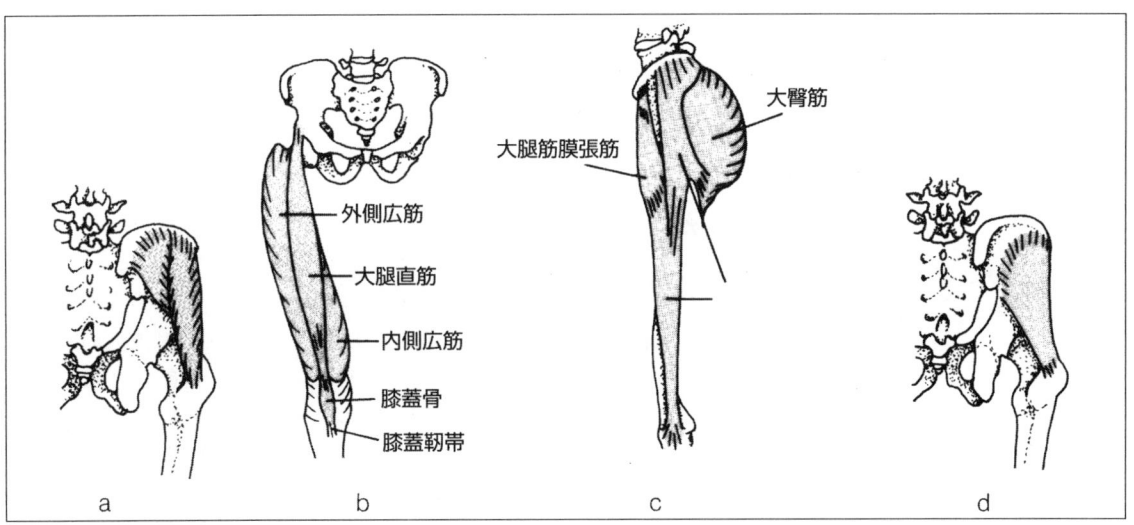

a 表層　　b 中層　　c 深層

図149 股関節での最重要の外転筋群 (Weineck,1988)

　内転筋群の可能総作業量は約981Nmで，その約半分を内転筋が担っている。内転筋群の例外的な強さは，そのとくに静的な機能から理解される。つまり内転筋群は，外転筋群とともに骨盤のバランス維持に基本的な役割を果たしているのである。内転筋群はサッカー独自の動きで集中的に負荷がかかり，さらに一面的な筋力トレーニング・体力トレーニングで短縮する傾向をいっそう強められる。したがって，トレーニングではこの重要な筋群は，強化だけでなく相応のストレッチにも配慮すべきである。「恥骨周囲炎」および内転筋群の肉離れが頻繁に生じていることから，この筋群のストレッチにつねに配慮されているわけではない点がわかる。

　大腿部の最も重要な外転筋群は次のようである（通常姿勢から，図149）。

○中臀筋（121.64Nm）　　○大腿直筋（96.14Nm）
○大臀筋（94.18Nm）　　○大腿筋膜張筋（84.37Nm）
○小臀筋（69.65Nm）

　大腿直筋は二関節筋で，すべての側面的な開脚

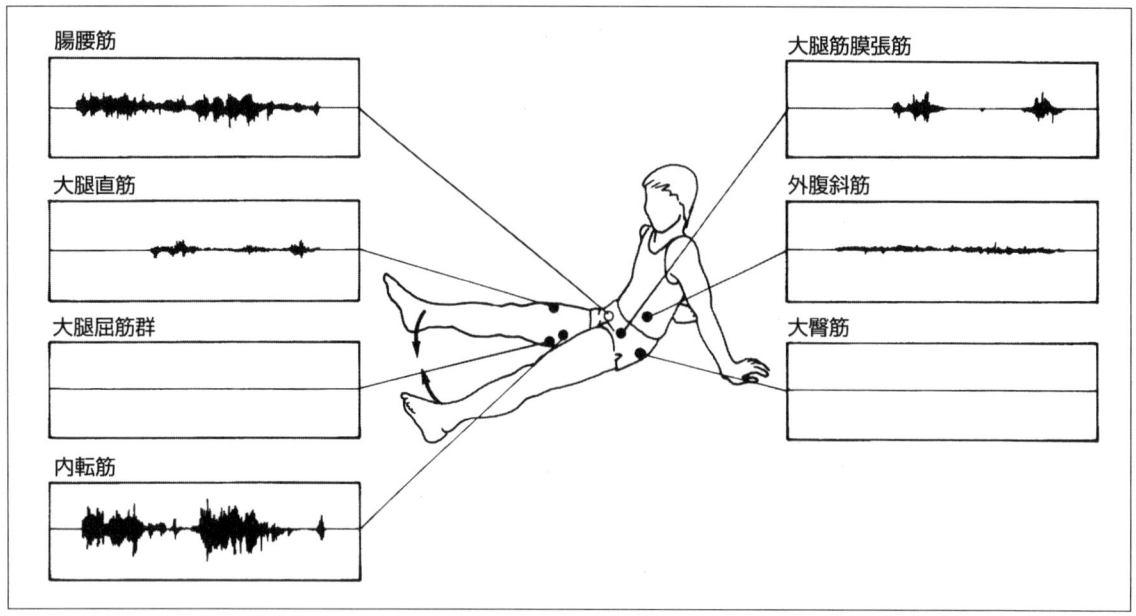

図150 内転筋群トレーニングとしての脚を浮かせて座った姿勢での閉脚で主として動員される筋群の筋電図
(Kunz/Unold, 1988)

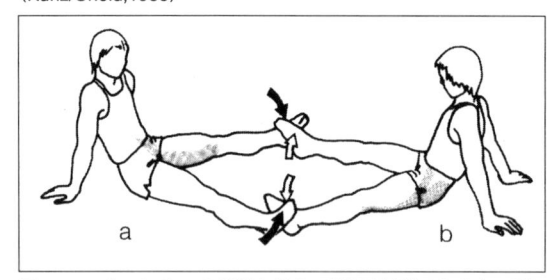

図151 パートナーの抵抗に抗して脚の開閉で主として動員される筋群

運動で外転軸の部位でぐいと引くことにより，強力な股関節屈曲の作用だけでなく，外転の作用もする。

> 内転筋群と外転筋群のトレーニングは，すべての能力レベルで補完的な筋力トレーニングに属している。すべてのトレーニングに，脚の開閉の種目を含むべきである。

適切な種目として，次がある。
1)脚を浮かせて座った姿勢での閉脚(図150)
この種目では内転筋群が強く活性化される（脚を持ち上げるため，若干の股関節屈筋群も付加的に活性化される）。

この種目ではゴムやパートナーを引っ張り抵抗にして，内転筋群活性度を高めることもできる。さらに脚を上下に交差させて，振幅を大きくすることもできる。しかし，この種目は最大筋力でも，また爆発的にも行わないよう注意すべきである。なぜなら，非常に高いケガの危険があるからである。

2)パートナーの抵抗に抗して脚の開閉(図151)
この種目では両パートナーは拮抗的に，つまり1人が内転筋群を鍛えるとすると，他方は外転筋群を鍛える。この種目は静的に行ってはならない。欠点は，動きの振幅が限られていること（脚の交差が不可能）。

3)パワーマシーンでの脚の開閉
調整が可能で動きの振幅も大きいために，この種目は筋横断面積増加による筋力強化に適している。

4)ゴム紐に抗して脚の開閉
脚の開閉は，肋木でゴム紐に抵抗して行うこともできる。

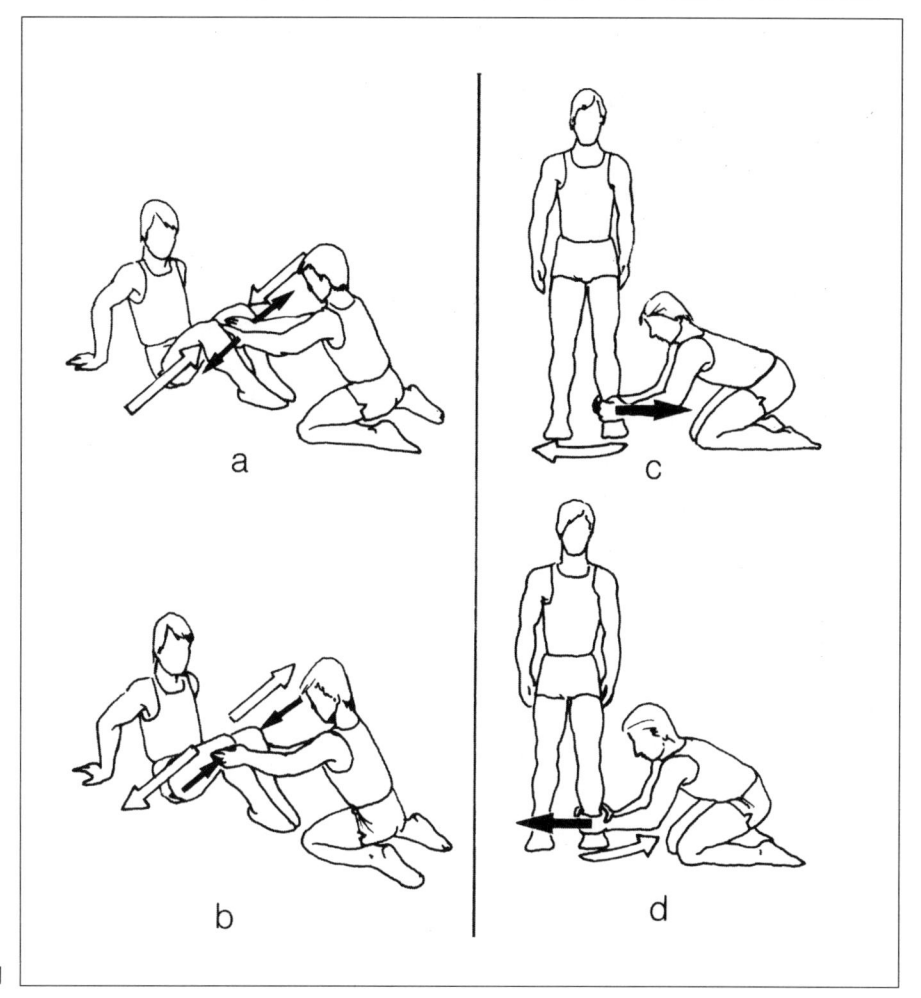

図152 脚の開閉

　内転筋群と外転筋群を交互にトレーニングすることは，鼠径部の諸問題を予防するのに適した種目レパートリーとなる。立ち足側では，同じ筋がアイソメトリックな緊張によって，一緒にトレーニングされることになる。

　内転筋群と外転筋群を鍛えるためのパートナー種目として次がある。

5）膝立て座り姿勢でパートナーの抵抗に抗して閉脚（図152a）

　この種目により，とくに短い内転筋群（恥骨筋，短内転筋）と腸腰筋が活性化する。

注意点：パートナーは，決して最大筋力で内転の動きに抵抗してはならない。さもないと，ケガの危険が高まる。

6）膝立て座り姿勢でパートナーの抵抗に抗して開脚（図152b）

　この種目は，これまでのトレーニングでの拮抗筋，つまり外転筋群（大腿筋膜張筋と中臀筋）を活性化するので，以上のトレーニングにつづけて行うべきである（トレーニングの間で筋のリラクゼーションとストレッチを忘れずに）。

7）立った姿勢で伸ばした脚をパートナーの抵抗に抗して閉脚（図152c）

　この種目では，内転筋群に加え大腿屈筋群の真

中部分(半腱様筋と半膜様筋)も内転機能の点で活性化する。

8) 立った姿勢で伸ばした脚をパートナーの抵抗に抗して閉脚(図152d)

この種目の効果は,座った形式に同じ。加えて,さらに大臀筋の前部も活性化される。

3 ── 体幹筋力強化のためのトレーニング種目

サッカー選手のすばやい体幹の運動(たとえばフェイント,方向転換など)で,体幹のバランスと脊柱を支えるために決定的な筋群は,前面と側面の体幹部位では,腹直筋,腹斜筋,腹横筋であり(図153と図154),背面部位ではとくに脊柱起立筋である(図155)。図154は,さまざまの腹筋の機能的統一性を明らかにしている。

腹筋群と股関節伸筋群は骨盤をまっすぐ立てるのに対し,腰椎部の背筋群と股関節屈筋群は骨盤を前に傾ける。両方の骨盤にかかわる筋群の力関係のバランスがとれて,初めてスポーツ機能にとって最適の骨盤・腰椎の位置関係が支えられる。サッカー選手の場合は,しばしばこれが当てはまらない(後述,図177)。ランニングやダッシュでは,背筋群とは逆に腹筋群はほとんど活性化されない(後述,図236)。発達の低い腹筋群では,骨盤をまっすぐに保ち脊柱前弯の強まりに均衡をとることはできない。さらに,骨盤をまっすぐ支える役割を持つ臀筋群も弱化する傾向があるだけに,この点はいっそう当てはまる。

> したがって,脊柱前弯およびこれと結びつく背中の痛みを予防し,筋のケガ(短縮し緊張過度の筋による)を回避するために,補完トレーニングの意味で,すべてのサッカートレーニングで,あるいは個人トレーニングで,十分に腹筋群を鍛えるよう注意すべきである。

さらに,腹筋強化の前に,短縮した背筋群と股関節屈筋群のリラクゼーションとストレッチをつねに行うべきである。

(1) 腹筋群強化のためのトレーニング種目

> 腹筋群を鍛える場合の特別の問題は,多くのいわゆる「腹筋トレーニング」では,目的の腹筋群以外の筋群,とくにすでに述べた強度に短縮傾向を持つ股関節屈筋群により多く負荷がかかり強化される点にある。これによって,意図せずに筋の不均衡の進展,ないし骨盤-脊柱位置関係の悪化が生じる。したがって,腹筋トレーニングの際には,強化されるのが本当に目的とする筋群であって,「誤った」筋群とならないように注意すべきである。
>
> 腹筋を鍛える場合のもう一つの問題は,中心となるのがもっぱら遅筋線維からなる筋群だという点である。したがって,爆発的に行うと「非機能的な」負荷となる。これはとくにジュニアと腹筋群の発達の弱い選手に当てはまる。したがって,初心者のトレーニングでは,腹筋群は負荷なしにゆっくりとしたテンポでトレーニングし,すでに短縮している筋群が一緒にトレーニングされないよう注意すべきである。

十分にトレーニングしている選手は,爆発的なトレーニング形式をすぐに利用できる。というのは,ゲームでは多数の突然の体幹転換の動きによって,対応するトレーニングがゲームの中で行われているからである。

> また,腹筋群のトレーニングに際しては,「典型的な」腹筋トレーニングでは一定の角度のときだけ腹筋は最適にトレーニングされる点にも注意すべきである。本来は,腹筋群がトレーニングの目標筋群であるべきなのに,しばしば股関節屈筋群(腸腰筋・大腿直筋・大腿筋膜張筋)のトレーニングが前面に出ているのである(図156)。

①腹直筋のトレーニング

腹直筋を取り出して強化する一番のトレーニング種目として次がある。

1) 上体起こし(図157)

この腹筋群を取り出した種目は,サッカー選手の補完トレーニングの中では最重要の種目の一つである。一方ではランニングでは要求されることの少ない腹筋群を鍛え,他方では多くの選手では

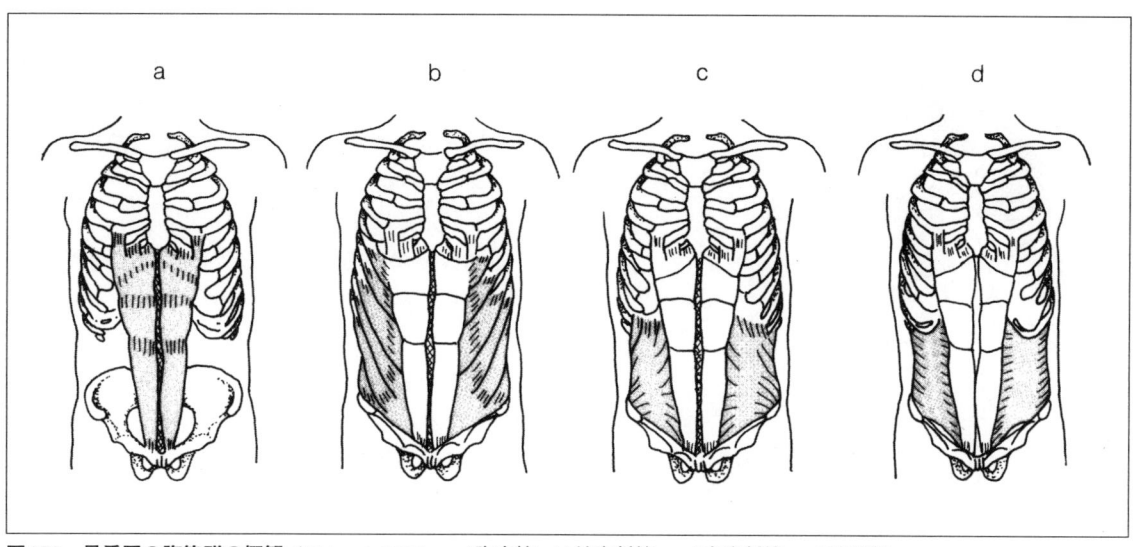

図153 最重要の腹筋群の概観 (Weineck, 1988)　a)腹直筋, b)外腹斜筋, c)内腹斜筋, d)腹横筋

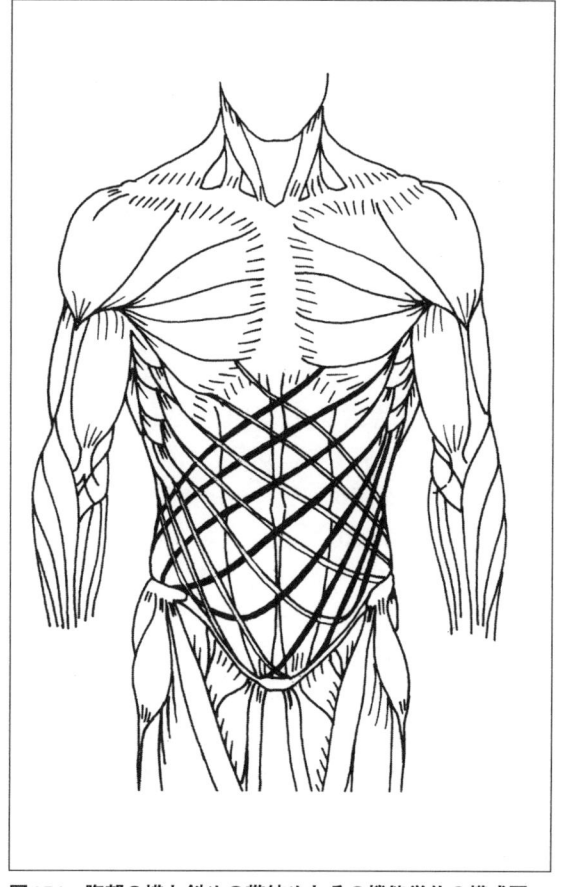

図154 腹部の横と斜めの帯絞めとその機能単位の模式図

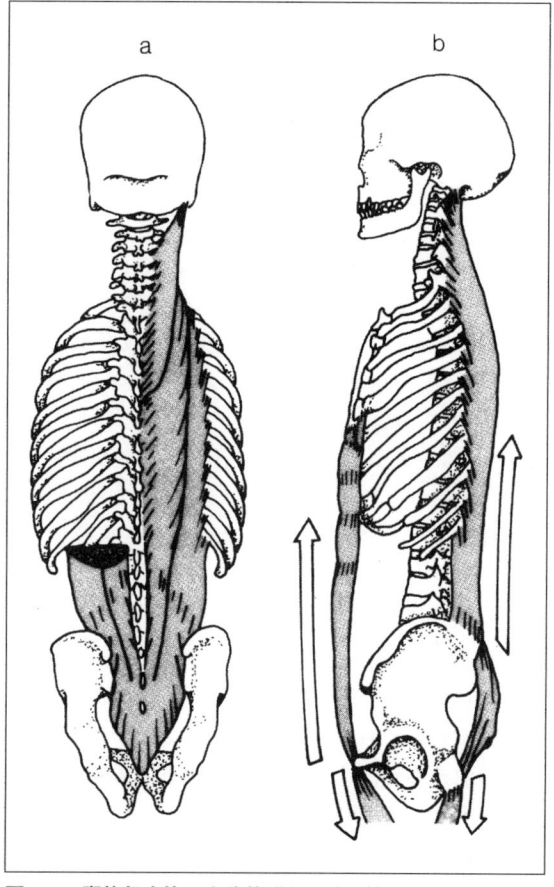

図155 脊柱起立筋(a)と腹筋群とのその機能的な協同(b)

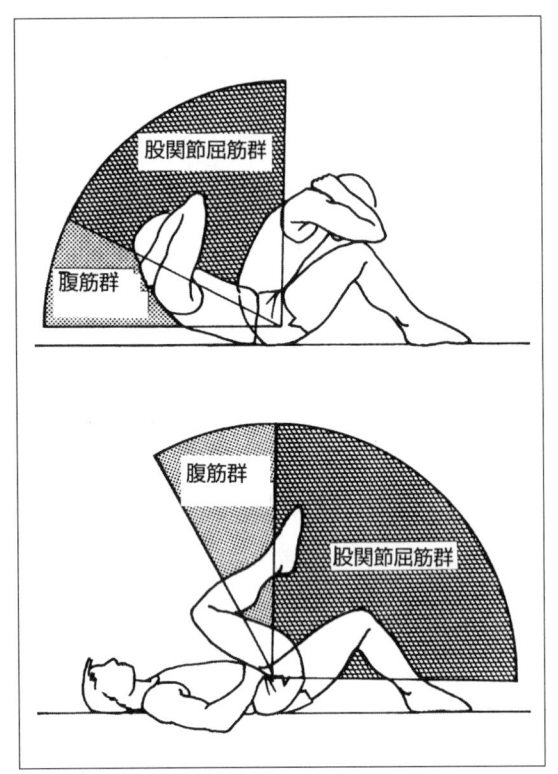

図156 腹筋群が決定的な作業を行う腰曲げ角度

すでに短縮している股関節屈筋群（154頁参照）が一緒にトレーニングされるのを回避している。腰曲げ姿勢によって，股関節屈筋群の動員可能性は，減少（事前に伸ばされるのでなく短縮されている筋はよりわずかの力しか出さない）ないし除去（踵を下に押しつけることによって臀筋が活性化し，股関節屈筋群とくに腸腰筋が反射的にリラックスされる）される。この種目は，すでに脊柱前弯症の選手にも適している。

この種目は，脚を箱の上に置くことによってさらに最適化される。なぜなら，股関節屈筋群は，この場合にはほぼ完全に体幹を曲げる運動から排除されるからである。

2) 脚の引き寄せ（骨盤を上げる）による体幹曲げ，パートナーの補助あり/なし

・仰向け姿勢から脚引きつけによって骨盤上げ

この種目を行う場合に重要なのは，骨盤を床から上げて「巻き込む」ことである。なぜなら，恥骨結合（停止）を十分に胸骨弓（腹直筋の起始，図153を参照）に近づけるときにだけ，腹筋群は十分にトレーニングされるからである。この種目もまた，背中に問題を抱えているか，筋の不均衡を持つ選手に非常に適している。

・仰向け姿勢から脚引きつけによって骨盤上げ，パートナーの補助つき（図158）

以上の種目をパートナーの補助つきで行うと，より大きな動きの振幅をともなうより強度の高い種目となる。

これまで述べてきた腹筋トレーニングは，レベルに応じて1セット6〜15回反復で，1〜3セット行うべきである。体幹ないし骨盤にさらに回転が加えられると，腹直筋と並んで（外と内の）腹斜筋も並行して鍛えられる。以上すべての種目は，十分なトレーニングを積んだ上級者は，負荷（砂袋，バーベルプレートなど）を加えて強度をより高くすることができる。

② 腹斜筋群のトレーニング

腹斜筋群強化の一番のトレーニング種目として，次がある。

1) 前方への体幹ひねり曲げ（脚は曲げて上げておく，図159）

組んだ両手は腕を伸ばして，引き寄せられる膝と反対方向に左右交互に押し出される。体幹は，上げられてひねられる。運動のテンポはゆっくり，セット当たりの反復回数は6〜15回である。

2) ワイパー（図160）

この種目は1人でも（両手を横に広げて，あるいは肋木に固定して），パートナーの助けを借りても行える。図160が示すように，この形式は非常に多面的な筋力トレーニングで，体幹ひねりに参加するすべての筋が活性化される。しかし，中心になるのは腹斜筋の強化である。負荷を加えて，この種目は強度をより高くすることもできる。参加筋群に対する負荷が最も大きいのは，腰を90度曲げたときである。

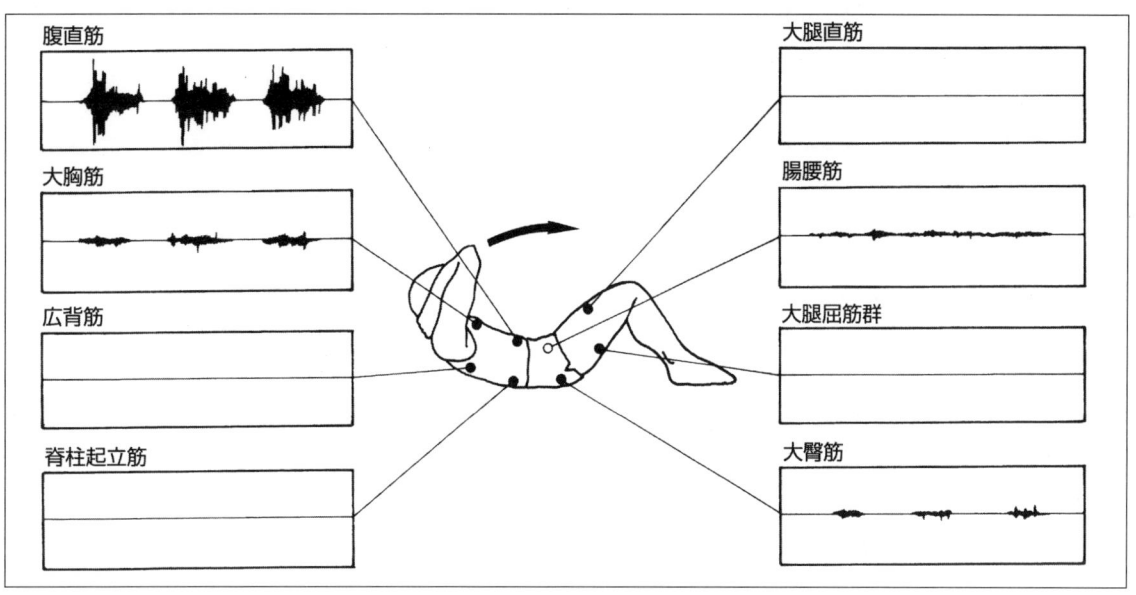

腹直筋		大腿直筋
大胸筋		腸腰筋
広背筋		大腿屈筋群
脊柱起立筋		大臀筋

図157　上体起こし(体幹の前方への曲げ)で主として動員される筋群の筋電図（Kunz/Unold,1988）

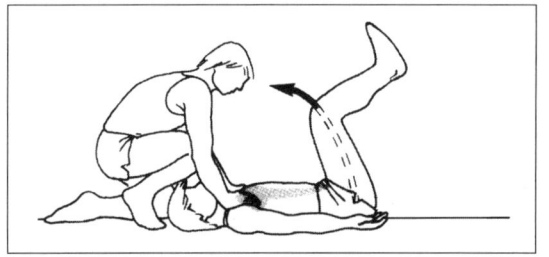

図158　パートナーの補助つき骨盤上げ

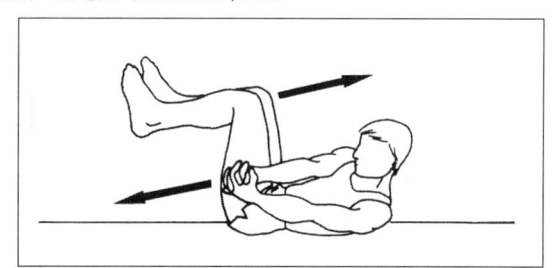

図159　前方への体幹ひねり曲げ

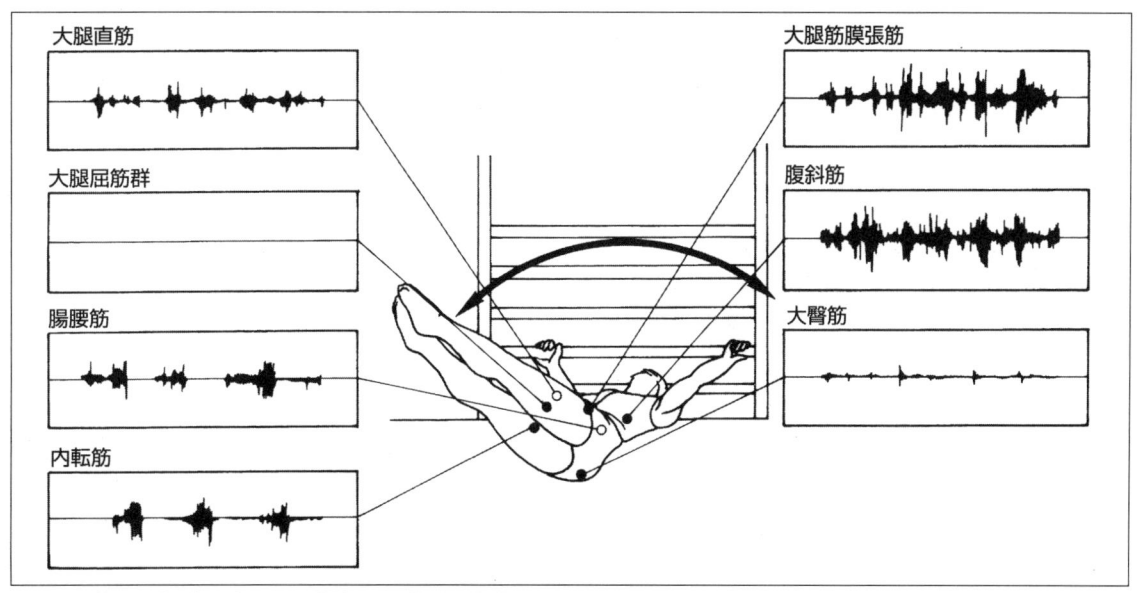

大腿直筋		大腿筋膜張筋
大腿屈筋群		腹斜筋
腸腰筋		大臀筋
内転筋		

図160　「ワイパー」で主として動員される筋群の筋電図（Kunz/Unold,1988）

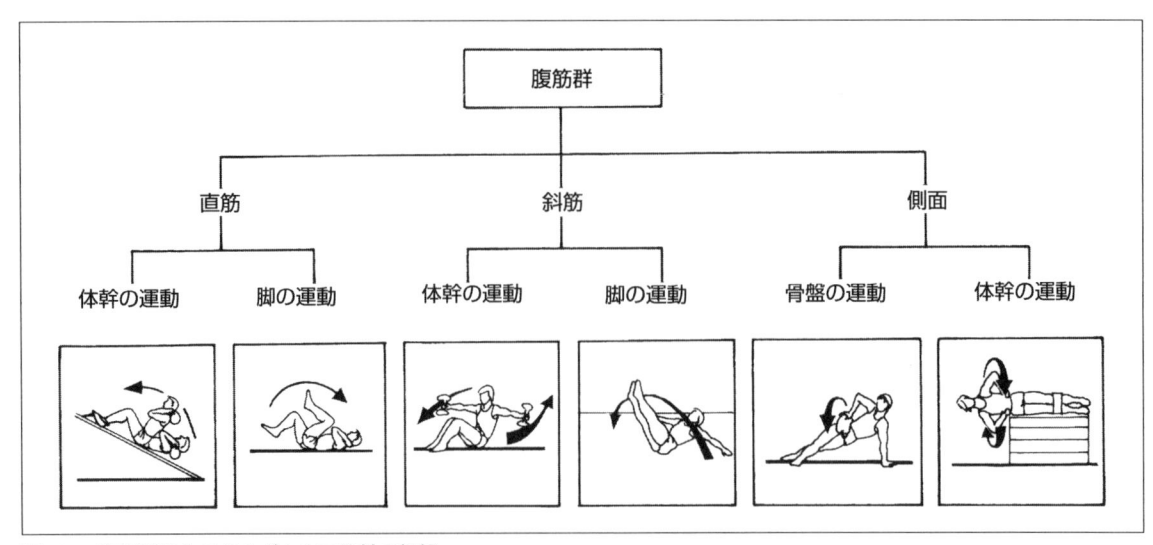

図161　腹筋群強化のさまざまな可能性の概観

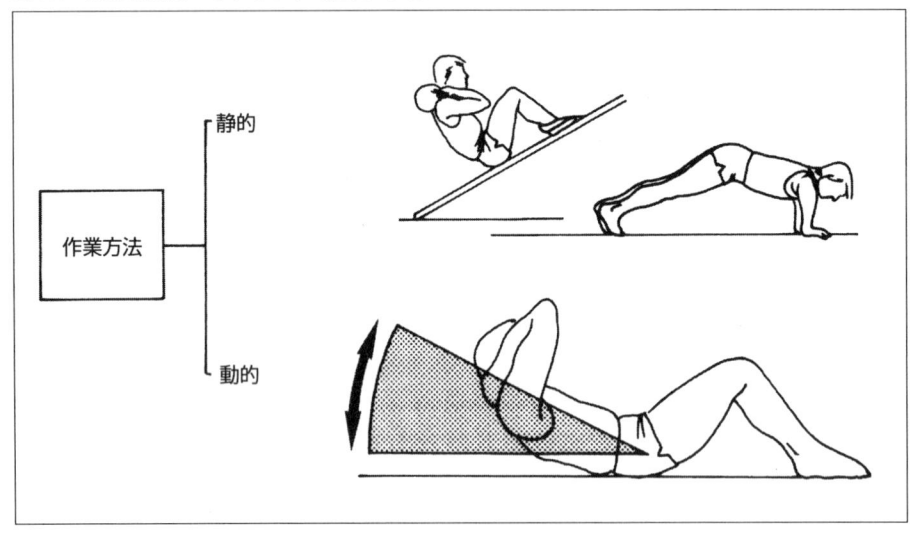

図162　腹筋群強化の静的な方法と動的な方法

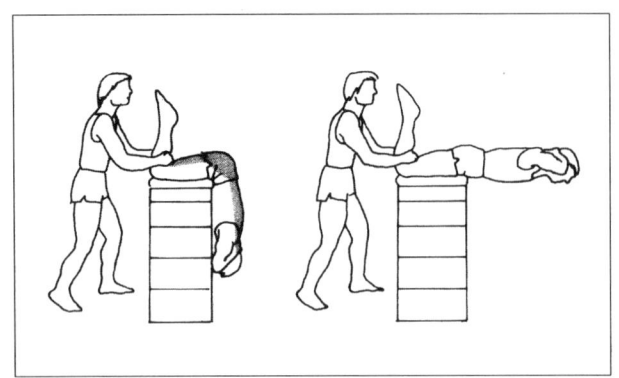

図163　とび箱での上体起こし

図164　膝立て姿勢での背中伸ばし

図161は，腹筋群トレーニングのさまざまな可能性の包括的概観を示している。さまざまな腹筋群は，3つの中心的な形式，つまり腰曲げ・体幹ひねり・側面への負荷的要素のトレーニングで最適な発達が可能なことが示されている。あらゆるレベルのサッカー選手は，腹筋群の助けで(背筋群などとの協同で)運動するので，非常に軽視され誤ってトレーニングされることの多いこの筋群を完璧に強化すべきである。図162は，腹筋群のトレーニングは動的でも静的でも可能なことを示している。最適なのは，両者の方法を交互に行うことである。

(2) 背筋群強化のためのトレーニング種目

　すばやい体幹の動きやつねに体幹のバランスを保つのは，すべての体幹筋群と骨盤筋群の複合的な協同によってのみ可能である。十分に発達した腹筋群に劣悪なトレーニング状態の股関節伸筋群ないし背筋群の組み合わせは，強力な股関節屈筋群ないし背筋群に弱い腹筋群の組み合わせと同様に不十分である。すべての筋群は，体幹の運動や脊柱の姿勢維持に最適の協働によって同じように参加しているのである。

　すでにこれまでに言及した多数のトレーニング形式で，背筋群(とくに下部の)はすでに一緒にトレーニングされている(149頁参照)。以下の種目は，とくに上部部位用のまさに特殊背筋群トレーニングである。

・とび箱での上体起こし(図163)

　体幹をとび箱の上におくと(肩起こし)，腰椎部の脊柱起立筋が，つまりサッカー選手ではしばしば短縮して脊柱前弯症となる傾向の背筋群の部位が，負担解除される。深層の脊柱起立筋とならんで，さらに表層の僧帽筋と種々の背中側肩甲骨筋群が一緒にトレーニングされる。

　単純だが非常に効果的な背筋群強化の種目がさらに，「膝立て姿勢での背中伸ばし」(図164)である。この種目では，さらに僧帽筋と大臀筋も一緒にトレーニングされる。

注意点：脊柱前弯形成をともなう腰の伸ばしすぎにならないように。この種目は，筋持久力の鍛練に役立つ。実行テンポはゆっくりで，反復数は16～25回。

　背筋群のトレーニングは，背筋群が短縮あるいは弱化しているときや，腰伸ばしに作用する他の筋群の機能が損なわれているときにはつねに問題がある。臀筋群，とくに大臀筋の機能状態に応じて，まったく「通常の」背筋群強化種目(うつ伏せ姿勢から後方へ体幹反らしの例)で，しばしば効果がなかったり目標から逸れてしまう。図165は，異なる機能状態での，動きに動員されている筋群の筋活性を示している。臀筋群の最適機能(段階5)で，大臀筋の機能が前面に出ている。深層の背筋群と大腿裏側の筋群は小さな活性を示すだけである。臀筋群がやや弱化している(段階4)

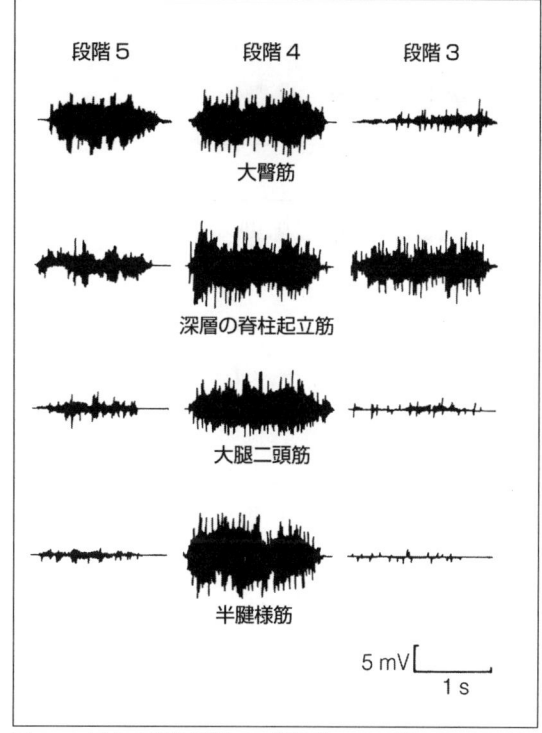

図165 異なる機能状態での臀筋群(および他の筋群)の筋電図 (Schmidt, 1988)

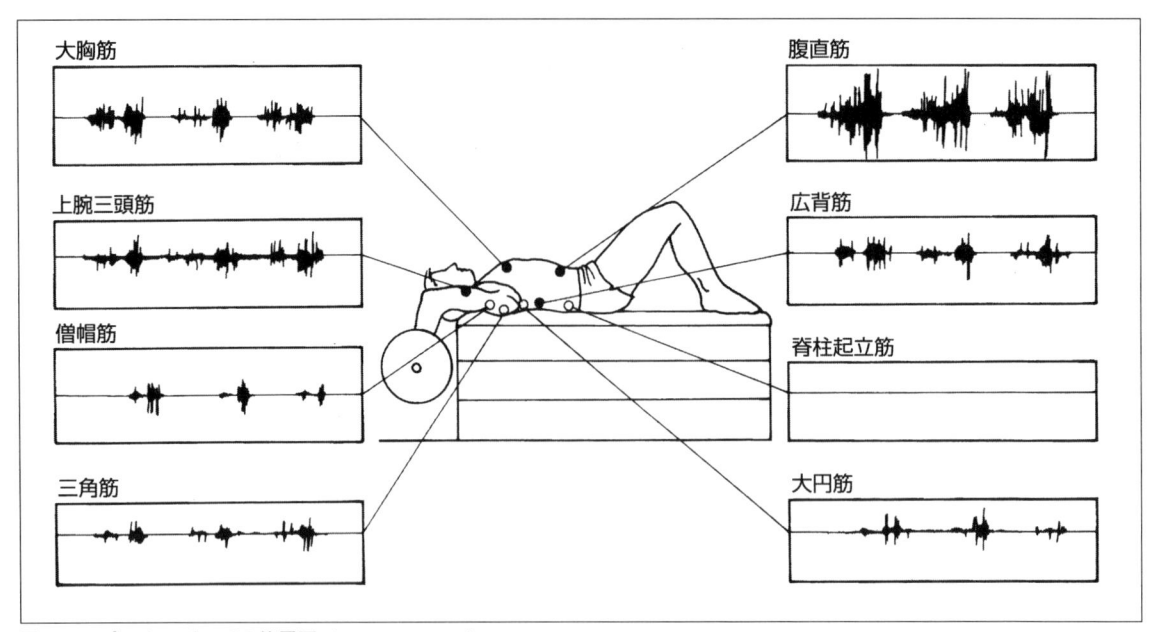

図166 プルオーバーでの筋電図（Kunz et al., 1988）

と，以上あげた筋すべての活性は同じ大きさである。臀筋群が大幅に弱化している（段階3）と，活性が一番大きいのは深層の背筋である。臀筋群と大腿裏側の筋群の活性は少ない。したがって，強度の腰部脊柱前弯症の場合には，意図した臀筋群の強化ではなくて深層の脊柱起立筋のいっそうの短縮がもたらされ，脊柱前弯症がさらに進むことになる。これは，絶対に避けなければならない効果である。

4 — 遠投力強化のためのトレーニング種目

すべてのサッカー選手は，十分に発達した遠投力（腕/肩の部位での筋力）も持つべきである。ゲームでは，遠くへ速く投げられるスローインが絶好のゴールチャンスを生むのはまれではない。「スローインのスペシャリスト」を待っていると時間がかかり，不意を襲うチャンスを逃すことになる。

> セットプレーの分析では，スローインはフリーキックにつづいて頻度の高いセットプレーであり，それどころか相手側ペナルティエリ付近ではフリーキックと同じくらい生じている。しかしこれまでは，このスローインは攻撃の武器としてはまだ十分には利用されていない。チームはフリーキック・コーナーキック・ペナルティキックのスペシャリストだけでなく，平均以上に遠くへスローできる選手を持つべきである。

スローインの効果を高めるには，投げる技術のマスターと多様なスローインのやり方に加えて，遠投力の強化が図られるべきである。助走つきのスローインのほうが立った姿勢よりもはるかに長い距離を投げられる。この点は，トレーニングでも考慮すべきである。スローインをする技術と並んで，手を離れる瞬間の高いボールスピードがとくに問題となる。これには，スローに動員される体幹筋群と四肢筋群の強化が必要となる。筋力強化の種目，およびサッカーボールを使った形式とグループ戦術的なゲーム形式を通じて，スローインは技術-戦術的にも体力的にも最適化することができる。

スローインのための遠投力強化にとくに適しているのが，「プルオーバー」である。図166は，

この動きに主として動員される筋群を示している。ここにはさらに，一つのスポーツの動きにとって，さまざまの動員される筋群の協働，つまり筋間コーディネーションがいかに重要かが示されている。パワー的にトレーニングするには，メディシンボール投げがとくに適している。なぜなら，これはスローインのコーディネーション的な要求パターンに対応しており，目的の筋群を最適に強化するからである。

4. 筋力トレーニングのための方法的基本原則

1 — 効果性

トレーニング種目の効果性は，急速な能力の成長とそのゲームでの発揮で判断される。テストで，さまざまな種目の効果性が検証され判断される。トレーニングの効果性は，行った時点(正しい負荷の順番の原則については251頁参照)と状態(十分にウォームアップ/新鮮ないしは準備なく/疲労して)によっても影響される。パワーないしスピードのトレーニングを，いつでも持久性負荷や包括的な技術-戦術的な重点トレーニングの後に行う者は，最適な結果を決して期待できない。逆にそれどころか，プレー能力が低下する場合もある。

2 — 専門性

高い効果性は，専門的筋力トレーニング(これには一般的筋肉づくりトレーニングが先行していなければならない)によってのみ達成できる。専門的筋力トレーニングの基盤は次のようである。
○サッカーで典型的な運動角度位置を考慮した，スポーツ専門筋群の優先的発達の原則
○トレーニングとゲームでのプレーの，ダイナミックな一致の原則
○トレーニングとゲームでのプレーの，神経-筋的な緊張のかかり方一致の原則
○プレーに重要な，すべての運動特性の同時的発達の原則

3 — 可変性

トレーニング内容の相違ごとに細分化と専門化を行うのは，ワンパターンで単調となる危険がある。したがって，気分転換が多くなるようトレーニングを構成する必要がある。長年一定の負荷の大きさ・形式・方法に神経-筋系が慣れることで効果が減少するのを避けるために，負荷構成におけるバリエーションが不可避となる。

長期的なバリエーションと短期的なバリエーションとが区別される。長期的なバリエーションで理解されるのは，数年にわたるトレーニング過程，つまり最高のプレー能力へのスポーツ選手の準備のマクロサイクル(187頁参照)における，支配的な負荷様式と負荷方法の交代である(図167)。

> トレーニング方法の有効性は，トレーニング過程でつねに同じ高さというわけではない。能力が増加するにつれて，投入手段の有効性は減少するのでより有効な手段を用いることが重要である。したがって，最初から最高度に有効な手段を用いるのは，目的に適っていない。からだがこれに機能的に対応する準備がないし，後の時点で能力をさらに上昇させるための適切な手段がなくなってしまうからである。爆発的パワー強化には，単純なジャンプ種目ーバーベル種目ー負荷を加えてジャンプードロップジャンプという順序が勧められる(図167)。とくに児童やジュニアでは，成人の最高度に有効な形式を用いることは必要ではないし，ケガの危険がある。

短期的なバリエーションで理解されるのは，ある1回のトレーニングやトレーニングサイクルの中での負荷の交替である。短期的なバリエーションではさまざまな可能性がある。

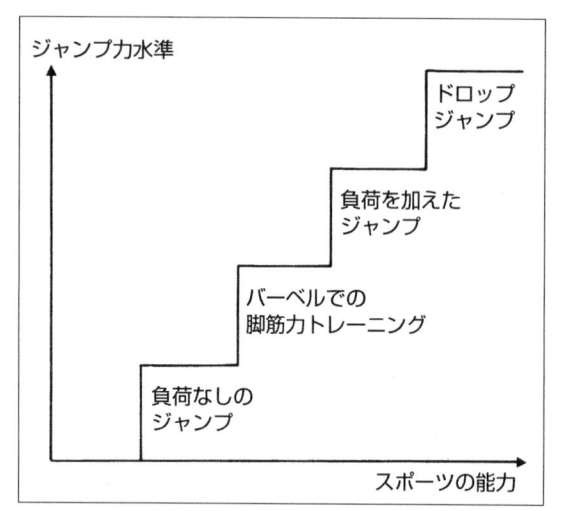

図167 数年にわたるトレーニング過程でのジャンプ力発達のための手段の順序原則（Weineck, 1990）

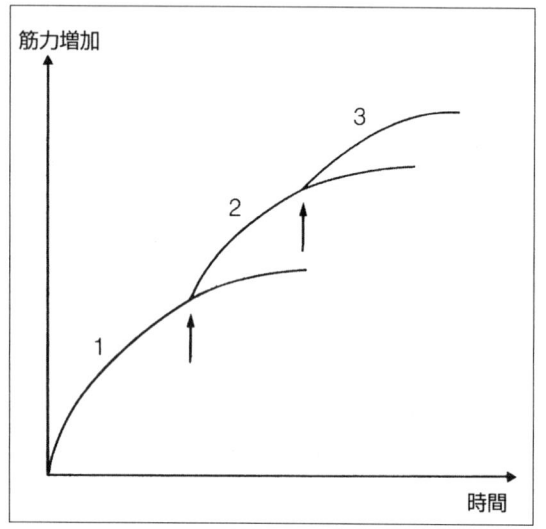

図168 トレーニング方法変更（1＝動的，2＝アイソメトリック，3＝電気刺激）による筋力増加（Weineck, 1990）

①負荷の大きさのバリエーション

②準最大，エクステンシブ，インテンシブ，最大の負荷の間で一挙に負荷を交替させて（コントラストメソッド，124頁参照），筋の反応準備を刺激する。しかし，バリエーションを持たせた負荷構成は，漸進的な負荷増大の原則を完全に排除してしまうわけではない。というのは，負荷構成のバリエーションが行われるのは，選手に可能な範囲の適切な負荷を通じてだからである。

③トレーニング方法のバリエーション（187頁参照）：図168は，トレーニング方法の変化を通じた筋力増加の動きについて示している。トレーニングでは一つの運動様式よりも，さまざまの筋運動様式（動的・静的・プライオメトリック/短縮的・等尺的・伸張的）を用いるほうが筋力増加は大きい。

④実行テンポのバリエーション：さまざまの負荷テンポ（中間，ゆっくり，急速）を結びつけて行う種目では，一つの負荷テンポで行う種目よりも高度の筋力増加が達成される。この事実は，動きの速度は基本的にもっぱらトレーニングされる筋の種類で決定される点に帰着する。緩やかな運動と静的作業はとくにST線維に，爆発的な運動はとくにFT線維に負荷をかける。したがって，さまざまの実行テンポと負荷様式ですべての筋線維に負荷をかけるトレーニングでは，全体としての筋力を高めることができる。ただし，サッカー選手にとって重要なFT線維は，最大ないしパワー的な活動でだけ強化が望める点に注意しなければならない。

⑤トレーニングの頻度と継続性：筋力増加のスピードには，トレーニングの頻度が大きな意味を持っている。これに対して達成された筋力水準の維持には，トレーニング継続性（171頁参照）が大きな役割を果たしている。図169は，より頻度の高いトレーニングでより急速に筋力増加を達成できることを示している。さらに，トレーニング休止は，同様に達成された筋力水準からの急速な低下に作用する点も見て取れる。「得たときと同様に速く消え去る」とのモットーは，筋力の場合にも妥当する。急速に達成された筋力増加は，大部分は純粋にコーディネーション面での増加で，獲得のときと同じように急速に低下してしまう。これに対して数週間，数か月，数年にわたるハードなトレーニングで獲得した筋力は，ゆっくりとしか低下しない。低下しにくい理由は，この場合には機能的（コーディネーション的）な改善だけでな

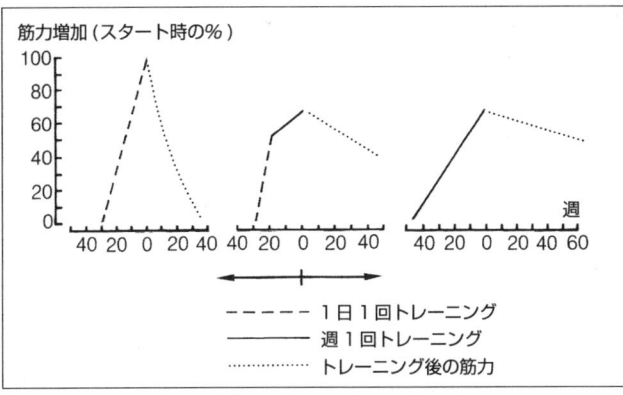

第3章 / サッカー選手の筋力とそのトレーニング

図169 トレーニング頻度に依存する筋力増加速度，およびトレーニング終了後の筋力の変動（Hettinger, 1972）

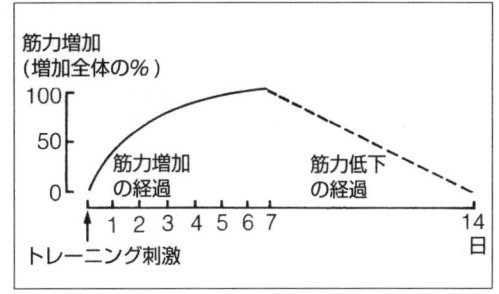

- - - - 1日1回トレーニング
——— 週1回トレーニング
……… トレーニング後の筋力

図170 1回のトレーニング後の筋力の増加と減少（Weineck, 1990）

く，形態学的な適応現象（筋肥大）も見られるからである。

アイソメトリックスで，1回のトレーニング刺激によって当初の筋力が1～4%（筋群に応じて）高まるのが測定されている。この場合に，トレーニングの1日目の増加は全体の筋力増加の56%であり，2日目は39%，7日目はわずか0.6%であった。ここから，ある筋力トレーニングでの筋力増加の約半分はすでに1日目で達成されることがわかる。この効果を有効に活用すると，最も有効な筋力増加のためには，毎日（場合によっては1日2回）のトレーニングを追求すべきである。さらに，トレーニング休止が14日を越えるとトレーニング刺激の効果がほとんどなくなるので，1回のトレーニング刺激後に筋力は放物線状に増加し，それから漸次的に再び低下していくと想定できる（図170）。

> 現実のトレーニングにとっての帰結：プロサッカーでは，一定の時期，たとえば長期の冬休みにできるだけ高い持続する筋力水準を達成するために，首尾一貫して毎日ミニ筋力トレーニングを行うべきである（114頁参照）。つづいてゲーム期には，いわゆる「維持トレーニング」（週1回，少なくとも2週間に1回）で筋力低下を防ぐべきである。下のプレーレベルでは，筋力トレーニングを採用する場合には，筋力トレーニングは少なくとも毎週行うよう注意すべきである。そうでないと増加は達成できない。

5. 筋力トレーニングにおける危険性と諸問題

1 ケガの危険と予防措置

(1)機器での過大負荷

　サッカー選手は重量挙げ選手とは違って，重量を挙げることについて詳しくは知らない。これは，とくにバーベルでのフルスクワットのような脊柱に負担のかかる種目に当てはまる。したがって，強いられた，一面的な，早すぎる，あるいは誤った技術で行われる筋力トレーニングの危険性は，これまで軽視されてきた。多数の研究が出て，初めて過大負荷による脊柱損傷の頻発に注意が向けられるようになった。こうした過大負荷の原因は，しばしば技術に欠陥が多い点にある。図171は，体幹を5cm前方に曲げるだけで，背筋群の負荷増加は約100kgになることを示している。したがっ

て，バーベルを用いたスクワットでは，背中を伸ばした正確な体幹の姿勢と重量挙げベルトの着用に注意すべきである。いわゆる脊柱負担軽減トレーニングも検討すべきである。

　図172は，伝統的な脚筋力トレーニング種目である膝曲げのバリエーションを示している。これらの「代替種目」では，もともとの種目を爆発的に遂行した場合と同一の効果は達成されない点に注意しなければならない。

> 最高度の能力を要求されるレベルで，十分にトレーニングされた選手では，膝曲げのトレーニングを欠くことはできない。これに対してこれより下のレベルでは，筋肉づくりの時期に，あるいはジュニアでは，過大負荷による損傷を回避するために，脊柱への負担の少ない種目を優先すべきである。

(2)筋肉痛

　しばしば軽視されているが，ケガにとってもう一つの危険の源泉は，異常に厳しすぎる方法や種目で行われるトレーニングで，これで筋肉痛となる可能性がある。筋肉痛の症状は多くの場合に，

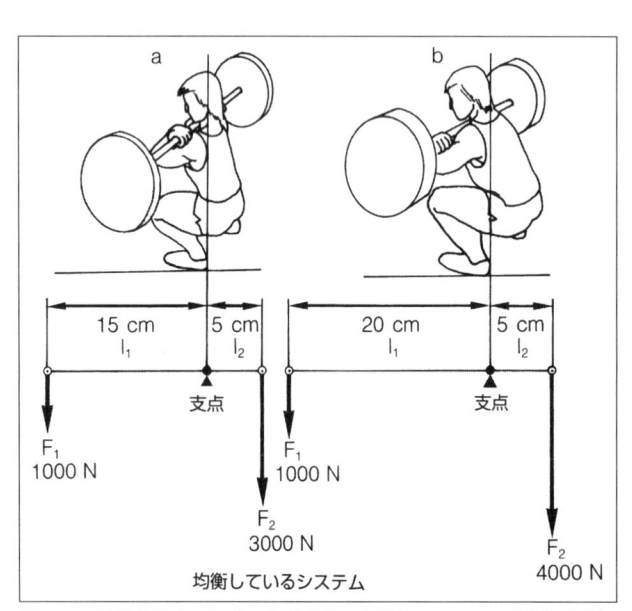

図171　体幹を垂直に維持(a)と折り曲げた場合(b)のテコの両側の関係 (バーベルでのスクワットの場合)（Ehlenz/Grosser/Zimmermann,1983）

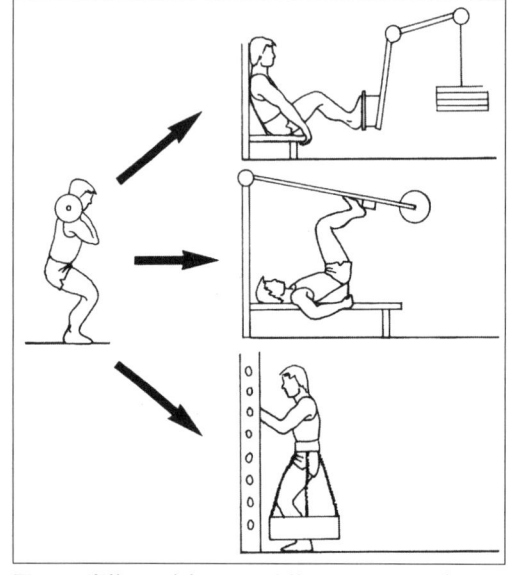

図172　脊柱への負担のある脚筋力トレーニング種目のバリエーションの可能性

トレーニング負荷後1日ないし2日たってやっと現れ，次の1～2日間最も痛く，その後しだいに和らぐ〔遅発性筋肉痛〕。痛みの症状は，当該の筋が，固く，膨らみ，堅く，触ると痛く，どう動かそうとしても痛く，動かない。

筋肉痛は筋への過大要求に帰着する。引き金になる原因とみなされるのは，個々の筋線維に高度の力が加わることで，とくに伸張性の収縮（ダッシュ・ジャンプ・方向転換加速をともなうエキセントリックないしプライオメトリックスのトレーニングなど）がこれに当てはまる。慣れないトレーニングあるいは長期のトレーニング休止後で，筋が負荷に対して最適には動員されないために，ブレーキをかける運動の開始のときにまず運動系の「不慣れ」から，わずかの運動単位に対してしか神経支配がなされない，あるいは筋間コーディネーションないし筋内コーディネーションが不十分で，わずかの筋線維だけで全負荷を担い，急速に過大要求となってミクロ的に外傷が加えられる。図173は，筋肉痛では，とくに前後につながるサルコメアを区分している結合組織のZ膜の部位で，微細な損傷が生ずることを示している。しかし，収縮フィラメントにも構造障害は起こりうる。

筋肉痛は，決して「ありふれたこと」ではない。なぜならこれは筋の肉離れ前段階だし，最悪の場合は筋断裂の前段階でもありうるからである。だから筋肉痛があるときは，最大筋力・パワー・スピードのハードなトレーニングを行ってはならない。正しいのは，血行をよくする措置（サウナや風呂などによる温度利用）をともなったゆったりしたランニングの回復的トレーニングである。筋肉痛の成立と症侯についての概観は図174にある。

筋肉痛の予防措置は次のようである。
○新しい慣れていないトレーニングでは漸増的な負荷増加。
○比較的長期のトレーニング休止の後は，漸増的な負荷増加。この場合は，体力的な能力だけでなくコーディネーション的な能力の低下も考慮

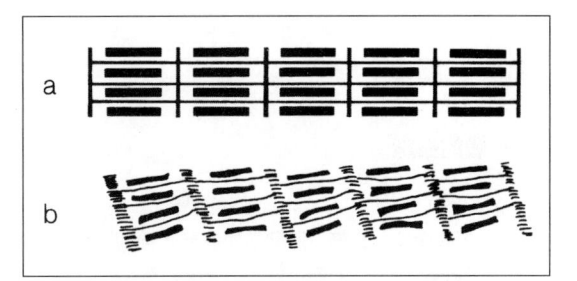

図173 通常の筋線維(a)と筋肉痛になった筋線維(b)
（Friden/Sjörström/Ekblom,1981）

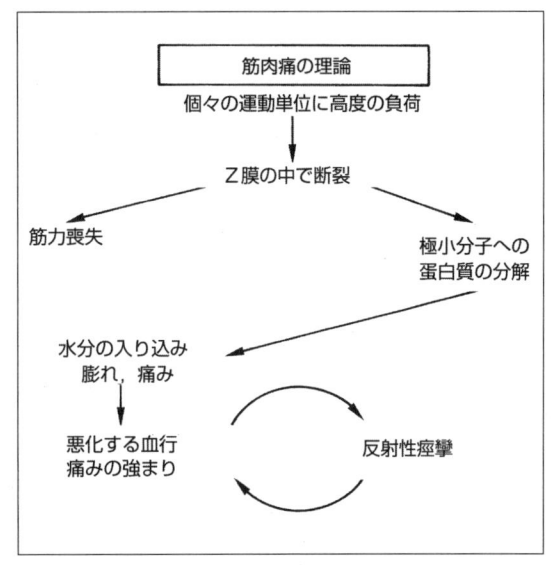

図174 筋肉痛成立の図式 （Böning,1988）

しなければならない。
○疲労状態では，とくにパワー分野での強度の高いトレーニングは決して行わない。なぜなら，この場合にはコーディネーション的な前提が悪化していることで，とくに筋肉痛となりやすいからである。
○強度の高い負荷の後では，ストレッチないしウォームダウン。

2 ── 筋の不均衡

(1)一般的基礎

> 筋の不均衡とは，相互に機能的連関にある筋群間(たとえば腹筋と背筋，股関節屈筋群と伸筋群のような協同筋と拮抗筋)の不均衡である。筋の不均衡は，大多数は，内容が十分に考えぬかれていないトレーニング構成の結果として，とくに一面的な筋力トレーニングによって生ずる。

それぞれの筋は，典型的な筋線維組成を示すだけでなく，特徴的な傾向を持つ。一定の筋群は，けいれんと短縮を起こしやすい傾向を持ち，これに対して他の筋群は，弱化する傾向を持つ。トレーナーは，筋力トレーニングと可動性トレーニングでは，この点を理解しておくべきである。けいれんした筋は短縮する傾向があり，さらに強化すべきではない。逆に弱化する傾向の筋は，トレーニングで強化すべきである。この場合，弱化した筋の筋力トレーニングの前に，たいていはけいれんしている拮抗筋をまず伸展すべきである。

弱化する傾向の筋：腹直筋と腹斜筋，大臀筋と中臀筋，広背筋，僧帽筋の下部と中部

短縮する傾向の筋：下腿三頭筋＝腓腹筋・ヒラメ筋，3つの股関節屈曲主要筋群＝腸腰筋・大腿直筋・大腿筋膜張筋，大腿の内転筋群，膝関節屈筋群(大腿屈筋群＝大腿二頭筋・半腱様筋・半膜様筋)，脊柱起立筋群の下部，僧帽筋の上部

さまざまな種類のスポーツ選手に，次のような筋の短縮が見出されている。大腿直筋 70％，下腿三頭筋 37％，脊柱起立筋 32％，大腿二頭筋 22％，腸腰筋 16％，大腿筋膜張筋 15％，恥骨筋 10％

サッカー選手の筋力とスピードのトレーニングでは，典型的な作業筋群，下肢の部位ではとくに膝関節伸筋群(大腿四頭筋)の種目が支配的である。これに対してケガしやすい拮抗筋，つまり膝関節

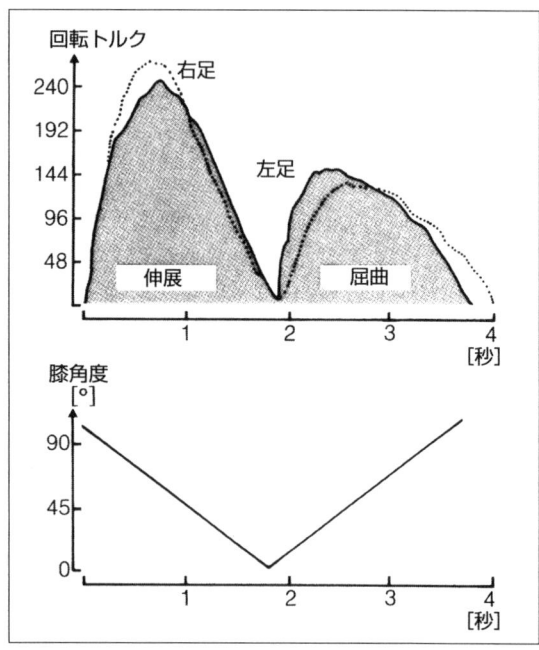

図175 あるブンデスリーガ選手の膝関節伸筋群と屈筋群のコンピュータによる等速性最大筋力測定(左足と右足[蹴り足]の比較) (Knebel/Herbeck/Hamsen,1988)

表31 さまざまな運動速度での膝関節伸筋群に対する屈筋群の筋力 (Davies,1984)

速度[°/秒]	屈筋群の最大筋力[％]	中位のH/Q指標
60	66〜69	1.49
180	70〜79	1.38
240	80〜89	1.18
300	85〜95	1.11

等速性最大筋力テスト(60°/秒)

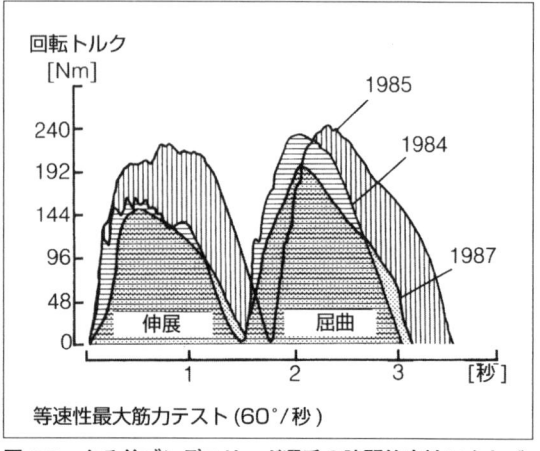

図176 ある前ブンデスリーガ選手の膝関節変性にもとづく筋の不均衡の変化 (Knebel/Herbeck/Hamsen,1988)

動きを最終的に受け止める機能を持っている。膝関節伸筋群の筋力をサッカー専門の筋力トレーニング（ジャンプ，キック，ダッシュのトレーニング）で強化すると，その結果として運動速度は高まる。したがって，膝関節屈筋群は，事前の筋の均衡を回復するためには，対応するように筋力水準を高めなければならない。

図175から，膝関節伸筋群と屈筋群との間の筋の不均衡を見てとることができる。60°/秒の運動スピードでは，屈筋群の最大筋力は伸筋群の約66〜69％でなければならない。つまり，筋力比は1.49であるべきなのに（表31），この事例では43.8％ないし2.28（右足），58.7％ないし1.70（左足）である。また，表31からわかるように，膝関節伸筋群と屈筋群の筋力の比率は同一ではなく，運動速度が違うと変化する。

図176は，筋の不均衡はトレーニング方法上の欠陥だけでなく，膝の損傷の進展（膝関節炎の意味での軟骨変性）からも起こりうることを示している。ケガした脚を反射的にかばうことによって，とくに「作業筋群」（膝関節伸筋群）の衰退が進行する。これは一時的には機能的な筋肉づくりトレーニングで止められる。

最大筋力，パワー，スピードの種目は，すべてのサッカートレーニングの標準プログラムに入っており，負荷のかかる筋群の筋張力をしだいに高めるので（265頁参照），サッカー選手の場合には対抗措置（270頁参照）を取らなければ，長期的には筋の不均衡がしだいに形成されがちとなる。
背中の部位では，サッカー選手は，シュートにも決定的に参加している股関節屈筋群に重点をおいてトレーニングするが，骨盤をまっすぐに支える腹筋群と臀筋群をしばしば軽視している。図236からわかるように，ランニングとジャンプの負荷では，腹筋群と臀筋群の部位では筋の活性化はそれほどおきない。したがって，いわゆる補完トレーニングによって軽視されている腹筋群と臀筋群を十分にトレーニングしなければならない。

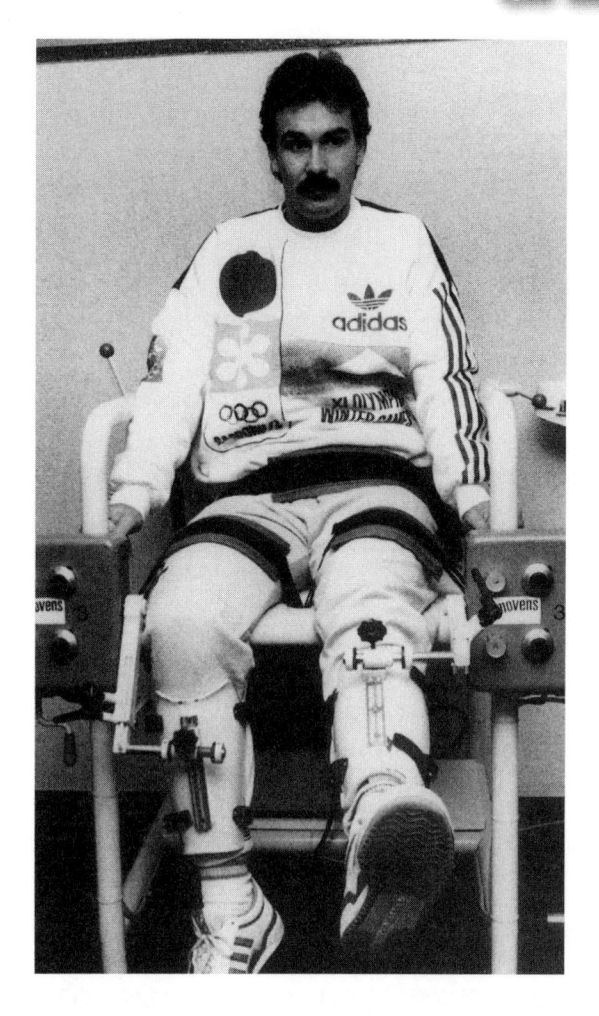

屈筋群（大腿屈筋群）は，過小評価されているため通常の脚筋力トレーニングではほとんど軽視される。しかし，コンピュータでの機能テストでは，ケガ予防に，膝関節伸筋群と屈筋群のバランスのとれた筋力水準がいかに重要かが示されている。図175からわかるように，膝関節伸筋群は等速性最大筋力テストの開始時には，屈筋群よりも高い立ち上がりの値を示す。しかし，速度が増すにつれて伸筋群の力は急速に減少し，他方屈筋群は，立ち上がりの値は低いけれども力の低下はそれほど速くない。膝関節の動きが速いほど，伸筋群と屈筋群の曲線の経過は似る。この場合に屈筋群は，過度の膝への負担を避けるべく，爆発的な伸ばす

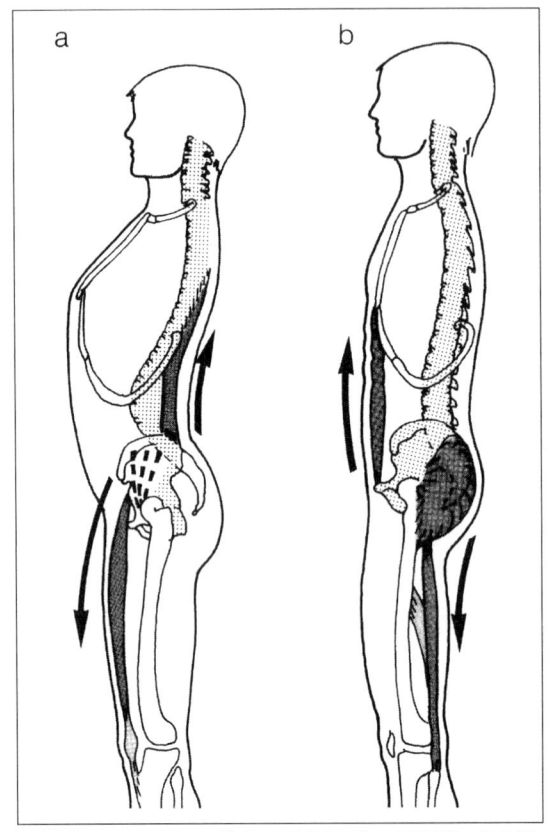

図177 あるサッカー選手の事例での筋の不均衡による脊柱-骨盤-位置関係の変化（Knebel/Herbeck/Hamsen, 1988）
(矢印＝筋肉の引っ張る方向)
a)強力な股関節屈筋群(骨盤の内部を走っている；筋線維の走り方は図式的で細線で描かれている)が、膝関節伸筋群と結合して骨盤を前方へ傾けている。背筋群はこれに対応してしだいに短縮し、骨盤傾斜をさらに強める。
b)目的に適った体操で、不均衡を妨げて均衡化することができる：
1.股関節屈筋群(腸腰筋)の伸展
2.背中を伸ばす筋群(脊柱起立筋)の伸展
3.腹直筋の強化
4.膝関節を曲げる筋群(大腿屈筋群)の強化
5.臀筋群(大臀筋)の強化

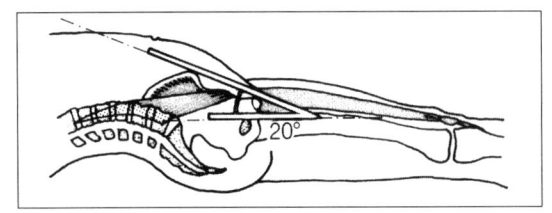

図178 股関節屈筋群短縮での脊柱前弯形成
（Kendall/Kendall-McCreary,1988）

> サッカーのゲームでの動きは見たところは限りなく多様だが、ゲームとトレーニングの負荷刺激は、全体として一面的でつねにサッカー専門の筋群に負荷をかけ、他の筋群は不十分にしか鍛えない。そこでこれら筋群は弱化し、筋の不均衡はさらに強められる。

図177は、あるサッカー選手における筋の不均衡による脊柱-骨盤位置関係の変化を示している。一面的な筋力トレーニングの後の調査では、通常は短縮するすべての筋群、とくに鼠径部、大腿筋群の前面と後面、股関節屈筋群で、運動範囲の減少が統計的に確証されている。

> 1回の筋力トレーニングの後ですでに5～13％の筋の短縮が生じ、これは48時間つづく。

プロサッカーでは毎日、部分的には数回にわたってトレーニングが行われ、筋力トレーニングはサッカー選手の「毎日のパン」になっているので、筋の不均衡をしばしば耳にすることになる。筋の不均衡によって、長期的には次の2つの相互に異なる、しかし相互に強め合う症状になる。つまり、運動ステレオタイプの乱れとそれに参加する関節系での痛みの症状である。

(2)筋の不均衡と特徴的なサッカー独自の愁訴の形
①鼠径部痛

サッカーほど鼠径部の痛みが広まっているスポーツ種目はない。他の種類のスポーツでは、スポーツ障害の約5％が鼠径部で生じているのに対し、サッカーでは12％と2倍以上である。

> 強力で短縮し固くなった筋群と過大負荷による損傷、たとえば腱と筋の起始の炎症および肉離れの両者は明らかに関連している。

ケガを被るような筋では、平均的な運動範囲がよりわずかなこと、そして筋短縮とケガとの間の関連が立証されているので、内転筋群の伸展能力低下、あるいは短縮にはもっと注意を向けなけれ

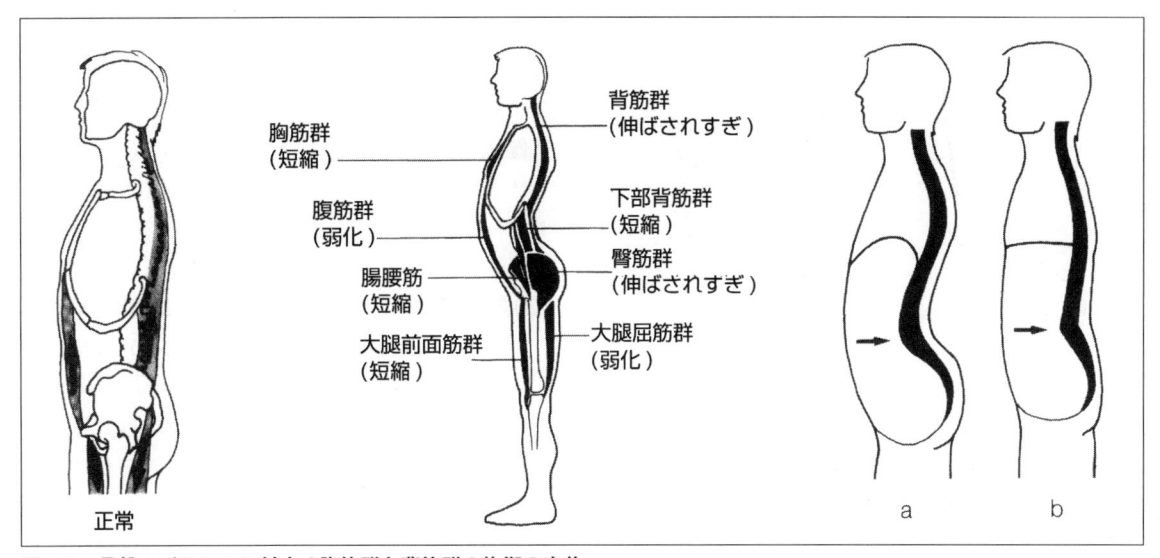

図179　骨盤のバランスに対する腹筋群と背筋群の均衡の意義
右図は，脊柱前弯形成回避にとっての強力な腹筋の意義を明らかにしている。a)弱い腹筋，b)十分な腹筋。

ばならない。この特徴的なスポーツ障害は，規則的な伸展ないしリラックス運動（268頁参照）で，もはや起こらなくなる。

　「説明できない」鼠径部の痛みは，股関節屈筋群の短縮による可能性がある。腸腰筋の短縮で生ずる骨盤前傾は，内転筋群の転移を引き起こす。この筋群の起始の位置が変化すると，内転筋群の筋力の発生が変化して非生理学的となり，くり返す鼠径部の痛みとなる。この場合には，内転筋群の伸展だけではバイオメカニカルな環境の変化を補うのに不十分である。原因に戻って，股関節屈筋群の短縮が是正されなければならない。

②背中痛ないし腰痛

　「背中痛」の大多数は，筋の不均衡による。この不均衡が骨盤と脊柱の位置関係に変化をもたらし，これはとくに第5椎間板と小さな椎間関節，および靭帯器官に圧迫と引っ張りの負荷を及ぼす。脊柱に機能障害がある場合，腹筋と背筋の筋力の50％までの筋の不均衡が存在する可能性がある。背中痛ないし腰痛は，次のように説明される。腰部と骨盤の筋群へのワンパターンの負荷によって筋の不均衡が形成され，股関節屈筋群ならびに膝関節伸筋群の短縮が骨盤をしだいに前傾させて，脊柱前弯を形成し腰痛を引き起こす。

　図178は，まさにランニングの筋である腸腰筋の短縮が，腰椎への持続的な引っ張りによって脊柱前弯の形成を強めることを示している。脊柱前弯形成は，弱い腹筋群と不十分な臀筋群によってさらに強まる。

　図179は，腰痛の症状との関連で，体幹筋群と骨盤筋群の短縮・弱化・不十分な強化が骨盤の位置に及ぼす関連を示している。十分に発達した腹筋群の意義は，最大筋力やパワーの負荷において，腰椎部の椎間板への力の作用を腹部内の圧力の上昇で50％まで削減し，この部位の変性や痛みの発生を大幅に予防する点にもある。

③膝痛

　サッカー選手の膝痛は，さまざまな原因による。一方では，サッカー専門の「作業筋群」の短縮が原因の可能性がある。とくに二関節筋，たとえば大腿直筋，大腿屈筋群，腓腹筋は短縮する傾向がある。膝痛を持つサッカー選手の約50％には，対応する筋で短縮があることがわかっている。大腿直筋の短縮は，膝蓋を持続的に引っ張り，膝蓋

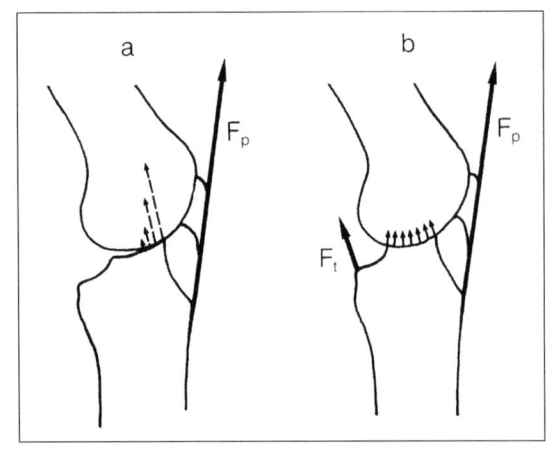

図180 筋の不均衡にある膝関節(a)と，安定的な均衡にある膝関節(b)での，大腿骨関節顆への圧力の分配
(Kibele/Müller/Münst,1990)

の潜在的な軟骨症(軟骨変性)の意味での痛みをもたらす可能性がある。他方では，膝関節伸筋群と屈筋群の筋力が不均衡だと，膝関節に過大負荷がかかって軟骨・靭帯・被嚢の構造の部位で変性を引き起こす危険がある。図180は，膝関節屈筋群と伸筋群の不均衡は，大腿骨関節面の部位での圧力分布を好ましくなく変化させることを示している。キック，ジャンプ，爆発的ダッシュのたびに，特徴的な「運動の担い手」である大腿四頭筋だけでなく，その拮抗筋の大腿後面の筋群(大腿屈筋群)にも強度に負荷がかかる。筋力や伸展能力が不足している選手は，膝関節に過大な負荷をかけることになる。

サッカー選手は，ポジションに応じて筋の不均衡の程度が異なる(表32)。伸筋群/屈筋群(H/Q)指標の理想の値は1.55であろうが，ここではフォワードが近似的に達成しているだけである。こう

した不均衡とこれにともなう痛みは，大腿屈筋群に目的を定めたトレーニングによって均衡化が可能である。

④踵痛

下腿筋群(腓腹筋・ヒラメ筋)の短縮は，踵痛をもたらすことがある。

(3)筋の不均衡とコーディネーション的ないしサッカー独自の運動ステレオタイプの乱れ

一面的な筋力トレーニングは筋の不均衡を引き起こし，これは関節機能の乱れを引き起こし，さらに運動経過のステレオタイプの乱れをもたらす可能性がある。これで，ある運動に対する個々の筋群の最適な協同と収縮の時間的順序も狂う可能性がある。

筋群と個々の関節構造との間には密接な反射的相互連関がある。筋群での乱れは関節での乱れを条件づけ，またその逆も当てはまる。たとえば，膝関節内部の損傷(たとえば半月板損傷)の場合には，膝関節伸筋群(大腿四頭筋)の筋張力(トーヌス)が急速に低下し，引きつづいて相対的に急速に筋萎縮と筋力低下が生じる。これは，系全体の機能性をいっそう悪化させ，スポーツ能力にマイナスの影響を及ぼす。図181は，関節部位での乱れが，選手のからだの他の部位にもつねにマイナスの影響を及ぼすことを示している。

> したがって，関節部位ないし筋部位での機能変化は，心臓-循環パラメータや中枢神経系に対してもマイナスの影響を及ぼす。つまり，いわゆるステレオタイプの変化によって，運動を行うときの連携が変化する。

	数	伸筋群(Q)	屈筋群(H)	H/Q指標
ゴールキーパー	16	271	141	1.92
バック	60	253	142	1.78
ミッドフィールダー	45	240	139	1.72
フォワード	43	231	145	1.59

表32 等速性の最大筋力テスト(30°/秒)での膝関節伸筋群と屈筋群の筋力の関係 (Ekstrand et al.,1988) さまざまなポジションごと (力の単位は Newtonmeter＝Nm)

筋の弱化ないし短縮の意味で筋張力の目標値が変化したときは，運動ステレオタイプが変化し，筋は正常時のようには協働せず，自動化された継起パターンで収縮しなくなる。そして，直接間接に関連する諸組織の適応力と負荷可能性にもマイナスの影響がある。筋張力の上昇と筋の短縮は，靭帯起始の痛みや脊柱部位とくに腰椎部位の痛みの原因となり，運動ステレオタイプを変化させてケガしやすくする。さまざまの筋群は機能的な連鎖で作業するので（図100を参照），短縮した筋は筋の連鎖全体に影響して，運動パターンを損なってしまう。

> 運動ステレオタイプの乱れの場合は，筋の連携の変化，ないし収縮パターンの時間的な変化がもたらされる可能性があり，両者ともにスポーツ遂行能力を損なう要因である。

筋群の短縮ないし弱化によって収縮の順序が変化する例として，次がある。股関節屈筋である腸腰筋の伸展能力が制約されると，ジャンプの際に必要な股関節での思い切った伸展（過伸展）は，腰椎部での極端な脊柱前曲げによってのみ行われるようになる。その場合には，股関節での収縮の順序，つまり大臀筋→大腿屈筋群→腰部の脊柱起立筋が乱されるという現象が現れる。つまり，腸腰筋があまりに強くまた早く活性化され，大臀筋は動きを制限されてほとんど活性化しないのである。種々の年齢・レベルの多数のスポーツ選手についての長期観察から，筋の不均衡の問題は次のようにまとめられる。

○ 基礎トレーニングの開始時にすでに，筋の短縮と弱化は存在する。大腿直筋・腹筋群・深層の頸部を曲げる筋群で，異常の所見が最も見られる。
○ 競技スポーツのトレーニング開始で，筋の短縮と弱化は増加する。複数の筋が短縮ないし弱化する。男性は，女性に対して筋の不均衡がはなはだしい。臀筋群の弱化が非常に目立つ。
○ 専門的トレーニングが高い割合を占める高度の

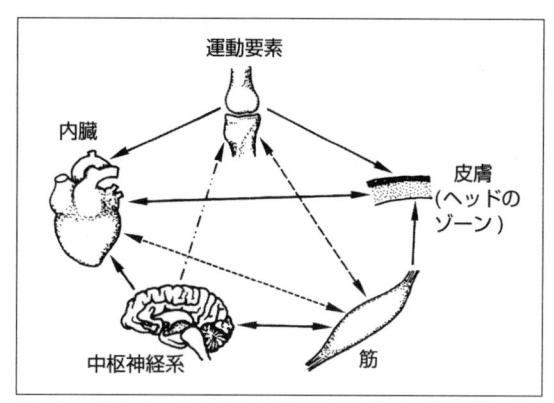

図181　からだのさまざまな構造間の神経反射的連関
（Badtke, 1988）

レベルでは，すべての筋群の弱化と短縮の相違は最大となる。このときにケガの危険も最大となる。一般的トレーニングが増えると，筋の不均衡は減少傾向となる。

したがって，トレーニング過程の最初から筋の不均衡を回避し，短縮した筋を伸ばし，弱化した筋を強化する補償トレーニングを活用すべきである。こうして，高度のレベルで必要なスポーツ種目専門のトレーニングによる筋の不均衡を最小限にでき，ケガの予防とプレー能力の潜在力開発に役立つ。

すでに児童でも，早期に筋の不均衡は起こる。この不均衡は，年齢増加につれて悪化し，関節と筋の均衡を破壊する。その理由として，スポーツ種目専門の過大負荷と誤った負荷，ないし一定の筋群のトレーニング不足ないし誤ったトレーニングがあげられる。次のような因果連関が指摘できる。

①いくつかのスポーツ種目では，体系的トレーニングの開始が児童初期へと早められて，とくに支持機能の点での筋群の多面的で均等な発達は不十分にしか考慮されていない。早すぎる一面的なスポーツ種目専門の要求への対応がしばしば行われ，これによって最適の関節と筋の関連の発達が乱されている。

②児童のスポーツ的な負荷構成では，児童のからだは支持器官と運動器官のポジティブな発達と

適応のために，成人よりも短い負荷時間と長い回復インターバルを必要とする点がしばしば不十分にしか考慮されていない。それだから，短すぎる回復インターバルによる疲労，それどころか痛みは筋の不均衡を引き起こす。

③一面的に行われるトレーニングは，同様に不均衡な筋の発達を促す。あまりに専門的なランニングとジャンプのトレーニングは，典型的なランニングの筋である腸腰筋の短縮傾向を助長する。

筋の不均衡を回避するために，次の点を考慮すべきである。

○とくに児童・ジュニア期には，最適の関節と筋の関連を発達させるために多面的なトレーニングに配慮し，安定性（筋強化）と動性（筋の伸展）を同等に追求しなければならない。初めの数年間は，とくに支持機能を含めて全身的な筋群の強化を追求すべきである（162頁参照）。スポーツ種目の専門性から，全面性の原則をトレーニングでつねには実現できない場合は，補償トレーニングと目的を定めた種目を導入すべきである。

○児童・ジュニア期における靭帯構造と支持組織構造を最適に発達させるには，筋伸展のトレーニングは拮抗筋の強化を通じて行うべきである。なぜなら，このようにして伸展が関節へのわずかの負荷で行えるからである。

○スポーツ種目の専門性に応じて，相対的に未発達の拮抗筋である筋群を見つけて，この筋群に目的を定めて強化する必要がある。さらに，短縮の傾向のある主要筋群を診断して，ストレッチプログラムで配慮する。これらについてその都度新しい所見を得るために，定期的なテスト（277頁参照）が必要である。

○スポーツ種目専門の負荷から，短縮と弱化の典型的なパターンが生じるのを回避するために，目的を定めた予防的・治療的・トレーニング方法の措置が導入されなければならない。

6. 筋力トレーニングの期分け

1 ── 準備期

準備期には，筋肉づくりトレーニング（114頁参照），筋内コーディネーショントレーニング（パワートレーニング，116頁参照），および筋間コーディネーショントレーニング（ゲームでの専門の筋力トレーニング，119頁参照）が前面に出る。図182は，内容的・方法的構成の概観を示している。すでに述べたように，効率的にトレーニング効果を達成するには，筋肉づくりトレーニングには4〜6週間，筋内コーディネーショントレーニングには少なくとも約3週間といった一定の期間をとらなければならない。

> トレーニング期間が短すぎると，筋肉づくりトレーニングの場合は望ましい適応効果が得られず，筋内コーディネーション・トレーニングの場合は筋肉づくりトレーニングで大きくなった筋のポテンシャル利用しつくすには十分でない。期間が長すぎると，トレーニングに費やしたものと達成される結果とが対応しなくなる。

安定的な筋力の向上は，比較的長期の期間について計画されたトレーニングの重点を通じてだけ達成できる。

2 ── ゲーム期

ゲーム期には，獲得された筋力水準をプロでは週1回のいわゆる「維持トレーニング」（182頁参照）によって，ほぼ同じに保つべきである。移行期にも，トレーニングの継続に配慮しなければならない。すでに述べたように，リーグ戦期に筋力トレーニングを停止すると，ゲームでは最高度に筋力

第3章／サッカー選手の筋力とそのトレーニング 181

を動員するにもかかわらず，すべての筋力指標は低下を示す。図183は，全シーズンを通じて行われる通常のサッカートレーニングに付随する筋力トレーニングのプラスの影響を示している。

> シーズン中に筋力トレーニングを行っていたすべての選手は，シーズンの終わりに，同じリーグに属している筋力トレーニングを継続しなかったコントロールグループよりも高い筋力水準を示している。

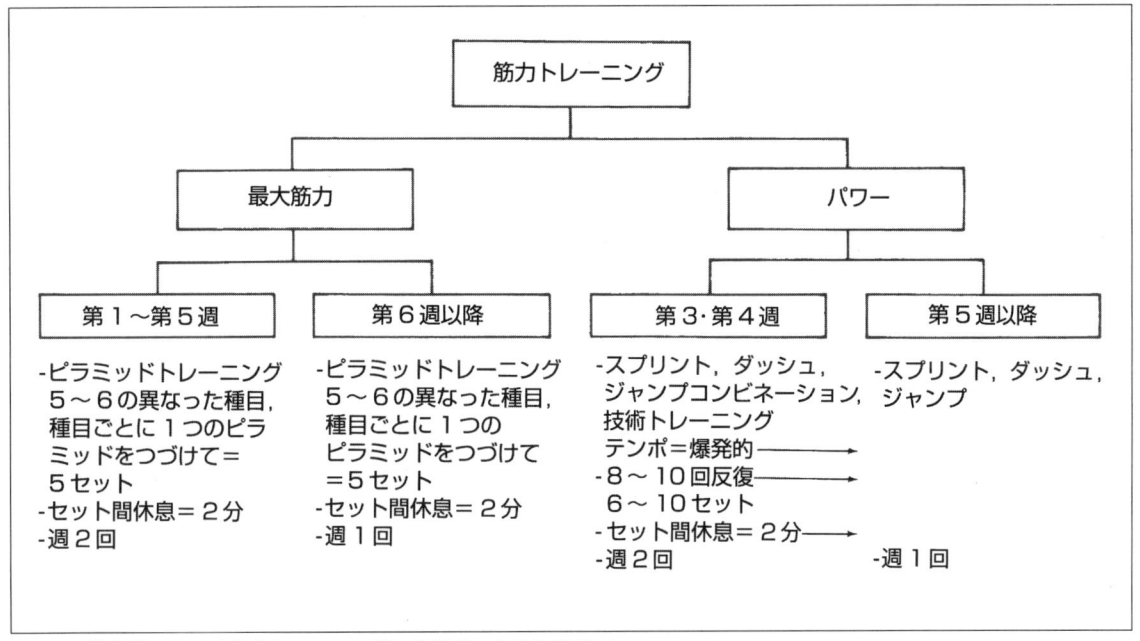

```
                    筋力トレーニング
                   ┌──────┴──────┐
                 最大筋力           パワー
              ┌────┴────┐      ┌────┴────┐
          第1～第5週   第6週以降   第3・第4週   第5週以降
```

- 第1～第5週
  - ピラミッドトレーニング 5～6の異なった種目，種目ごとに1つのピラミッドをつづけて=5セット
  - セット間休息＝2分
  - 週2回

- 第6週以降
  - ピラミッドトレーニング 5～6の異なった種目，種目ごとに1つのピラミッドをつづけて=5セット
  - セット間休息＝2分
  - 週1回

- 第3・第4週
  - スプリント，ダッシュ，ジャンプコンビネーション，技術トレーニング
  - テンポ＝爆発的
  - 8～10回反復 6～10セット
  - セット間休息＝2分
  - 週2回

- 第5週以降
  - スプリント，ダッシュ，ジャンプ
  - 週1回

図182　準備期における筋力トレーニング，内容的・方法的構成（Bisanz,1985）

Kbk:膝関節屈曲　コンセントリック
Kbe:膝関節屈曲　エキセントリック
Ksk:膝関節伸展　コンセントリック
Kse:膝関節伸展　エキセントリック
Hbk:股関節屈曲　コンセントリック
Hbe:股関節屈曲　エキセントリック
Hsk:股関節伸展　コンセントリック
Hse:股関節伸展　エキセントリック

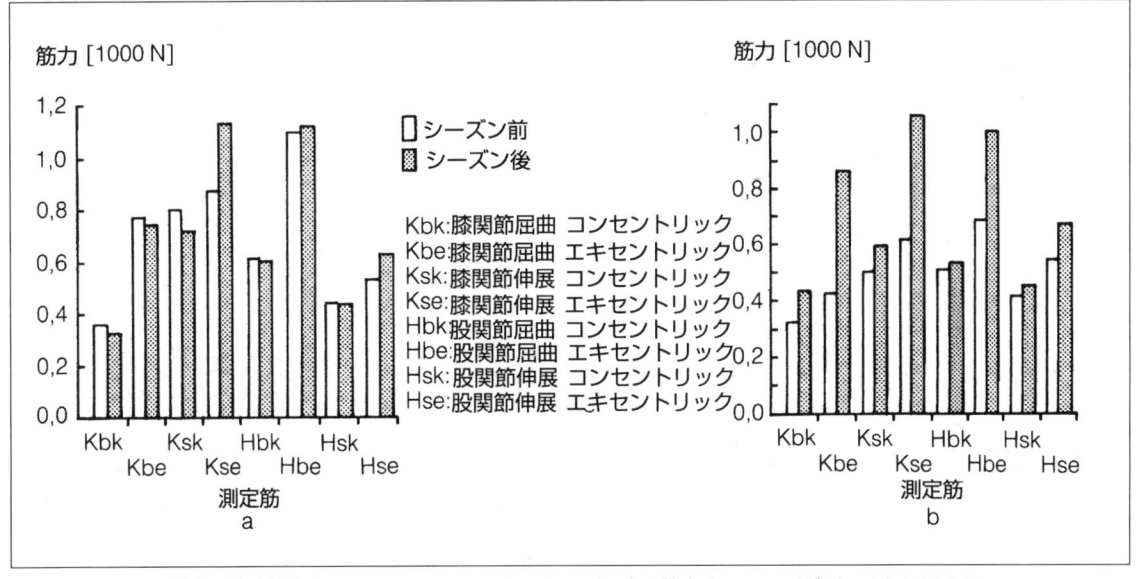

図183　サッカー選手の等速性筋力（de Proft et al.,1988）　シーズン中の筋力トレーニングが，a)なし b)あり

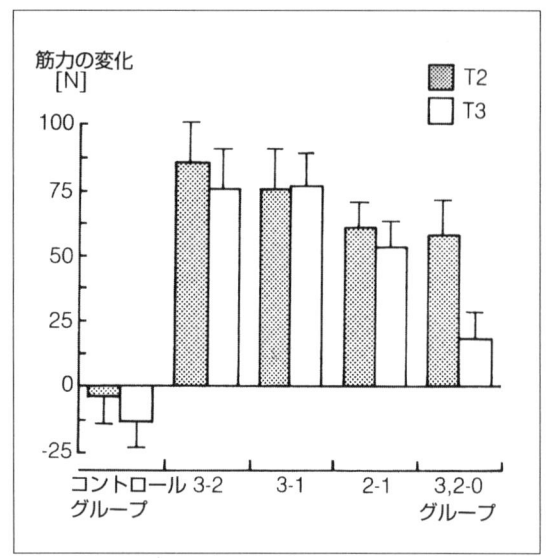

図184　膝関節伸筋群の最大筋力の変化(等速性で測定)
(Graves et al.,1988)
比較的長期の(10～18週)トレーニング期間後(T2)と，12週間の削減されたトレーニング期間後(T3)について，さまざまなトレーニンググループ　3-2＝週3回のトレーニングを2回に削減；3-1＝週3回のトレーニングを1回に削減；2-1＝週2回のトレーニングを1回に削減；3,2-0＝週2回のトレーニングを0回に削減(トレーニングをしない)

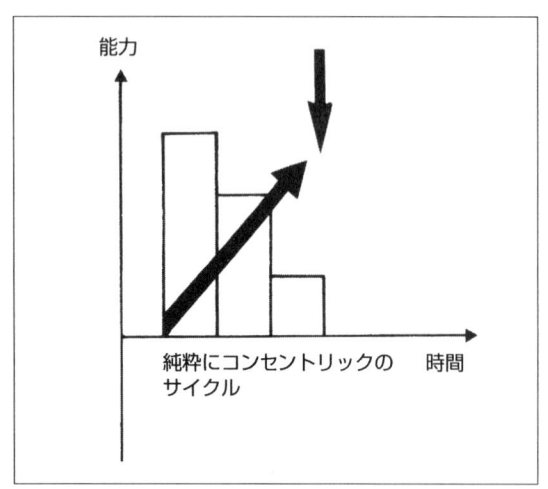

図185　「純粋に」コンセントリックの筋力トレーニングサイクルの直接的効果（Cometti,1988）

3 ── 移行期

トレーニングで獲得した筋力水準は，3か月間の削減されたが十分に強度の高いトレーニングによってほぼ完全に「保持」できるが，完全にトレーニングを停止する場合には，筋力のドラスティックな低下を覚悟しておくべきである(図184)。トレーニング休止(病気あるいはケガでの休止を含む)によって，活動的筋量/貯蔵脂肪の比率が相対的に急速に変化し，すべてのジャンプ力とダッシュ力の能力は低下する。

したがって，トレーニングでは次の点に注意すべきである。

○上位のレベルでは，年間を通した筋力トレーニングを要求すべきである。
○休暇期や長い冬季休息期にも，維持的トレーニングや筋つくりなおしで，適切な筋力水準を保つべきである。
○ゲーム期には，最大筋力・パワー・スピードの能力に何の低下も来さないように，準備期に獲得された筋力水準を少なくとも週1回の筋力トレーニングで維持すべきである。

年間を通した維持トレーニングが，時間的・組織的な理由から通常のトレーニングの枠内では行えない場合，選手は個人トレーニングで体力を維持すべきである。「自分で監督する」トレーニングには，ものごとをわきまえた，洞察力のある，「大人の」，チームに協力する意志のある選手が必要である。

4 ── ミクロサイクルないし1回のトレーニングの中での筋力

ミクロサイクル(1週間)の中では，個々の時期について，次の筋力トレーニングの構成が勧められる。

○準備期1：2回の筋肉づくりないしコンビネー

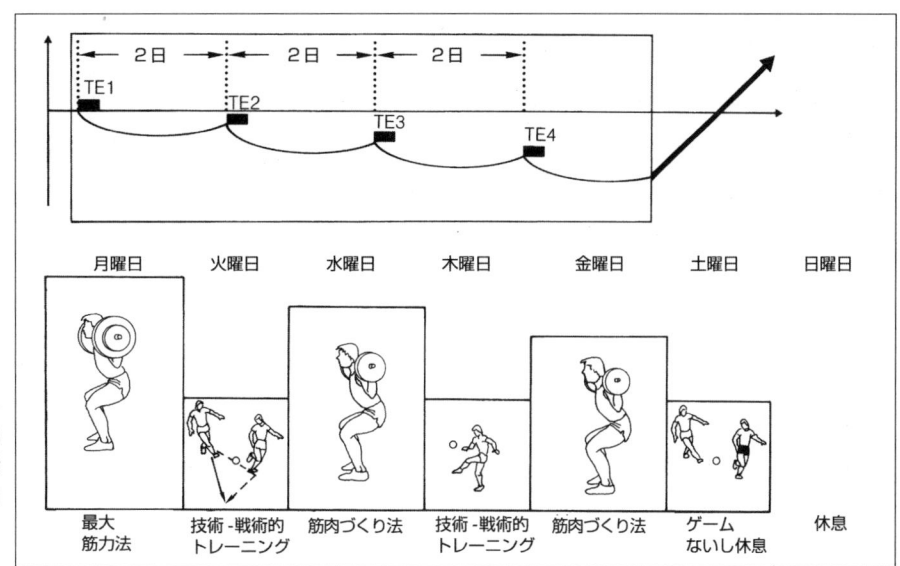

図186　1週間のトレーニングとトレーニング方法の指示(準備期, 目標：最大筋力向上のための筋肉づくりトレーニング)
(Cometti,1988)

ショントレーニング
○準備期2：2回の筋内コーディネーショントレーニング(IK)，ないし1回のIKと1回のサッカー専門のパワートレーニング(FSS)
○ゲーム期1：1回のIKと1回のFSS
○ゲーム期2：1回のコンビネーショントレーニングと1回のIK

筋力を中心としたトレーニングを構成する際には，次の点に注意すべきである。
○週2回の筋力トレーニングは，中間での最適の回復のため2日間空ける。つまり月・水ないし火・木となる。
○準備期1：最大筋力の前に技術とスピード，筋持久力と持久性の前に最大筋力。
○準備期2および試合期：技術の前にスピードとパワー，最大筋力の前に技術，パワーと最大筋力は前後入れ替わってもよい。筋持久力と持久性はつねに最後。
○さまざまな筋力トレーニング方法を用いる場合は，直接的効果・後で出てくる効果・累積的効果を持てるようにする。

(1)コンセントリックス
①直接的効果

純粋にコンセントリックの運動，たとえばバーベルでの爆発的な膝伸ばしでは，パワーの直接的強化が見られる(図185)。

> したがって，純粋にコンセントリックの方法は，他の若干の方法(188頁参照)と同様に，直接的な試合準備，「切れる」ようにするために適している。

筋肉づくりトレーニング(114頁参照)での1回の筋力トレーニング(40～60％，中程度のテンポで1セット当たり10回反復)の後，中間の底(能力とくにパワーの低下)から回復するのに，約3日必要とする。ピラミッドトレーニング(負荷は減少させる)の中での高度・最高度強度法(117頁参照)の1回の筋力トレーニングの後，回復まで約7日必要である。

1回だけのトレーニングというのはあまりないので，関心があるのは1週ないし数週にわたるトレーニングサイクルの直接的影響である。プロでは，冬季に1日おきに筋力中心のトレーニングをすべきである。理想的なのは，最大強度での1回のトレーニングに筋肉づくり法での2回のトレーニングがつづくやり方である(図186)。

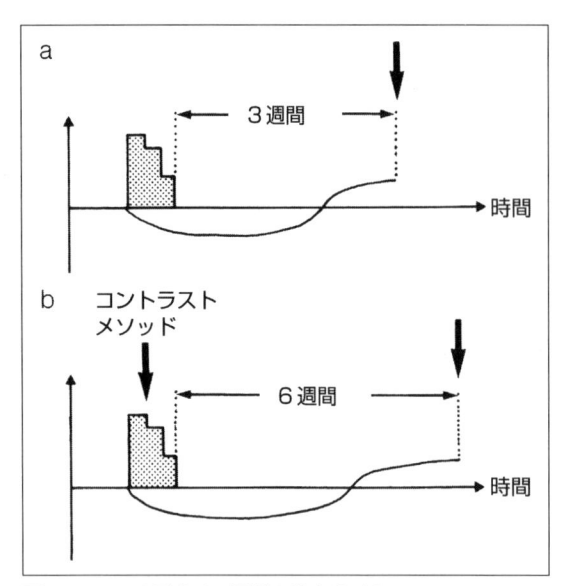

図187　2つの異なる3週間の筋力サイクル（Cometti,1988）
a)コンセントリックス，b)コントラストメソッドで強めたコンセントリックスの，後で出てくるトレーニング効果

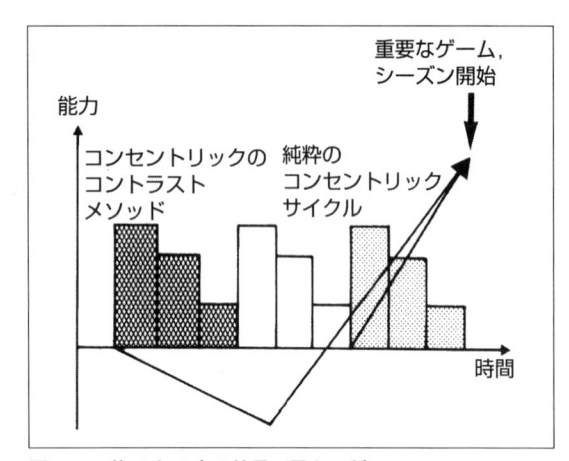

図188　後で出てくる効果が異なる種々のコンセントリック筋力トレーニングサイクルのコンビネーションでの累積的効果（Cometti,1988）

注意点：高度・最高度強度法は，週1回以上行わないように！

②後で出てくる効果

　純粋にコンセントリックな運動の3週間のサイクル後，超回復が出てくるまで約3週間かかる。サイクルがコントラストメソッド(124頁参照)でもっと厳しくなると，能力上昇が見られるには6週間かかる(図187)。

③累積的効果

　累積的効果とは，ゆっくり作用するトレーニング方法と早く作用するトレーニング方法のコンビネーションで，合計してより高いトレーニング効果を達成することである。図188が示すように，たとえば3週間のコントラストメソッドで強めたコンセントリックスを，それぞれ3週間の2つの純粋にコンセントリックのサイクルと結びつけると，筋力上昇はいっそう強められる。パワー発達のトレーニング計画では，このいわゆる長期的に後で出てくるトレーニング効果(図189も参照)にとくに着目すべきである。この場合，集中的な筋力負荷段階の後，一時的なパワー能力低下が生じ，その後持続的なパワー上昇に転換して明白に出発点の水準を越える。

> 長期的に後で出てくるトレーニング効果に目的を定めて用いることにより，トレーナーは選手の筋力水準を比較的長期にわたって高水準に保つことができる。こうして「早くつくりすぎ」を避け，後の「落ち込み」のない比較的長期の体力的安定化が達成できる。

(2)エキセントリックス

①直接的効果

　「120～80」の方法(187頁参照)でトレーニングすると，このトレーニング方法に慣れている選手では，個々のトレーニングの後でも，3週間のサイクルの後でも即座の能力増加が見られる。したがって，この方法はとくに直接の試合準備に「切れをよくする」ために適している。しかし，エキセントリックスがコントラストメソッドで強められると，超回復局面まで8～10日必要とする。

②後で出てくる効果

　以上の強められたエキセントリックのコントラストメソッドで8～10日後に現れる効果と並んで，1回のトレーニングで約6週間後に出てくる付加

的効果がある。3週間の強度の高いエキセントリックのトレーニングサイクルは，10～12週間後に出てくる効果を持つ。

> コントラストメソッドで強めたエキセントリックスは，かなり後の時点で能力を上昇させるのに最適である。

コントラストメソッドでのエキセントリックのサイクルの計画化によって，コンセントリックスのコンビネーションの場合にすでに見たように（184頁参照），早くつくりすぎて後で何も「追加」できないのを回避することができる。

③累積的効果
長期的に作用するエキセントリックスと短期的に作用するエキセントリックスを結びつけると，重要なゲームに照準を合わせた準備をすることができる（図190）。

(3)プライオメトリックス
①直接的効果
プライオメトリックス形式の直接的効果は，用いる形式に大幅に依存している。「小さな」プライオメトリックス（単純なジャンプ・ジャンプバリエーションの連続・ジャンプ走など）は，直接的試合準備で「切れるようにする」ために適している。「中程度のプライオメトリックス」（両足でのとび箱とび・ハードルとび）は，3日間の回復期間を必要とし，強度の高いプライオメトリックスでは10日間，最も強度の高い形式（コントラストメソッド）では15日間の回復期間が必要である（図191）。

> 強度の高いプライオメトリックスの形式は，選手にとって非常に負荷が大きい。したがって，この形式を用いるのは頻繁すぎてはならず，リーグ戦や重要なゲームとは十分に間隔を空けるようにすべきである。

②後で出てくる効果
強度の高いプライオメトリックスの3週間のサ

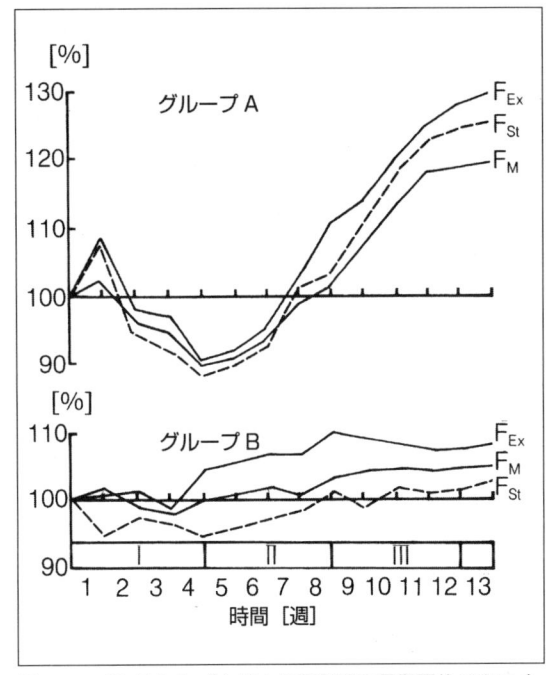

図189　インテンシブな筋力負荷段階の長期間後に出てくるトレーニング効果の意味でのパワー発達の変動（Werchoschanski,1988）
グループA＝筋力重点の選手；グループB＝伝統的な付随トレーニングの選手　I＝筋力負荷期，II＝直接的ゲーム準備期，III＝ゲーム期の開始
F_{St}＝開始時パワー，F_{Ex}＝爆発力，F_M＝最大筋力

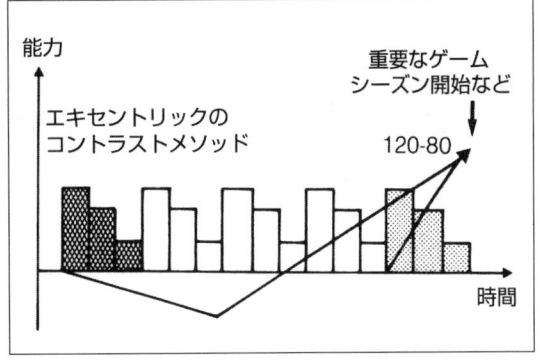

図190　さまざまなエキセントリック筋力トレーニングサイクルの累積的トレーニング効果（Cometti,1988）

イクルは，超回復までに3週間，最も強度の高い形式（コントラストメソッド）だと少なくとも6週間必要である（図191）。

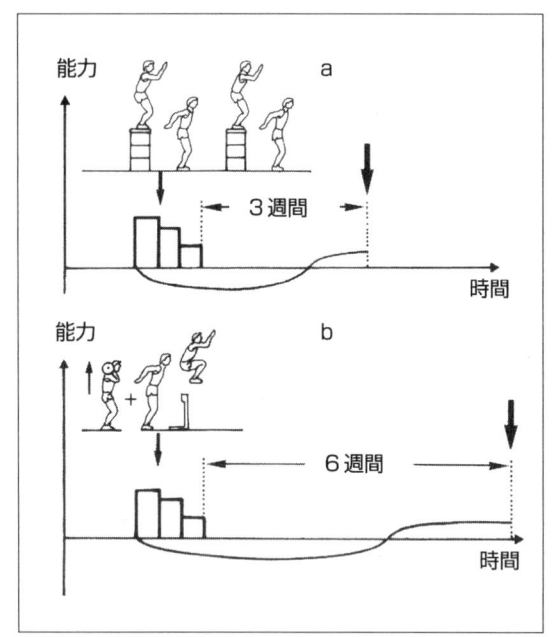

図191 プライオメトリックスの後で出てくる効果
(Cometti, 1988)
a)「インテンシブなプライオメトリックス」，b)「コントラストメソッド」としてのプライオメトリックス

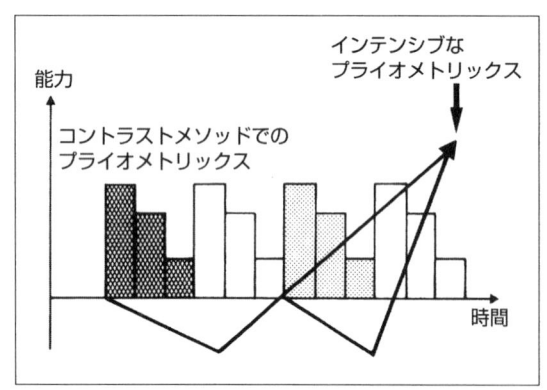

図192 異なる負荷強度の2つのプライオメトリックサイクルの累積的効果 (Cometti, 1988)

③累積的効果

図192は，2つの長期的に計画されたプライオメトリックサイクルの合計の効果を示している。

> 負荷が過大とならないように，また慣れてしまってこの方法の高度の効果性を減少させないように，強度の高いプライオメトリックスのサイクルは，準備期に目的を定めて，時期的に正しく調和するように用いるべきである。いろんな種類のジャンプの「小さなプライオメトリックス」は，年間を通して頻繁に可能である。

(4) アイソメトリックス
①直接的効果

プライオメトリックスと同様に，アイソメトリックスの直接的効果は，その都度用いられる方法に依存する。コントラリメソッド(126頁参照)での1回のトレーニングでは，最大で1日の休息が必要なだけで，トータルアイソメトリックス(114頁参照)では3～5日，最大アイソメトリックス(118頁参照)では7～10日必要である(図193)。

> 注意点：コントラリメソッドは即座に作用するので，直接的な試合準備に適している。

②後で出てくる効果

1回のトレーニングの作用と同じことが，アイソメトリックのサイクルについても当てはまる。コントラリメソッドでのサイクルは後で出てくる効果がなく即座の効果だけで，トータルアイソメトリックスは後の効果が出てくるまで約6週間必要で，最大アイソメトリックスでは約9週間である。

③累積的効果

図194が示すように，アイソメトリックの方法を巧みに組み合わせて，望ましい合計の長期的効果を達成できる。

アイソメトリックの方法は，年間計画ではシーズン開始からそう離れない時期に，また筋間コーディネーションはトレーニングしないので他の筋力トレーニングに対して補完的にのみ計画に組み込むべきである。アイソメトリックの部分を含んだ短期的に有効な唯一の方法は，いわゆるコントラリメソッドである。

(5) トレーニングにとっての帰結

重要なのは，筋力トレーニングに正しい方法と

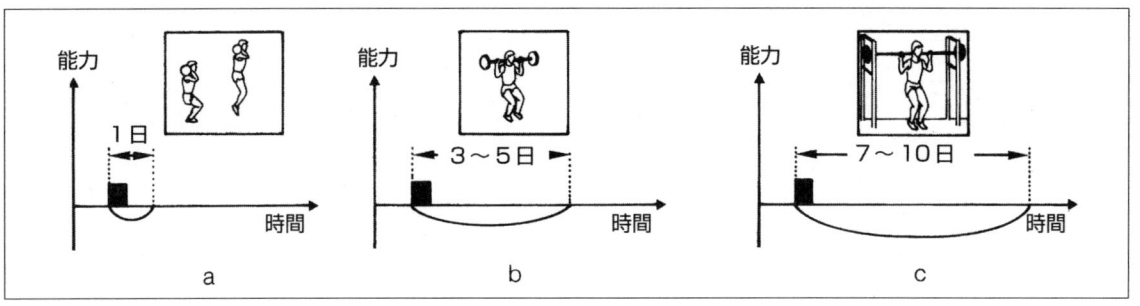

第3章／サッカー選手の筋力とそのトレーニング　187

図193　さまざまなアイソメトリックスの直接的効果（Cometti, 1988）
a) コントラリメソッド，b) トータルアイソメトリックス，c) 最大アイソメトリックス

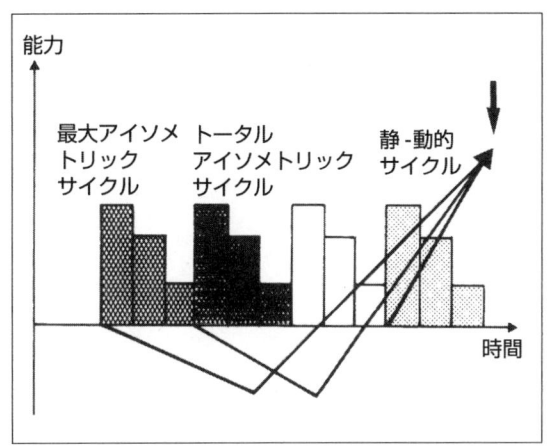

図194　さまざまなアイソメトリックスの累積的効果
（Cometti, 1988）

正しいトレーニング種目を用いることだけでなく，これらを正しい時点に最適のコンビネーションで実行することである。

> 試合前に短期で「切れをよくする」には，コンセントリックス・エキセントリックス(120〜80)・プライオメトリックス・コントラリメソッドといった，直接的効果を持つ方法が適している。後で能力が低下する「早くつくりすぎ」を回避する意味での長期的効果には，コントラストメソッドの形式で用いられる場合の，コンセントリックス・エキセントリックス・プライオメトリックスがとくに適している。

直接的効果と後で出てくる効果を正しく組み合わせて，トレーナーは選手たちの高い筋力水準をつねに達成し，体力的「落込み」を回避することができる。図195は，ある一つのトレーニング方

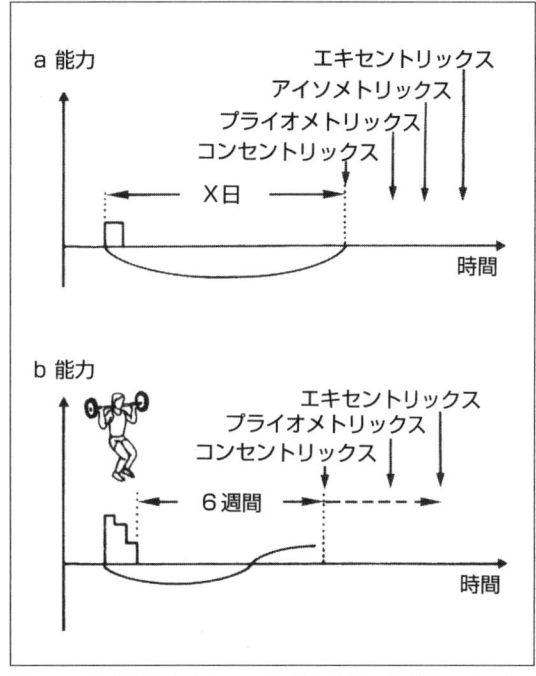

図195　さまざまなトレーニング方法のコンビネーションによる効果（Cometti, 1988）
a)「コンセントリックス」の例での「直接的効果の現れ」の遅れ，b)「トータルアイソメトリックス」の例での「後で出てくる効果の現れ」の遅れ

法の直接的効果も後で出てくる効果も，後に第2のトレーニング方法を加えることによって後にずれることを示している。トレーナーにとっては，この関連を認識してトレーニング計画で考慮することが重要である。

時間的な作用の総括的概観は，表33を見よ。

表33 さまざまなトレーニング方法の直接的効果と後で出てくる効果

方法，方法バリエーション，方法コンビネーション		即座の効果：超回復が現れるまでの時間[日]	後で出てくる効果が現れるまでの時間[日／週]
筋肉づくりトレーニング(40～60%)：	－トレーニング1回 －3週間サイクル	3日	4～6週間
高度・最高度強度法，ピラミッドトレーニングの事例：	－トレーニング1回	7日	
「純粋な」コンセントリックス：	－トレーニング1回 －3週間のサイクル	1日	3週間
コンセントリックス，コントラストメソッドで強める：	－3週間のサイクル		6週間
エキセントリックス(120～80)：	－トレーニング1回 －3週間のサイクル	1日	10～12週間
エキセントリックス，コントラストメソッドで強める：	－トレーニング1回 －3週間のサイクル	8～10日	10～12週間
単純なプライオメトリックス：	－トレーニング1回 －3週間のサイクル	1日	2～3日
中程度のプライオメトリックス：	－トレーニング1回 －3週間のサイクル	3日	1週間
インテンシブなプライオメトリックス：	－トレーニング1回 －3週間のサイクル	10日	3週間
インテンシブなプライオメトリックス，コントラストメソッドで強める：	－トレーニング1回 －3週間のサイクル	15日	6週間
コントラリメソッド：	－トレーニング1回	1日	
トータルアイソメトリックス：	－トレーニング1回 －3週間のサイクル	3～5日	6週間
最大アイソメトリックス：	－トレーニング1回 －3週間のサイクル	7～10日	9週間

7. 筋力テスト

テストの中で，実験室テストとフィールドテスト，一般的テストとスポーツ種目専門テストが区別される。サッカー専門テストの例としては，とくにキック力テスト（194頁参照）があるだろう。さらに，静的テストと動的テストとが区別される。この場合に注意すべきは次の点である。

○静的筋力テストは筋間の影響を削減するので，測定可能な最大筋力は，まずもって収縮単位の数・厚さ・前もっての伸展，および活性化可能性に依存することになる。

○動的テストでは，筋間コーディネーションの影響が，テスト種目の複合性と実行速度に依存して増加する。

最大筋力/パワー/筋持久力のどれが問題となっているのか，キック力/遠投力といったどのサッカー専門の筋力が問題となっているのかに応じて，さまざまのテスト方法やコントロールの仕方のどれが適切かが決まる。

1 ── 最大筋力テスト

(1)動的テスト

バーベルを用いる動的最大筋力テストは，通常のサッカートレーニングではあまりみられない。唯一の例外が，脚伸展力測定のためのバーベルを用いた膝曲げである。このテストがあまり行われない理由は，相対的に高いケガの危険性にある。児童とジュニアの運動器官は，骨端軟骨が閉じていないために，成人のようなメカニカルな負荷可能性は持っていない。したがって，こうしたとくに脊柱に負担のかかる種目は，過大負荷による損傷の危険があるので問題とならない。Aジュニアのトップレベルでは，最大筋力を反復回数で測定できる。

例：ある種目で10回反復できると，最大筋力の約70％が達成されている。この数値から100％値を推計できる。

より高度のレベルやプロサッカーでは，今日では等速性筋力測定機器が利用できる。これにより，さまざまな角度での静的・動的な筋力値（最大筋力・力積・パワー曲線）を測定し，最大筋力/体重の比率を算出し，屈筋群と伸筋群の筋力比（175頁参照）や筋力の左右差についての情報が得られる（175頁参照）。したがって，この機器を利用して，さまざまな速度範囲とさまざまな角度での最大筋力を非常に正確に測定できる（図196）。必要に応じて，ポジティブで動的な（コンセントリック）筋力とネガティブで動的な（エキセントリック）筋力を区分して測定して判断することができる（図199）。この場合に，ある選手ではネガティブかポジティブの一方だけが高い値の場合がある。そうすると，このようなテスト結果から，特別トレーニングで修正して調和的発達を図ることができる。

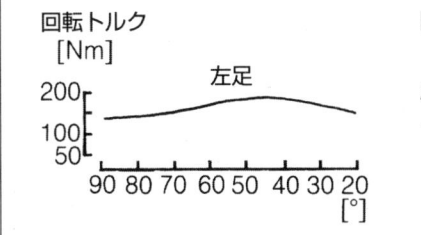

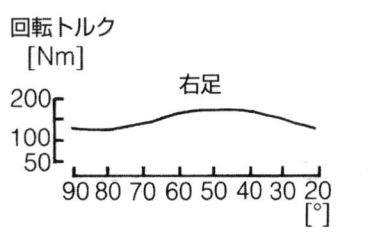

図196　さまざまな角度での膝関節伸筋群の筋力曲線
(Baron et al.,1989)

表34 サッカーのアマチュアとプロ選手の膝関節伸筋群のアイソメトリックな最大値(絶対的と相対的),他のチームスポーツや個人スポーツと比較 (Grützner/Weineck, 1988)

スポーツ種目(チーム)	最大筋力		大腿周囲[cm]
	絶対的 回転トルク[Nm]	相対的 回転トルク/体重[Nm/kg]	
アメリカンフットボール(ブンデスリーガ1部)	517	5.96	57.5
陸上競技(ジャンプ/スプリントでドイツとバイエルンのトップクラス)	495	6.48	57.9
ハンドボール(ブンデスリーガ2部)	492	5.84	56.4
アイスホッケー(上級リーグ)	482	5.74	58
ハンドボール(地域リーグ)	480	5.96	55.1
バスケットボール(地域リーグ)	452	5.39	55.6
サッカー(バイエルンリーグ)	452	5.93	55.3
サッカー(ブンデスリーガ1部)	427	5.69	54.6
バレーボール(地域リーグ)	431	5.34	55.9
テニス(ブンデスリーガ・上級リーグ)	404	5.57	54.0
ホッケー(上級リーグ)	372	5.41	52.6

(2)静的テスト
①脚力

　最大筋力の測定で最も頻繁に行われ最も正確なのが,ある角度でのアイソメトリックな最大筋力の測定である。しかしその欠点は,筋力が一関節の筋出力(たとえば膝関節伸展や膝関節屈曲など)でしか測定されず,サッカーに独自の動きの中では測定されない点である。しかしこの方法は,全般的脚力水準を見積もるのに認められた方法である。なぜなら,とくにアイソメトリックな最大筋力と動的な最大筋力との間には密接な関係があるからである。

　サッカー選手にとって,とくに重要な膝関節伸筋群(大腿四頭筋)の筋力を判断するには,体重当たりの筋力(Nm/kg)をみてもいいし,筋力曲線がどうかを考察することもできる(図196)。通常の成人男子では,3Nm/kg(最大回転トルク)だと良好なトレーニング状態といえる。大腿筋群が良好なトレーニング状態にあると,その筋力曲線は,全可動範囲(90〜20度)にわたって高い値を示し,曲線の頂点はない。高い頂点,急速な上昇と急速な低下は,局限された角度での特殊トレーニングがあったことを示す。

> 注意点:異なる機器の測定値は,部分的にはかなり相違する。したがって,個人間比較は同一の機器を用いた測定値についてだけ意味がある。

　また,コンピュータで制御される筋力トレーニング機器・測定機器から得られるもう一つの重要な情報は,膝関節伸筋群と屈筋群の測定値を比較して,いわゆる「筋の不均衡」が確認でき,早期のケガ予防の意味で,これを除去することができる点である(177頁参照)。比較可能な測定は,アイソメトリックな最大筋力測定のために以前から用いられてきた筋力計(ダイナモメータ)によっても可能である。

　多くの研究では,プレーレベルの上昇とともに筋力値も上昇するとされているが,筆者の研究では個別事例としては,アマチュアリーグのあるチームは,ブンデスリーガのあるチームよりも同等ないし高い筋力値を示した。これは,ふさわしい筋力トレーニングが,すべてのチームの一般的なサッカートレーニングに受け入れられているわけではないことを示している。表34は,あるアマチュアチームとブンデスリーガの脚伸展筋群の最大筋力値を,他のチームスポーツと個人スポーツ

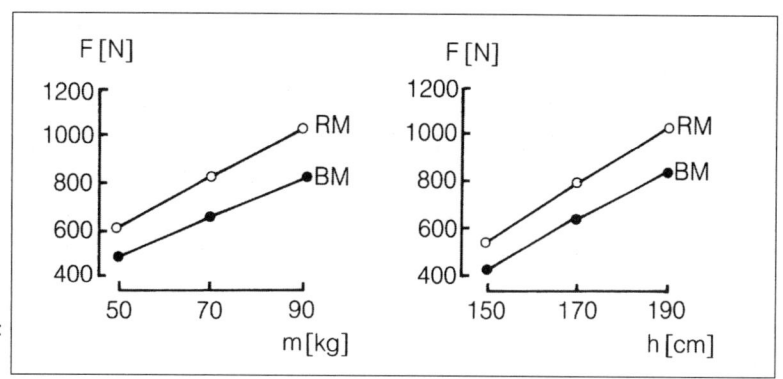

図197 背筋群(RM)と腹筋群(BM)の筋力値(F)の，身長(h)ないし体重(m)への依存
(Tauchel/Bär,1989)

種目のさまざまなレベルと比較している。

さらに，ゴールキーパーとバックにおいて，全体としてより高いアイソメトリックな最大筋力水準が見出される。キーパーの脚を伸ばす筋群の筋力値(回転トルク値)が高いのは，トレーニングで多数のジャンプをこなさなければならない点による。原因としてさらに，ゲームやトレーニングでしばしば膝を曲げた姿勢をとることが考えられる。この姿勢から，脚筋群のいっそうの筋力強化がもたらされる。キーパーはつねに独自のトレーニングを行うのに対して，バックとフォワードは大部分同一のトレーニングをこなすので，両者の相違はトレーニングによるとはいえない。むしろ天性の要素(たとえば筋線維の組成)，あるいはポジション独自の要求(バックは1対1の強さ，フォワードはすばやい動き)が，両者の筋力が相違する一つの理由であろう。速い選手をフォワードに，強い選手をバックにということは今日でも支配的な見解である。

②体幹筋力

脚の最大筋力と同じように，体幹の最大筋力もアイソメトリックの測定法で測定できる。図197からわかるように，体幹筋力の絶対値は，身体の大きさないし体重に依存する。全般的な体幹の筋力水準測定と，腹筋群と背筋群の筋力比(1対1の比率が望ましいとされている)の測定は，トレーナーと選手に対してトレーニング効果を知らせ，場合によっては欠点を明らかにする。

1)コンピュータ筋横断面撮影(Computer tomography・CT)でのテスト法(間接法)

CTで筋横断面積の正確な測定が可能となった。筋横断面積と静的・動的な最大筋力値とは高い相関関係があるので，これで精確な間接的筋力測定ができる。CTで，とくに筋量増大と最大筋力増加に目的を定めた方法のトレーニング効果を正確に測定できる。2か月間の筋力トレーニングで，たとえば大腿四頭筋の横断面積増加は，$1044mm^2$ に達した(大腿四頭筋の横断面積は個々の選手で $6409mm^2$ と $9787mm^2$ の間である)。

CTで興味深いのは，後で筋萎縮(運動不足ないしトレーニング不足にもとづく筋消失)をともなうケガについてである。つまり，個々の筋に対する萎縮度の正確な相違が測定できるので，高度に目的を定めたリハビリが可能となる。したがって，プロサッカーでは可能ならつねにトレーニングのコントロールのためにもリハビリのためにも，この高度に精確な測定法を用いるべきである。というのは，筋の太さ測定とは異なって，この測定法では筋についての詳細なデータが得られるからである。

以上のように，この測定機器による筋力測定は最適であり，筋ごとの精確な測定ができるという利点を持っているが，逆に設備の点で利用可能性が限られているのが欠点である。

2 ── パワーテスト

サッカー選手にとってパワーは高い意義があるので，ふさわしいテストによるパワーコントロールは，トレーニングコントロールの中心である。パワーは，間接的かつ簡単に，さまざまのジャンプ力・キック力・ダッシュ力のテストで測定できる。プロや上級アマチュアのレベルでは，客観的なしかるべき機器を用いた詳細な分析も用いるべきで，こうして高度に専門的な情報も得られるようにしておくべきである。

(1) 単純なパワー測定方法
①時間測定

この方法は，低から中の同一負荷を最大頻度で一定少数反復するのに必要な時間を測定する。最適の時間は，10～15秒である。ジャンプ負荷（片足，両足）では，一定の距離にかかる時間を測定してもよい。

②距離ないし高さの測定

この測定では，パワーは間接的に距離ないし高さで測られる。比較表によって，さまざまな年齢段階におけるそれぞれの成績の評価が可能となる。

1)ジャンプ力測定

1回とびや反復とびの測定によって，特別のことをしなくとも，水平と垂直のジャンプのパワーは測定できる。

> サッカーでは1試合に選手1人当たり平均15～20回のジャンプの場面があるという事実だけからも，ジャンプ能力測定は興味深い。

一般的には，「プレーレベルが高いほど，ジャンプ力も高い」といえる。とはいえ，アマチュアチームとプロチームとは，専門的パワートレーニングが行われていなければほとんど差がない（表35）。旧東ドイツの調査も，ジャンプ力増加が必ずしもプレーの強さと直結しないことを明らかにしている。垂直とびでは，旧東ドイツオーバーリーガの中央値は79cmであったのに対して，あるブンデスリーガのチームのそれは57cmであった。この値は，専門的筋力トレーニングによると考えられるが，プロチームの低さにはトレーニング上の欠陥が露呈しており，この欠陥を解消するなら，全体としてサッカーのプレー能力を高めるだろう。

2)垂直方向へのジャンプ力測定

垂直ジャンプ力は，正しいタイミングと並んでヘディングでの競り合いに重要である。この点で欠点があれば，トレーナーは筋力トレーニングで補わなければならない。さまざまなスポーツ種目の比較値は表35にある。児童とジュニアについては，表36にあげた平均値がある。児童に適した筋力トレーニングで，垂直・水平のジャンプ力を大幅に強化できる。これと平行して，スプリント力も強化される。

3)方向への水平ジャンプ力測定

水平的なジャンプ力測定には，コーディネーション的に過度の要求ではないので立ち幅とびが適している。これに対して，連続とびはかなりのバランス力と適応力を必要とし，したがってむしろ上級者向きである。

サッカー選手にとって，水平的ジャンプ力はプレーに決定的である。ゴールキーパーは，どんなゲームでもゴールの隅や相手攻撃プレーヤーのヘッドからボールを「つかみ取る」ために，多数の「横方向へ」ジャンプしなければならない。攻撃プレーヤーは，強力なダイビングヘッドで多くのゴールを達成する。守備プレーヤーは，ゴールを守る多くの状況で，水平的なジャンプ力に決定的に頼らなければならない。

> 注意点：水平的と垂直的の2つのジャンプ力を分けて測定するのは，この2つの種類のパワーが部分的に異なった筋群によって支えられ，したがって異なってトレーニングされなければならないために意味がある。

表35 さまざまなスポーツ種目とプレーレベルの選手のジャンプ力テスト (Grützner/Weineck, 1988)

スポーツ種目(チーム)	垂直とび[cm]	立ち幅とび[cm]
陸上競技(ジャンプ／スプリントでドイツとバイエルンのトップクラス)	67.8	288
バレーボール(地域リーグ)	61.4	273
ハンドボール(ブンデスリーガ2部)	61	262
ハンドボール(地域リーグ)	59	267
サッカー(バイエルンリーグ)	57.5	250
サッカー(ブンデスリーガ1部)	57	248
バスケットボール(地域リーグ)	55.9	252
アイスホッケー(上級リーグ)	54.3	237
アメリカンフットボール(ブンデスリーガ1部)	53	250
ホッケー(上級リーグ)	52.3	247
テニス(ブンデスリーガ・上級リーグ)	50.6	232

表36 児童とジュニアの垂直とびの平均値 (Crasselt/Forchel/Stemmler, 1985)

女子 年齢[歳]	7	8	9	10	11	12	13	14	15	17	18
高さ[cm]	18.7±4.8	21.0±4.6	23.6±5.0	25.9±5.3	27.8±5.7	30.4±5.9	32.6±6.4	32.6±6.4	34.4±6.2	35.0±6.4	35.9±5.7
男子 年齢[歳]	7	8	9	10	11	12	13	14	15	17	18
高さ[cm]	19.7±4.8	22.3±5.0	24.9±5.0	27.6±5.8	29.4±5.7	32.0±6.6	35.9±7.4	39.3±8.1	43.3±7.7	48.2±7.0	50.4±6.9

表37 児童・ジュニアと立ち幅とびの成績(cm) (Grosser/Starischka, 1986) SP=学校スポーツ, SPLA=学校スポーツに加えて週2回90分の陸上競技トレーニングを6ヶ月以上

	年齢[歳]	10〜11	10〜11	10〜11	10〜11
男子	SpLA	172±16	178±14	186±16	197±22
	Sp	151±22	157±21	168±20	178±23
女子	SpLA	167±13	179±16	186±15	206±17
	Sp	151±13	157±18	162±18	168±20

○立ち幅とびテスト

表35は，サッカー選手は中程度の水平的両足ジャンプ力が約2.50mであることを示している。8歳から10歳のサッカー初心者については，1.56±0.09mという平均値が測定されている。興味深いのは，学校スポーツだけでなく，加えて陸上競技のトレーニングを行った児童は，はるかに良好な成績を達成している(表37)ことである。これは，包括的で多種目スポーツ的な教育へのいっそうの誘因となるべきだろう。

○立ち三段とび

立ち三段とびの距離として，トップの陸上競技選手で約10m，十種競技選手のトップレベルおよび中レベルで9.01mないし7.73m，最もサッカー選手と比較可能な体育学生で7.81±0.52mがあげられている。8歳から10歳のサッカー初心者については，4.98±0.25mという平均値が示されている。

4)キック力測定

キック力は，最も簡単にはキックの距離で測定できる。とくに児童・ジュニアには，こうした「キック距離テスト」は喜んで受け入れられ，筋力トレーニングへの刺激とすることができる。

5)遠投力測定

遠投力測定は，サッカー選手(フィールドプレーヤー)にとっては，通常はスローインとして両手

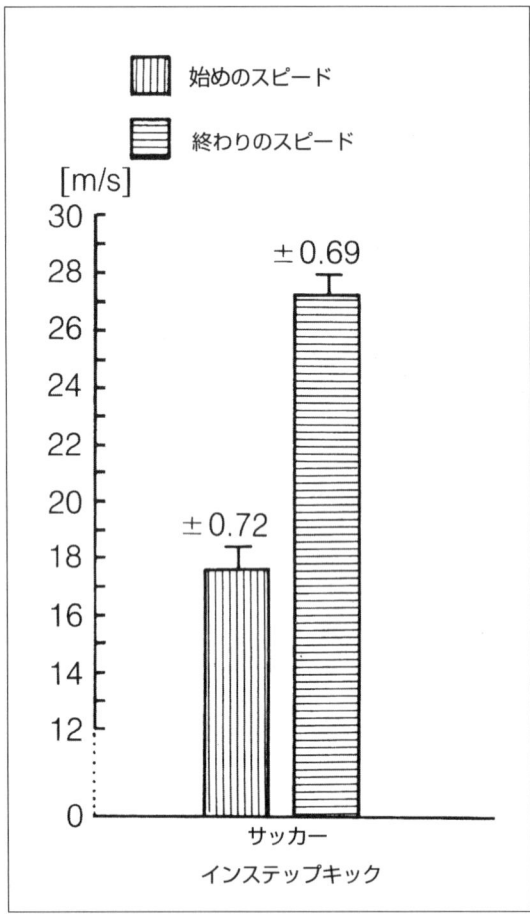

図198 静止状態のボールへのキック運動での始めのスピードと終わりのスピード (Feustel,1974)

投げで行うときにだけ意味がある。キーパーだけには，さまざまの技術での片手投げの遠投力も重要である。

(2) 機器によるパワー測定の方法

サッカーでは通常は，ジャンプ力・キック力・遠投力の測定には，以上の直接的・間接的な方法で十分である。しかし，立ち入ったデータの場合には，可能であれば時には専門的機器・機関を利用するのが勧められる。

①キック力・遠投力の測定

キック力・遠投力の測定には，スピード測定・衝激力測定・筋力測定が考えられる。

1) スピード測定

キック力（遠投力）は，間接的にボールスピードから測定できる。デジタルの瞬間測定器を用いて，インステップキックについてボール初速度27.1m/秒ないし97km/時が測定された。キック力は，筋力と技術の双方のパラメータに同じように依存しているので，キックの技術を量的データとして把握する数値が開発された。この数値は，ボールのスピードが蹴り足のスピードよりどれだけ速いか遅いか（平均して，静止状態からインステップキックで蹴られたボールのスピードは蹴り足のスピードより

表38 異なるプレーレベルのサッカーチームの絶対的パワーと相対的パワー，他のチームスポーツや個人スポーツと比較 (Grützner/Weineck, 1988)

スポーツ種目(チーム)	パワー 絶対的 回転トルク[Nm]	相対的 回転トルク/体重[Nm/kg]
陸上競技(ジャンプ/スプリントでドイツとバイエルンのトップクラス)	547	7.09
アメリカンフットボール(ブンデスリーガ1部)	503	5.77
ハンドボール(地域リーグ)	501	6.22
アイスホッケー(上級リーグ)	493	5.69
ハンドボール(ブンデデスリーガ2部))	489	5.88
サッカー(ブンデスリーガ1部)	463	6.17
サッカー(バイエルンリーグ)	433	5.68
バレーボール(地域リーグ)	463	5.69
バスケットボール(地域リーグ)	462	5.47
テニス(ブンデスリーガ・上級リーグ)	412	5.71
ホッケー(上級リーグ)	359	5.22

も10m/秒速い）を与える，割算の商 $\varepsilon = Vo/V\,max$ で得られる（図198）。サッカーのインステップキックでいえるのは，この値が大きければ大きいほど，技術的側面はそれだけ良好だということである。基本的に ε は1より大きくなければならない。

2) 衝激力測定

キック力（遠投力）は，（専用のフォースプレートを用いた）特殊なキック板への衝激力の力量測定を通じても把握できる。インステップキックの場合，170～200kpmの力の値が測定されている。この2つの値のゾーンよりも下あるいは上の値なら，弱いあるいは十分に発達したキック力と区分けできる。この結果に応じて，いっそう多いあるいは少ないトレーニングが必要である。

3) 筋力測定

コンピュータによる等速性トレーニング機器・テスト機器では，シュートにかかわる筋群の筋力が独自に把握される。さまざまな測定できるパワーのパラメータは，以下ではジャンプ力との関連で膝関節伸筋群の例に即して述べていく。

②ジャンプ力測定

スピードトレーナーを用いてパワー・パワー曲線・力積を測定・図示することで，脚伸展筋群とその他の筋群のパワー能力のさまざまな側面について詳細な情報が得られ，トレーニングコントロールに非常に役立つ。

1) パワー測定

サッカー選手は，大きな体重当たり最大筋力（表34）とパワー（表38）できわだっている。ナショナルプレーヤーは，クラブの同僚と比較して筋力のポテンシャルがより高い点で目立っている。しかし，サッカーではすばやさはゲームで少なからず重要な要因であり，他のスポーツ種目と比較して身長・体重はそれほど多くないので，これらの絶対値は中位にランクされる。

2) パワー曲線ないしその個々の測定値の測定

図199からわかるように，トップの陸上競技選手のパワー曲線の変動はほとんど水平である。こ

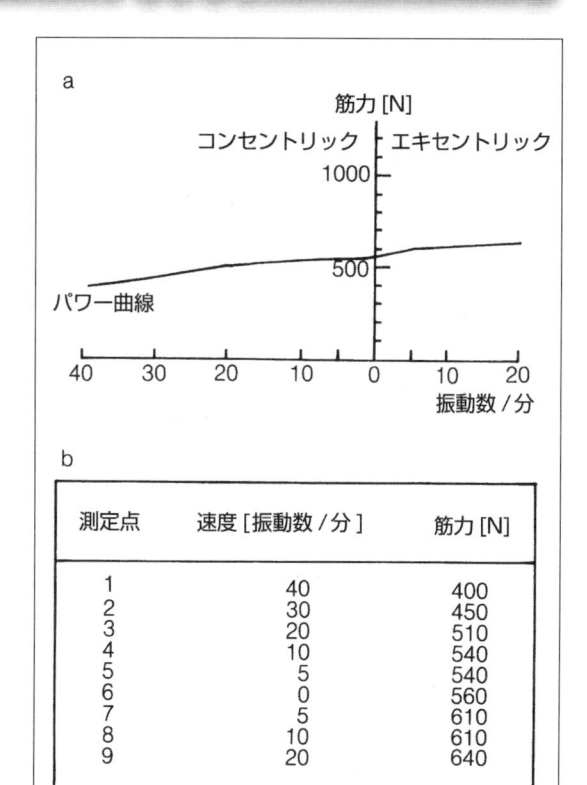

図199 あるトップスプリンター（100mが10.2秒）の脚伸展筋群のパワー曲線(a)と個々の測定値(b)（測定作業角度は100度）（Weineck,1990）

れは，種々のコンセントリックおよびエキセントリックに動的な速度の範囲で，高い筋力水準にあることを示唆している。同様に，動的最大筋力と静的最大筋力がいかに緊密に相互に相関しているかもわかる。つまり，パワー曲線の0を通る垂直線との交点が，アイソメトリックな最大筋力を示しているのである。

3) 力積測定

力積を測定すると，その曲線[筋力上昇曲線]の変動の判断を通じて，個々の選手のさまざまな開始時パワー水準・爆発力水準を良好に測定できる。図200が示しているように，同じプレー水準の選手が，まさにさまざまな筋力上昇曲線を示す。したがって，さまざまな開始時パワー値，爆発力値

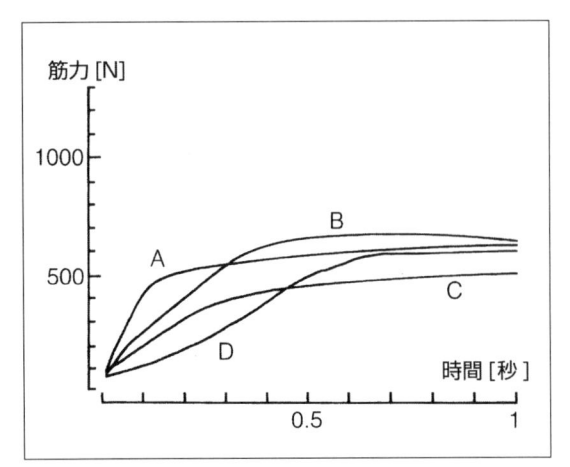

図200　さまざまなパワーと最大筋力を持つ4人のブンデスリーガ選手(A〜D)のアイソメトリックな脚伸展筋群筋力上昇曲線(測定角度は100度) (Grützner/Weineck,1988)

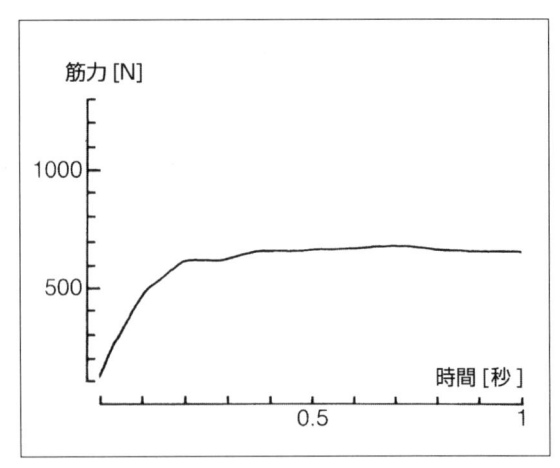

図201　ドイツのベストの十種競技選手の筋力上昇曲線 (Grützner/Weineck,1988)

を示す可能性がある。選手A（ドイツ代表選手）は，急速で急傾斜の筋力上昇から見て取れるように，他を引き離してベストの開始時パワー・爆発力を持っている。選手Dは，これとほとんど同じ最大筋力水準まで達するのにかなりの時間がかかり，彼の開始時パワー・爆発力は大幅に低い。これは，彼がダッシュやジャンプをする場合，当然欠点となる。選手Aの曲線をドイツにおけるベストの十種競技選手の曲線と比較すると，ほとんど同一である（図201）。つまり，パワー的特性は両者で傑出して発達している。

総括的に確言できるのは，こうしたさまざまな筋力パラメータを正確に測定する利点は，その都度の詳細な弱点について正確なことがいえるだけでなく，トレーニング過程での筋力発達の精確な把握を記録できる点にもある。トレーニング方法上の欠陥は，これで早期にわかり修正できる。

したがってトレーナーは，年間のトレーニングの中で，さまざまなテストを通じて，サッカーのゲームにとって非常に重要なパワー分野での選手の水準を把握しようと試みるべきである。測定値の比較によって（他選手との，自分の過去の値との），個々人のトレーニングにとって価値ある結論を引き出すことができる。

3　筋持久力テスト

筋持久力のテストは，さまざまな様式で行える。
○動的な筋作業での最大反復可能回数，ないし静的な筋作業での最大維持時間の測定
　○等速性トレーニング機器を用いて，一定の負荷での作業時間の測定
○ジャンプ走，あるいは片足ないし両足での連続ジャンプでの距離を測定（能力に応じて10〜20回ジャンプ）。このテストで，パワー持久性（ジャンプ筋持久力）の良好な判断ができる。

8. 児童・ジュニア期の筋力トレーニング

1 —— 意義

　児童・ジュニアの年齢で行われる筋力トレーニングは，以下のようなさまざまな必要性から生ずる。

　①今日では，ドイツの学校児童の50から65％は姿勢不良である。現代の慢性的な運動不足による筋力不足が，体幹筋群だけでなく，上肢・下肢全体の筋群にも見られる。通学して最初の2年間で，姿勢不良の者は70％に増加する。同じ期間に体重が多すぎる児童は，3％から20％に増加する。逆に脂肪分の増加とともに運動能力は，とくに筋力・スピード・全身的持久性が要求される分野で低下する。したがって，姿勢を保ち運動能力を向上させるための年齢にふさわしい目的を定めた筋力トレーニングは，無条件に必要である。さらにこの場合重要なのは，適切な筋力トレーニングによって，とくにトレーニングしていない弱い児童で改善が見られることである。相対的にわずかの労力で，とてつもない能力改善が達成可能である。8週間のトレーニング（週3回20分）で筋力不足（随意的な最大筋力と潜在的な最大個人筋力との差）が15.4％から74.3％まで減少した。

　②児童の成長期には，運動器官はトレーニング刺激に対してとくに敏感である。児童の運動器官は，とりわけこのいわゆる「感じやすい局面」で筋力トレーニング刺激に良好に反応する。このことをトレーナーは，そのときの能力最適化のためだけでなく，後の発達のための全般的基礎向上のためにも徹底的に利用すべきである。

　規則的にあるいは一時的に強調してたとえばパワーをトレーニングしている児童は，トレーニングしていないコントロールグループに対して大幅に進歩する。さらに，増加した筋力水準と平行して，すべてのスポーツ種目で児童の運動行動が飛躍的に改善されるのが確認される。つまり，付加的に獲得された筋力によって，動きがいっそうダイナミックで流れるようにかつ正確になるのである。すなわち，規則的な児童に合わせた筋力トレーニングで，サッカーでのプレー能力の全般的向上に多面的に作用するような特性が発達するのである。

　③サッカーに典型的な負荷形式だけのトレーニングでは，一面的な筋負荷となる。いくつかの筋群（たとえば脚のランニング筋群とジャンプ筋群）は非常に強力にトレーニングされ，これに対して他の筋部位（たとえば肩筋群，体幹筋群）はひどく軽視される。これにともない，すでに児童年齢で筋の不均衡が形成される可能性がある。これは，後になっていっそうのプレー能力発達を妨げ，筋でのケガを助長することになる。したがってトレーナーは，目的を定めた補完トレーニングを行わなければならない（175頁参照）。

> 多くの児童・ジュニアは，単に成長過程で支持器官・運動器官のための発達刺激が不十分ないし一面的すぎたという理由だけで，しばしばサッカーでの彼らの潜在的なプレー能力に達しないのである。

　まとめると，次のように確認される。児童・ジュニア年齢の筋力トレーニングは，能力最適化の意味でも姿勢を保ちケガを予防する意味でも役に立つ。身体能力，この場合は筋力とスポーツ的習熟との密接な関連にもとづいて，年齢に合わせた筋力の養成は，後の能力発達にとって他の要因とともに決定的意義がある。

2 —— スポーツ生理学的基礎

　年齢に合わせた筋力トレーニングを行うには，児童ないしジュニアのからだの成長に条件づけら

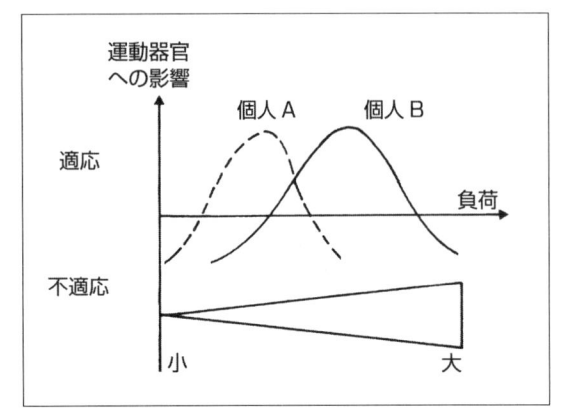

図202　運動器官への負荷の作用（Berthold/Thierach, 1981）

れた特殊性の知識，とくに筋力トレーニングでとくに負荷がかかる能動的・受動的な運動器官の知識が必要である。

(1) 成長と受動的な運動器官

「マーク-ジャンセン法則」は，組織の感受性は成長速度に比例すると述べている。したがって，児童ないしジュニアは，成人と比較して非生理学的なトレーニング刺激による負荷障害の危険にはっきりとさらされている。これはとくに，特別に高い整形外科的な過大負荷の危険と結びついている思春期の成長に当てはまる。この場合に注意すべきは，同年齢の児童でも負荷を担う能力は非常に異なる可能性がある点である。図202は，ある一定の負荷が，個人で異なる整形外科的な出発状況に応じて，生物学的に適応あるいは不適応を引き起こすトレーニング刺激として作用する可能性があることを明らかにしている。

> とくに児童・ジュニア年齢のトレーニングを構成する場合に，骨・軟骨・腱・靱帯といった器官の個別的な負荷可能性が負荷の上限となっている。というのは，成長途上の受動的運動器官の構造は，まだ成人の負荷抵抗を示さないからである。

児童・ジュニア年齢における特殊性として当てはまるのは次である。

①より柔軟な有機物質の相対的な過剰沈着のために，骨はたわみやすさは高いが，引っ張りと圧縮の強さが劣り，骨格組織総体の負荷可能性は全体的には低い。とはいえ受動的な運動器官でも，筋活動による骨の引っ張りと圧縮の負荷を通じて形成的な刺激と適応現象が呼び起こされる。これはとくに，骨の構造（より厚い骨皮質，より幅広の骨，引っ張りと圧縮の方向に応じた海綿様骨梁の配列）と結合組織の引っ張り強さに明らかとなる。

②靱帯組織は，結晶格子状の構造を形づくる物質であるミセルの秩序形成がまだ弱く細胞間物質に占める割合が高いので，まだ十分には引っ張りに強くない。

③軟骨組織ないしまだ骨化していない骨端線は，成長に条件づけられた高い分裂率にもとづいて，すべての強い圧縮力と切断力に対して高い危険にさらされている。

> 全体として，成長に適合したつまり準最大の，受動的運動器官全体に対して多面的に負荷がかかるようなトレーニング刺激が，成長にとっても構造改善にとっても適切な刺激である。これに対して，成長するからだに対して一面的で最大にかけられる負荷は，直接あるいは長期的に(後遺障害)この組織を破壊する可能性がある。

この関連でさらに，児童ないしジュニアの受動的運動器官の構造は，適切な負荷に対してしだいに生物学的にプラスの意味で適応するが，この適応の速度は能動的な運動器官とは比較できないことを指摘しておかなければならない。つまり筋は，あるトレーニング刺激のすでに1週間後に機能的・形態学的変化を示すことがありうるが，骨・軟骨・腱・靱帯ではこうした変化は数週間経過して初めて生じる。したがって，適応経過がこのようにゆっくりしていることから，受動的な運動器官の構造に十分な適応時間を保証して結果的に障害をともなうような負荷可能性限度を越えるのを回避するために，児童においては負荷を厳密に漸増的に増加させることが必要となる。

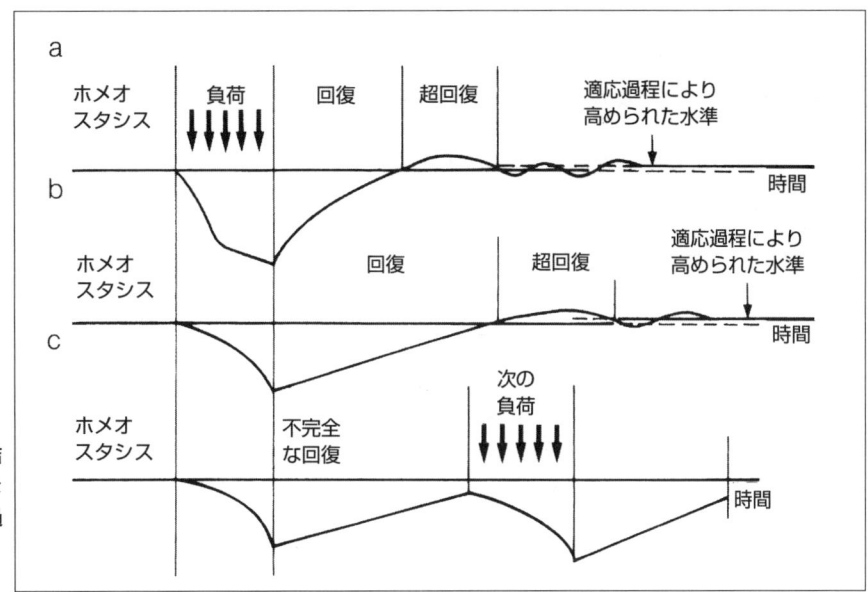

第3章／サッカー選手の筋力とそのトレーニング 199

図203 筋組織(a)および結合・支持組織(b)，不完全な回復後(c)での回復・適応過程の仮説的時間経過
（Berthold/Thierbach,1981）

　図203は，受動的運動器官での回復持間の経過が基本的にいっそう長いこと，早すぎる負荷刺激の投入は不完全な回復をもたらし，こうしてこの構造への危険の増加をもたらす可能性があることを示している。
　したがって，整形外科的視点からは，児童・ジュニア年齢の筋力トレーニングについて次の要求ができる。

　①筋力を強調したトレーニングの後は，十分な回復時間。
　②からだが準備のないときに加わるような突然の負荷転換は行わない。
　③思春期の成長期の前とその間は，バーベルトレーニングは行わない。この場合には，とくに脊柱の部位でマイナスの変化が引き起こされる可能性がある。この年齢では，自分の体重での負荷が十分な発達刺激である。
　④一面的な負荷にしない。一面的にかけられる負荷の総計は，状況によっては運動器官の部分系を損傷し，系全体の機能を狂わせる可能性がある。
　⑤長時間の静的な負荷はかけない。圧力が交代する負荷は，硝子様関節軟骨にとっても椎間板の線維軟骨にとっても望ましい。静的負荷は負荷のかかった構造部位の血行状況を悪化させ，動的負荷はこれ

を良好にする。したがって，動的に行われる筋力トレーニングを無条件に優先すべきである。

　児童ないしジュニアのからだの能力が支持器官・運動器官で低下している事実は，筋群強化の必要がないというのでなく，必要だということを意味している。問題は刺激の正しい配分にある。

(2)成長と能動的な運動器官

　思春期開始までは，男子と女子は，筋力あるいはこれと緊密に関係するホルモン状態は，蛋白質合成(同化)にとって非常に重要な男性ホルモンであるテストステロンを比較のために取り上げてみると，基本的に相違していない(表39)。テストステロン値は成人と比較して非常に低く，第一思春期の少し前に男子では約10倍増加し，女子では増加ははるかに少ない。他のホルモン的変化と平行して起こるこの強力なホルモン増加にもとづいて，男子と女子で男女差，つまりフィジカルな能力要因と人体計測での大きさの相違が出てくる。男子ジュニアでは，とくに明確な筋量増加が注目される。筋部分は思春期に27％から40％に増加

表39　児童・ジュニア年齢でのテストステロン値
(ng/100ml)の変化 (Reiter/Root,1975)

年齢[歳]	女子	男子
〜9	20	21〜34
10〜11	10〜65	41〜60
12〜13	30〜80	131〜349
14〜15	30〜85	328〜643

するのである。これと平行して，テストステロン増加は酵素活性に影響を及ぼし，とくに筋の無酸素性作業能力向上をもたらす。子どもでは乳酸産生はまだ非常に限られていて，思春期に入って初めて無酸素性能力は強力に増加し，最大になるのは20歳と30歳の間なので，乳酸産生を高めるような負荷は児童年齢では決して強調して用いるべきではない。

　児童においては，わずかの解糖能力と対比的なのが有酸素性の代謝過程の大きな能力である。解糖系酵素に対して酸化系酵素の割合が高いことから，児童の筋細胞は成人の場合よりも，遊離脂肪酸をより早く利用してグルコース貯蔵をとっておくことができる。

　筋力トレーニングによる筋力増加は，児童年齢ではもっぱらコーディネーション的能力向上を通じてもたらされる。しかしこれは，しばしば主張されるように児童年齢では筋肥大による筋力増加が不可能だということを意味していない。十分に集中的で規則的なトレーニングによって，それどころかいわゆるサテライトセルを通じる筋線維増殖による筋量の増加が児童において可能である。この現象は，成人ではこれまでボディビルダーにだけ観察されたものである。「思春期以前」の筋力トレーニングは効果がなく時間の無駄だという昔からの見解は，今日では支持できない。とくに体操のような筋力が重要なスポーツ種目での実例が，この「理論的見解」をとっくに否定している。

> 成長するからだにとっては，筋群にコンセントリックの刺激とエキセントリックの刺激を及ぼす動的トレーニングがとくに意義がある。

成長する筋では縦に並んだサルコメア(173頁参照)の増加とこれにともなって長さの適応がもたらされる。もっぱらアイソメトリックなトレーニング，あるいは筋への負荷がわずかないしゼロ(極端な場合はケガ後の固定)のときは，これはわずかしか起こらない。

> 適切なエキセントリックの刺激をともなった動的トレーニングは，筋の長さの増加をもたらし，これによって筋断面積増加が見られなくとも，筋の力の潜在力は高まる。これはとくに，関節に近い背中の支持筋群にとって意義がある。というのは，一般的にこの筋群が成長局面で長さの適応への刺激を受けるのはほんのわずかだからである。

　筋群は，疲労制御メカニズムのため筋力トレーニングによって過剰トレーニングとなることはほとんどないので，トレーニング強行による筋群の損傷は恐れる必要がない。したがって，運動器官でのスポーツ障害は，ほとんどもっぱら受動的部分に限られている。児童・ジュニアの筋力トレーニングで受動的な運動器官での障害を回避するために，次の点に注意すべきである。

○補助手段の選択・配分・利用では，筋とは異なる骨組織・軟骨組織の負荷可能性をつねに考慮すべきである。
○筋力トレーニングを行うときは，運動器官，とくに脊柱への誤った負荷を避けるべきである。
○見掛け上害がなく児童に合った種目でも，恒常的に行うときはその裏にはつねに危険が隠れている。
○パートナートレーニングは魅力的である。しかし，負荷としてのパートナーの体重は，成長期にある者のトレーニングの場合にはしばしば不適切な負荷である。
○筋力に関して競技向けのトレーニングとゲームでの要求は，児童においてもかなりになる。まだ固まっていない運動器官は，十分な筋力の前提がつくり出されてからこの要求をよりよく「消化」する。

○ケガの危険を最小化するために，トレーニングは正確にコントロールしなければならない。
○負荷増加が可能な場合，最初に反復数を増やし，その後初めて負荷を増大すべきである。
○プロをめざすような才能あるジュニアでは，運動器官，とくにサッカーで強く負荷がかかる関節（膝関節・足関節・股関節・腰椎）を保護するための筋力の前提を早くからつくるべきである。全般的に健康な身体は，プロ選手の最良の資本である。
○筋力トレーニングの増加とともに骨・靱帯・関節は損耗するというしばしば聞かれる見解は誤っている。機能が形態を支えるのであって逆ではない。
○漸増的負荷の原則は，負荷可能性が対応することを前提している。段階的に増加していくトレーニング負荷を積極的に消化でき，運動器官にとって過大負担としないために，この負荷可能性はつくりあげなければならない。
○筋量と筋力は，年齢が増えるとともに増加する。負荷を用いる場合は，この点を考慮すべきである。

3 ── さまざまの年齢段階での方法と内容

(1) 前期学童年齢（FジュニアとEジュニア，年齢6〜10歳）

> 児童のトレーニングは，10歳までは自由な遊びで特徴づけられる。

前期学童年齢では，遊び的・多面的・気晴らしの多い・調和的(両面的)な支持・運動器官の強化が前面に出る。

FジュニアとEジュニアにおいて，良好な・身体全体を含んだ・全般的に強化する基礎養成を保証するために，サッカーだけでなく「手」を使ったゲームも導入すべきである。こうした養成は，長期的にみてやり通す能力を向上させるだけでなく，技術トレーニングに役立つ運動学習能力も高め，戦術的行動能力を高める。手を使ったスモールゲームではプレーの正確性が高いので，周辺視の向上をともなって行動スピードを高めることができる。これは後にサッカーでこの両者のいっそう早い組み合わせを可能にし，プレーテンポの向上に重要な役割を果たすことができる。

規則的な，ゲーム形式の筋力トレーニングは，できる限りボールを使ってトレーニングの中で行うべきである。「筋力トレーニング」は楽しく，全般的な体力トレーニングに含まれていなければならない。

> トレーニング方法としてもっぱら行われるのは，動的トレーニングである。なぜなら，児童のからだは無酸素性能力がわずかなために，静的筋力トレーニングには適さないからである。まず，パワーを鍛えるべきである。

ジャンプ力の発達は，児童・ジュニア年齢で最も高い増加率を示す(図204)。ふさわしいパワートレーニングによって，成長によるパワー増加をさらにかなり向上させることができる。パワー特性のトレーニングは，すでに小学校の年齢で引き合う。12週間行われた週2回(30〜35分間)のトレーニングで，すべてのパワー能力(ジャンプ力・キック力・スプリント力)で，トレーニンググループはコントロールグループ(このグループでの増加率はもっぱら成長による)に対し，著しく高い能力増加を示している。図205は，垂直ジャンプ力を例に，両グループ間の異なる能力発達を示している。11〜14歳の生徒でも類似の結果が見られ，すでに週1回のサーキットトレーニング8週間で，すべての筋力分野でかなりの能力向上が達成されている。最大筋力もパワーも著しい増加であることがわかる。しかし注目すべきは，週2回のトレーニングでほとんど2倍の増加率となっていることである(表40)。水平・垂直ジャンプ力の能力向上は，図206と図207に見て取ることができる。

さらに児童のパワーを鍛えるときに重要なのは，

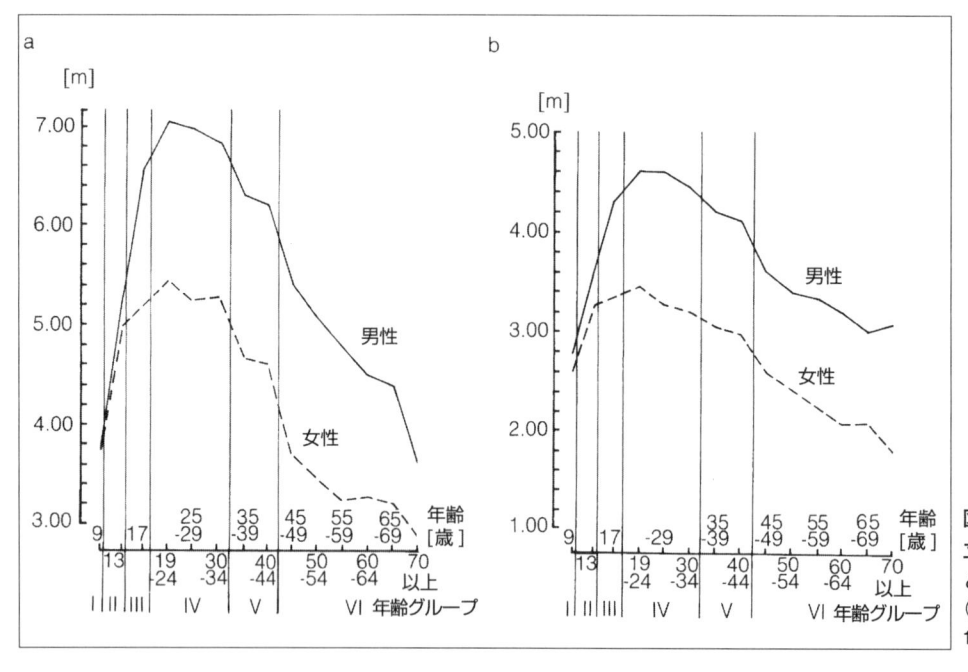

図204 年齢増加と，立ち三段とび能力(a)と走り幅とび能力(b)
(Crasselt/Israel/Richter, 1984)

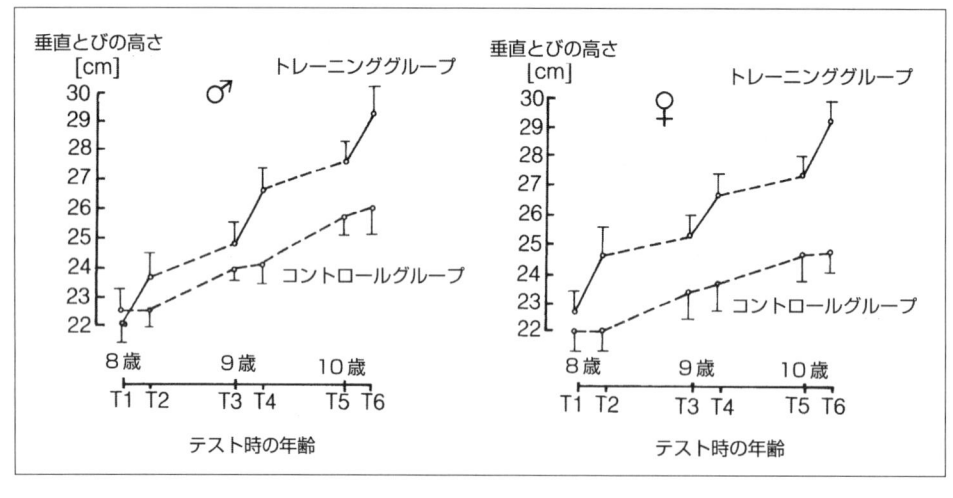

図205 2年間のトレーニング実験期間中の垂直ジャンプ力発達
(Diekmann/Letzelter, 1987)

表40 週1回ないし2回のサーキットトレーニング8週間経過後の腕および脚伸筋群の動的最大筋力のトレーニングでの増加量
(Steinmann, 1990)

年齢	能力	トレーニング回数	トレーニングでの増加 絶対量[kg]	割合[%]
11	腕の動的最大筋力	1	3.1	11.5
11	腕の動的最大筋力	2	5.4	20.4
14	腕の動的最大筋力	1	4.2	9.7
14	腕の動的最大筋力	2	7.7	19.8
11	脚の動的最大筋力	1	5.8	17.0
11	脚の動的最大筋力	2	10.9	32.9
14	脚の動的最大筋力	1	7.1	12.7
14	脚の動的最大筋力	2	13.7	26.8

図206 11歳から14歳生徒の8週間のサーキットトレーニング(週1回)後の水平ジャンプ力の能力変化（Steinmann, 1990）記号説明：0＝コントロールグループ；1＝週1回トレーニンググループ；2＝週2回トレーニンググループ；T＝テスト

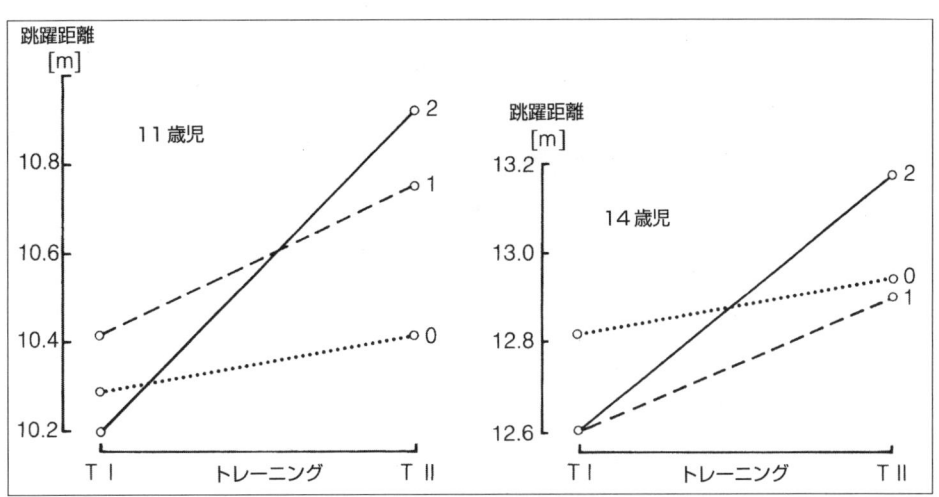

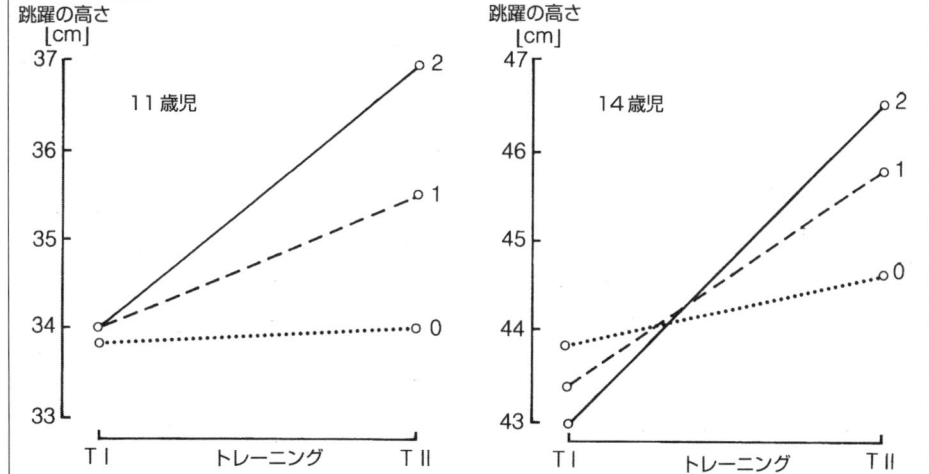

図207 11歳から14歳生徒の8週間のサーキットトレーニング(週1回)後の垂直ジャンプ力の能力変化（Steinmann, 1990）記号説明は図206に同じ。

キック力も早期に促進されることである。成人年齢で最適の発達が可能になるためには，キック力はすでに10～11歳から規則的に鍛えるべきである。

> パワー分野(ジャンプ力・スプリント力)では，児童・ジュニアで週1回のトレーニングでかなりの能力上昇を達成することができる。このトレーニングは，パワーというサッカー選手にとって非常に重要な体力的特性を首尾一貫して鍛えるための励ましであるべきである。

小さな児童は短い時間だけ一つの課題に集中できるので，この年齢段階には児童に合わせて種目を選択したサーキットトレーニングがとくによい。これは児童の要求に合わせて，筋の良好な全般的養成を保証している。サーキットトレーニングは，筋力・筋持久力・パワーの分野での能力向上にも，技術的-戦術的要素のトレーニングにも適している。この方法の長所は，個々人の能力に応じて気分転換があり，バリエーションの多い形で構成できるからである。その他に，能力進歩の良好なコントロールが可能で，これは児童の動機づけにプラスに作用する。

この年齢段階では，負荷時間は休息の長さ40秒で20秒を越えるべきではない(負荷休息比はほぼ

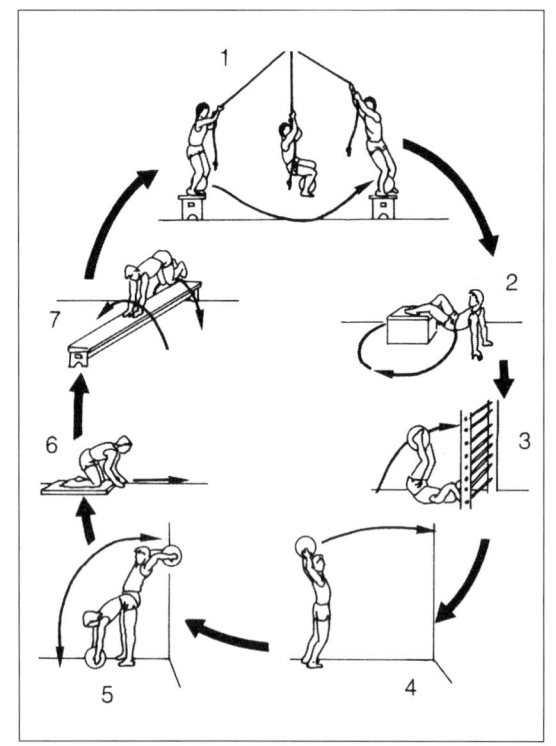

図208　6歳から10歳の児童のための器具を使った全身強化サーキット

1対2になるべきである）。約5〜7のステーションを回るべきである。実行速度はできるだけ速く。

　体育館では多数の大小器具があるので，体力づくりのとくに「冒険」サーキットの構成が可能である。体育館でのサーキットの例として，図208の連続ステーションがある。良好な全般的体力トレーニング手段としてさらに，障害物体操・肋木での種目（図209）ロープの種目（図210）・小さいとび箱の種目（図212）・さまざまのバリエーションでの棒登りと綱引き・引っ張りっこ押しっくら・ボール取りっこ・鉄棒か平行棒でぶら下がり・腕立て遊び（図212）・異なるバリエーションでの懸垂がある。身体全体の強化には，引っ張り合い・押し合い・取っ組み合いが，多数の重要な筋群に要求するのでとくに適している。

　体幹の筋は，遊びでも，また目的を定めて多数のトレーニング種目でも鍛えることができる。腹筋群強化に適しているのは，「機能強化体操的視点」からも図209と図210に示した種目である。腹筋群・背筋群の強化は，この年齢段階ではトレーナビリティが傑出しているのでとくに注目すべきである。同一のトレーニングで，児童はジュニアと比較して著しく高い能力増加を達成する。図210に示した振り子では，体幹筋群だけでなく肩および腕の筋，つまりサッカーでは特別に強化されることのない筋群も素晴らしく強化される。支持筋力は，いわゆる「蟹サッカー」（図211）でゲームの中で行い，しかしまた目的を定めて特殊的な楽しみを強調したさまざまな器具での種目で強化することができる（図212）。

　サッカーに非常に重要なジャンプ力を強化するには，高い「目標効果性」を持つ多様な遊び形式がある。FジュニアとEジュニアでは，多く両足でとぶように注意すべきである。連続ジャンプでは，多すぎると児童はまだジャンプ技術が完全ではないので，過大負荷となる可能性がある。とくに適しているのは次のようである。

　ゴムとび，袋とび，タイヤ連続ジャンプ。直線的ジャンプだけでなく，方向転換を入れたジャンプもする。ロープとび，風船へヘディング，屈膝姿勢で倒し合い。ジャンプサークル：中央でトレーナーがロープを地上に平に振り回す。児童はサークルのライン上に立って，ロープをとび越える（高さのバリエーションで反応プレーとの結合ができる。つまりロープが高いと，下からロープをとび越すために児童は沈み込まなければならない）。

(2)後期学童年齢（Dジュニア，年齢10〜12歳）

　後期学童年齢は，思春期，つまり女子ではほぼ11/12歳，男子ではほぼ12/13歳になると終わるが，この時期には，重要な筋群の多面的な強化は，自分の体重克服を内容とするトレーニング種目や負荷（メディシンボール・砂袋など）の導入でいっそう高められる。トレーニング内容としては，すでに述べたものに加えて次がある。

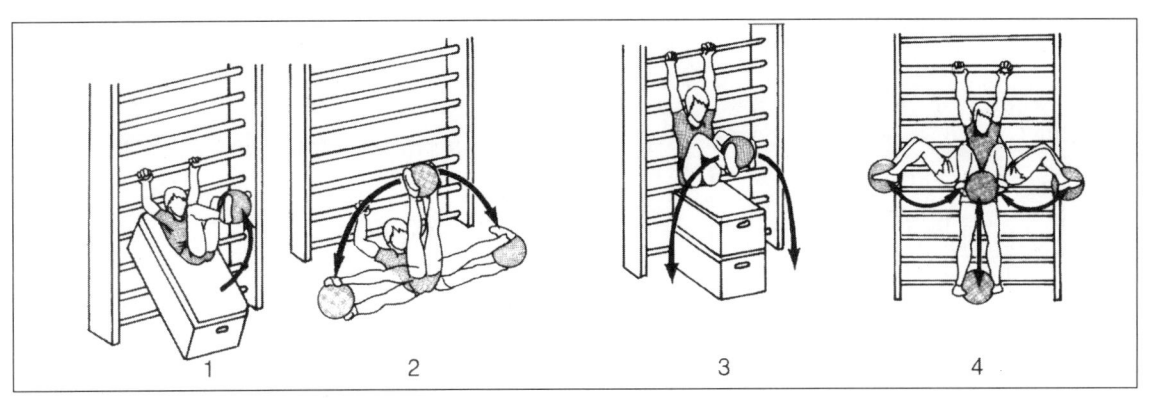

第3章／サッカー選手の筋力とそのトレーニング 205

図209　肋木でのトレーニング種目
1＝斜めに置いたとび箱で巻き上げ、2＝「ワイパー」、3＝小とび箱を越えて左右で脚を上げる、1回ごとに少しの間「地面に触れてリラックス」、4＝巻き上げ-片方に回す-巻き戻す(地面に触れてリラックス)-巻き上げ-逆側に回す

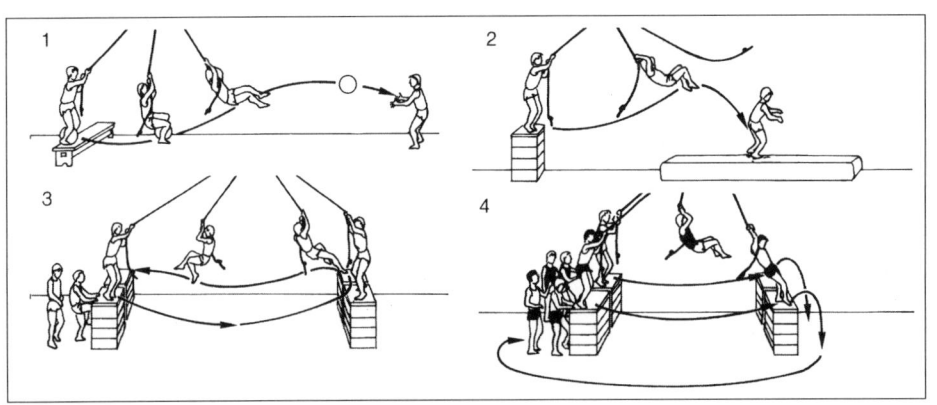

図210　ロープでのトレーニング種目（Medler,1990）
1＝前方へ高く振ってボールをパートナーへ、2＝高い跳び箱から振って柔らかい地面に降りる(ターザン)、3＝ロープで往復リレー；児童は振り子で往復してからロープを次の者に渡す、4＝ロープで往復リレー；向こう側まで振り子の後で走って戻る

図211　蟹サッカー
仰向けで両手両足だけで歩いてよい。ゴールは正面の壁全部でもよいし、マットでもよい。

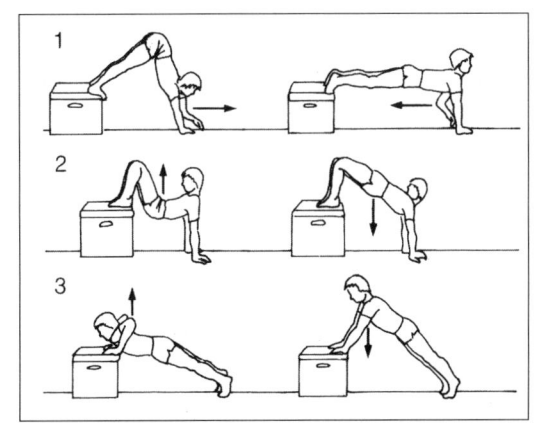

図212　支持筋力と体幹筋力向上のための小とび箱でのトレーニング種目　1＝前後に腕立て伏せ走り、2＝腕立て仰向けで腰の上げ下げ、3＝斜め腕立て伏せ

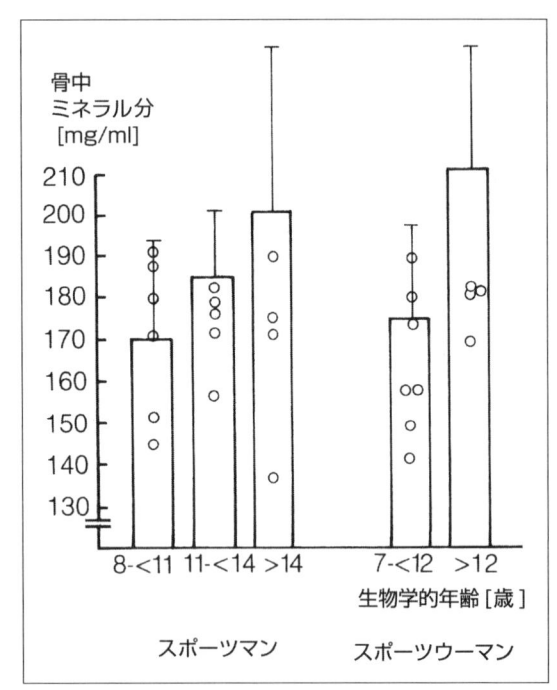

図213 さまざまな生物学的年齢のスポーツマンとスポーツウーマンの骨中ミネラル分(mg/ml)
(Fröhne/Neumann/Keller, 1994)

○腹筋群・背筋群・腕伸筋群の目的を定めた強化のための種目(たとえばパートナー種目として)
○腕支持力強化のための種目，たとえば手押し車，倒立，腕立て伏せ姿勢で交互に手でボールをドリブルする，風船を高く上げるなど。

ジャンプ力強化のためには，いまや「猫のような」機敏性と良好なコーディネーション的前提にもとづいて，より要求度の高いジャンプトレーニングを取り入れることができる。種目は，なるほどまだ遊び的な形をとっているが，しだいに「目的を定めた」種目を遊びのレパートリーの中に入れることができる。

○起き上がり小法師：仰向け姿勢でボールを胸の前。両腕でボールを高く投げ上げ，起き上がってキャッチするか，頭/胸/大腿/インステップ/足底でトラップする。
○「カンガルー」：立ってボールを膝の間に挟む：西！－東！－南！－北！の呼びかけで，指定された方向に回りながらすばやくジャンプする。目的：反応と注意力，足関節と内転筋群の強化
○ハードルジャンプ/タイヤジャンプをコンビネーションで
○山登り/階段昇りジャンプ
○ボール/メディシンボールとジャンプ：ボールを足にはさんで転換マークまで閉脚とび

(3) 第一思春期(Cジュニア，部分的にBジュニア，11/12歳ないし12/13歳から13/14歳ないし14/15歳まで)

思春期は第一思春期と第二思春期に区分される。移行は流動的である。女子は，男子よりも約1年早く第一思春期に入る。第一思春期には，身長の伸びによって，個人ごとに差があるが一時的に身体プロポーションが不調和となる。この場合に，てこ比は筋群の能力ポテンシャルとの関係ではいっそう悪化する。成長軟骨は，引きつづきホルモン，とくに成長ホルモンと性ホルモンの影響下で一連の形態学的・機能的変化を被る。これらの変化は成長軟骨の機械的負荷可能性を減少させるので，この年齢段階では誤った負荷ないし一面的な持続的負荷の場合にとくに脊柱の部位で傷つきやすくなっている。

生物学的年齢の増加とともに，骨のミネラル分にしたがって負荷可能性が高まる(図213)。個人間の分散は相対的に大きいが，発達の非常に遅れている児童・ジュニアでは，相対的に低すぎるミネラル分が確認される。これは，負荷可能性がより低いことを意味しており，この点はトレーニングで考慮すべきである。

> 生物学的に年の少ない遅れている児童は，とくに筋力トレーニングでは注意深く負荷をかけ，漸増する負荷と十分な休息を保証しなければならない。制御の困難なパートナートレーニングや負荷なし/ありの体幹への負荷(たとえば包括的なジャンプセット，ドロップジャンプ)は，厳しく避けるべきである。

蛋白質をつくる性ホルモンのテストステロンは，児童の出発値約10（女子）ないし15（男子）ng/100mlから，この年齢段階には50ないし300ng/100mlへと飛躍的に増加し，これによって筋のトレーナビリティは決定的に向上する。ジュニア期には児童期に比して，とくに四肢のトレーナビリティが特別に高いので，強調したジャンプ力トレーニングとキック力トレーニングの形式で特別の注意を払うべきである。

しかし，トレーナビリティの上昇が負荷可能性の減少にともなって現れている事実が問題である。この特別の状況から必要となるのが，一方ではこの筋力発達にとって感じやすい局面を徹底的に利用すること，他方では筋力トレーニングを行うときには，一面的あるいは高すぎるトレーニング刺激によって受動的な運動器官に負荷可能性を超える負荷をかけて骨格組織に障害を生じさせないことである。この理由から，この年齢段階のトレーニングは，脊柱への負荷を大幅に減らして行うべきである。

とくにサーキットトレーニング，さまざまなジャンプ種目，引っ張り合い・押し合い，器具（ボール・メディシンボール・ロープなど）あり/なしの体操を内容とする全般的な筋力トレーニングと並んで，この年齢段階ではサッカー専門の技術的-体力的種目と結びつけた専門的筋力の発達にも移行すべきである。

キック力，ジャンプ力と1対1の強さに目的を定めて発達させるべきである。

キック力を鍛える種目として適しているのは次のようである。

○追い出しキック：各人は，できる限り遠くマークされていないフィールドの部分へと（戦術的訓練→フリーのスペースの認識）ボールを蹴って，相手チームのゴールラインを越そうと試みる。ボールは，「止められた」ところから蹴らなければならない。ボールをストップした選手だけが蹴れる。スタート：始めるチームがセンターラインから16m自陣に入ったところ。

○ロングキックのチャンピオン

○シュート板への「10秒間シュート」：10（15，20）秒間に一定距離（10，15，20m）からシュート板へ最も多くシュートできた者が勝ち（この場合キック力と並んでキックの正確性と両足を使うことが発達する。なぜなら「蹴り足」に合わせてボールを「置き換える」のは時間がかかるからである）。

ジャンプ力を鍛える種目として適しているのは，次のようである。

○片足での鬼ごっこ　注意点：「捕まえる」までのジャンプ数が少なくなるようにスペースを限定する。

○ジャンプ回り：左手でパートナーの右足を抱え，右手はパートナーの肩におく：ジャンプして回る。

すでに非常に目的を定めた「目的形式」として，次が適している。

○さまざまのジャンプ連続（片足）（右-左-右，右-右-左-左，右-右-左など）：ジャンプは，遠くへ，障害を越えて，目標ジャンプとして遊び的な競争形式（個人競争とチーム競争）で行える。

○方向転換するジャンプ：一本のラインの上を「ジグザグジャンプ」（両足，片足；足の交代あり／なし）

○回りながらジャンプ。

○脚の運動のバリエーション（開脚／閉脚；歩調変え；上下に交差；操り人形など）をつけたジャンプ

1対1を鍛える種目としては，次が適している。

○ボールの取り合い：2人の選手が互いにメディシンボールを取り合う。

○引っ張り合い：パートナーをわける分離線で引っ張り合う。立って，腕立て伏せで。

○綱引き

○チーム競争としての綱引き：さまざまの出発姿勢からスタートする。バリエーション：綱を四角にする。

○押し合い：立って，腕立て伏せ姿勢で，地面あるいはベンチに背中合わせに座って。

(4)第二思春期(Bジュニア，Aジュニア，13/14歳ないし14/15歳から16/17歳ないし18歳まで)

第二思春期には，いわゆる横への成長が生じる。身体プロポーションが再び調和し，男性ホルモンのテストステロンがいっそう増加する（女子では約60ng/100ml，男子では600ng/100ml）。

> 第二思春期は筋力トレーニングにとっては最高のトレーナビリティの年齢段階である。この年齢段階で，最大の筋力増加率が確認される。

骨格組織がしだいに安定化してくるので，第二思春期には負荷やトレーニング方法は大幅に成人のものを受け継げる。とはいえこの年齢段階でも，包括的なトレーニングが高い強度の負荷に対して優越している。その他にも連続的な負荷上昇がまだ筋力トレーニングの本質的基本原理である。また，今や無酸素性能力も十分に発達するので，まだ控え目ではあるが，疲れさせて専門的筋力トレーニングに役立つような種目も用いられる。

パワーないし筋持久力向上のための可能な形式として次がある。

○騎馬サッカー：プレーし走っていいのは，騎手を乗せてだけ。交替はいつでも（背負う）。注意点：同じ体重の選手を一緒に。

○「馬とび」：Aはボールを地面から足で上げてパートナーBを越して蹴り，開脚とびで馬のBをとび越え，ボールをストップし，出発点までドリブルで帰る（＝1ラウンド）。Bも同じ。

○「ボール弾ませ」：座り姿勢からボールを地面に弾ませ，立ち上がってヘディングし，ストップし出発点まで戻る。

4 方法的基本原則－トレーニングにとっての帰結

①児童・ジュニアの筋力トレーニングにおける最高の基本原則は，危険のない，しかし包括的な身体的能力の養成である。

②児童・ジュニアにおける筋力トレーニングは，調和的な全般的養成に役立つべきである。このトレーニングは，それぞれの年齢段階に応じて多面的で，気分転換が多く，喜んでするように形成されるべきである。

③筋力と運動の習熟・技術との間の緊密な相互関係にもとづいて，そして後に個人的なスポーツ面での最高の能力を達成できるために，筋力を早期から発達させることはぜひ必要である。サッカーでの能力向上のためのさまざまなトレーニング方法・内容を用いるのは，この早期からの筋力発達の基盤でのみ可能である。

④児童年齢の筋力トレーニングは，もっぱら遊び形式か，遊びに固有の形式で，つねにコーディネーション的なトレーニングとの関連で行われる。スポーツ種目専門の筋の不均衡を避ける意味でだけ，目的を定めた補完トレーニングないし均衡トレーニングが行われる。とくに児童・ジュニア年齢には，筋力トレーニングは無条件に必要なだけにする。したがって筋力特性は，最大にではなくプレーの要求に対応して最適にだけ発達させるべきである。

⑤児童年齢では，そしてジュニア年齢でも大幅に，最大筋力のトレーニングはパワーにとって大きな意義があるにもかかわらず，たとえば引っ張り合い・押し合いあるいは取組み合いのような遊び形式によってだけ発達させるべきである。バーベルトレーニングは，そもそも問題になるとしても，ブンデスリーガへの飛躍途上のAジュニアのトップ選手だけである。スポーツ医学的視点からは，最大筋力トレーニングはテストステロン値が低いので効果がないし，また靭帯組織・支持組織が強固となっていないので不適切である。

⑥児童に合わせた年齢適合的なパワー（ジャンプ力・キック力・スプリント力）のトレーニングがサッカーの筋力トレーニングの中心になるが，支持・安定化筋群の強化はいかなる場合にも怠ってはならない。これは，運動器官全体が後に高度な全般的負荷が可能になるための不可欠の前提である。

⑦支持筋群の目的を定めた強化と並んで，サッカーでは軽視されている筋群を強化し，短縮している作業筋群を伸展する補完トレーニングによって，筋の不均衡となるのを早期にくい止めるべきである。

⑧負荷の上昇は，つねに包括性を強調して強度に向けるべきではない。児童のからだでは，かなりの能力向上を達成するのに，すでに相対的にわずかの負荷刺激で十分である。

⑨筋力トレーニング刺激は多面的でなければならない。児童・ジュニアではすべてのトレーニング種目の作用の幅は，まだトレーニング度がわずかであってすべての筋力能力に広がっている。つまり全般養成的なトレーニングは，このことによって包括的な養成の性格を持つ。これだけでなく全般養成的トレーニングは，レパートリーを広げ，気分転換の多いトレーニング構成を保証する。そしてこのことがまさに児童にとっては大きな意義がある。

⑩児童・ジュニア年齢での筋力トレーニングでは，十分な長さの休息に注意すべきである。成長によって構成物質代謝が高いので，エネルギー消費が高い。したがって，成人と比較してより長い回復時間が必要なのである。

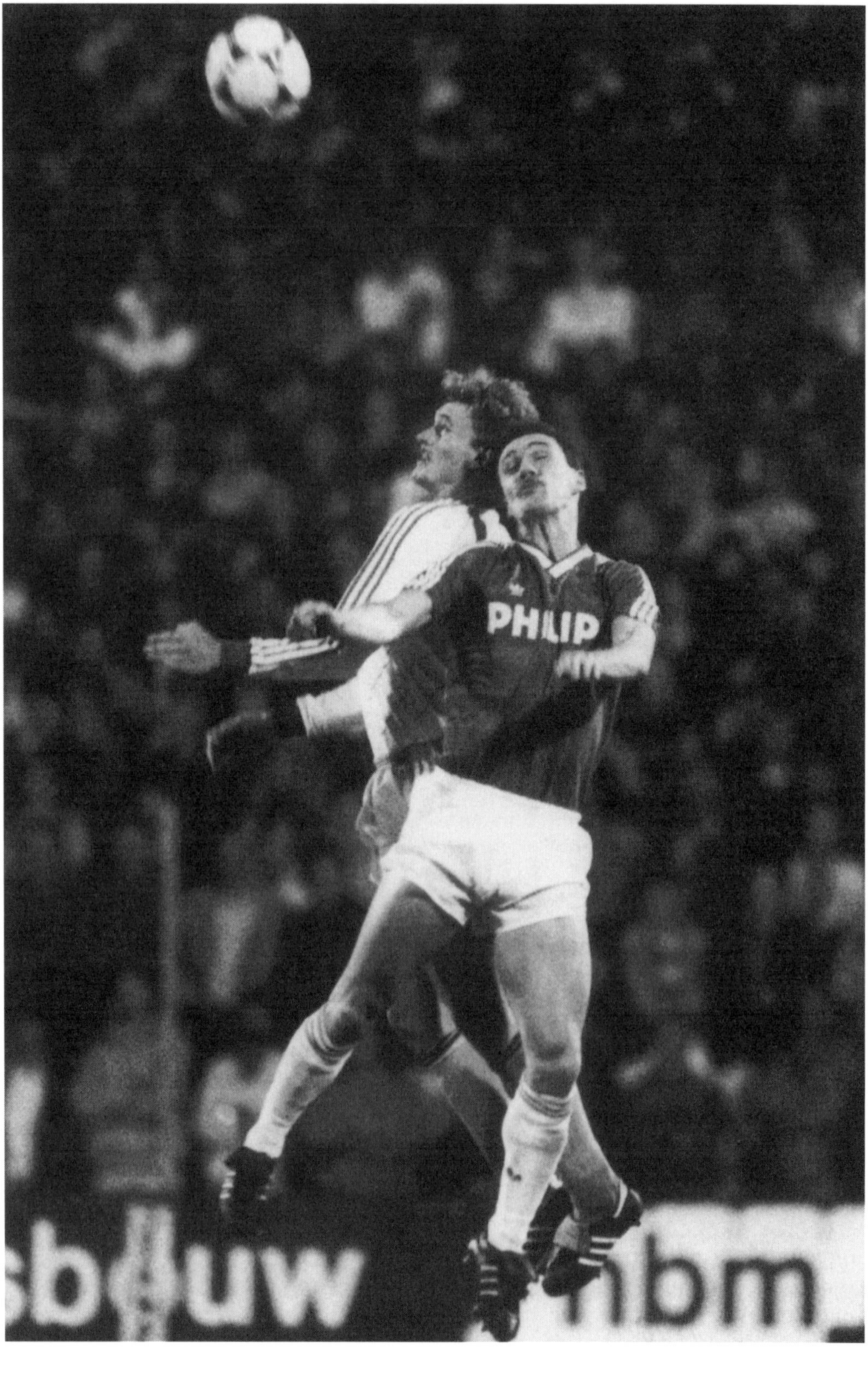
PHILIP
nbm

第4章 サッカー選手のスピードとそのトレーニング

第1節 サッカー選手のスピード

1 ── スピードの種類

　サッカー選手のスピードの現れ方は複合的であり，その要因構成も複合的である。

> 　サッカー選手のスピードは，まさに多面的な能力である。これには，単に速い反応と行動，速いスタートとランニング，速いボール処理，ダッシュとストップだけでなく，その都度の状況の速い認識と利用も含まれる。

　サッカーでのスピード要求のこの簡単な特徴づけから，認知スピード・予測スピード・決定スピード・反応スピード・ボールなしの運動スピード・ボールを持った行動スピード・行為スピードといった決定的な部分特性が読み取れる。したがって，サッカー選手のスピードは，次のように定義できる。

> 　サッカー選手のスピードは，さまざまな心身的部分能力から構成される複合的な特性を示している。その部分能力は次のようである。

- ○プレー状況とその変化をできる限り短い時間で認知する能力＝認知スピード
- ○プレーの展開，とくに直接の相手選手の行動をできる限り短い時間で頭で前もって知る能力＝予測スピード
- ○最も短い時間で潜在的に可能な行動の中から一つを決定する能力＝決定スピード
- ○予知できないゲーム展開にすばやく反応する能力＝反応スピード
- ○高いテンポで循環的・非循環的なボールなしの運動を行う能力＝循環的・非循環的運動スピード
- ○ボールを持ったゲーム独自の行動を相手や時間のプレッシャーの下ですばやく行う能力＝行動スピード
- ○認知的・技術-戦術的・体力的可能性を読み込んで，ゲームの中でできるだけ速く最も効果的に行為する能力＝行為スピード

　すべての部分能力が最適に現れるときにだけ，複合的な特性としてのスピードは包括的に発揮される。

　心的-認知的なスピードは，プレー状況のすばやい把握（認知スピードと予測スピード），すばやく「切り換える」ないし迅速に効果的なプレー行為

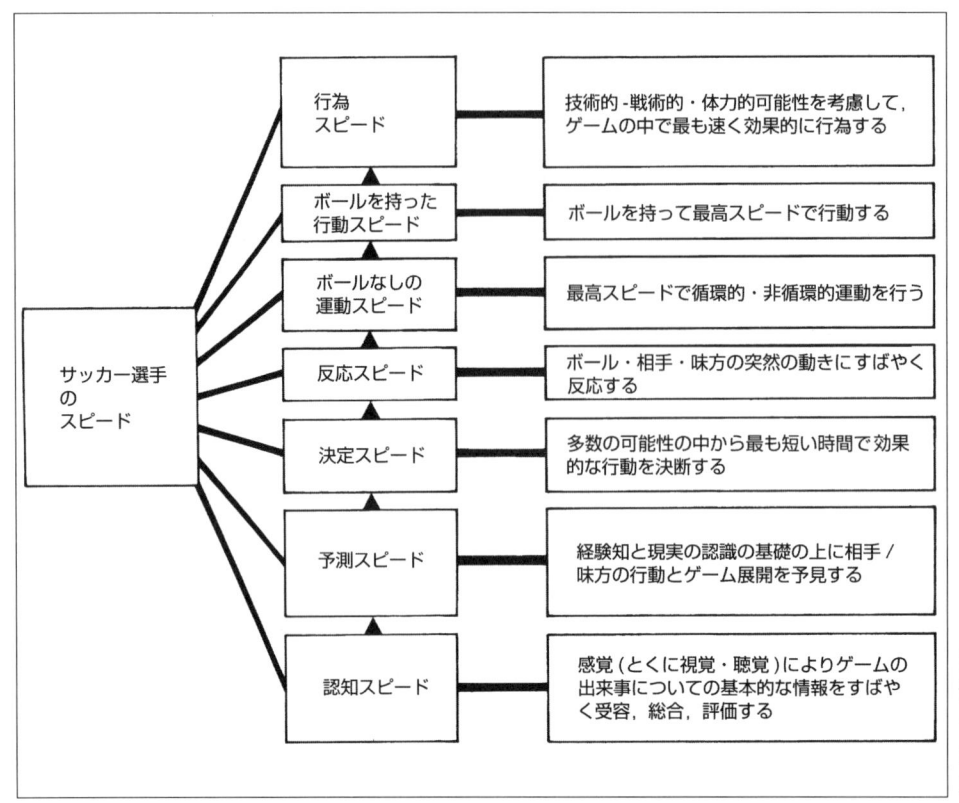

```
┌─────────────────────────────────────────────────────────────────┐
│                    ┌─────────┐   ┌──────────────────────────┐   │
│                  ┌─│ 行為    │───│ 技術的-戦術的・体力的可能性を考慮して，│   │
│                  │ │ スピード│   │ ゲームの中で最も速く効果的に行為する │   │
│                  │ └─────────┘   └──────────────────────────┘   │
│                  │ ┌─────────────┐ ┌────────────────────────┐   │
│                  ├─│ボールを持った│─│ボールを持って最高スピードで行動する│   │
│                  │ │行動スピード │ └────────────────────────┘   │
│                  │ └─────────────┘                              │
│                  │ ┌─────────────┐ ┌────────────────────────┐   │
│                  ├─│ボールなしの │─│最高スピードで循環的・非循環的運動を行う│   │
│  ┌──────────┐    │ │運動スピード │ └────────────────────────┘   │
│  │サッカー選手│────┤ └─────────────┘                              │
│  │   の     │    │ ┌─────────┐   ┌──────────────────────────┐   │
│  │ スピード │    ├─│反応     │───│ボール・相手・味方の突然の動きにすばやく│   │
│  └──────────┘    │ │スピード │   │反応する                  │   │
│                  │ └─────────┘   └──────────────────────────┘   │
│                  │ ┌─────────┐   ┌──────────────────────────┐   │
│                  ├─│決定     │───│多数の可能性の中から最も短い時間で効果│   │
│                  │ │スピード │   │的な行動を決断する          │   │
│                  │ └─────────┘   └──────────────────────────┘   │
│                  │ ┌─────────┐   ┌──────────────────────────┐   │
│                  ├─│予測     │───│経験知と現実の認識の基礎の上に相手/ │   │
│                  │ │スピード │   │味方の行動とゲーム展開を予見する    │   │
│                  │ └─────────┘   └──────────────────────────┘   │
│                  │ ┌─────────┐   ┌──────────────────────────┐   │
│                  └─│認知     │───│感覚（とくに視覚・聴覚）によりゲームの│   │
│                    │スピード │   │出来事についての基本的な情報をすばや│   │
│                    └─────────┘   │く受容，総合，評価する      │   │
│                                  └──────────────────────────┘   │
└─────────────────────────────────────────────────────────────────┘
```

図214 スピードの部分特性とサッカー選手のプレー能力にとってのその意義

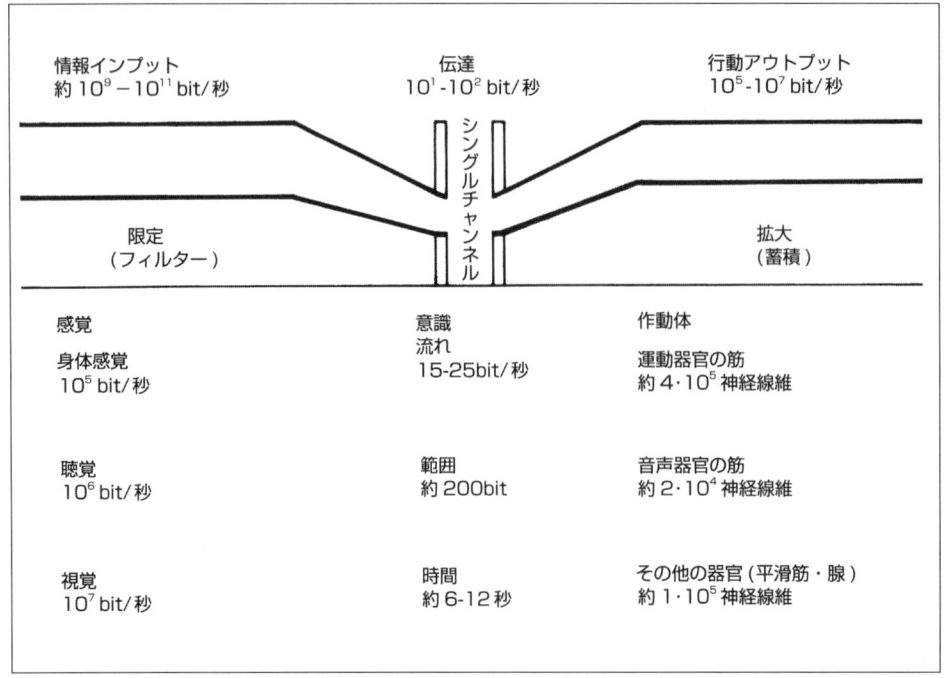

```
┌─────────────────────────────────────────────────────────────────┐
│  情報インプット        伝達              行動アウトプット        │
│  約 $10^9$－$10^{11}$ bit/秒   $10^1$-$10^2$ bit/秒   $10^5$-$10^7$ bit/秒 │
│                                                                  │
│  ═══════════╲     ╔═╗シ      ╱═══════════                       │
│              ╲    ║ ║ン      ╱                                   │
│               ╲   ║ ║グ     ╱                                    │
│                ╲  ║ ║ル    ╱                                     │
│                 ╲ ║ ║チ   ╱                                      │
│                  ╲║ ║ャ  ╱                                       │
│                   ║ ║ン ╱                                        │
│                   ║ ║ネ                                          │
│                   ║ ║ル                                          │
│  ═══════════╱     ╚═╝      ╲═══════════                         │
│   限定                          拡大                             │
│  （フィルター）                （蓄積）                           │
│                                                                  │
│  感覚              意識           作動体                         │
│  身体感覚          流れ           運動器官の筋                   │
│  $10^5$ bit/秒     15-25bit/秒    約 $4・10^5$ 神経線維           │
│                                                                  │
│  聴覚              範囲           音声器官の筋                   │
│  $10^6$ bit/秒     約200bit       約 $2・10^4$ 神経線維           │
│                                                                  │
│  視覚              時間           その他の器官（平滑筋・腺）     │
│  $10^7$ bit/秒     約6-12秒       約 $1・10^5$ 神経線維           │
└─────────────────────────────────────────────────────────────────┘
```

図215 人間における情報の流れの基本傾向
(Pöhlmann, 1986)

を決断する能力（決定スピード）に示される。「思いがけなく」現れるプレー状況に対する本能的に迅速な反応は，とくにゴールゲッターが示す。彼は「ゴール感覚」から，次に起こりうる状況をすばやく考えて前もって予知（予測スピード）しなければ考えられない行動をとる。サッカー選手の筋力に依存するダッシュ能力（動きスピード）は，認識され予知されたことを行動に移す，たとえば相手プレーヤーからフリーになる，ゲームの決定的な地点に「不意に」現れて「ゴールを脅かす」のを可能にする。最後に，時間的・対相手・空間的プレッシャーの下でボールを完璧に扱うには，最高度の行動スピードを必要とする。

2 ── スピードとその意義

スピードは，さまざまな部分能力とともにサッカー専門のプレー能力の最重要な構成要素の一つである。世界的な選手は傑出した技術的-戦術的特性だけでなく，素晴らしく発達したスピード能力も持っている。攻撃でも守備でも，スピードがしばしば勝敗を決定する。「一歩速く」「つま先だけ速く」「相手より前に考えて」ボールに触るなら，状況によってはゲームを決定するゴールを決めたり防いだりできる。

図214は，スピードの部分特性とそのプレー能力にとっての意義について，総括的な概観を示している。プレーの動きとテンポを高める世界的な傾向は，スピードとその部分特性に対する要求をも増大させている。スピードを最適に発達させる前提として，これを決定する個々の要因についての正確な知識が必要である。「体力的な」スピードの部分特性，つまり循環的・非循環的運動スピードに深く立ち入る前に，簡単に他の重要な部分特性について述べておこう。これは，複合的な特性であるスピードに対してこれら部分能力が持つ意義が小さいからではなく，これとは異なる重点を持つ「体力トレーニング」という本書の視角から

である。認知スピード，予測スピード，決定スピード，反応スピードは，もっぱら心理的-認知的-戦術的な能力を現しており，ボールを持っての行動スピードはスピードの技術的要因を内容としている。

(1)認知スピード

> サッカー選手は，ゲームの間ずっとつねに一連のさまざまな感覚情報（前面に出るのはとくに視角的刺激と聴覚的刺激）から，できるだけ速くプレーを戦術的に行うための最重要の情報を取り出さなければならない。

図215は，「無限の」情報からごく一部分が意識に達し，対応する反応/行動で答えられることを示している。

> 感覚が記録するものの約百万分の一だけが意識に達する。

たくさんの情報からできるだけ速くプレーに重要なシグナルを取り出せるには，十分に発達した認知的能力ないしいわゆる「プレーでの頭のよさ」が必要である。この場合に，ゲームにとって重要な情報を選択するのに，試合経験が重要な役割を果たす。経験を積んだ選手は，「一瞥して」状況とそのシグナル値（215頁参照）を認識し，「全体を見る眼」を決して失わない。よい選手は，高い認知スピードと認知の質で目立つ。

高いレベルの選手では，動的刺激の視覚的処理が高度に発達している。ボールの方向とスピードは，正しい時点でキックないしトラップすべく，瞬時に測定される。

> 能力ある選手は，飛んでくるボールを最後まで見ているのでなく，一定の距離からボールを見るのを止める。こうして，味方や相手を見て，不意をついて「創造的な」行動や電撃的な動きをすることができる。これに対して弱い選手は，最後まで目がボールに固定されており，しばしば「まったくフリーの」味方を見過ごしてしまう。

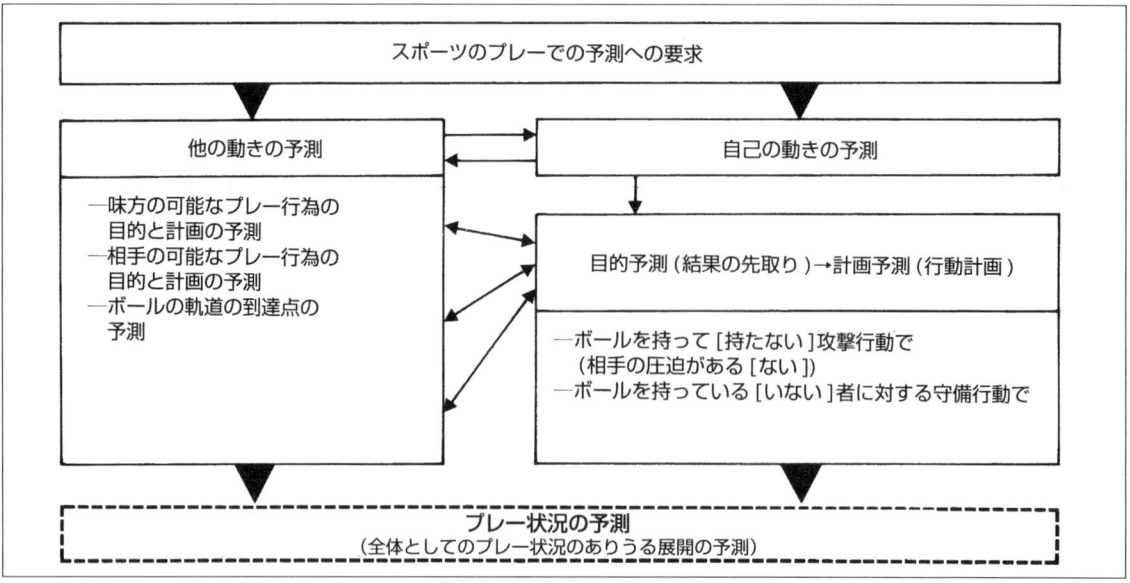

```
┌─────────────────────────────────────────────────────────────────┐
│                    スポーツのプレーでの予測への要求                    │
└─────────────────────────────────────────────────────────────────┘
         ↓                                        ↓
┌──────────────────────┐              ┌──────────────────────┐
│    他の動きの予測      │ ←――――――→  │    自己の動きの予測      │
│                      │              └──────────────────────┘
│ ―味方の可能なプレー行為の│                      ↓
│  目的と計画の予測      │              ┌──────────────────────┐
│ ―相手の可能なプレー行為の│ ←――――――→  │ 目的予測(結果の先取り)→計画予測(行動計画) │
│  目的と計画の予測      │              │                      │
│ ―ボールの軌道の到達点の │              │ ―ボールを持って[持たない]攻撃行動で │
│  予測                │              │  (相手の圧迫がある[ない]) │
│                      │              │ ―ボールを持っている[いない]者に対する守備行動で │
└──────────────────────┘              └──────────────────────┘
         ↓                                        ↓
┌─ ─ ─ ─ ─ ─ ─ ─ ─ ─ ─ ─ ─ ─ ─ ─ ─ ─ ─ ─ ─ ─ ─ ─ ─ ─ ─ ─ ─ ─ ─ ┐
│                    プレー状況の予測                            │
│            (全体としてのプレー状況のありうる展開の予測)          │
└─ ─ ─ ─ ─ ─ ─ ─ ─ ─ ─ ─ ─ ─ ─ ─ ─ ─ ─ ─ ─ ─ ─ ─ ─ ─ ─ ─ ─ ─ ─ ┘
```

図216　スポーツのプレーでの予測への要求 (Konzag/Krug/Lau, 1988)

　認知スピードには，認知能力とこれに密接に関連する試合経験と並んで，動機づけの程度，注意(散漫/集中)そして精神的な緊張状態が重要な役割を果たしている。認知は，過度の興奮状態(「舞台負け」)では損なわれる。高度の精神的ないし情動的な負荷の表現として出てくるホルモンの増加が高すぎるために，技術的-戦術的に誤った行為とファウルが増加する。この理由から，認知スピードは時間的な側面から(できるだけ速く)だけでなく，質的な側面からも判断しなければならない。

　認知スピードは，分離してではなくつねに複合的に(とくにゲームにおいて)他のスピードの部分能力とともに鍛えられるので，ここではこのトレーニングの方法と内容を取り出すことはしない。

(2)予測スピード

　一般的に予測能力で理解するのは，ある行為の経過と結果，さらに一定の結果が現れる時点と頻度を，ありそうな程度を判断して正しくタイミングよく先取りし，次の操作を目的に対応させてプログラムする能力である。ポピュラーには，出来事，行為，状況などに前もって対応する能力をさす。

　サッカーではプレーの効率は，とりわけボールや味方と相手の動きのすばやい認識にもとづいている。なぜなら，早い予測によって行動を早く計画できるからである。予測スピードを計画的に鍛えたいなら，この能力を決定する要因を知り客観化しなければならない。図216は，スポーツのプレーでの予測能力への要求の概観を示している。

> 　選手が一定の状況の組み合わせとして持っている経験は，認識する場合に大きな役割を果たす。習熟した選手は，一定のゲームの状況配置を，特徴的な行動の「引き金」だと見て取る(たとえば，壁パス可能性の認識)のに対し，未熟な選手は「プレーへの引き金」とわからずに，ただ選手がばらばらにいるだけと見る。「引き金」の状況配置が前もって頭の中にあるときにだけ，標準的状況と認識されて行動へと転換される。

　習熟した選手の特徴は，とくに予測の過程を通じて適切な動きをすばやくプログラムできる点にあるのに対し，レベルの低い選手は，計画の選択が遅くて欠陥があり不十分である。

> 　習熟した選手は，経験からあるプレー状況がどう展開するのが最もありそうかを知っており，「自動

> 的に」正しい場所におり，正しい時点に適切な手段と状況に適した解決プログラムをもって，プレーにかかわる。彼は「新しい」プレー状況に驚かされることはほとんどない。

初心者は，「詰込みすぎの」，不十分な，あるいは早すぎる予測から，誤った行動をする。すべての詳細を予測しようとする（プレーに重要なシグナルを選択するのに欠陥がある）のでは，状況適合的な行動を導き出せない。不十分な予測は，あまりに強すぎる反作用的な行動（ゲームをうまく組み立てられるのに，ボールを単純に遠くへ蹴る）を引き起こす。最後に，早すぎる予測は，フェイントにかかってしまうことになる。

予測過程は，行動の正確性に対しても（「事前情報」や「先見」ですばやく反応する者は，行動の時間が多くあり，正しいことを「安んじて」行える），決定スピード・反応スピード・動きのスピード・行動スピードに対しても大きな役割を果たす。予測を利用するのに必要な，反応開始前になければならない時間は，1.5秒とされている。したがって，サッカー選手にとっては空白をつくらずつねに「一緒にプレーする」ことが重要である。

> よいサッカー選手は，直接ボールに触れていなくとも，試合中つねに「ボールと共にある」。ボールと選手の動きの先取りないし予測だけが，守備と攻撃での迅速な行動可能性を開く。「ゴール感覚」ないし「ゴール本能」は，可能なプレー状況を先取りする能力の最も典型的な例である。

(3)決定スピード

> 多くのゴールは，選手が「ためらいすぎて」「決定できず」「不決断だった」ために生まれなかった。なんらかを認知するだけでは不十分なのである。ある瞬間のプレー状況を分析した後は，目的を立て一定の行動を行う決定を下さなければならない。

一般的には，決定が複合的で包括的であるほど，決定過程は長くかかる。単純な決定要求の場合は，数度の決定や困難な選択反応を要求する決定過程の場合よりも，決定時間が短い。同様に，慣れない行動，たとえば弱いほうの足での反応では，決定時間は長くなる（今日のトレーニングで，何ゆえに両足でのプレーにしだいに注意が払われているかの，もう一つの理由）。

決定スピードでも，経験が大きな役割を果たす。経験を積んだ選手は，決定する選択肢の効果を正しく見積もる能力がよりよく発達しているので，決定を限定し，これによって決定過程を単純化し短縮する。

> 経験と並んで，決定スピードではさらに個人的な性向も重要である。「決定の好きな」選手もいれば，決して何にも決心できない「永遠に優柔不断な者」もいる。

しかし，決定スピードはトレーニングで向上可能である。トレーニングで決定スピード能力を最適化するには，十分な決定の自由，したがって決定の可能性が与えられなければならない。

> 何をすべきかつねにいわれている者は，場合によっては迅速に決定するが，「創造性」が欠けているので何をするかすぐに見通されてしまう。だから，何人かの選手の一定のゲーム状況での決定は「お見通し」なのである。

トッププレーヤーは，しばしば自動的に決定するが，まったく驚くような「機知あるプレー」を何度もする。

図217は，情報の受け入れ・総合の過程を一瞥して，この全体構成の中での決定能力の位置を示し，同様に認知的な要素が，行為スピード，特殊に決定スピードにどのように重要な役割を果たしているかを示している。

認知的要素ならびに目標とプログラム決定の正しさとスピードは，行為結果の質に影響を及ぼす。したがって，行為スピードは，ゲーム行動の質に重要な影響を及ぼしている。サッカー選手のすべ

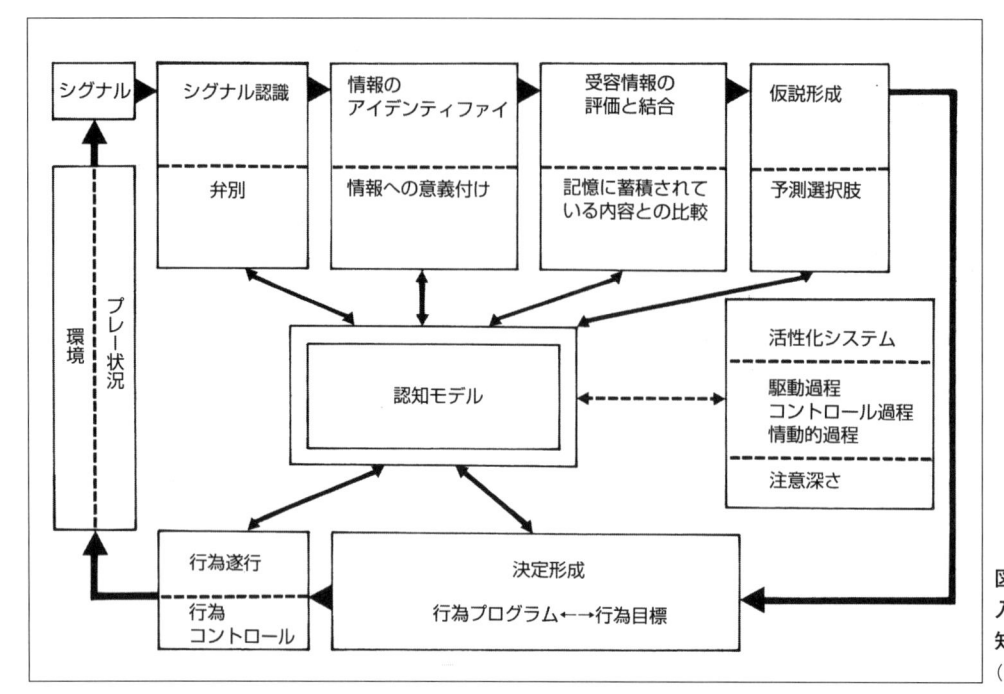

図217 情報受け入れ・総合の認知的モデル (Konzag, 1983)

ての攻撃行動と守備行動は，状況に応じて解決されるべき決定行動であり，行為スピードは決定過程のスピードと正しさに大幅に依存しているので，理論と実践でこれを徹底的に鍛えることは，プレー能力にとって決定的意味を持つ。

選手の決定過程は，次のような特性を示す。
○問題となるのは多くの場合に個別決定ではなく決定の複合である。
○決定の様式はつねに入れ替わる（確実な/不確実な決定，プレー状況の不確実性と選手の不確実性許容の程度）。
○相手を誤らせるという戦術的理由から，しばしば同一の状況で異なった決定が必要となる。
○ゲームでは個人の決定と集団の決定が入れ替わる。両者は密接な相互関連にある。
○試合の経過の中で，高度の精神的・身体的負荷にもかかわらず，必要な決定の質を維持しなければならない。
○選手の決定はもっぱら時間のプレッシャー下でなされる。

最も短い時間で本質的な情報をゲームに合わせて行動へと転換できる選手だけが，成功し相手を驚かせることができる。高いレベルの「速い」選手は，わずかだが行為に重要なシグナルを受け入れて総合する。初心者は多くの情報を必要とし，正しい決定に時間がかかる。しばしば「老練な」選手が，身体能力は低下していても若い選手より行為スピードで勝るのは驚くべきことではない。彼らの認識能力は，長期にわたってプレーしたゲーム経験によってより高いレベルに達しており，決定過程では時間節約的に働くのである。この経験事実は，決定時間は平均して，成人男子で1.945秒，ジュニアで2.077秒，14～18歳で2.283秒であったという点に示されている。

0.03秒の違いが，平均的なランニングスピードの10m/秒で30cmに相当することを考慮すると，サッカーで迅速な決定と行為スピードがいかに重要かが明らかである。10.0秒のスプリンターのスピードを持っていなくとも，スペースの支配は同じようにできる。サッカー選手に決定的な，数分の1秒早くボールに寄る，正しいポジションにい

るというのは，もっぱらより速くシグナルを受け取って総合し，迅速にプログラムを決定してこれをプレーに合わせて行動へと転換することから生まれるのである。

視点移動カメラを用いて決定の速い選手と遅い選手のサーチ戦略を比較研究してみると，単純なゴールシュート状況で，分析と決定に，速い選手は2つの視点移動と1.550秒要したのに対し，遅い選手は8つの視点移動と3.750秒かかった。さらに示唆深いのは，シュート状況とドリブル状況では，パス状況でよりも決定時間が短く，その数値は平均して，シュート：1.943秒，ドリブル：1.948秒，パス：2.651秒であった点である。

> パス状況では，選手は明らかに長い決定時間を必要とする。つまり，味方選手のポジションおよび動きの方向と予測される相手の行動を考慮に入れることによって，ボールを持っている選手の行動をもっぱら分析するシュート状況やドリブル状況よりも，長い時間を必要とするのである。

理論的・実践的なトレーニングでサーチ戦略を改善ないし体系化することによって，決定時間は大幅に短縮できる。すべての選手に，プレー状況の合理的な分析手続きを伝えなければならない。この場合に，次の戦術的なふるいにかけるべきである。
○シュートが可能なら，シュートを選択する。
○シュートが不可能なら，よりよいポジションにいる味方選手へのパスを探す。
○シュートもパスも不可能なら，ドリブルないしフェイントで状況の解決を図る。

目標へ狙うキック（決定の必要あり/なし）での行為時間の研究で，次のことが明らかとなった。全行為時間の構成は平均して，50～70％が潜伏反応時間，10～20％が遂行時間，20～30％がボールの飛ぶ時間である。ここで，潜伏局面（準備的・認知的な経過過程）とは，シグナルが出てから反応の動きの開始までの時間を，運動局面（運動の遂行過程）では運動行為の実行を，ボール飛行

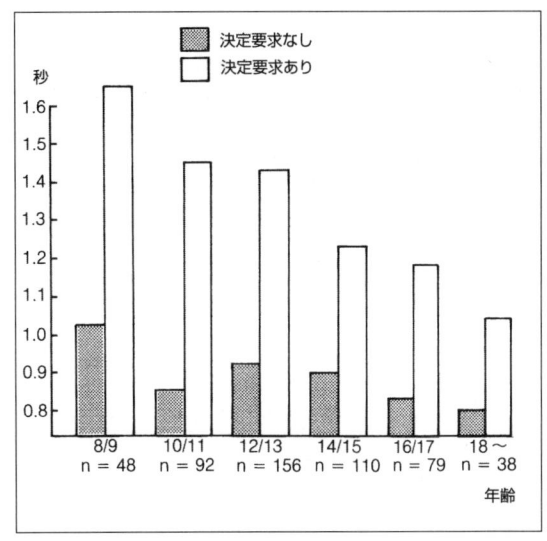

図218 時間のプレッシャー下で目標を狙ったキックでの年齢段階ごとの行為時間 (Konzag, 1983)

局面ではボールが足から離れて目標に達するまでの時間を理解する。この結果は，全行為の中での準備的・認知的な経過過程の位置を明らかにしている。ここで注目すべきは次のことである。

> すでに単純な決定行為でも全行為時間は0.5秒長くなり，複雑な戦術的要求ではこの3倍も多くかかる。

さらに別の研究は，目的とプログラム決定への一定の要求に対する複合的だが簡単なサッカー専門の課題設定を，引きつづく行為遂行と密接に関連させて，行為時間を調査した。光学的なシグナルが出た後で，ボールのあり/なし，単純な目的とプログラム決定要求があり/なし，の単純な行動にかかった時間を比較して，次のような結果に達した（図218）。

①行為時間は，子どもから成人までに38％減少する。「決定要求のない」課題設定での27.9％の向上に対して，「決定要求のある」課題設定では37.1％の向上が見られるので，行為スピードのトレーナビリティが想定される。

②行為スピードの上昇は継続的には生じない。感じやすい加速的発達の局面は10～11歳と14～

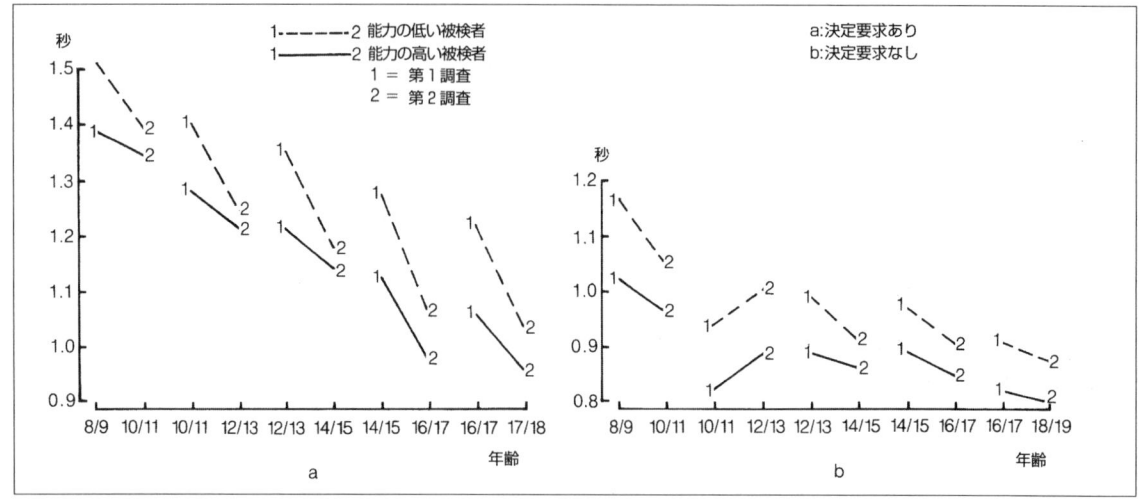

図219　時間のプレッシャーの下で目標を狙ったキックでの1年後の行為時間の変化（Konzag, 1983）

15歳の年齢段階である。12～13歳では発達は明らかに停滞ないし一時的に悪化するので，準危機的な局面と特徴づけできる。

③決定要求ありとなしの行為時間の間には，すべての年齢段階で非常に大きな相違がある。これは，決定要求をともなう目標行為は実現には複雑な認知・思考過程が必要なので，基本的により長い時間が必要なことを意味する。

④決定要求ありとなしの行為時間の間には，なんらの相関関係も存在しない。これは，決定要求のない課題では良好に発達した行為スピードを持つ選手は，決定要求のあるプレー独自の行為スピードでは同じように速いとは限らないことを示す。これは，適性診断と長期のトレーニング過程での教育において重要である。

⑤目標への正確さとプログラム選択での誤りは，子どもから成人までに62.4％減少する。プログラム選択でよりも目標への正確さでの誤りが支配的である。誤りは，決定要求がある場合のほうがない場合よりも基本的に高い。時間のプレッシャー下での決定要求は明らかに非常に高い要求なので，選手の行動の正確度に大幅に影響する。この点はトレーニングで十分に考慮すべきである。

⑥すべての年齢段階で，極度に大きな個人間の相違が存在する。相違の幅は年齢の上昇とともに減少するが，成人でも両極端の値は大幅に異なる。

⑦行為スピードは，ゲームでの成績と密接に関連する。ゲームでよい成績の選手は，内容の悪い選手と比較して，明確により高い行為スピードを示す。この相違は，とくに決定要求をともなう課題での行為時間で明確である。

⑧長期的に見て行為時間が安定的かどうかを検証すると，最初によかった選手は1～2年後もよい結果で，悪い選手は進歩はより大きかったが，よい選手には1年後でも追いつかない。これはとくに決定のある行為要求の場合に明らかである（図219）。行為時間メルクマールの安定性は，これが適性の基準として尊重されるべきことを示す。

決定スピードも，複合的なゲームに近い形の場合にだけ最もよくトレーニングされる（261頁参照）。

(4)反応スピード

反応スピードがサッカーで必要となるのは，次のような場合である。
○「ゴールが危険な」状況でのゴールキーパーないしバックとして
○相手プレーヤーの電撃的行動への対応の際
○フェイントあるいはフェイントへの反応の際

○タックルの際
○フリーな場所へのすばやいスタートの際
○相手から離れる(正しい時点での「離れ」の)際
○不意に襲ってくる状況，たとえばポストに当たって跳ね返ってきたボールに対して。

サッカーでは，急速な状況変化，フェイントや動きのバリエーションによって，反応を開始させるシグナルは時間的にも空間的にも決まってない。だから，サッカー独自に反応スピードを鍛えることは，とくに意味がある。

反応能力/スピードは，前に述べたスピードの部分能力，つまり認知スピード・予測スピード・決定スピードにもとづく。このスピードは行動スピードとともに，スピードの最も複合的な部分特性としての行為スピードとなる。

反応の運動は，準備局面・潜伏局面・遂行局面に分けられる(図220)。準備局面とは，準備のシグナルから反応を開始させるシグナルまでの時間で，予期されるシグナルへの集中で特徴づけられる。全反応時間には影響を及ぼすが，その中には入らない。潜伏局面とは，シグナルが出てから反応運動の開始までの時間である。遂行局面は，遂行される反応運動の時間を現す。

反応スピードは，反応の種類，性，年齢，身体の調子，動機づけ，精神状態と心理的緊張状況，刺激の強度，トレーニング状況，全般的身体能力，時間帯，参加筋群などのさまざまな要因で異なる。

単純反応運動，複合的反応運動，選択的反応運動が区別される。単純反応運動とは，たとえば指先でボタンを押す運動のように，ある身体部分の非常に小さな運動である。複合的反応運動とは，非常にすばやく遂行されるコーディネーション要求と結びついた身体全体あるいは一部の運動で，たとえば5mまでのスプリント走，さまざまな姿勢からの短いスタートの動き，短いダッシュである。

単純反応運動はもっぱら遺伝的に決定され，複合的反応および選択的反応は社会的な要因，たとえばトレーニングによって大きく影響される。

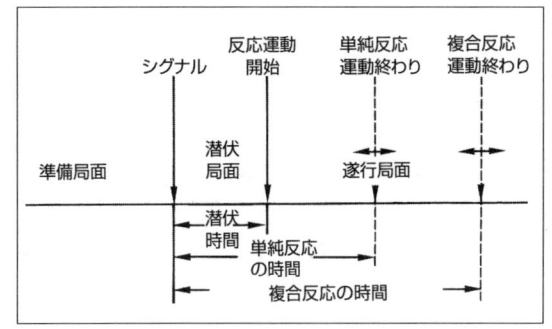

図220 運動の反応の局面構造(Vilkner,1982)

サッカー選手にとって典型的である複合的反応は，シグナル受信の速さと刺激伝達速度によって，そして同様に，プログラミングと参加する筋肉系への高い要求によっても特徴づけられる。反応時間は，単純反応よりも選択的反応でより強く改善できる。これは，単純な刺激には事前のプログラムで反応できるのに，選択的反応では答えは反応インターバルが始まった後で初めてプログラム可能となるという事実によっている。単純反応では，改善は10～18％であったのに対して，サッカー選手に特徴的な複合的選択的反応では30～40％であった。

さらにこれだけでなく，反応は，聴覚的と視覚的，小さな動きで単純反応と大きな動きで複合的(選択的)反応，に区分される。この場合に小さな動きとしては，たとえば(反応時間測定のために)停止レバーを指で押す，大きな動きとしては，より多くの筋群が参加するより大きな動きがある。

反応時間は刺激が，視覚的，聴覚的，触覚的で異なる。視覚シグナルに対する反応は聴覚シグナルに対する反応より長くかかる。視覚シグナルに対する反応は，平均して非トレーニング者で0.25秒，スポーツ選手で0.15～0.20秒で，個々には0.10～0.12秒もあった。聴覚的刺激への反応値は，平均して男子で0.13～0.16秒，女子で0.14～0.17秒であった。視覚と聴覚で違いがあるのは，光エネルギーが神経的インパルスに転換され，これがさらに網膜から脳へと伝達されるまでには，音響

エネルギーが神経的インパルスに転換され，聴覚系に伝えられるよりも少なくとも30ミリ秒長くかかるからである。

図221は，児童・ジュニアのさまざまなシグナルに対する単純反応の発達を示している。

> 複合的反応には，動きの記憶の発達水準と動きの経験とが大きな影響を持っている。選択反応ではさらに，シグナル特性の認識過程と反応の正しさに関する決定過程が重要である。単純反応と複合的反応との関連は相対的にわずかで，複合性が増大すればするほどこの関連はさらにわずかとなる。

図222は，児童・ジュニアにおける単純反応と複合的反応の異なる発達を明らかにしている。7～15歳の少年・少女における単純反応は相対的に持続的な発達が見られるのに対して，複合的反応は，次のような特徴的な局面を通って発達する。少年では，7～10歳での急激な発達の後にわずかの改善の局面がつづき，14歳以後には停滞する。少女では，停滞はすでに11歳から始まる。

> 聴覚シグナルにすばやく反応する選手が，視覚シグナルにはきわめて遅く反応したり，その逆もありうる。また，反応スピードとスプリント能力との間には，なんらの関連もない。したがって，速い選手が遅い反応時間を，遅い選手が速い反応時間を持つこともありうる。

反応をトレーニングするときには，さまざまのプレー状況の要求に合わせることが重要である。したがって，反応開始のシグナルは，ゲームで典型的に用いられるインフォーメーション形式を使うべきである。サッカーでは，視覚シグナルが最も重要な役割を果たしている。しばしば味方や相手の行動から出てくる視覚刺激から反応がスタートする。その次に，聴覚反応と触覚反応が意味をもっている。味方やトレーナーからの短い呼びかけの形の聴覚シグナルは，多くの場合に命令の形をとる（「ゴー」「シュート」「止まれ」など）。すべての状況で遅れることなく安定して反応するためには，視覚刺激が優先されるとしても，ゲームに重要

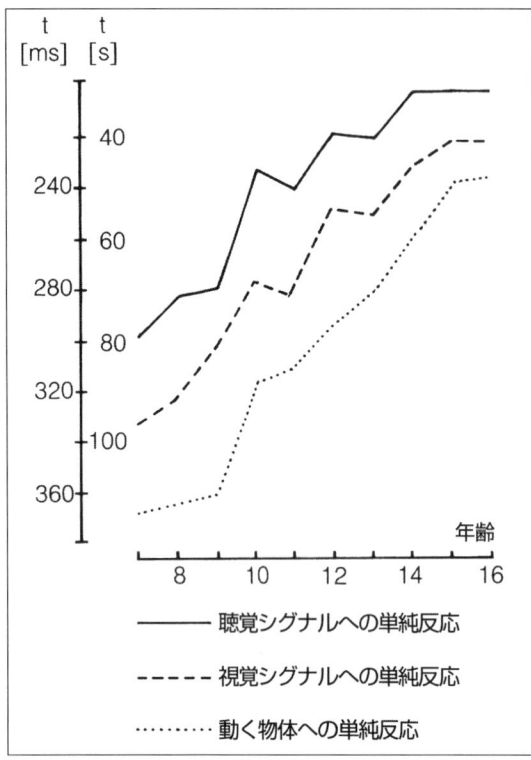

図221 7～16歳の少女での聴覚的・視覚的シグナルに対する単純反応の発達 (Vilkner,1987)
―― =聴覚シグナルへの単純反応
---- =視覚シグナルへの単純反応
...... =動く物体への単純反応

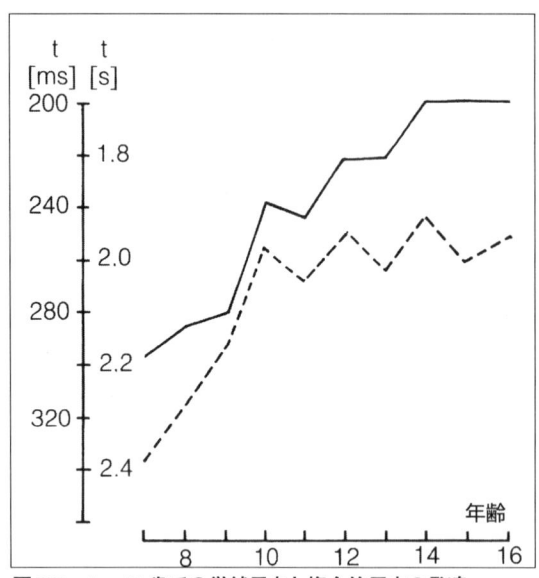

図222 7～16歳での単純反応と複合的反応の発達
(Vilkner,1987) ―― =聴覚シグナルに対する単純反応
---- =聴覚シグナルに対する複合的反応

なすべての形式をトレーニングしなければならない。

> 反応時間は，負荷局面の約11～12分後に改善される。これはゲーム前のウォームアップ時に考慮すべきである。選手は，ゲームの最初の時間帯に「眠ったまま」で絶好の得点チャンスを逸したり，点を取られることのないように，「完全に目覚めて」ゲームに臨むべきである。

反応能力は，動機づけないし覚醒状態，およびこれと結びつく集中に高度に依存している。反応時間に対して集中能力がどのような意義を持っているかについて，あるトレーニングでの最初の10回の測定値と最後の10回の測定値との比較から，集中が低下すると反応時間は明らかに長くなることが確認された。集中が低下すると即座に反応時間が長くなることを示す研究もある。

> 能力の高い選手は，ゲーム全体を通してコンスタントな集中能力を持ち，速い反応時間を持ちつづけることできわだっている。

最後の瞬間まで高度の集中を要求する集中的なトレーニングで，反応時間も集中能力も4週間で眼に見えて改善する。つまりこの場合にも，トレーニングの質(高度の集中)のほうが，トレーニングの量よりも，プレーに重要な改善をもたらす。集中的なトレーニングは，高度の集中，および大脳への高度の負荷によって短期的にはプレー能力の低下をもたらすが，長期的には反応時間と集中の改善を可能とする。

> 集中能力でしばしば試合が決まるが，これもトレーニングによって改善可能で，トレーニング過程に目的に合わせて取り入れるべきである。集中能力が低下すると，反応時間は即座に遅くなる。

反応能力は，疲労がたまっても悪化する。持久性能力が高まると，負荷によって疲労が増大している場合の反応能力に好影響がある。良好にトレーニングしている選手は，すべての負荷段階でより短い反応時間を示す。

> ゲームの最後の局面でケガが多いのは，とくに，疲労が増大して反応能力が低下しているからである。

サッカーは，成功か失敗かが基本的にゲームの全時間を通じての反応能力に依存しているスポーツである。サッカーではボールスピードは非常に速く，シュートでは速度は100km/時(27.8m/秒に相当)を越え，また高度に身体を使うので，すばやく反応できて，身体が疲労していても集中が低下しない選手が有利である。ある選手が相手選手よりも反応時間が0.02秒速いと，ボールスピードは90km/時(≒25m/秒)として，ボールの飛行距離では50cmの違いとなる。サッカーをやっていればわかるように，この50cmは勝敗を決するに十分な長さである。

図221と表41が示すように，反応スピードのすべての要素は，どの年齢でもトレーニング可能である。年齢が高くなり(最高能力年齢は20～30歳)，反応行動が改善されるにつれて反応時間は短くなる。サッカーでは，シニアは全分野でジュニアよりも良好な反応能力を示す。これは，トレーニング頻度がより高く，プレー能力とプレー経験が上である点による。さらに，よい選手は下の選手よりも良好な反応能力を持つことが確認される。

反応後どのような技術を用いるかは，反応時間に関して何の役割も果たさない。同じように知られている動きは，複合性とは関係なく全体として呼び出されるように見える。反応が遅いのは，おそらく単純運動と複合的運動では呼び出し過程が異なる点によるのではなく，運動の呼び出しを同等に行えるような習熟が欠けている点による。

> サッカーのゲームでは複合的反応ないし選択的反応が支配的なので，反応能力は複合的にトレーニングすべきである。複合的反応のトレーニングは，単純反応にプラスの影響を及ぼすが，逆は成り立たない。

複合的なトレーニングによって，刺激の総合も反応運動の呼び出しも，プレー独自に最適化される。

(a)

反応形態		I	II	III	改善(%)
小さい動き 聴覚(A)	全体	158.40	149.53	141.41	10.61
	シニア	153.64	146.16	137.79	10.19
	ジュニア	167.49	155.95	148.32	11.41
	上手	150.83	142.39	136.58	9.24
	下手	163.56	154.41	144.71	11.54
小さい動き 視覚(O)	全体	189.51	179.87	171.31	9.56
	シニア	185.55	175.52	167.25	9.82
	ジュニア	197.07	188.18	179.15	9.06
	上手	184.50	175.78	168.75	8.55
	下手	192.94	188.18	173.12	10.26
大きい動き 単純(E)	全体	346.21	335.97	314.64	8.77
	シニア	338.08	331.09	308.85	8.56
	ジュニア	362.03	345.27	325.72	9.16
	上手	340.80	328.54	310.85	8.64
	下手	350.09	341.05	317.24	8.66
大きい動き 選択行動(W)	大きい動き	418.76	402.79	381.82	9.65
	シニア	407.20	388.80	369.96	8.96
	ジュニア	451.65	429.52	404.51	10.97
	上手	411.59	369.67	370.93	9.52
	下手	429.93	413.14	389.29	9.75

表41 小さい動き(a)と大きい動き(b)のトレーニングの経過の中での反応時間とその影響 (Müller/Hoffmann,1987)
I＝スタート時テスト
II＝中間テスト
III＝終了時テスト
単位：ミリ秒

(b)

反応形態	I	II	III	改善(%)
O	190.91	180.31	177.39	6.72
A	151.06	146.51	142.31	5.76
E	355.72	328.59	303.59	14.56
W	414.29	387.24	359.48	13.03

```
                    ┌─────────────────┐
                    │ ボールなしでの    │
                    │ 運動スピード      │
                    └────────┬────────┘
                      ↙           ↘
   ┌──────────────────────┐   ┌──────────────────────┐
   │ 非循環的運動スピード   │   │ 循環的運動スピード     │
   │ ＝個々の身体部位のスピード│   │ ＝一定距離を走破する     │
   │ ＝個別行動スピード     │   │   身体全体のスピード     │
   │                      │   │ ＝継続する運動スピード    │
   └──────────────────────┘   └──────────────────────┘
                     サッカーでの実例
```

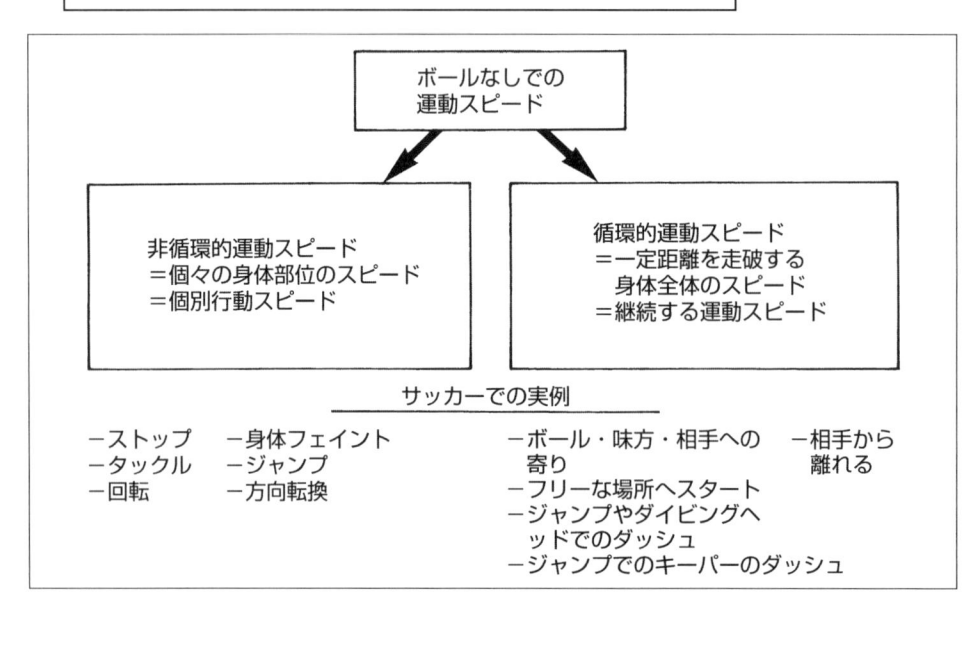

－ストップ　　－身体フェイント　　－ボール・味方・相手への　　－相手から
－タックル　　－ジャンプ　　　　　　寄り　　　　　　　　　　　　離れる
－回転　　　　－方向転換　　　　　－フリーな場所へスタート
　　　　　　　　　　　　　　　　　－ジャンプやダイビングヘッドでのダッシュ
　　　　　　　　　　　　　　　　　－ジャンプでのキーパーのダッシュ

図223 ボールなしでの運動スピードとサッカー独自の行動分野でのその下位カテゴリー

(5) ボールなしでの運動スピード——循環的スピードと非循環的スピード

図223が示しているように，ボールなしでの運動スピードは，非循環的運動スピードと循環的運動スピードに分けられる。非循環的運動スピードとは，小空間での個別行動であり，循環的運動スピードは，移動・ランニングのスピードとも呼ばれ，ダッシュやランニングの形での大きな空間の行動あるいは空間を獲得する行動である。非循環的運動スピードは，後に反応スピード・動きのスピード・行動スピードとの関連で立ち入って述べる。ボールなしの運動スピードの中心にくるのは，循環的運動スピードである。

循環的運動スピードは，サッカー独自の視角から，基礎スピード・スプリント持久性・スピード持久性にさらに分けられる。基礎スピードは，ダッシュのスピードあるいはスプリント力と同義である。これはとくに高度の加速能力で特徴づけられ，循環的スピードの最重要要素である。スプリント持久性は，全試合時間を通じてとくにスピードの落ちることなくすばやいダッシュができる能力を意味する。これはしたがって，良好な回復能力と十分に発達した基礎持久性にもっぱら依存している。スピード持久性は，最大限スピードをできる限り長時間維持できるという意味である。サッカー選手の場合には，ゲームでは加速の範囲内の距離を越えて最大限スピードを維持することはほとんどないので，スピード持久性は陸上競技選手とは異なってそれほど意味を持たない。

(6) ダッシュスピード
①ダッシュスピードの意義

> ダッシュスピードは，攻撃と守備での成功，1対1での強さ，有効なケガ予防にとって(相手から離れられ，ボールにすばやく寄れる者は，相手からの影響を受けない)傑出した意義を持つ。

フリーになるときや相手を追い越すときの爆発

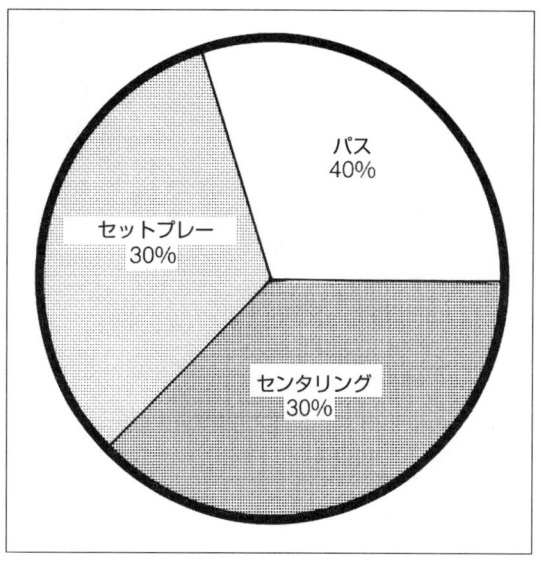

図224 ヨーロッパカップとワールドカップでの100ゴールの割合とゴール以前の準備状況 (Loy,1991)

パス 40%
セットプレー 30%
センタリング 30%

的なスパート，すばやいドリブル，壁パスのときのダッシュ，そして数多くの守備の反応には，最高度のダッシュスピードが必要である。センタリングの準備でも，すばやいドリブルとダッシュがなくては，よいセンタリングはできない。ヨーロッパカップとワールドカップの100試合のゴール分析(図224)では，全ゴールの3分の1以上がセンタリングからである。しかし，相手の妨害なしにセンタリングできるために，爆発的なドリブルとダッシュ，つまり動きのスピードと行動スピードは，非常に高い意義がある。

ダッシュスピードは，突破能力や1対1での強さにも決定的である。1990年のワールドカップのイタリア大会でドイツチームが優勝できたのは，とくにスピードで多くの1対1に勝てたからである(図225)。

> ダッシュスピードは，一般的・専門的持久性能力とともに，サッカーの最重要の体力特性である。

②トレーニング科学的基礎

今日では，コンピュータを用いたビデオ撮影で，ゲーム中の正確な走行距離とスピードの変化を明

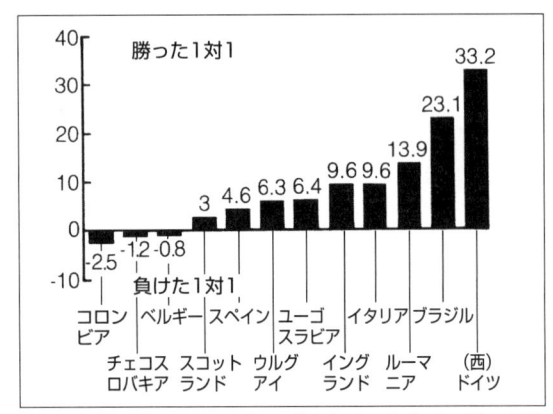

図225 1990年ワールドカップイタリア大会で1対1の強かったチーム（Loy,1990）　1対1の強さは，その都度の1対1での勝ち数と負け数の差である。

らかにできるので，重要なスピードパラメータを把握して，トレーニング過程に取り入れることができる。しかし，一般的にいうと，もっぱら量的な測定からは，質的なプレーについて何もいえない点を指摘しておかなければならない。質的なプレー観察と量的なプレー観察を結合して初めて，個々の選手のプレーを正確に判断することができる。

図226が示すように，ゲーム中のダッシュ回数と走行距離は，選手ごとにかなり異なっている。ある選手は「長い距離をこなす」ことを優先し，他の選手はより短いダッシュを優先する。

> いくつかのゲーム分析から，サッカー選手は1ゲーム中に40〜100回ダッシュすることが知られている。個々にはこれを大幅に上回る場合もある。また，大部分のダッシュは25mまでである。ヨーロッパカップ1988年ドイツ大会においては，ゲームでは0〜5mの短いダッシュが多かった。こうした短いダッシュは，5〜10mや10〜20mのダッシュの倍見られ，20m以上のスプリントの約5倍あった。最高度のペースでの20m以上のランニングはまれであった。この点は，スプリントトレーニングで考慮しなければならない。

優れた数メートルのダッシュスピードで相手から離れる能力は，傑出した100m走のタイムと必ずしも同じとは限らない。だからサッカー選手は，陸上競技の100m走者とは比較できない。100m走者は，高い加速能力と並んで，さらに行動スピード（速いコーディネーション）とスピード持久性（235頁参照）もトレーニングしなければならないのである（図227）。

つまり，最大限25mまでの短いダッシュがゲームでは圧倒的なので，スピードトレーニングでも，もっぱらこの距離のダッシュが前面に出るべきである。

③ダッシュスピードの能力決定要因のスポーツ生理学的基礎

ダッシュスピードとは，とくに筋力に依存し，コーディネーション的で随意的な要因が決定的な役割を果たすような複合的な精神・身体的遂行要因である。スポーツ生理学的視角からは，次の下位要因がとくに意味がある。

1）筋群の種類

筋の収縮スピードは，速筋線維の割合に高度に依存する。特殊な針で検体の筋を採り出す筋バイオプシーでの研究によると，速筋線維の筋群の割合は動きのスピードと正の相関にある。図228は，速筋線維の割合が50％以上の選手は，低い割合の選手よりも，すべてのスピードの領域でより高い加速力を示すことを明らかにしている。

> 「生まれついての」サッカー選手は，高度の基礎スピードないし明確なダッシュ能力を初めから持っている。実際にサッカー選手では速筋線維の割合が高く，平均で60％である。

この関連で重要なのは，子どもは成人と比較していわゆる中間筋線維の割合が多いことである。その割合は，男子児童で13％，女子児童で7.6％に対して，成人ではわずかに2〜3％である。もしも児童が早期にスピードに重点を置いてトレーニングすれば，中間筋線維の速筋線維への転換によって，スピードの潜在力の点で筋線維組成の最適化を図ることができる。つまり，すでに児童の

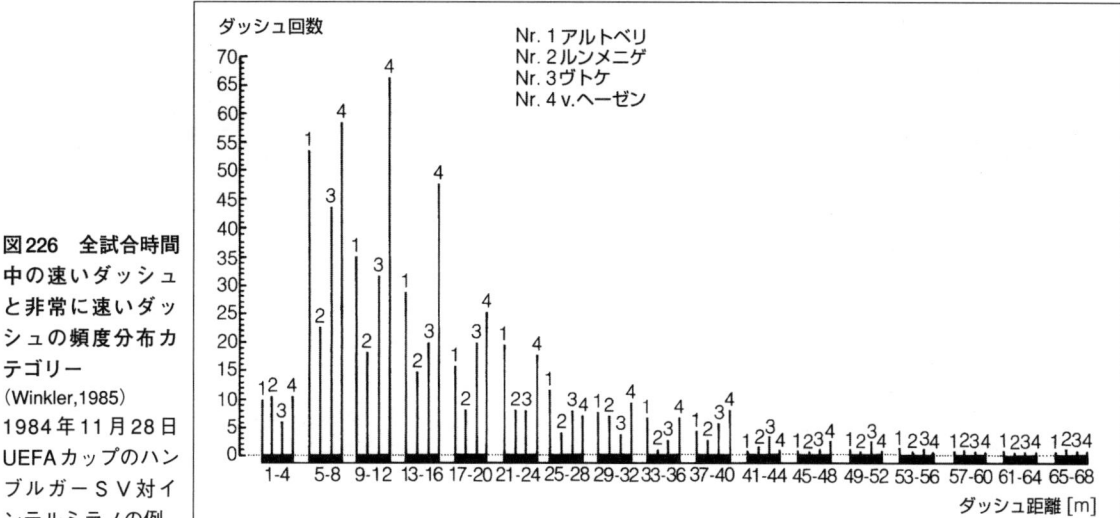

図226 全試合時間中の速いダッシュと非常に速いダッシュの頻度分布カテゴリー
(Winkler, 1985)
1984年11月28日UEFAカップのハンブルガーSV対インテルミラノの例

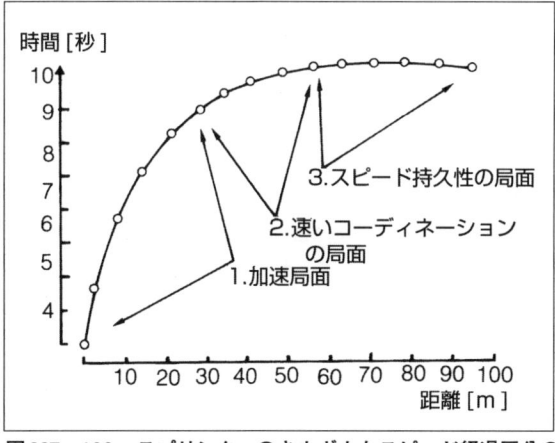

図227 100mスプリンターのさまざまなスピード経過区分の図解

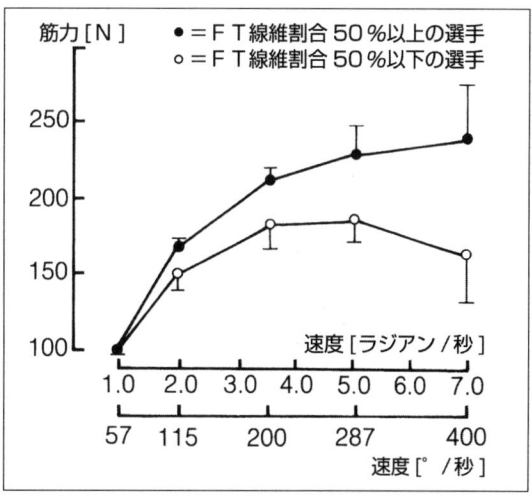

図228 脚伸筋群の，筋線維構成に依存するパワー (Coyle et al., 1979)

年齢でスピードを強調したゲーム的な児童にあったトレーニング（257頁参照）は，後に達成されるスピード特性とパワー特性の水準にかなりの影響を及ぼす。

2) 筋力

ダッシュスピード能力の相違は，遺伝とコーディネーション的要因（230頁参照）と並んで，とくに最大筋力ないしパワーの出発点レベルの相違によっている。ダッシュスピードないし加速能力（スプリント力）は，パワーの一つのバリエーションと特徴づけられる。

> トレーニングによる筋力の強化は，つねにスプリント力ないしダッシュスピードの向上をともなっている。

しかし，コーディネーション的にみて非常に単純な動きでは，最大筋力トレーニングは直接的により高度の運動スピードに影響を及ぼせたのに対し，サッカーにおけるような注文の多い複合的な動きでは，これはあまり当てはまらない。したが

筋肉変数	コントロールパーソン	サッカー選手
タイプⅠ線維の%	51.4±12.5	52.9±18.8
タイプⅡa線維の%	29.5± 7.3	29.3±16.5
タイプⅡb線維の%	19.1±13.1	17.8±11.3
タイプⅠ線維面積[μm^2]	5537±1230	6289±1554
タイプⅡa線維面積[μm^2]	6977±1326	7924±1950
タイプⅡb線維面積[μm^2]	6429± 580	7473±1932
タイプⅠ線維断面積[μm]	69.8± 9.5	73.7±10.5
タイプⅡa線維断面積[μm]	77.8± 7.9	82.5±13.1
タイプⅡb線維断面積[μm]	76.4± 4.3	82.6±10.6
タイプⅠ線維相対的面積割合[%]	45.8±13.6	48.4±17.1
タイプⅡa線維相対的面積割合[%]	35.5± 9.9	32.2±15.0
タイプⅡb線維相対的面積割合[%]	20.7±14.9	19.4±11.9
各筋線維を取囲む平均毛細血管数[Nvf]	4.9± 0.4	5.7± 0.6
毛細血管密度[mm^{-2}]	220.8±38.1	282.7±42.0
線維の太さ[mm^{-2}]	134.6±35.8	127.5±22.0
毛細血管／筋線維	1.7± 0.1	2.2± 0.6

表42 トップのサッカー選手と非トレーニング者における筋線維タイプ・筋線維横断面積・筋線維の毛細血管補給 (Kuzon et al.,1990)

って筋力は，とくにゲームの中で，そしてもしも時間が十分にあるなら，付加的で目的を定めた筋力トレーニングで改善しなければならない。

先に述べた中間筋線維をFT線維に転換する児童期のスピードトレーニングと，FT線維がST線維に転換する可能性がある集中的で頻度の高い持久性トレーニングを例外として除くと，トレーニングによって遺伝的なFT線維とST線維の割合は変えることはできないが，発達の程度とその量は変えることができる。

スピードトレーニングと筋力トレーニングを強調して生ずる筋肥大は，個々の筋線維の中にある収縮要素，つまりアクチンフィラメントとミオシンフィラメントの数の増加による。児童年齢では，筋線維の増殖も生ずる(200頁参照)。この両者の場合に，筋横断面積の増加は，収縮の際にアクチンとミオシンの重なり合いにとってより多くの単位時間当たりのクロスブリッジ結合を可能とし(115頁参照)，したがってより高い収縮速度を可能とする。トップレベルでの数年間のトレーニングは，筋線維の特徴的な適応をもたらす(表42)。非トレーニング者にくらべ，サッカー選手には恒常的なスピード刺激とパワー刺激によって，速筋線維の肥大がはっきりと生じ，これと平行して，持久性要因にもとづいて遅筋線維の有酸素性能力の上昇が見られる。

注意点：筋力トレーニングとインターバルトレーニングは，全体として短い作用時間のために，FT線維のST線維への転換についてはまったく影響を及ぼさない。この場合には，筋線維の代謝機能と筋線維の太さが肥大の意味で影響を受けるだけである。これに対して，頻度と強度が高く包括的な持久性負荷は，FT線維をST線維へと転換し，スピード特性に対してマイナスの影響を及ぼす可能性がある。つまり，過剰な持久性トレーニングは，スピードとパワーを損なう可能性がある。

3)筋群のエネルギー供給

サッカー選手の最大スピードは，作業筋群（脚）でのエネルギー備蓄の量と種類，ならびにそれを動員するスピードに高度に依存している。図229が示しているように，ランニング時間が長くなるにつれて最大スピードは低下する。なぜなら，さまざまの燃料は単位時間当たりのエネルギー放出が異なるからである。筋細胞でのATP(アデノシン三燐酸)の備蓄は約6mmol/筋1kgで，最大収縮で約2～3秒間足りるにすぎない。CP(クレアチン燐酸)の備蓄は約21mmol/筋1kgで，最大の収縮作業で約6～10秒の量である。

燃料	燃焼時間	スピード
ATP	3秒まで	速い
CP	6〜10秒まで	
無酸素糖質燃焼	30〜40秒まで	
有酸素糖質燃焼	30〜60分まで	
有酸素脂肪燃焼	数時間	遅い

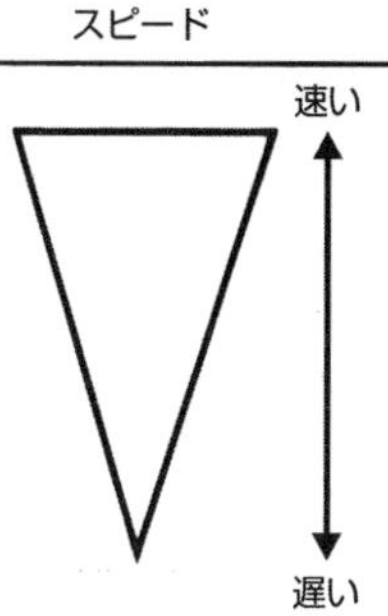

図229 エネルギー供給に依存するスピード
エネルギー供給機構による燃焼時間は、備蓄が異なるのでさまざまである。

短時間の最大のスピードないしパワー負荷においては、安静状態と比較して500〜600倍にATPの転換が増加する。これには、酵素の側で最大の転換能力と動員能力が要求される。これは、スプリント負荷開始とともに、仕事ホルモンでストレスホルモンのアドレナリンとノルアドレナリン(カテコラミンとも呼ばれる)および体内で作られるモルヒネ誘導体ベータエンドルフィンが400％増加することで達成される。このように急激にカテコラミンが増加する理由は、これによって糖分解に決定的な酵素のホスホリラーゼが非活性的な形態aから活性的な形態bへと転換され、急速に糖分の転換が可能になる点にある。同様に高いベータエンドルフィンの増加は、戦いで痛みをこらえる必要がある点、また中枢部の疲労を遅らせる点と関連している。

緊張が要求されるリーグ戦のゲーム終了間際に、選手が非常のスピード・パワー・ダッシュの能力をまだ示せるかどうかは、これら能力に必要なATPが最も短い時間でCP貯蔵によって再合成されるかに関連する。CPによって、ATP消費の際に生じるADPは短い経路で、つまり解糖作用のときのように10もの中間段階を経ることなくATPに再転換される。最高度強度の負荷がかかるために有酸素性エネルギー供給ないし無酸素性エネルギー供給が不十分なときには、CPによるATPの再合成はいつも強められる。

CPは、直接的なエネルギー源であるATPの急速な再合成に対して重要な意義を持つために、とりわけすばやく補充される。短時間の最大筋力の投入(ジャンプあるいはダッシュ)の後、CP貯蔵は3秒以内に再び完全に補充される。

注意点：CPの即座の再合成は、酸素が利用できるかどうかによって制約されている。したがって、最適のエネルギー追加供給と酸素供給を保証する良好な基礎持久性(42頁参照)、ならびに酸素供給改善を可能とする負荷後のアクティブリカバリによって、この重要なエネルギー貯蔵庫の急速な再合成が最適化される。

すでに述べたように(224頁参照)サッカーのゲームは、頻度の高い最も短いダッシュ(5mまで)および短いダッシュ(25mまで)で特徴づけられる。エネルギー的にはこれらダッシュは、ATPとCPでまかなわれる。この種類のエネルギー確保は、無酸素性の乳酸を産生しないエネルギー供給とも特徴づけられる。サッカー独自の走り方にもとづいて、サッカー選手は非常に発達した無酸素的非乳酸性能力を有している。非乳酸性の能力は、科学的には3×60m段階テストによって、6mmol/l乳酸でのランニングスピードの測定によって測られる。この場合に重要なのは、短距離スプリントで同一成績だが、相対的にわずかの乳酸しか産生しない選手は、より高い非乳酸性能力、ないしスプリント能力を示す点である。非乳酸性の能力の水準は、サッカーのトレーニングを構成するときに軽視できない意義を持つ。図230が示しているように、スピード負荷(たとえば5×30m)における乳酸値の上昇は、能力の高い選手では、低い選手

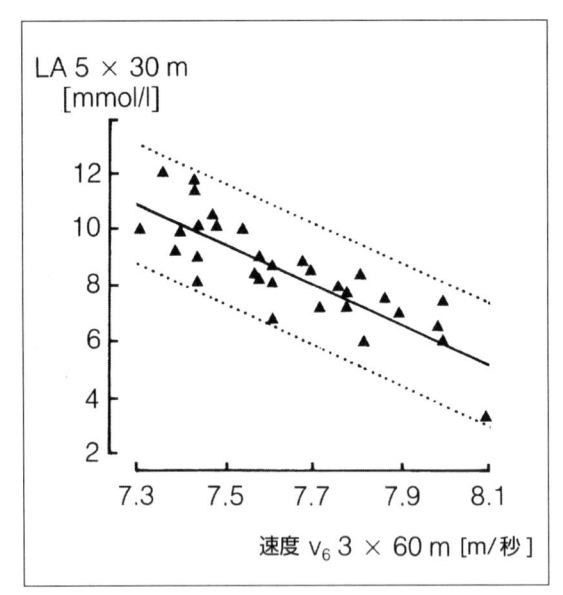

図230 5×30mスプリント・セット後の乳酸濃度(LA)の3×60m段階テストで測定されたパラメータV6で示す「非乳酸性能力」への依存 (Hellwig et al.,1988)

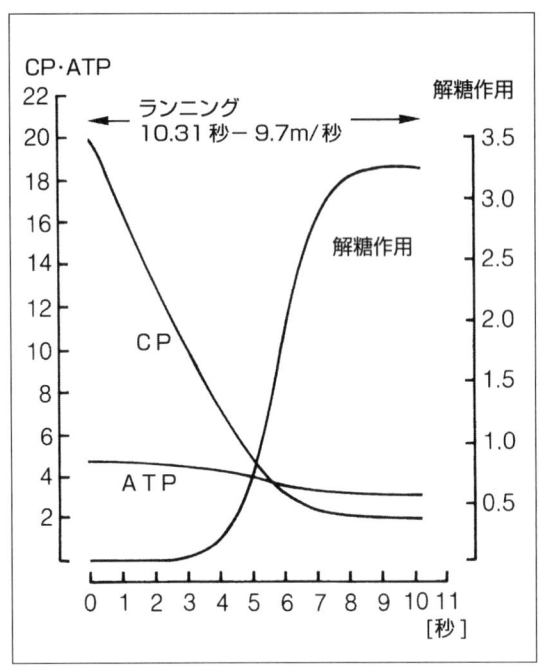

図231 100m走でのATP，CPと解糖作用の動き (Mader et.al.,1983)

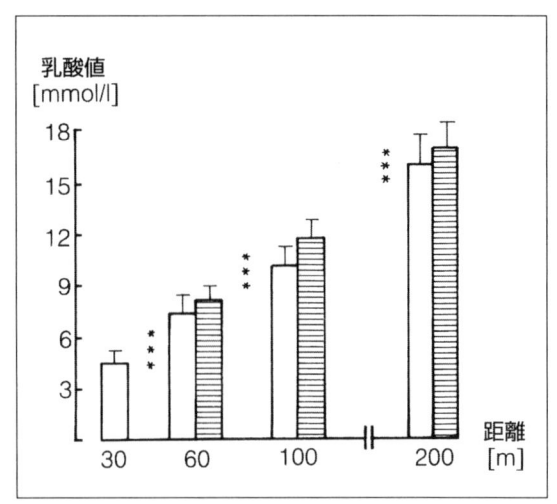

図232 さまざまな距離のスプリント負荷後の乳酸値レベル(□＝テスト，▤＝競技) (Hellwig et al.,1988)
＊＝非常に有意の相違

よりも基本的にわずかである。

> 図230が示すように，客観的に同一のトレーニング負荷で代謝は相違している。ここから，サッカーのようなチームスポーツに特徴的なグループトレーニングでは，個々人でさまざまに異なる負荷となってしまう。外に現れていることからはわからないが，ある選手には負荷過大で他の選手には過小ということがありうる。

長距離あるいは次つぎに連続するランニングでは，ATPとCP，とくにCPの貯蔵は不完全にしか再合成されず，無酸素的乳酸性のエネルギー供給とも呼ばれる解糖作用が重要な役割を果たす。CPが3mmol/筋1kg以下になったとき，解糖作用は最大に活性化する。図231は，100mスプリントを例にATP・CPの変動と解糖作用の過程を示している。30mの最大スプリントの後ですでに，全エネルギー供給過程への解糖作用のかなりの参加が見られる。ランニング距離が長くなるに従って，乳酸濃度も漸増的に上昇している(図232)。図232から，最大スピードで走る距離が10m長くなると，平均して血中乳酸値が約1mmol/l上昇することがわかる。

表43　3×20mスプリントを6セットでの平均乳酸値 (mmol/l)　(Tumilty et al.,1988)

1セット後	5.0±1.4	2セット後	6.8±1.8	3セット後	7.8±2.1
4セット後	8.4±1.9	5セット後	8.9±1.5	6セット後	9.7±2.3

表44　6人のサッカー選手について筋バイオプシーにより筋グリコーゲン濃度をゲームの前・中・後に測定した調査結果 (Nöcker,1983)

グリコーゲン濃度[g/kg]			走行距離[m]		走行距離[%]		
ゲーム前	ハーフタイム	ゲーム後	前半	後半	歩き	最大速度	中程度速度
15	4	2	6100	5900	27	24	49
7	1	0	5600	4100	50	15	35

　サッカーのトレーニングでしばしば用いられる5×30mのスプリントセットの負荷で，3分間という相対的に長いしかし不十分な休息では，「非乳酸性能力」の低い選手においては12mmol/lの負荷後乳酸値が測定されている(図230参照)。すでに乳酸値が6～8mmol/lでコーディネーション的なプレー能力の低下が確認されるので，こうしたスピードトレーニングの効果は，少なくとも以上の視角からは批判的に判断せざるをえない。

　この関連で重要なのは，累積的アシドーシスの現象である。インターバル的なセットでのスプリント負荷では，乳酸値は，不十分な休息の徴として解糖過程が入ってくる表現として累積的に増加する。表43は，最大スピードでの20mスプリント3回を6セット(20mスプリント後20秒休み，3回スプリントの各セット後は，60秒休みを入れる)での，乳酸値上昇を示している。

　サッカーのスプリントトレーニングを最適に構成する場合，正しい距離・個人的な能力・正しい休息の長さ(完全な回復をともなう)に注意するだけでなく，スプリントのセットが多くなりすぎないように注意すべきである。なぜなら，しだいにコーディネーション的能力が低下し，トレーニング効果が減少するからである。

　短いスプリントやダッシュのときに，エネルギー供給に解糖過程も参加することは，筋のグリコーゲン備蓄が持つ意義を示している(24頁参照)。表44が示すように，エネルギー的に高いスタートレベルの選手は，筋内の備蓄のわずかな選手よりも，基本的に高い強度でかつ広範にゲームに参加する。

　改善されたトレーニング状態は，とくに筋のエネルギー貯蔵の増加で特徴づけられるが，これによって精神・身体的に，強度の高いスピードを強調したプレー参加が可能になる。

　しかし，短い距離でセット数が多い場合は，通常のサッカーのゲームで出てくる強度を明らかに越えているような高い強度の負荷であるにもかかわらず，過度の乳酸値上昇にはならない点に注意しなければならない。つまり，アシドーシスに耐えられるようにするトレーニングは，サッカーではあまり意義を持たないのである。

　特別のトレーニングで，とくにCPおよび無酸素性解糖に重要な筋グリコーゲン貯蔵は増加させることができる。CPとATPは約20％増加，筋グリコーゲンは60％増加する。これと平行して，これらの転換に参加する酵素の活動も高まる。週3～4回で2か月間のスプリントトレーニング後に，ATP酵素(この酵素はATP＝ADP＋P＋エネルギーの反応の触媒)は30％，ミオシン酵素(この酵素はADP＋ADP＝ATP＋AMPの反応の触媒)は20％，クレアチン燐酸酵素(この酵素はCP＋ADP＝ATP＋Cの反応の触媒)は36％増加した。

　エネルギー貯蔵が増加する，ないし酵素活動が増加すると，筋の収縮スピードは上昇する。

　図233が示すように，非乳酸性無酸素性能力は，さまざまのトレーニング期が経過する中で，トレ

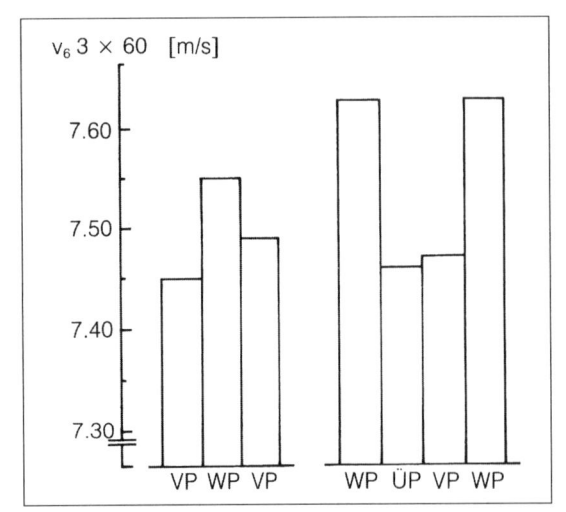

図233 さまざまのトレーニング時期での「非乳酸性の能力」水準(3×60m段階テストで測定されたパラメータV6)
(Hellwig et al., 1988)
VP=準備期；WP=ゲーム期；ÜP=移行期

ーニング休暇(受動的休暇，維持トレーニングなし)によって，あるいはトレーニング構成の相違(たとえば包括的で強度を強調しないトレーニング)によって，かなり急速に変化する。筋内エネルギー貯蔵を増加させる点での最適なスピードトレーニングのため，あるいはエネルギー貯蔵を転換する酵素の活動を上昇させるためには，つねに最大のダッシュ強度でトレーニングしなければならない。

図234は，トレーニング強度が違うと筋と代謝への負荷が異なることを示している。わずかの負荷と高いないし最高度の負荷とでは，異なった筋群，異なった運動単位(たとえば遅筋線維)，および異なった代謝方法に負荷がかかる。負荷の違いで筋中のグリコーゲン分解が相違するのは，筋が異なった負荷に対していかに異なった種類と方法で反応するかを示している。たとえば，インテンシブなインターバルトレーニングでのような最大以下の速度のスピードトレーニングでは，スピードのパラメータは最適には向上しない。なぜなら，これではエネルギーポテンシャルの最大の転換と分解そして最適のコーディネーション的負荷にな

らないからである。

だからサッカー選手は，一般的なトレーニングよりもサッカー専門の負荷様式を優先すべきである。とはいえ準備期には，全般的な負荷可能性を高めるために，全般的に発達させる体力づくりトレーニングが最も適している。

筋線維に対するトレーニングの種々の影響を測定するためには，アンモニア測定を用いる。最大の強度のときだけ最大限のアンモニア増加が見られる。これは代謝の点では，速筋の筋線維に負荷がかかっていることを示す。

> 最大限速度での，つまり全力でのスピードトレーニングだけが「正しい」筋線維と「正しい」代謝の方法の活発化を通じて，最適のトレーニング成果をもたらす。疲労状態でのトレーニングは，全力を出さない苦しいだけのスプリントトレーニングと同様に，ほとんど何ももたらさない。やる気を持って行われる練習試合は，誤った時点での最良に考えられたスピードトレーニングよりもはるかに効果的である。

4) コーディネーション的能力

頻繁に強力なダッシュができるのは，刺激と抑制がすばやく交替し，これに対応して最適の筋力動員となるように神経-筋系が調整されるときだけである。筋間と筋内の動きの最適なコーディネーションによって初めて協同筋と拮抗筋の協働が向上し，作業筋群の加速力をアップできる。ダッシュの速さを最適化するために，筋間コーディネーションと筋内コーディネーションを最高に発達させることができるのは，そのスポーツ専門の条件でかつ最高度の強度でトレーニングする場合だけである。最大以下のスピードでの運動では，最大の場合とは異なった筋内の神経支配パターンが生ずる。走るスピードが異なると，走る技術だけではなく，参加筋群の活動も異なる(図235，236)。筋の活性および筋内・筋間コーディネーションは，負荷・動きのスピード・角度・動き方に依存しているので，これらの筋の協働作業は，主としてゲームに近い形でトレーニングしなければならない。

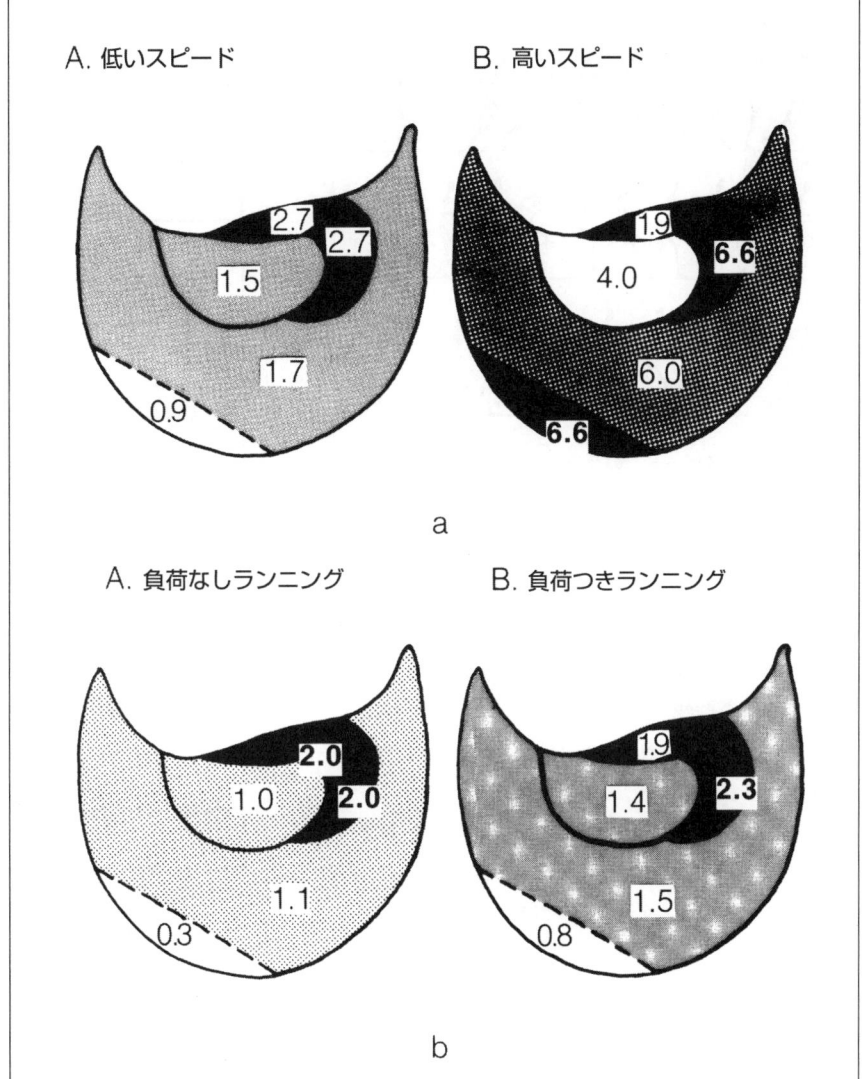

図234 異なったランニング速度(a),ないし負荷(体重の24％)の有無のランニング(b)での腓腹筋でのさまざまのグリコーゲン分解(グルコースmmol/kg/分) グリコーゲン分の筋バイオプシー測定
(Armstrong et al.,1983)

専門トレーニングと補助トレーニングをどのように組み合わせても，本来のゲームほどには，ゲームでの諸条件に対して効果的に準備することはできない。ゲームでの活動に適合的ないわゆるゲームのシミュレーショントレーニングの意義も，過大評価すべきではない。このトレーニングは，本来のゲーム活動での心身的な負荷を近似的にシミュレートできるだけで，決してこれにとって代わられるわけではない。

5)筋群の弾力性とリラックス能力

筋群の弾力性・伸展性・リラックス能力が不十分だと，動きの間に協同筋は拮抗筋の高い抵抗を克服しなければならないので，動きの強度は低下し，コーディネーション的協働は悪化する。こうして運動は，この内部での抵抗と筋張力の上昇によって阻害されることになり，エネルギー需要は高まるがその効果はわずかとなるだけでなく，比較的短時間に運動スピードが減少してしまう。こ

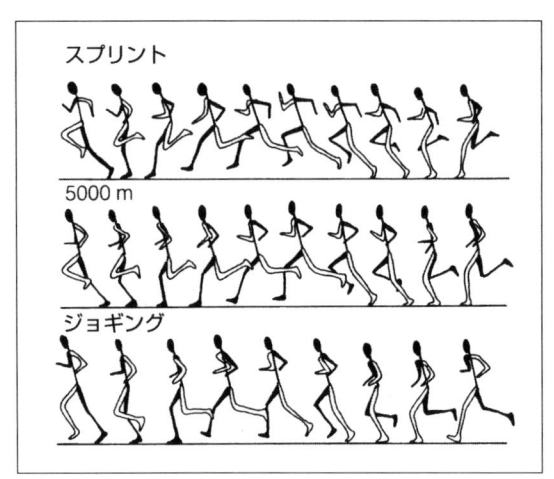

図235 異なるスピードでのランニング技術
(Kunz/Unold, 1988)

こからも，サッカー専門の適切なストレッチとリラックス体操の意義は明らかである。

6) 筋群のウォームアップの状態

高い動きの頻度と筋力発揮は，最適のウォームアップ状態を前提している。ウォームアップによって内部の抵抗（粘性）が低下し，伸展能力と弾力性が高められ，他方では神経系の伝達スピードも増加し，反応能力とコントロール過程も改善される。すべての生化学的反応は，反応-スピード-温度法則に従って，最適温度では20％まで速く行われる。だから，個人の最高スピードを達成するには十分なウォームアップが必要なのである。

7) 疲労

筋が疲労すると，多かれ少なかれエネルギー貯蔵の減少ないし筋のアシドーシスが見られ，これは感覚伝達路を通って中枢の大脳皮質へ伝えられる。この脳へと伝わるインパルスは，運動のコントロールを管轄する中枢に抑制を引き起こし，これが作用して運動の神経細胞の負担解除の数・頻度の減少がもたらされる。最大スピードは疲労状態では達成できない。なぜなら，中枢神経系のコントロール過程は十分には働かず，スピードを発揮するのに必要な高度のコーディネーション能力は低下しているからある。つまり，最大スピード

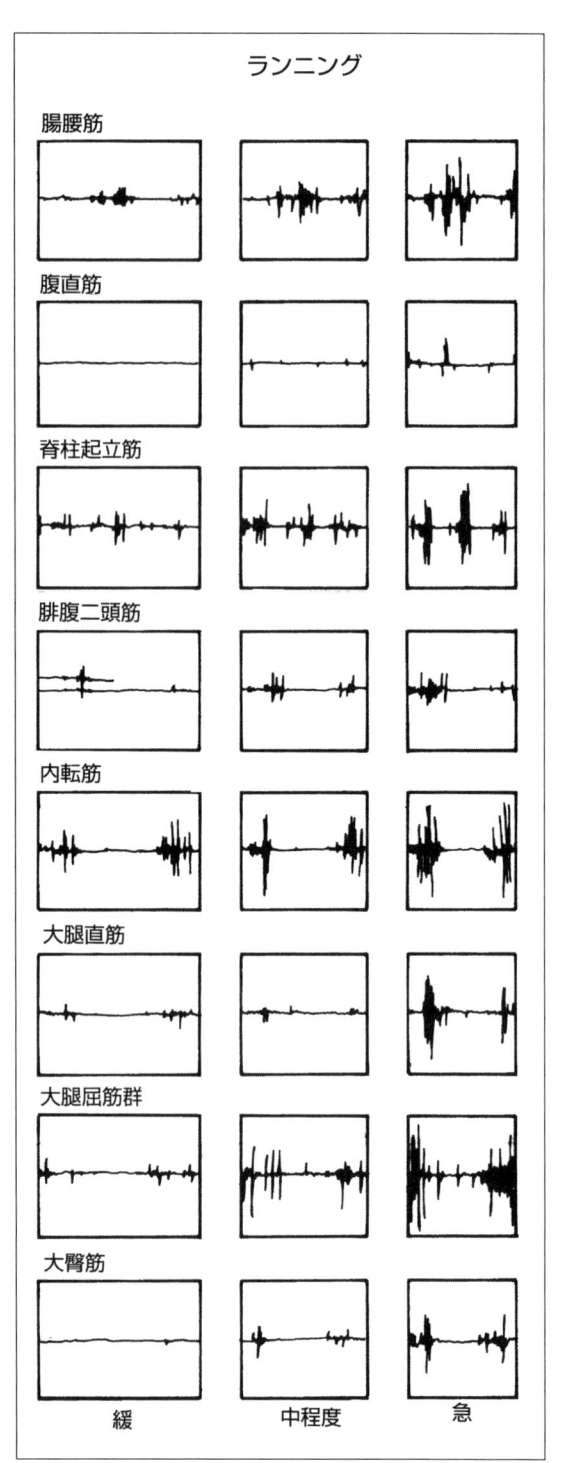

図236 異なるスピードでの筋群の動員
(Kunz/Unold, 1988)

のトレーニングは，トレーニングのなかで，最初のウォームアップとストレッチの後に行うべきである。

さらに心理学的視点からは，ダッシュスピードは，動機づけ（219頁も参照）・心構え・意志力に基本的に依存している。すでに述べたように，最大の投入を行ったときだけ，スピードの改善がトレーニング効果として出てくる。「やる気」がなければ，最大のスピード発揮に必要な仕事ホルモンは可能な最大まで放出されないし，したがって使えるすべてのエネルギー予備が動員されることもない。以上とは別に，実行の心構えが欠如していると，スピードの他の部分特性である認知・予測・決定・反応のスピードも大幅に低下する。

(7)スプリント持久性

> スプリント持久性は，陸上競技のスピード持久性（235頁参照）と混同してはならない。スプリント持久性で理解されるのは，ゲーム全体でダッシュスピードのさほどの減少を来たすことなく多数の最大スプリントを行う能力である。

サッカー選手にとっては，ダッシュスピード（スプリント力）だけでなく，スプリント持久性も傑出した意義を持つ。図237に明らかなように，サッカーのゲームで必要なのは，多数の短い最大ダッシュをともなう絶え間ないスピードの変化である。1ゲームのスプリントは合計すると2,500〜3,000mとなる。これらのスプリントは中程度のランニング強度で，これは，選手が瞬間的なプレー状況に直接かかわるために必要である。図238は，スプリントの質が，わずかの相違であるが後半に若干低下していることを示している。疲労増加によってダッシュスピードが若干低下しているのである。

スプリント持久性は，基本的に選手の回復能力に依存している。この回復能力はさらに，次のような若干の筋生理学的要因に依存している。

1)筋タイプ：速筋中心の「スプリンタータイプ」

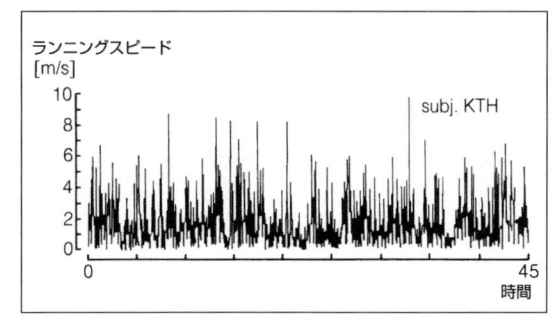

図237 サッカーのゲームでのスピードの変化(後半)
(Ohashi et al., 1988)

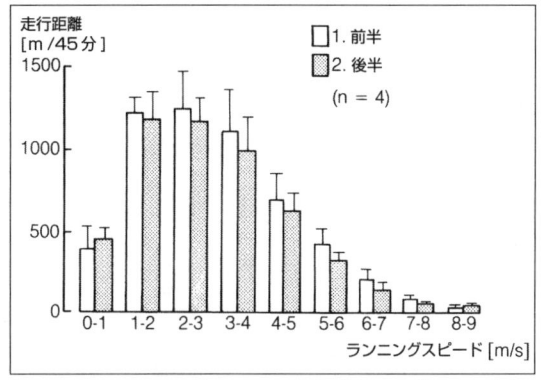

図238 サッカーのゲームでのさまざまのスピードの走行距離 (Ohashi et al., 1988)

は，遅筋の多い「持久性タイプ」よりもスプリント負荷の反復からの回復が良好である。

2)筋のエネルギー備蓄と酵素によるエネルギー転換能力：トレーニングによって筋内のエネルギー予備は高められる。これによって，多くのダッシュをエネルギー的にまかなう前提が作られるだけでなく，負荷後のすばやい回復も可能となる。しかし，酵素はスプリント独自のトレーニングによって，転換能力が最大の転換率向けに準備される点も重要である。たとえば，強度の高い持久性トレーニングで獲得された高いグリコーゲン予備が使えるだけでは，不十分である。スプリントに不可欠な酵素の最高度の転換能力も，確保しなければならない。つまり，持久性トレーニングでの低い転換率では，この最高度の転換能力は不十分にしか発達しないのである。

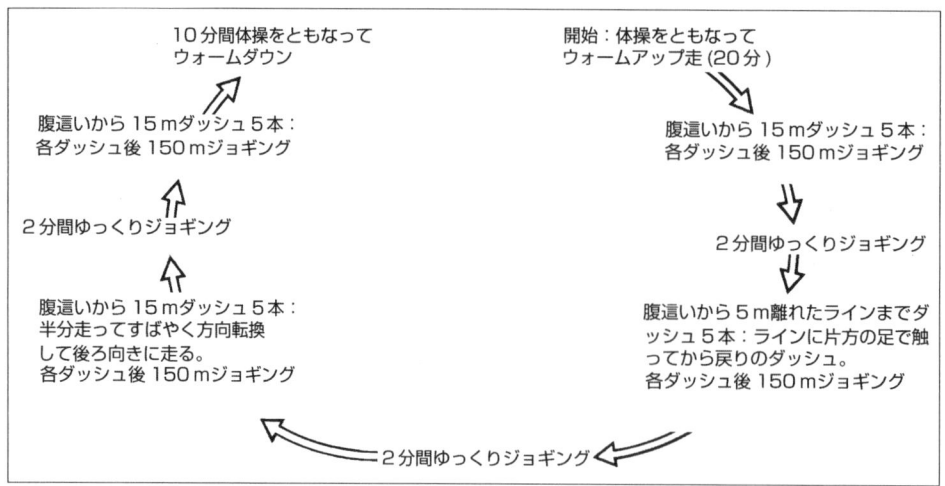

図239 スプリント筋持久力改善のための完全なアクティブリカバリをともなうスピードランニング (Liesen, 1987)

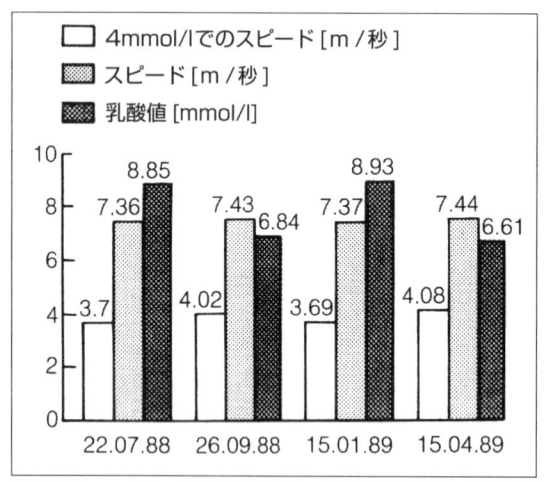

図240 サッカー専門のスピードトレーニング後のスプリントスピード，回復能力（5×30mスプリントテストの同一負荷でのより低い乳酸値で表現されている），無酸素性閾値でのランニングスピードの改善 (Wienecke, 1990)

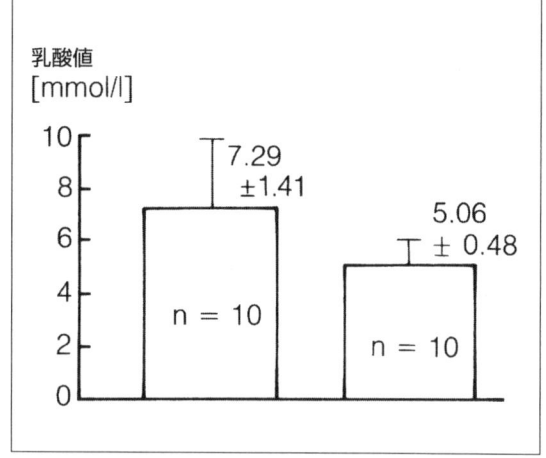

図241 トレーニング開始時と8週間のトレーニング後の測定時点での5×30mスプリントテスト後の（その都度1分休憩）平均血中乳酸濃度，A-ジュニアのプレーヤー (Bisanz/Gerisch, 1988)

3）基礎持久性の水準：良好な基礎持久性を持つ選手は，有酸素性回復能力が高いので，回復が速い。とはいえ，基礎持久性と回復能力とは同じことだ，とひとまとめにいうことはできない。基礎持久性は回復能力を疑いもなく最適化するが，それは先に述べた諸要因と協同してである。

スプリント持久性はゲームの中でのトレーニングによって，ないし取り出しては，最大ダッシュセットによって最もよく改善できる。図239は，スピードランニングによってスプリント持久性がいかに「ゲームに近い」形で最適化できるかを示している。図240からは，目的を定めたトレーニングによるスプリント持久性の向上がわかる。つまり，スピード水準も回復能力も向上している。すでに8週間のうちに，スプリント持久性向上の表現としていっそう低い乳酸値を示す回復能力の向上がもたらされている（図241）。

(8) スピード持久性

トレーニング理論では，スピード持久性で，高いスピードの局面を長時間維持できる能力が理解される。

スピード持久性は，コーディネーション的には行為スピード（すばやいコーディネーションの意味で）に，エネルギー的にはATP・CPと並んで無酸素的乳酸性のエネルギー供給に依存している。この意味でスピード持久性は，耐久力とも呼ばれ，陸上競技のスプリンター（100〜400m）には大きな意義を持つが，サッカー選手にはそれほど意味を持たない。なぜなら，サッカーでは30mないし40mを越えるダッシュはまれで，ダッシュは加速局面（図227参照）ないしもっぱら非乳酸性の域にとどまっているからである。

> 陸上競技的なスピード持久性トレーニングがそれほど目的に適っていないのは，「サッカーから遠い」点もある。
> ○サッカー選手は，陸上競技と違って，100mスプリントを直線的に妨げられずに走ることはほとんどできない。
> ○サッカー選手のランニングは，多くの場合にスタート，ダッシュ，制動，方向転換をつねに行っていることで特徴づけられる（ドリブル，フェイント，タックル，攻撃から防御への切り換えなど）。
> ○サッカー選手はスプリントをなんらかの行動で終えなければならない（たとえば相手をかわした後にはパス・センタリング・シュートがつづく）。つまり，ランニングの循環的運動には，非循環的運動がつづき，これは前進運動のスピードが，身体部分の運動の速さにできるだけ経済的に転換されなければならないことを意味している。

多くのチームでは，今でもまだスピード持久性トレーニングが多すぎ，ダッシュスピードのトレーニングが少なすぎる。効果的にスピードトレーニングを行うには，最大で非常に強度の高い負荷の間では完全な休息をとる必要があるが，これも多くの場合に守られていない。こうして，適応の方向がスピード持久性に向かってしまい，加速力

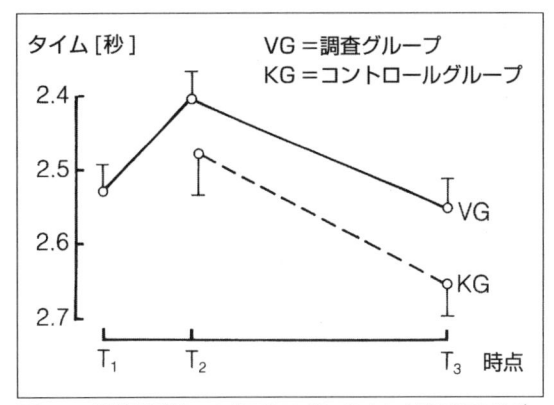

図242　準備期開始（T_1），終了（T_2），第1ラウンド終了（T_3）のダッシュスピード（16mスプリントのタイム）　（Binz/Wenzel，1987）

とスプリント力が軽視されることになる。図242が明らかにしているように，ゲーム期のあまりに強度が高くあまりに多すぎるスピード持久性トレーニングは，ダッシュスピードの改善ではなく低下をもたらす。スピード持久性トレーニングでは，通常のゲームではほとんど達しないような非常に高められた乳酸値となる（図243）。スピード持久性トレーニングの際には乳酸値は増加して15〜20mmol/lになるのに対し，州リーグ戦においてすら4〜6mmol/lを越えないのである（図244）。強度の高いランニングを課したテストゲームでも，乳酸値は決して10mmol/lを越えない。スポーツの中でサッカーに近いフィールドホッケーでも，ナショナルチームの試合ですら乳酸値は4〜8mmol/lであった。

スピード持久性トレーニングは，サッカー的でない代謝をトレーニングし，ダッシュスピードを損なう点（図245）と並んで，さらに次のような有害な影響を及ぼす。

①集中能力，技術-戦術的実行能力，戦術的規律の低下をともなう中枢神経系の能力低下。戦術トレーニングを行うのは，同じ日にはもはや無意味である。というのは，スピード持久性トレーニング後の中枢神経系の回復には10〜16時間かかるから。

②過重負担と回復能力の損傷。スピード持久性

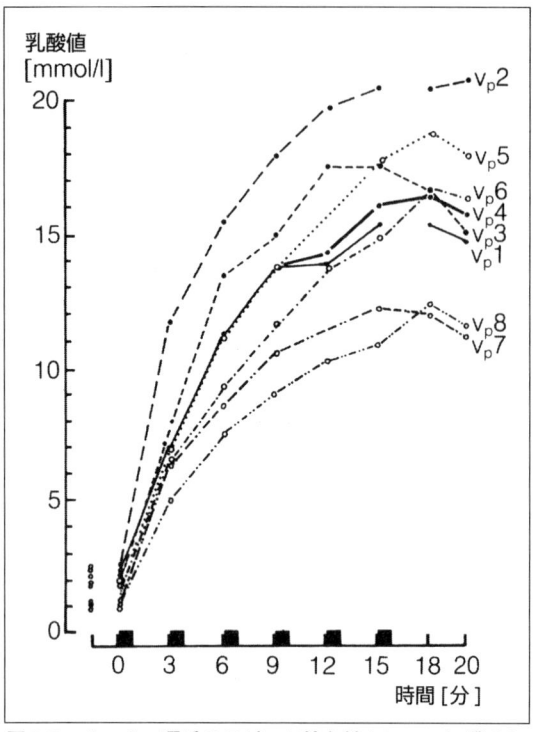

図243 サッカー選手のスピード持久性トレーニングでの乳酸値の変動（Liesen,1983）
6回斜面走（約15〜20％傾斜，距離約130m）積極的休息（小柱）つき　負荷刺激再開は心拍数120拍/分に設定（平均休息時間2〜2.5分）　7と8は「手抜き」でトレーニング。彼らは，経験からこうした負荷は体力を向上させず，損なうことを知っていた。

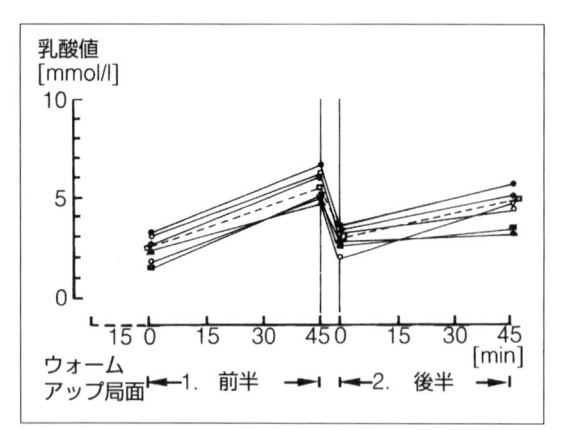

図244 ボンSC6選手のリーグ戦6試合での前後半の開始時と終了時の血中乳酸濃度（Liesen,1983）　-----=6選手の中央値　後半終了時の低い乳酸値は，グリコーゲン貯蔵を使い切り乳酸産生能力が低下したことを示す。

トレーニングによって引き起こされる高度のアシドーシスの後では，回復時間は非常に長くなる。平均的な能力の選手が，1週2回スピード持久性トレーニングを行い，その他のトレーニングは同一のままで，全体的に異化に転ずる（分解する）代謝状態に陥る。これによって選手は，めざしていた能力増加をともなう超回復の局面には至らず，高度のアシドーシスによる代謝の損傷を埋め合わせるために，同化に転ずる（作る）力の全体を必要とする。すでに発達した能力水準（たとえば持久性やスピードの）を維持するには，絶え間ない同化に転ずる活動が必要だが，身体はこの能力水準をもはや十分には維持できない。とくにリゾチームの活性化によって酵素や蛋白質の分解が生じ，これは致命的である。図245は，からだの慢性的なアシドーシスと，これとしばしば結びつく交感神経系の過大負担の概観を示している。

サッカー選手の回復能力の減少は，しかし純粋に身体的な過大負担にだけ理由を求めるべきではない。絶え間ない状況変化による，そして多くの1対1の闘いにもとづく高度な心的負荷の結果として，トレーニングとゲームで築かれた高度の交感神経系によって，交感神経（これは植物性神経系を完全に活動に合せてしまう）の極度の活性化がもたらされ，回復は困難となり長引く。図246は，スピード持久性トレーニングの結果としての高度の心身的負荷を明らかにしている。

> 1週1回以上行われるスピード持久性トレーニングは，基礎持久性とサッカー選手にとって決定的なスピード特性とパワー特性を悪化させ，「オーバートレーニング状態」を引き起こす。オーバートレーニングないし「燃えつき」の危険は，1軍への途上にある若くて才能があり上昇志向の強い選手では，とくに大きい。若くない習熟した選手は，こうしたトレーニングでは意味をくんで「抑える」のに対して，若い選手は，進んで要求に最大の努力で答えようとする。この努力の「報酬」は，決して向上ではなく，慢性的な能力低下なのである。彼らは，トレーニングによって「つぶされてしまう」のである。

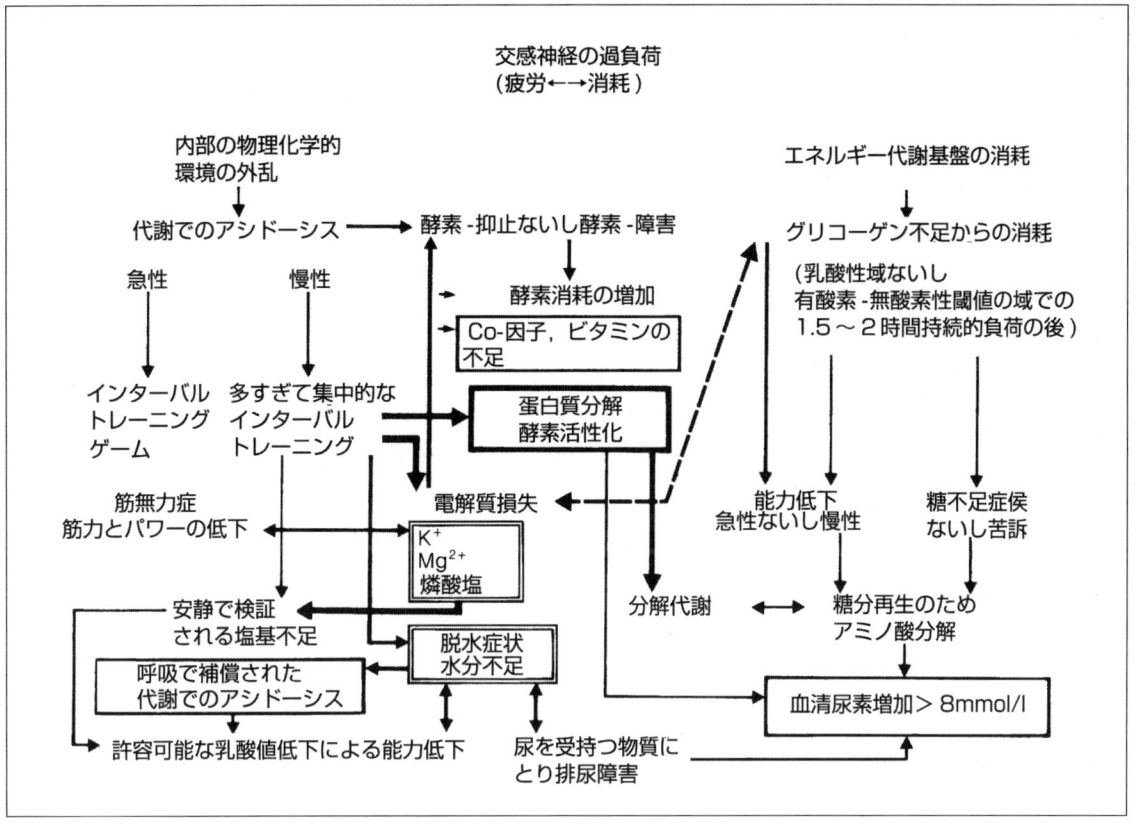

図245 トレーニングおよびゲームにおける過負荷の際の,代謝での反作用の概観 (Liesen, 1983)
左側には急性ないし慢性(たとえば週2回のスピード持久性トレーニング)の帰結が,右側には代謝反応が示してある。
枠で囲ってあるのは,日常的に測定可能で判定可能な要因である。

サッカー独自に「体がきれる」こととアグレッシブさは,ゲームに不可欠であるが,これには解糖作用の活性化が必要である。この解糖作用の活性化は,高い乳酸値をともなうスピード持久性トレーニングによって追い求めるべきではない。むしろ,練習ゲームやゲームと関連するトレーニング形式(2対2,2対3などのスモールグループでのゲーム)を優先すべきである。これには,身体的要因と並んで心理的-認知的要因と技術-戦術的要因も鍛えられるという利点がある。この関連で,小さいフィールドでの非常に強度の高いスモールゲーム(マンツーマン,時間無制限)の危険を指摘しておこう。ゲームを小さくすると短い間隔で1対1や1対2となり,タックル,ドリブル,ダッシュ,パスが次つぎにすばやく展開し,非乳酸性だけでなく乳酸性の負荷もかかり,これに対応した疲労と過大要求の症侯が現れる。トレーナーは,こうしたゲーム形式には適宜回復のインターバルを与え,サッカーのプレー能力には無意味な特性ばかりトレーニングすることのないように注意しなければならない。

体力的基盤が不十分なのは,サッカーではしばしば,トレーニングが少なすぎるからではなく,あまりに高い強度で乳酸産生の域でトレーニングされるからである。

しかし,ときどきスピードトレーニング(翌日は回復トレーニング)を意志特性のトレーニングの

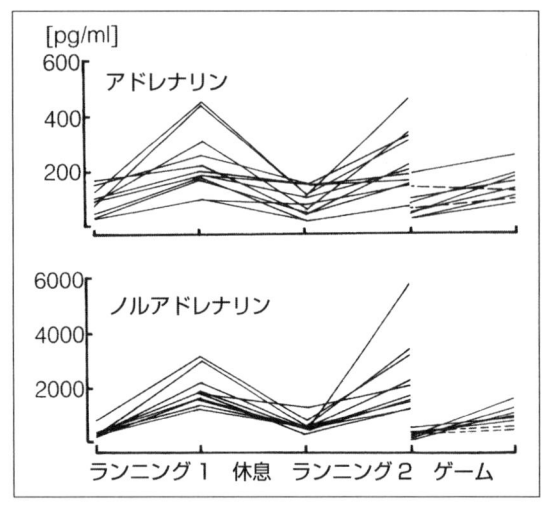

図246 スピード持久性トレーニング（最大テンポでの200m走2回）によるストレスホルモンのアドレナリン（精神的ストレス）とノルアドレナリン（身体的ストレス）の増加
(Dressel/Hack/Weicker, 1984)
── フィールドプレーヤー，----- ゴールキーパー

意味で行うことには大いに意義がある点は，最後に触れておくべきだろう。

(9) ボールを持っての行動スピード

> ボールを持っての行動スピードは，主にスピードのコーディネーション的-技術的要因を現している。

ゲームでは，選手がボールをどのように速く受けて運べるか，狭い空間と相手のプレッシャーの下で最高度のスピードでドリブル，正確にパス，あるいはシュートできるかがつねに決定的である。

ボールを持っての行動スピードは，スピードの心理的-認知的部分能力，つまり認知・予測・決定・反応のスピードに基礎をおくとともに，ボールを持たない動きのスピードやボール感覚や技術的習熟といったコーディネーション的-技術的要因にも基礎をおいている。図247が示すように，動きないし行動スピードと正確性は対立関係にある。スピードが増加するにつれて，一般的には行動の正確性は減少する。とはいえ，世界最強チームの分析では，すばやくかつ正確に行動できる技術的に「完全な」選手がいつも存在することが知られている。

しかし，純粋に「身体的に」見てみると，正確で計画的なプレー行動をするには，選手のスピードはしばしば速すぎる。つまり，心理的-認知的水準ならびに技術水準は，身体的能力に遅れをとっているのである。したがって，プレー独自の行動スピードを効果的にトレーニングする課題は，身体的な要因と，これに対応する技術的なそして心理的-認知的な前提を創り出すことでなければならない。これは，能力に応じた高度ないし最高度のランニングスピードで行われる複合的な技術-戦術練習ないしゲーム形式（249頁参照）でだけ達成できる。この場合に，漸増的な負荷増大となるよう配慮すべきである。要求は選手の現在の水準に合わせ，過大要求にならないようにすべきである。すべてのゲーム形式では，できるかぎりバランスのとれたチーム構成にすべきである。

(10) 行為スピード

> スピードは，最も複合的な形態では，いわゆる行為スピードないし行為速度として現れる。このスピードは，情報の受け入れ・総合と状況適合的な動きの行為実行の過程によって決定される。

情報の受け入れと総合では，すでに述べた認知・予測・決定のスピードが重要な役割を果たしている。状況適合的な動きの行為実行にとっては，反応能力（状況認識・分析・決定過程の結果としての）および行動スピード（動きのスピードの表れとしての）が意味を持っている。したがって，行為スピードは，複合的なスポーツ独自のスピード形態であり，技術的-戦術的プレー行動の認知と動きの過程のスピードをプレー状況の中で反映するような，精神身体的な実行の特性を表している。この認知と動きの過程は，情動的また動機づけの点で個人ごとに異なってコントロールされている。

行為スピードのこの定義から，認知と動きの要

因をともなう技術的-戦術的プレー行動は，動きの部分に還元できず，したがってエネルギー的-神経筋肉的な前提によって大幅に決定されるようなもっぱら体力的な能力と特徴づけることもできない。スポーツでの行為は，速くばかりでなく，正しくかつ目標に正確に行わねばならず，その質は，とくに最適の技術的-戦術的解決によって決定される。つまり選手は，プレー課題を，彼の能力と技術を考慮して戦術的に正しく解決し，目標に正確に行わなければならない。このすばやい情報受け入れと総合，戦術的・技術的プレー能力といった資質は，選手個人ごとに非常に異なり，同一選手でもこの水準は大きく変化する。技術的にベストの選手が無条件に戦術的にも最強とは限らず，最もすばやく反応するとも限らない。

循環的前進運動と非循環的運動のスピードを向上させ最適技術を形成することは，サッカー選手にとってはプレー能力の重要な部分要因であるが，行為スピードと行為の正確性にとっては，前提条件にすぎない。すばやく間違った方向に走る者は，技術的には完璧な行為を不適切なタイミングで行う者と同様に成功しない。

> 行為スピードは，行為をすばやく行う能力だけでなく，状況に適合的な技術を選択する意味での正確なプレーも含んでいる。だから，行為実行の有効性ないし質は，行為スピードと行為の正確性との関連でだけ評価できる。

行為スピードの質は，動機づけの要因と並んで基本的に情動的な状態にも影響される。

> 成功への強制や失敗，不安は，決定の不確実性をもたらし，とくに認識的な調整過程の時間を増加させる。

この情動的状態は，ある課題の解決を知ることだけでなく，要求に対応して状況に適切に行動する能力にも影響する。この点に，経験を積み「海千山千で」心的に強い負荷のかかる状況のもとで

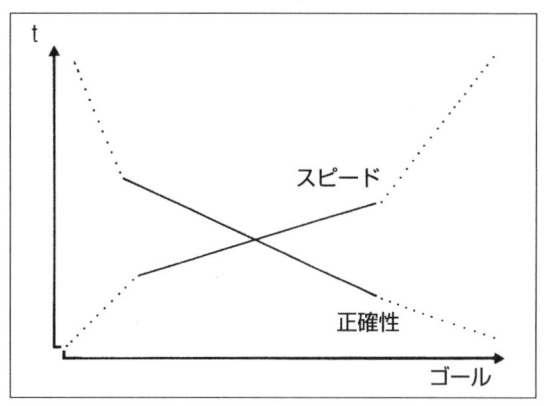

図247 スポーツ行動のスピードと正確性の関係の一般モデル (Schellenberger, 1986)

も「冷静に」行動する選手と，興奮して「舞台負けして震えている」未経験の選手との間の，基本的な大きな相違の一つがある。各選手は，サッカー選手としてのキャリアを積むうちに，「見通し」を失わないために，困難で決定的な状況でも情動をしっかりとコントロールすることを学ばなければならない。

今日のサッカーのスピードと運動レベル（ゲームテンポの上昇，「狭くなったスペース」，対人行動の強化）では，大多数の攻撃行為と防御行為は，多かれ少なかれ強い時間的プレッシャーのもとにあり，選手にはますます高い行為スピードが要求されている。

1988年のヨーロッパカップ，1986年と1990年のワールドカップのゴール分析では，約90%のゴールがペナルティエリア内で，つまりマークが極端に緊密な「密集地」で，もっぱら達成されている。だから，すばやい行為，つまり電撃的で本能的あるいは予測による状況の認識とすばやい決定および行動への状況適合的な転換，そして十分な動きの正確さのときにだけ，ゴールが達成できるのである。

> 多くのゴールはダイレクトで，つまり1回のボールコンタクトで達成されているので，得点するための行為スピードはダイレクトシュートの技術的完成と結びつけてトレーニングしなければならない。

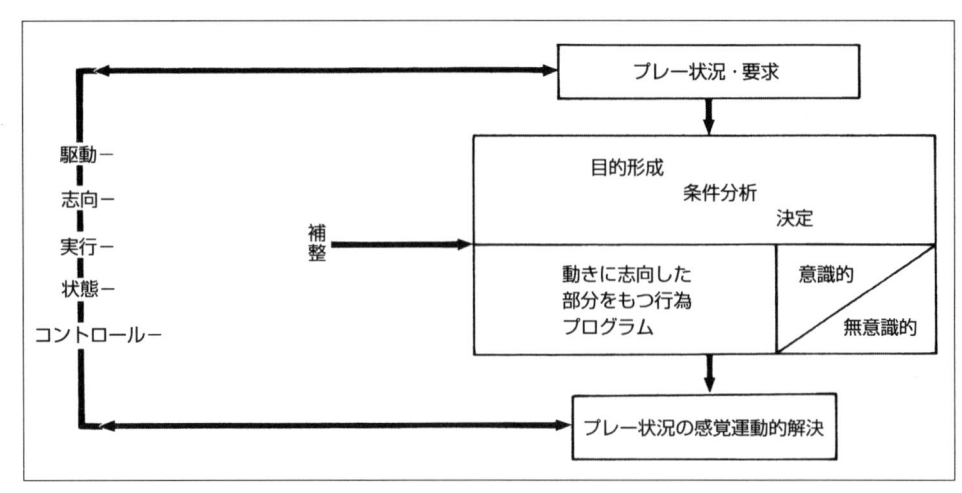

図248　スポーツ行為の心的補整
(Schellenberger,1986)

　行為スピードを向上させるのに問題となるのは，生物学的にはまったくあるいはほとんどわずかしか改善しない神経伝達スピードの上昇というよりも，一連の外的刺激から正しく行為と関連するシグナルを選び出し，頭脳で総合する能力の向上である。プレー行為のスピードと正確性を高めたいなら，この能力をトレーニングで最適化することが重要である。図248と図217は，認識的行為モデル設定の意味で，情報の受け入れ・総合の複雑なメカニズムに一瞥を与えている。認識的な能力が，サッカー選手のプレーの質をどの程度まで決定し，またどのようにこの能力を目的定めたトレーニングで向上させて，行為スピード向上に役立てることができるかを図249が印象深く示している。図249aは，異なる能力の選手のテスト結果を，図249bはある1人の選手の2年間にわたるトレーニング期間での向上を示している。

　以上の行為スピードについての研究とその結果から明らかなように，サッカーでのスピードの複合的な部分能力である行為スピードは，認知・動機づけ・情動・神経-筋のコントロール過程を内容とする多層的な構造なので，トレーニングでは，バリエーションがさまざまに可能な形式で鍛えるべきである。児童・ジュニア・成人のトレーニングでは，個人の能力も考慮しながら単純なものから複合的なものへという難易度を段階的に上昇させるという要求が生まれる。難易度を漸進的に増加させるのは，行為スピードが，一方では個々の要因において鍛えられるべきであり，他方でしだいにその複合性において捉えられなければならない点も意味している。

> 行為スピードは，最終的にはゲームに典型的な枠組条件の下で最適に鍛えることができる。

　これによって初めて，神経的なコントロールメカニズムと体力的プレー能力要因をともなう行動スピードの向上だけでなく，すばやい認識・総合・決定の過程の能力も向上する。複合的なゲームに近い形での要求をもつランニング遊びは，さまざまのスピードパラメータにかなりの改善をもたらす。「1対1鬼ごっこ」「鬼ごっこ」「追いかけごっこ」などは，認知・思考能力・予測能力・記憶・注意・集中力・意志力・その他のサッカーのゲームでも傑出した意義をもつ特性を鍛える。

　認識過程と決定過程に基本的に影響を及ぼしている「ゲームでの頭のよさ」は，「失敗の積み重ねで初めてわかる」（＝ゲームでの試行と誤り）の基本則に従った形で長い回り道を通って発達させるのではなく，長期的なトレーニング過程で首尾一貫して鍛えることで発達させるべきである。

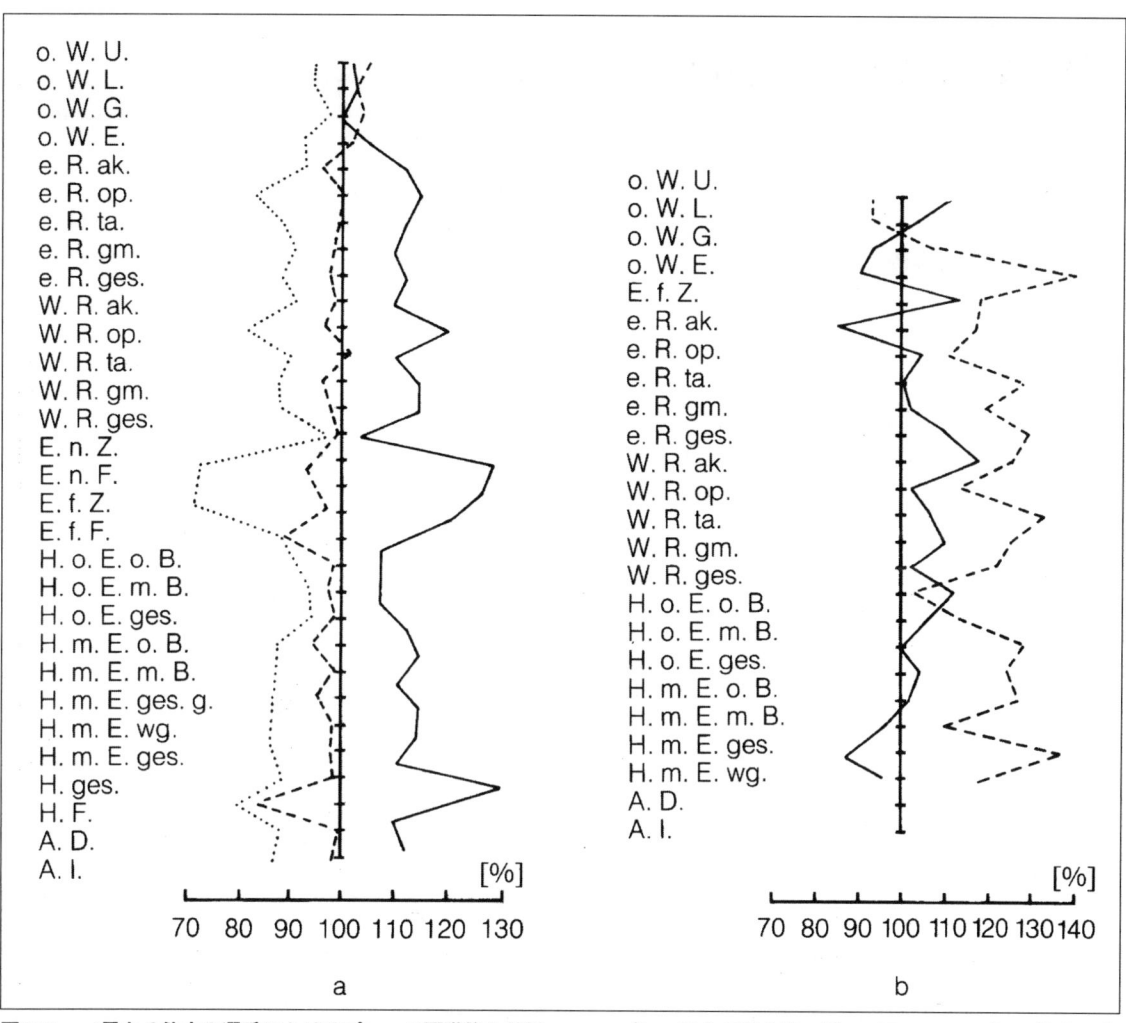

図249 a)異なる能力の選手におけるプレーの認識的な前提 ──＝プレー能力の最も高いジュニア，-----＝プレー能力の高いジュニア，………＝プレー能力の低いジュニア
b)2年間のトレーニング後の認識能力の向上(13歳から15歳になった攻撃プレーヤー) ──＝第1調査，-----＝第2調査。その都度の母集団の平均値を100とする（Konzag,1984）

A＝明確度，o.W.U.＝視覚的認知-範囲，o.W.L＝視覚的認知-局在性，o.W.G.＝視覚的認知-形姿，o.W.E.＝視覚的認知-正確性，e.R.ak.＝単純反応-聴覚，e.R.op.＝単純反応-視覚，e.R.ta.＝単純反応-触覚，e.R.gm.＝単純反応-交替，e.R.ges.＝単純反応-全体，W.R.ak.＝単純な思考操作をともなう選択反応-聴覚，W.R.op.＝単純な思考操作をともなう選択反応-視覚，W.R.ta.＝単純な思考操作をともなう選択反応-触覚，W.R.gm.＝単純な思考操作をともなう選択反応-交替，W.R.ges.＝単純な思考操作をともなう選択反応-全体，E.n.Z.＝非スポーツ専門状況での決定(時間)，E.n.F.＝非スポーツ専門状況での間違った決定(数)，E.f.Z.＝サッカー専門状況での決定(時間)，E.f.F.＝サッカー専門状況での間違った決定(数)，H.o.E.o.B.＝決定要求なしボールなしでの行為スピード，H.o.E.m.B.＝決定要求なしボールありでの行為スピード，H.o.E.ges.＝決定要求なしでの行為スピード-全体，H.m.E.o.B.＝決定要求ありボールなしでの行為スピード-均等，H.m.E.m.B.＝決定要求ありボールありでの行為スピード-均等，H.m.E.ges.g.＝決定要求ありでの行為スピード-全体，H.m.E.wg.＝決定要求ありボールありでの行為スピード-非均等，H.m.E.ges.＝決定要求ありでの行為スピード-全体-均等と非均等，H.ges.＝行為スピード-全体，H.F.＝サッカー専門行為での目的正確性と行為選択における誤り，H.F.Z.＝目的正確性での誤り(ゴールせず)，A.D.＝注意の配分，A.I.＝注意の強度

第2節　サッカー選手のスピードトレーニング

1 ── 一般的基礎

　サッカー選手のスピードトレーニングでは，前進運動スピードと運動スピードないし行為スピードの複雑な相互作用を考慮しなければならない。この両要因は区分して，それぞれに対応した方法的準備の上で平行して発達させられ，後にはゲーム的なトレーニングで鍛えられる。ボールを用いた運動スピードと行為スピードは，技術トレーニングで改善される。
　サッカーでのスピードトレーニングの最終目的は，最大の前進運動スピード(ボールを持って/持たないランニングでの最適のスプリント能力)を発達させ，ゲームでのプレー能力の効率を向上させるために，このスピードを運動スピード(パス，トラップ，フェイント，シュートなど)と経済的に結びつけることである。

> スピードトレーニングは，次の4つのレベルで行うべきである。
> 1) ランニングによる全般的コーディネーショントレーニング
> 2) サッカーのプレーに近いトレーニング形式によるスタート能力と反応能力の改善
> 3) サッカー独自のボールを用いたトレーニング形式によるスピードトレーニング
> 4) 筋力トレーニング

　最大スピードで加速し，ヘディングでできるだけ高くジャンプできるためには，単に走るだけのスピードトレーニングでは十分ではない。サッカー選手はこれと平行して，とくに下肢の部位で，脚筋群に目的を定めて強化してスピード特性を改善しなければならない。

　陸上競技のスプリンターとは反対に，サッカー選手はスピードを，ステレオタイプ的に同一の全体枠組の中でトレーニングしてはならない。図250が示すように，サッカー選手のスピードの発達は，一連の変動する要因によって影響される。サッカー選手の動きは，主として小スペースの動き・転回・突然の方向転換・フェイント後のダッシュでの運動スピードによって，さらにはとくにボールを持ってのすばやい動きで特徴づけられるので，そのスピードトレーニングは，かなり独自の性格を持たなければならない。
　効果的なスピードトレーニングでは，サッカー専門の枠組条件を考慮しなければならない。なぜなら，選手がゲーム状況に応じて転換できないような絶対的に最大のスピードは，何の助けにもならないからである。

2 ── スピードトレーニングと負荷要因

　レペティション法によるスピードトレーニングの有効性にとって，負荷要因を正しく組み合わせることは決定的である。

①刺激強度
　刺激強度は，スピードトレーニングではつねに最大であるべきである。最大以下のスピードで行われる反復は，スピード要因よりも，サッカーにはそれほど重要ではないスピード持久性の向上に役立ってしまう。

②刺激密度
　負荷局面と休息局面との時間的関係を反映する刺激密度は，個々人で最適になるように構成すべきである。効果的なスピードトレーニングは，回復した状態でだけ保証されるので，十分に長い休

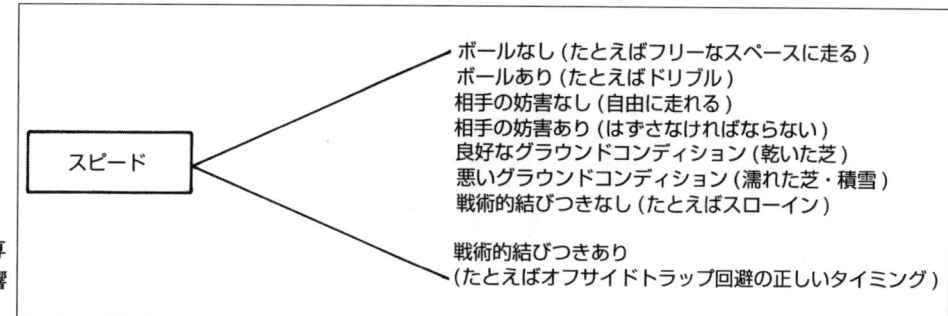

```
                        ┌─ ボールなし（たとえばフリーなスペースに走る）
                        ├─ ボールあり（たとえばドリブル）
                        ├─ 相手の妨害なし（自由に走れる）
          ┌──────┐     ├─ 相手の妨害あり（はずさなければならない）
          │スピード│─────┼─ 良好なグラウンドコンディション（乾いた芝）
          └──────┘     ├─ 悪いグラウンドコンディション（濡れた芝・積雪）
                        ├─ 戦術的結びつきなし（たとえばスローイン）
                        │
                        └─ 戦術的結びつきあり
                           （たとえばオフサイドトラップ回避の正しいタイミング）
```

図250　サッカー専門の枠組条件の影響下にあるスピード

息にとくに注意しなければならない。神経-筋系を十分に高めた水準に維持するために，休息局面では歩くか軽くジョグしてアクティブリカバリとすべきである。休息時間は個々人の必要に適応させるべきで，休息能力の異なる選手に同一の休息を与えるのは無意味である。能力別のグループ分けが，スピードトレーニングではとくに望ましい。

> 非常に短い距離（20～30 m）を走る，つまり生化学的にATPとCPが必要とされるだけなら，一般的には1～3分間の休息で完全に回復する。

図251は，さまざまな負荷後の動脈血中乳酸値の低下を示している。この低下は，静脈血中のそれとほぼ対応している。短すぎる間隔でつづく（および長すぎる）スプリント（図252）によって生ずる約6～12mmol/lの乳酸値は，スタート時の水準に低下するには，約20～60分以上を必要とする。つまり，スピードトレーニングでは，乳酸の累積を避けるために，個々のスピード負荷の間には十分な休息局面を入れるように注意すべきである。15～30 mの非常に短いダッシュ練習の後でも，150～300 mのジョギングでのアクティブリカバリを入れるべきである（図253）。

③刺激時間

一つの刺激ないし1セットの刺激の作用時間である刺激時間は，最適に，つまり個々の能力に対応して選択すべきである。選択した距離によって定まる負荷時間は，サッカーと関連させるべきである。陸上競技のトップのスプリンターでは，すでに約4～5秒後（約30～40 mに対応する）に最大ランニングスピードに達するので，サッカー選手の負荷時間は，4秒間ないし30 mを例外的にしか越えるべきではない。

スピード負荷の反復数は，負荷の耐えられる程度によるが，最大で約8回である。

④刺激範囲

トレーニング1回当たりの刺激の時間と数を表す刺激範囲は，これまでのパラメータと同様に，選手の能力による。一般的には，1セット8回反復で3～5セットを越えるべきではない。個々のランニングの間には1～3分間の休息で十分なのに対して，1セット後には約10分間の長めのたとえば技術練習をともなったアクティブリカバリを入れるべきである。そうでないと，累積効果で疲労が大きくなりすぎる（図252参照）。図252では，30 mではなく100 m走っており，したがって乳酸の産生がいくぶんか高まっているが，ランニングスピードと乳酸性との間には明確な関連が存在するので，短い負荷時間でも同じような疲労素の累積を想定できる。

⑤トレーニング頻度

1日ないし1週当たりのトレーニング回数を意味するトレーニング頻度は，同様に重要な役割を果たしている。

> すべてのサッカートレーニングが，スピードを鍛える強調点を持つべきである。

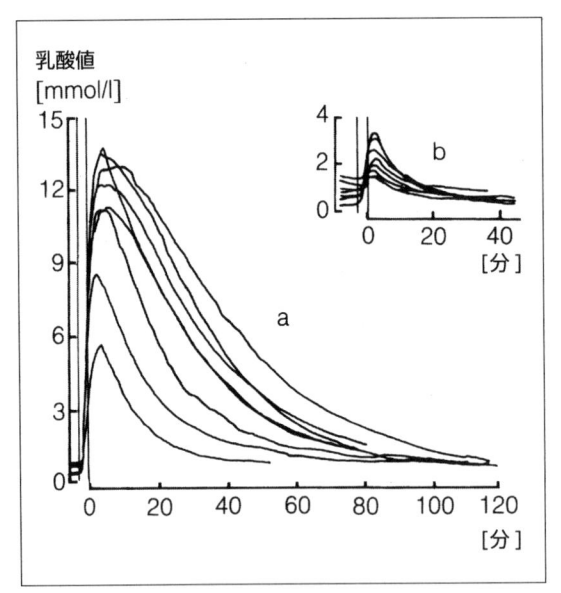

図251 負荷後休息局面での個々の(動脈血中)乳酸値低下の時間的経過 (Cyono-Enguelle, 1989)
a) 中ないし強い負荷，b) 弱い負荷

とはいえ，たとえばプロ選手の場合のように毎日1回ないし数回のトレーニングの場合は，重点はすばやいダッシュだけにおくのではなく，プレー能力に決定的な影響を及ぼす枠組要因である最大筋力(準備期)とパワーないしジャンプ力も十分に考慮すべきである(練習種目のカタログは，130頁参照)。

まとめていえば，スピードトレーニングで負荷要因を十分に考慮することはトレーニングの効果に決定的である。最良のトレーニングでも，集中的でなかったり，範囲が大きすぎたり，頻度が高すぎたり，最適の休息を入れずに行った場合は，何の役にも立たない。スピードトレーニングにとっては個々の選手の個人的な能力に合わせることが非常に重要である。休息の長さは個々の「大人の」選手に任せるべきである。この場合に，長めの休息がそのまますぐに，その選手は「サボり」ということになってはならない。

心拍数による負荷の測定に関しては，心拍数はスピードについてはとくによい「助言者」ではないといえる。図252で認められる高い乳酸値で，心拍数はすでに約1分後に，インターバルトレーニングで改めての「スタートのシグナル」の値とされる120拍/秒に再び低下しているのである。

3 — スピードトレーニングの方法

スピードは，コーディネーショントレーニング，反応とダッシュのトレーニング，サッカー専門のトレーニング，筋力トレーニングの4つのレベルで行われるので，スピードを向上させるには多数の効果的な方法がある。筋力トレーニングとコーディネーショントレーニングについてはすでに述べたので(113, 116頁参照)，ここでは密接に関連している反応スピードとダッシュスピードを発達させる方法について考察する。

①レペティション法

まさにスピード法そのものが，レペティション法である。レペティション法では，負荷後の能力の最適な回復を確保し，インターバルが中枢神経系の必要な興奮を冷まさないようにする。

3〜5秒の短い高度に爆発的な負荷の後，1〜1.5分間のアクティブリカバリをともなう休息を入れるべきである。最大の投入(ダッシュ，ジャンプなど)によって，レペティション法は一方では脚の筋力を増加させ(この場合はとくに速筋線維の太さが増す)，他方ではスピードを決定する筋のエネルギー貯蔵(図229)を増加させる。しかし，この方法で重要なのは，正しい距離の選択である。サッカーで支配的な20〜30mの短い距離が，さまざまなバリエーションをともなって行われるスピードトレーニングの中心になるべきである。体力状態に応じて8回までの反復で行う。

レペティション法は最大スピードの向上に役立つ。したがって，正しい時点に(233-4頁参照)ボールを用いて/用いないで行うべきである。最大スピードのドリブルは，ボールなしのダッシュと

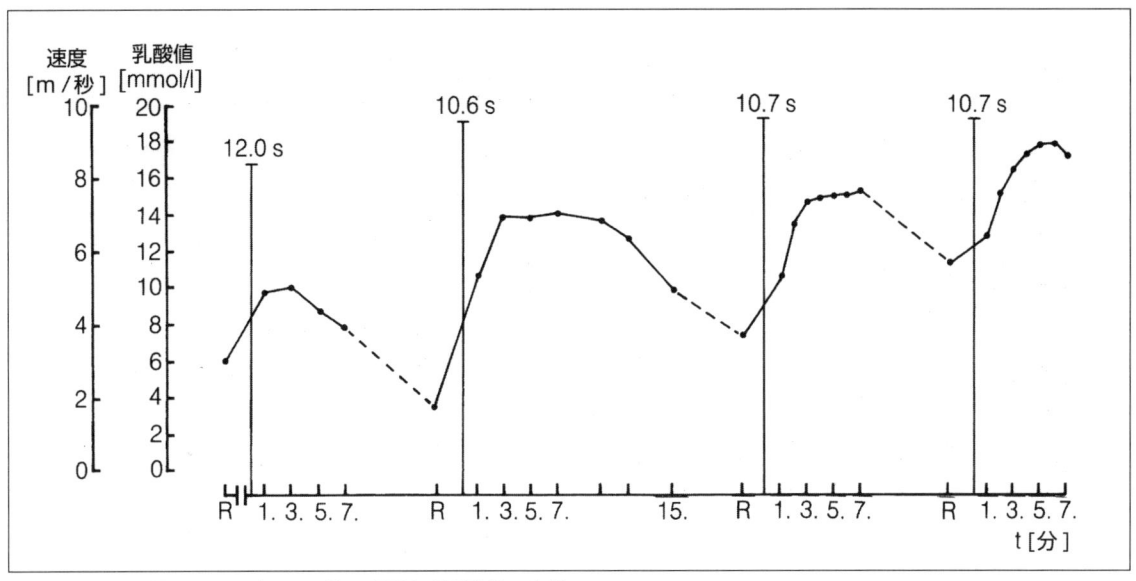

図252 30分間隔で3回スプリント後の動脈血中乳酸値の変動 (Lehnertz/Dietrich, 1986)

開始：約5～8分間ゆっくりとストレッチと
柔軟体操をしながらアップのジョギング
▼
その後有酸素性持久走へ移行，約10分間
▼
体操：柔軟体操とストレッチ（とくに脚部）
一つの筋群に6～8種のストレッチでたりる
▼
ゆっくりジョギング，20～40mのスピードアップを3～5回
▼
最大強度で（さまざまなスタート姿勢から）の10～20m
ダッシュを5本，ないし5～10mを10本：それぞれの
ダッシュ後は最低200～300mをゆっくりとジョギング
▼
引きつづき約3～5分間ダウンのジョギング
▼
最大強度の10の連続するジャンプをともなう約5本の
ジャンプ走（間は少なくとも300mゆっくりとジョギング）
▼
約10分間有酸素性持久走（ここではとくに安静な呼吸
リズムに注意，いつでもおしゃべりができるように）
▼
少なくとも5分間のゆっくりしたダウンのジョギング

図253 効果的なスピードとパワーのトレーニングの実行モデル (Liesen, 1987)

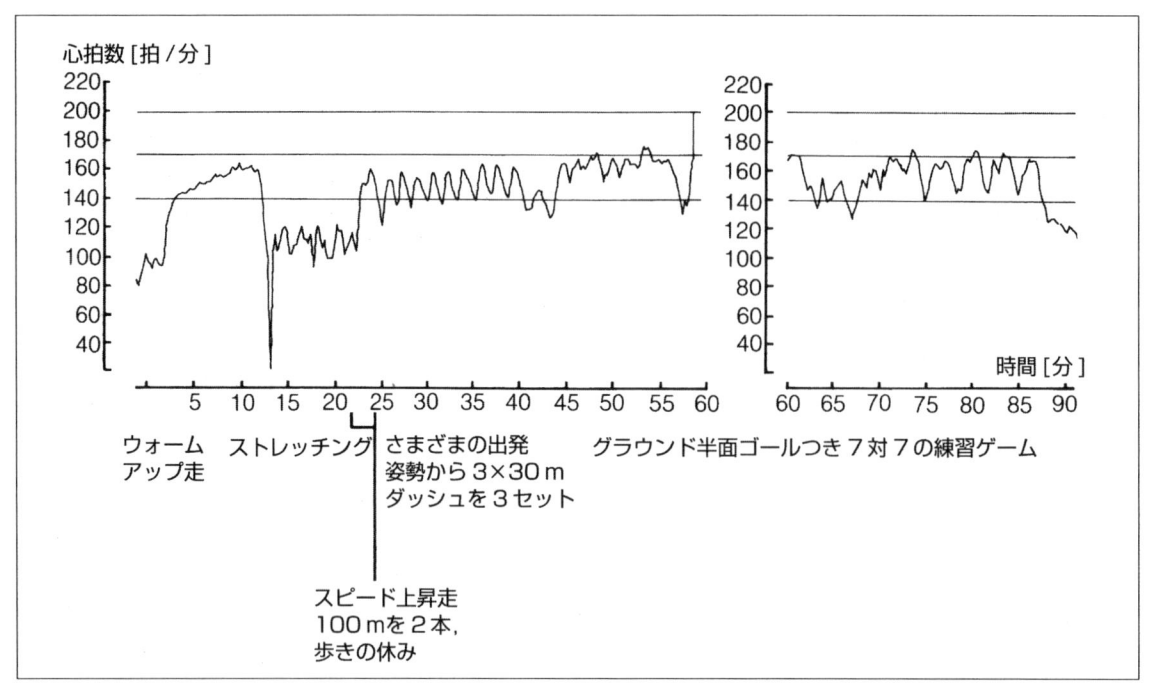

図254 インテンシブなインターバルトレーニングとハーフコートでのゲーム負荷(7対7)におけるあるプロのサッカー選手の心拍数の変動

同様に，他とは代えられないトレーニングのレパートリーに属している。

> 注意点：速いドリブルでは技術的側面がより前面に出る。スポーツ生理学的視点からは，ドリブルではどうしても強度が低下するので最大以下の刺激となり，絶対的スピード(循環的運動スピード)の発達はボールなしのランニングよりもわずかないし不十分である。

② インテンシブなインターバル法

サッカー選手のスピードトレーニングでは，レペティション法と並んで，さらにインテンシブなインターバル法が用いられる。ゲームの中では多くのスピードの行動は，完全に休息した状態からでなく部分的に休息した状態から行われるので，この方法は特徴的な「積極的休息」にもとづいて，一方ではサッカー専門という長所を持つとともに，他方では反復数が多く(6〜12回)不完全な休息によって最大の投入が妨げられるという欠点を持つ。したがって，スピード増加の点では，この方法はレペティション法に劣る。休息を適切に修正して，強調点をより長い休息インターバルが与えられるスプリント持久性の発達においたり，あるいは休息は短いがランニングスピードは落としてトレーニングされるスピード持久性のほうにずらすことができる。

③ ゲームによるスピード発達の方法

ゲームとさまざまのゲーム形式での「ゲームによるスピード発達」の方法での，すべてのスピードパラメータの複合的な向上は，とくに意義がある。これには，同時に技術的-戦術的トレーニングという利点もある。

> ゲームだけが，サッカー独自の要求で，複合的な能力向上に必要な専門的トレーニング刺激の負荷構造をつくり出す。

「ゲーム法」はそれ以外にも，インテンシブなインターバル法やレペティション法と比較して，選手が1対1の状況によってよりよく動機づけら

れ，より大きな意志力とより大きな努力でダッシュするという利点を持っている。これに対して，インテンシブなインターバル法やレペティション法では，すべてのダッシュで毎回「自分を克服」しなければならず，この練習には熱くなれないのである。

図254は，一方ではインテンシブなインターバル法とゲームとの間の類似性を示し，他方ではより高い負荷心拍数に見られるように，「純粋な」ランニングトレーニングよりもゲームのほうが負荷が高いことを示している。

4 ── スピードトレーニングへの方法的指示

①スピードトレーニングは学童低学年から始めるべきである。なぜなら，中枢神経系と筋線維組成には，この時点ではまだ相対的に十分影響を及ぼせるから。

②スピード要素ないしパワー要素は，すべてのトレーニングの中になければならない。

③ケガの危険が大きいので，スピードやパワーのトレーニングでは，つねに事前に十分ウォームアップをしなければならない。とくに早朝や外気温度の低いときは，徹底的かつ集中的に行う。年をとった者は，若い者よりウォームアップに長時間かかる。ウォームアップ・ストレッチ・予備負荷・負荷を厳密に履行することで，一般的には効果的なケガ予防が保証される。

④スピードトレーニングは，トレーニングの最初に元気な状態で行うべきである。

⑤スピードトレーニングが効果的なのは，最大ペースで行うときだけである，つまり，強度を強調して範囲は強調しない。動きの主要な負荷形態が異なるトレーニングと比較すると，スピードトレーニングの負荷の範囲はそれほど大きくはない。というのは，トレーニングの成功が，まずもって最高度に可能な行為の正確性および動きの精確性と結合した負荷の強度に依存しているからである。

⑥疲労現象が，スピードトレーニングを終了する合図である。

⑦スピードないしパワーのトレーニングでは，負荷と回復の正しい関係に注意しなければならない。スピードトレーニングは，3〜5秒の短い高度に爆発的な負荷の後，1〜1.5分間のアクティブリカバリの局面（ジョギングないし動きながらのゆっくりしたパス）をおいて，CPの補充に役立てなければならない。

⑧1日2回トレーニングのチーム（プロのレベル）では，すでに朝に高い強度でトレーニングしたなら，強度の高いスピードトレーニングはもう行うべきでない。

⑨ゲーム日の直後には，スピードトレーニングは行わない。

⑩「体がきれる」ように，試合の前日に短いダッシュ練習（たとえば5×20mを2回）をまだ行える。

⑪停滞の危険はとくにスピードの面では同一の最大負荷をステレオタイプ的に用いることで増加するので，早期に能力上昇の壁ができないように，スピードトレーニングは多面的で変化を多くして行うべきである。

⑫スピードトレーニングは，サッカーで発達させる能力構造の負荷要求と大幅に対応するようにすべきである。

⑬スピードトレーニングでは，筋力・コーディネーション・持久性（良好な回復可能性の基盤としての）・可動性といった，スピードないしすばやい運動のくり返しに影響する他の要因も，十分に平行して一緒にトレーニングすることを考慮すべきである。

⑭スピードトレーニングは，選択的トレーニングと複合的トレーニングを統一して行うべきである。この場合に，専門的筋力トレーニングを内容とする選択的スピードトレーニングは，ゲームに近い技術-戦術的条件の下で複合的かつサッカー専門の能力を鍛えるための基本的な根本前提を創り出す。

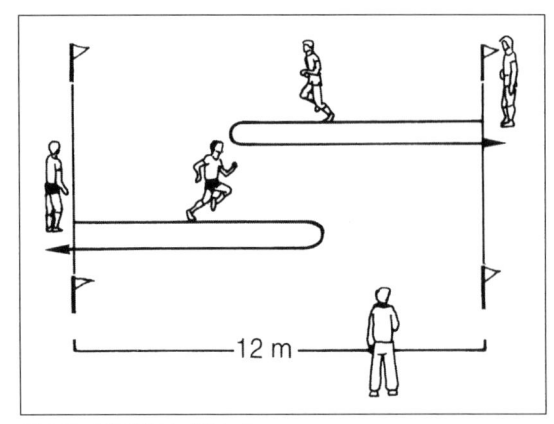

図255　逆戻りスプリント

⑮スピードトレーニングは，向上したスプリント能力をゲームに典型的な技術的-戦術的-認知的能力要素の複合の中へと組み込むことをつねに頭に置いておかなければならない。つまり，スピードトレーニングは，ボールを持ってできることと調和しなければならない。ある選手の体力的な潜在力がプレー能力として有効となるのは，この潜在力が，そのときの状況や使われるスポーツ技術に適合して正しいタイミングで用いられたときだけである。

⑯トレーニングでは，ゲームの条件下で実際に実現可能な最大の加速値と速度値を上回るよう試みるべきである。サッカーではこれはたとえば，数を多くしたゲーム（相手のプレッシャーの増大）あるいはスモールフィールドでのゲーム（相手・時間・空間のプレッシャーの増大）で達成できる（室内サッカー）。

⑰行為スピード最適化では，単純で取り決めた行為で相手のプレッシャーなしからスタートし，選手に行為目標と行為プログラムに関して自立的な決定を要求するような複合的でゲームに典型的な状況へ，という漸進的な難易度上昇となるよう注意すべきである。この場合に，各難易度水準では，行為スピードと相手のプレッシャーの度合いは体系的に高められ，そして同時に動きの正確性は少なくとも維持し，できる限りさらに完全化すべきである。

5──スピードトレーニングの内容

サッカー選手のトレーニング内容(種目)は，陸上競技のスプリンターのスピードトレーニングとは，一連の原理的な共通性は存在するけれども，多くの点で異なる。スピードを中心とするトレーニングレパートリーの中心にあるのは，「単純な」コーディネーション・反応・ダッシュを鍛えるトレーニングでもあるし，同様にゲームの要求に近いないしは対応するより複合的で技術-戦術と結びついた形式でもある。

①ランニング技術向上のための単純なコーディネーショントレーニング

コーディネーショントレーニングの内容については，コーディネーションの章で立ち入って述べる。

②反応スピード・ダッシュスピード向上のためのボールなしのトレーニングとゲーム形式

「純粋な」ダッシュトレーニングは，多かれ少なかれ複合的な結びつき（たとえば反応トレーニングとの結合）は考えずに，もっぱらスピード要素の「加速能力」を鍛える。このトレーニングは要求がわずかなので，適量を配分して行うべきである。ダッシュトレーニングは，各トレーニングで同じようにステレオタイプ的にではなく，変化をつけて多面的に行うべきである。動きのバリエーションやスタートシグナルのバリエーションが可能である。方向転換走は，ゲームに特徴的なので，サッカー選手にとって特別に意義がある（図255）。

反応スピードとダッシュスピード向上のためのトレーニングとゲームの形式は，サッカートレーニングの一つの核心である。数多くの形式の中から，トレーナーは年齢段階と能力水準に対応した「正しい」形式を選ぶ。

③反応・ダッシュ・行動・行為のスピード向上のためのボールを用いたトレーニングとゲーム形式

非循環的・循環的な運動スピードおよび反応ス

ピードを鍛えるだけではなく，技術的最適化の過程では，動機の要因は無視するとしても，ボールを用いたトレーニングとゲーム形式をできる限り多く取り入れるべきである。

> ドリブルゲームは，ボールを持っての行動スピード向上にとくに適している。これは，狭くなったスペースでの今日のテンポサッカーでは特別に意義がある。

④グループのボールゲームとしての練習・ゲーム形式

> スモールグループのボールゲームは，「プレーの現実」をすでに全面的に反映している。その長所は，通常のプレー状況を単純化あるいは困難化でき，複合的スピード能力に目的を定めてトレーニングできる点である。

ゲームでは，視角シグナルへの選択反応がもっぱら要求される。したがって，プレー的なスピードトレーニングをスモールゲームの形で行い，スピード能力を現実に近い形で鍛えるのが，目的にかなっている。ゲームは，技術的-戦術的に行うか，体力的に行うかに応じて，グループの大きさを変える。行為スピード向上が中心なら，より狭いスペースで（プレーテンポの上昇），ボールとゴールを多くして行う。付加的な課題，たとえばパートナーを背負って，グループのボールゲームを体力的に行うこともできる。

時には「手」でのプレーも考えるべきである。狭いスペースでのゲーム，たとえば室内でのハンドボールやバスケットボールは，非常にポジティブな転移効果がある。その他にもこうしたゲームで，今日のサッカーにとって意義を増している，認知・予測・決定・反応スピードといった特性の集中的なトレーニングが可能になる。

6 ── スピードトレーニングの期分け

①一般的基礎

必要とされる「体がきれる」動きになるまでスピードを向上させるには，十分な時間が必要なので，スピードに関する基礎の構築は，遅れることなく始めなければならない。

> 一般的にいえば，体力の分野で安定的な改善が達成できるのは，スピードの分野でも，比較的長期の期間について計画されたトレーニング刺激によってだけである。つまり，対応する計画が前提となるのである。

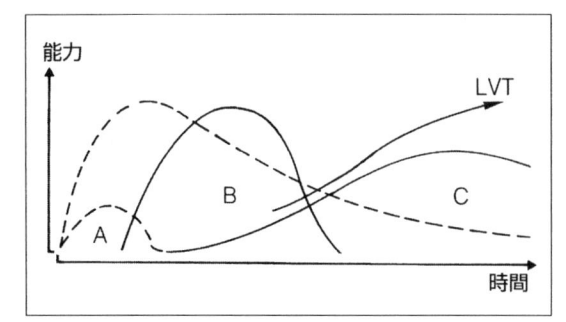

図256 長期的に遅れて出てくるトレーニング効果(LVT)を利用したトレーニング構成のモデル
(Werchoshanskij,1984)

下位のアマチュアレベルでは，トレーニング回数がわずかで，トレーニング頻度が限定されている。トレーニング時間をできる限り有効に利用するには，サッカー専門のプレー能力の主要要因である技術・戦術・体力を相互に調和させることが重要である。しかし，スピードはサッカーにとって根本的な意義を持っているので，スピードトレーニングにはすべてのトレーニングで，さまざまの形式で十分な位置を与えなければならない。

持久性や筋力のトレーニングと同様に，スピードトレーニングでも，長期的に遅れて出てくるトレーニング効果を活用すべきである。つまり，一般的に発達する段階(A)の後，集中した専門的筋力トレーニング(B)が導入されて，これにサッカー専門のスピードトレーニング(C)がつづく(図256)。

最高レベルのスプリンターは，通常は6～8週間の筋肉づくりトレーニングの後に約4～6週間の筋内コーディネーショントレーニングを行い，その後に専門的スプリントトレーニングを行う。「混合スポーツ選手」のサッカー選手には，これほどの時間はないので，筋肉づくりトレーニングの後，これと平行していっぺんに筋内コーディネーションとサッカー専門のスピードトレーニングを行う。筋間コーディネーションと筋内コーディネーションとは，サッカー専門の最大ダッシュとスプリントの中で，サッカーに合った形で発達する。

したがって，スピードトレーニングに関しては，サッカー選手のスピードは取り出してトレーニングするのでなく，影響を及ぼす要因である筋力およびコーディネーション(技術)と一致させてトレーニングする。

②準備期

図257は，準備期におけるスピードトレーニングの内容的・方法的構成を示している。

準備期に，スピードの最適な発達のための基礎をおくべきである。つまり，ランニングとジャンプの筋群，ならびに体幹の筋群の筋力水準を高めるべきである。筋力なくしてスピードはない。これと併行して最大スピードは，ボールなしの多くの短いダッシュによって，できるだけ高い水準に上げなければならない。この時点での主たるトレーニング方法は，レペティション法である。準備期が経過するにつれて，ゲームでの要求へと近づけることができるように，最大筋力法ないし筋肉づくり法はパワー法に替わり，レペティション法はインテンシブなインターバル法に替わる。

このように専門化の過程が進行してゆくが，時間的な順序を誤ったり，組み合わせを誤ったり(強度が高すぎる/低すぎる，範囲が大きすぎる/小さすぎる)すると，結果として「体がきれ」ない，「始動困難」，「早期の筋力損耗」，あるいは「オーバートレーニング状態」などが現れる。

短い4週間の夏の準備期には，複合的なゲーム形式も，スプリント力ないしスプリント力持久性の一定の要因に目的を定めた専門的筋力トレーニングも行うべきである。

注意点：準備期が短ければ短いほど，スピードのための基盤はわずかで，したがってスピード水準も全体として低い。約3か月にわたる冬季休暇で，筋力トレーニングとスピードトレーニングを重点的に行うべきである。しかし，年間を通じて週1回の(最大)筋力維持トレーニングは行うべきである。

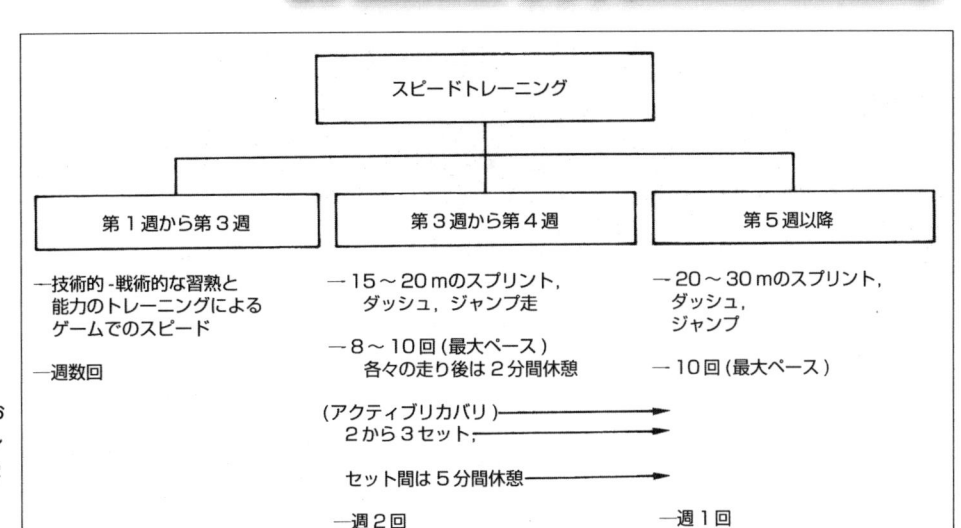

```
                           スピードトレーニング
                                  │
        ┌─────────────────────────┼─────────────────────────┐
   第1週から第3週              第3週から第4週                第5週以降

―技術的-戦術的な習熟と        ―15～20mのスプリント,        ―20～30mのスプリント,
 能力のトレーニングによる      ダッシュ,ジャンプ走           ダッシュ,
 ゲームでのスピード                                          ジャンプ
―週数回                       ―8～10回(最大ペース)          ―10回(最大ペース)
                               各々の走り後は2分間休憩

                              (アクティブリカバリ)――――――――――――――→
                               2から3セット
                              セット間は5分間休憩―――――――――――――――→
                              ―週2回                       ―週1回
```

図257 準備期におけるスピードトレーニングの内容的・方法的構成
(Bisanz,1985)

　準備期の終わりないし試合期に,「体をきれる」ようにするためには,スピードトレーニングの頻度を高めて,スピードがトレーニングの目標方向を決めるようにすべきである。この場合に,強調局面(大部分14日を下回らない)を設定するのがよいとわかっている。しかしこの時期に,たとえば強制される持久性トレーニングのような,スピードに対して阻害的に作用する負荷要求の範囲は,減らすように配慮すべきである。

③ゲーム期

　ゲーム期には,達成されたスピードの維持ないしゲーム独自のいっそうの向上が前面に出る。これに対応して,トレーニングの方法と内容も新しく方向づけされる。バーベルや機器を用いての筋力トレーニングは,サッカー場でのスピードトレーニングに替わる。複合的なトレーニングの例として,ゲーム期開始時の次のステーショントレーニングがある。トレーニング目的は,ダッシュスピード,連係プレー,シュートの向上である。

・ステーション1:キーパーつきのゴールへ向かって3対1。
・ステーション2:グラウンドの回りを持久走
・ステーション3:2m幅の小ゴールへ向う2対2;縦30m,幅は無制限

・ステーション4:さまざまのスタート姿勢から30mスプリント9本:ランニングとランニングの間は1～2分間休憩。合図はグループの1人の選手が行う。

　10分ごとにステーションを替わる。全体で約45分行う。

④移行期

　移行期における重点は,一つにはアクティブリカバリに,他方では適切な気分転換になるスポーツ(たとえば他のボールゲーム)の中での,スピードないしパワーをアップする練習におかれる。これは,プレー能力を決定するスピードのパラメータが極端に低下しないように,そして準備期のトレーニングを「ゼロ」から始めなくてもよいように行われる(62頁参照)。移行期は,さらに明白な個人的弱点を消すのにも役立つ。基礎スピードが明らかに劣っている選手は,個人的に高めなければならない特別課題を行う。

⑤1回のトレーニングの中で

　トレーニングの中でのスピードトレーニングの「正しい」時点は,正しい負荷の順序の原理(247頁参照)に帰着する。ウォームアップ後のトレーニング最初には,回復した心身状態と十分な休息がないと効果が薄い種目,たとえばスピードの種

目をおく。トレーニングの終わりにスピードないしパワーのトレーニングを行うと，最大の心身的要求によって今一度ストレスホルモンの発生が強まり(97頁参照)，その分解はゆっくりとしか行われないので，回復過程を遅らせるばかりでなく，望んでいなかった緩慢化が生じて害を与えることになる。「正しい」トレーニング後には疲労した状態となるのはあたりまえだが，この状態では，神経-筋系は，最適に協働し最大スピードを可能にする状態にはもはやない。

> スピードが，あまりにしばしば疲労状態でトレーニングされると，低いレベルでの運動のステレオタイプが形成されるときがある。なぜなら，このような要求のコーディネーションのパターンが，しだいに固まってしまうからである。その結果は，ハードトレーニングにもかかわらず，劣ったダッシュのスピードである。

スピードは最大でトレーニングされるべきなので，回復した状態で一般的なトレーニング過程の中へと組み込まれなければならない。これに対して，重点がパワー持久性の向上にあるのなら，スピードを鍛えるのは，トレーニング最後の練習試合のように後の時点でもよい。とはいえこの場合に強調点は，「基礎スピード」という質の向上よりも，疲労状態でもまだできる限り高いダッシュのスピードを達成する能力の向上におかれている。スピードトレーニングであるけれども，専門的持久性の向上が前面に出ているのである。

7 ── スピードテスト

(1) 一般的基礎

他の要素と同様に，スピードも定期的なテストが必要である。このテストは，一般的テストないしサッカー専門のテストの形で行われる。コントロールのためには，4～6週間に1回スピードテストを入れるべきである。これらテストで，トレーナーがトレーニングの一定の部分側面の有効性について知るだけでなく，選手もこの点での自分の強さを知ることができる。すると個々人の弱点は，特別トレーニングか個人トレーニングで取り除ける。

スピードテストは次のように区分される。
1) ダッシュスピード測定のテスト(非常に重要)
2) スプリント持久性測定のテスト(非常に重要)
3) スピード持久性測定のテスト(意義は小さい)
4) 付加的な技術的-戦術的要求をともなうテスト(非常に重要)

最初の3つのテスト形式は，それぞれのスピード特性，ないしはスピードにかかわるパワーのパラメータのレベルについて，直接的(ランニング)あるいは間接的(ジャンプ)なデータを提供できる。循環的スピードという部分要素の測定の3つのテストは，次のように区分される。

○ ボールなしのランニング(直線的，方向転換あり，付加的課題あり/なし)
○ ボールを用いたランニング(直線的，方向転換あり，結合形式，付加的課題あり/なし)
○ さまざまの課題のコンビネーションないしテストセットの形式での複合テスト。このテストは，循環的運動スピードの測定と並んで技術的-戦術的な要素も含み，行動と行為のスピードについても情報を与えられる。

以下では，サッカーで多く使用されるテストを紹介し，批判的に吟味する。一般的には次が当てはまる。テストはつねに比較可能な条件(天候，時間帯，試合日前の負荷など)で行うべきである。可能なら，とくに非常に短い距離の場合，タイム計測は光電管方式で行う。そうでなければ手押しストップウォッチで行う。その他にも，テストからいえることについては，次を考慮すべきである。
○ 前日に強度の高いトレーニングを入れない(そうでないと，持久性とスプリント負荷後の回復能力に関するコンディション状態について正確なことはわからない)。
○ テスト前の尿素の検査は，場合によっては過負

表45 20mスプリントの平均タイム；成人(スポーツ活動をしている) (Fetz,1983)

	男子				女子			
年齢[歳]	20–29	30–39	40–49	≥50	20–29	30–39	40–49	≥50
人数	41	33	24	12	73	92	55	36
タイム[秒]	3.22±0.16	3.45±0.18	3.55±0.12	3.86±0.22	3.93±0.28	4.15±0.3	4.3±0.33	4.69±0.51

表46 20mスプリント能力判断の評価表：トレーニングしている男女 (Grosser/Starischka,1986)

	良好	平均的
男性	3.0	3.3
女性	3.4	3.7

表47 20mスプリント能力判断の評価表：トレーニングしていない児童・ジュニア (Grosser/Starischka,1986)

年齢[歳]	男子	女子
8–10	4.5–4.0	4.5–4.0
11–12	4.2–3.9	4.2–3.9
13–14	3.9–3.7	3.9–3.8
15–16	3.7–3.5	3.8–3.7
17–18	3.5–3.4	3.7

荷を示すかもしれない(7～8mmol/lの尿素値は，場合によっては選手の蛋白質を分解する(異化)代謝過程を示唆している，つまり選手が，前日の負荷からまだ回復していない)。

○テストは，「アリバイ」となってはならない。テストを行うだけでは，十分ではない。テストでわかった欠点を本来のトレーニングで改善し，テスト結果を現実へと移さなければならない。

(2)テスト様式－実施方法－評価
①ダッシュスピード測定のテスト
1)直線走
・10mスプリント

選手は立った姿勢からスタートする。スタートの合図はない。タイム計測は，後ろ足が地面を離れたときから始め，ゴールラインを越えたときで終わる。これで，反応能力を考慮しないダッシュスピードが，純粋に測定される。

・20mスプリント

このテストは，スプリント能力に関して，非常に高い証言能力がある(表45:比較値，表46:能力判断)。児童とジュニアについては，表47にあげた基準値があてはまる。

・30mスプリント

この距離は，サッカー選手にとっては「極度に」長い。これ以上の距離は，サッカー独自ではなく証言力もない。

30mスプリント能力の評価については，表48に評価案がある。

図258が示しているように，スプリントのタイムは，10m走でも30m走でも，選手のレベルに応じて大幅に異なる。レベルが高いほど，ダッシュスピードはそれだけ速い。

2)シャトルラン

シャトルランは，ダッシュのスピードを，ブレーキをかける部分(ネガティブに動的，エキセントリック)と結合してテストする。このテストは，ゲームの現実に近いので，有効性が高い。

ダッシュのスピードを把握するためには，1回のダッシュの距離は短くし，全体の距離も長すぎてはいけない。距離が長すぎるとサッカー独自ではなくなり，無酸素性解糖作用の高度の負荷によって強度にアシドーシス状態となり，サッカー選手には特別な意味を持たないスピード持久性を鍛えることになる。図259がよい例と悪い例でもって明らかにしているように，テストでもトレーニ

立った姿勢からの30mスプリント タイム[秒]	評価数値	言葉での表現
<3.39	1	=極度に平均を上回る
3.65−4.04	2	=平均を上回る
3.65−4.04	3	=平均的
3.65−4.04	4	=平均を下回る
>4.24	5	=極度に平均を下回る

表48　30mスプリントのタイムの評価（Geese,1990）

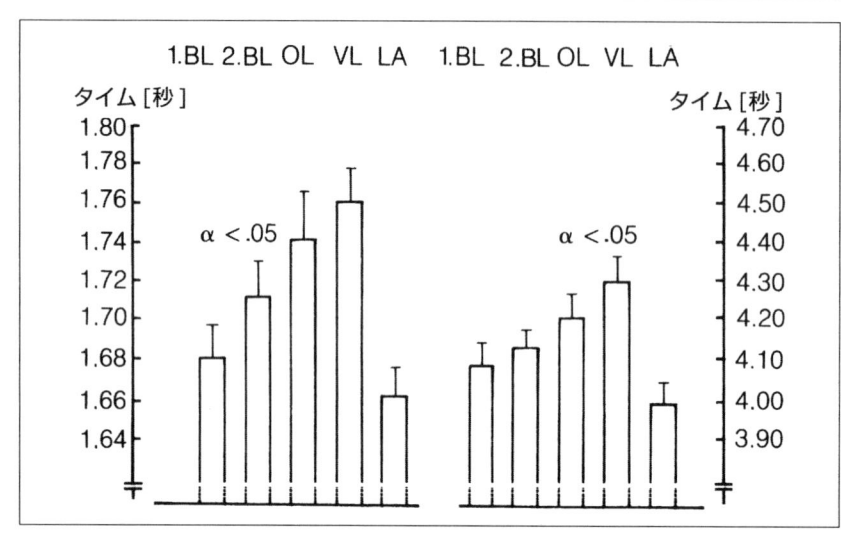

図258　さまざまなプレーレベルの立った姿勢からの10mと30mのスプリント（Geese,1990）
1.BL=ブンデスリーガ1部；
2.BL=ブンデスリーガ2部；
OL=アマチュア上級リーグ；
VLアマチュア団体リーグ；
LA=上陸競技スプリントのスペシャリスト

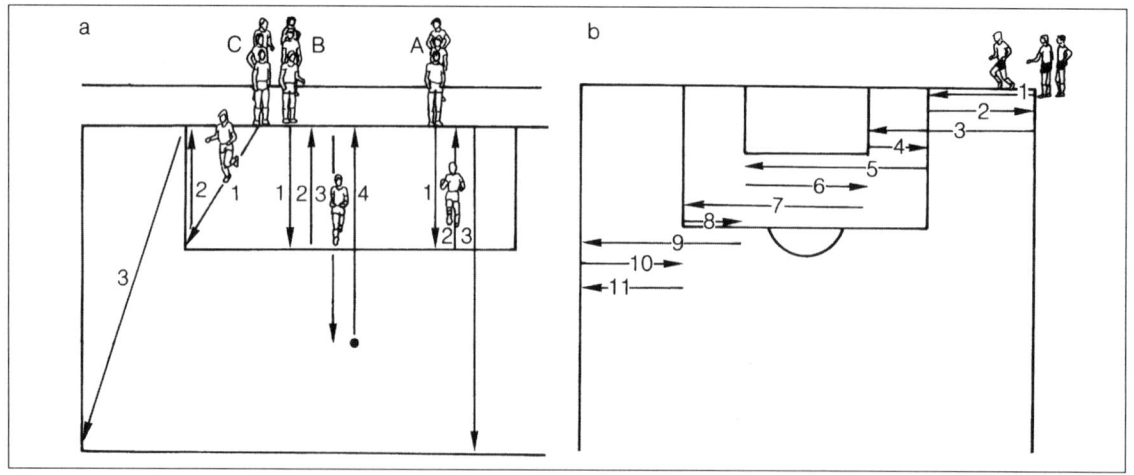

図259　ライン走ないしシャトルランのよい例(a)と悪い例(b)
よい例ではスプリントの総距離は30mを越えないのに，悪い例では200mである！

ングでも，身体的に強度の負荷をかけて本来的な目的であるダッシュスピードの向上を外れている長すぎるランニングよりも，むしろ，完全な休息（235頁参照）をともなう短いシャトルランを頻繁に行うべきである．図260は，容易に実施できるシャトルランテストを紹介している．

3)ジャンプ

ダッシュスピードは，ジャンプ力と緊密に相関

しているので，両足あるいは片足の1回跳びないし連続跳びによって，間接的で簡単な実施方法で測定できる。最も多く用いられるのが，両足立ち幅跳び(193頁参照)と三段跳び(193頁参照)である。水平ジャンプ力のほうが，垂直ジャンプ力よりも，スプリントの能力についてはよいインジケータである。したがって，テストでは水平ジャンプを優先すべきである。

② スプリント持久性測定のテスト

何回も連続して最大に加速できる能力であるスプリント持久性を測定するために，ダッシュセットが利用される。最もよく用いられるタイプは，5×30mスプリントである。

5×30mを3セット，各スプリント間は3分間，セット間は6分間の休息で測定した研究(図261)は，アマチュアとプロのスプリント持久性能力を比較して，興味深い結果に達している。15本のスプリントを，ブンデスリーガの選手は平均して4.1±0.13秒/30mで走り，アマチュアは平均して4.25±0.12秒/30mかかった。また，プロは30mをより速く，また無酸素性乳酸性のエネルギー供給の負荷がよりわずかで走っている。規則的なトレーニングを行っていると，この能力の向上は，同一の負荷でより低い血中乳酸値という点に現れる。プロの選手のほうがタイムがよいのは，トレーニングによる非乳酸性能力の向上と，より大きな最大筋力にもとづいている。

> つまり，CPの量(最大スピードにとって最重要のエネルギー担い手)の増加は，30mの距離の最大スプリントによっても，筋力トレーニングによっても達成できる。

③ スピード持久性測定のテスト

スピード持久性測定のテストは，サッカー選手の循環的スピードの二次的特性を検証しているので，やるとしても散発的かつ控え目にすべきである。

④ 付加的な技術的-戦術的要求をともなうスピードテスト

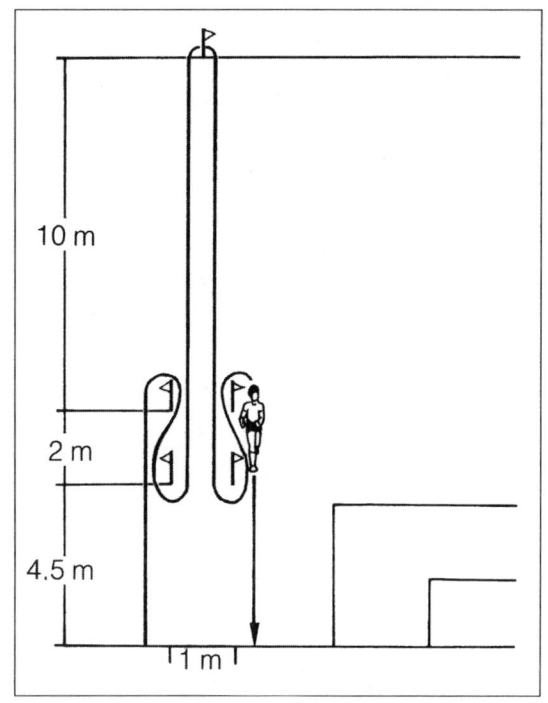

図260 サッカー専門のスピードテスト(41mの機敏走)
(Stiehler/Konzag/Döbler, 1988)

技術的-戦術的要素と結びつけて，ダッシュ・行為・行動のスピードといったさまざまのスピード特性をサッカー専門に測定できる。以下では，スピード分野のサッカー専門の能力診断に適した複合テストを紹介しておこう。

1) テスト1：タイム測定のドリブル走(図262と表49)

センターサークルを1周する。スタートしてサークルの上においてある旗竿から離れ，サークルの中心の旗竿をドリブルして回る。サークルをドリブルするときは，サークルの上を走る。次の旗竿へと直線的にサークルを突っ切ってはならない。失敗したときは，罰として走ったタイムに1秒加える。選手が右回り/左回りを選択する。

テスト1では，短い距離を方向転換をともなってできる限り速くドリブルする選手の能力がテストされる。このテスト形式では，技術(＝ドリブル)への要求がスピードへの要求を上回っている。

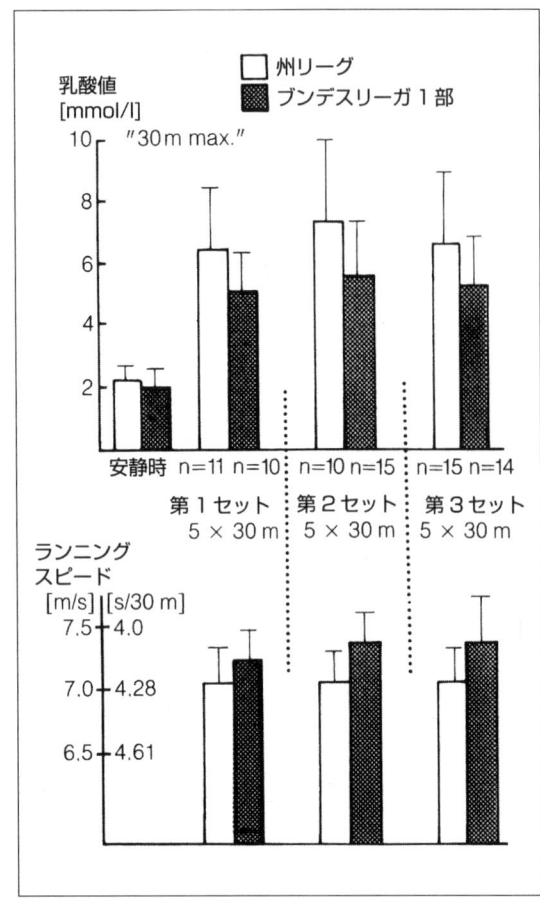

図261 異なるプレーレベル(ブンデスリーガ,州リーグ)のサッカー選手における3×5×30mの最大スプリントでのランニングスピードと血中乳酸値(平均値および分散) (Fohrenbach et al.1986)

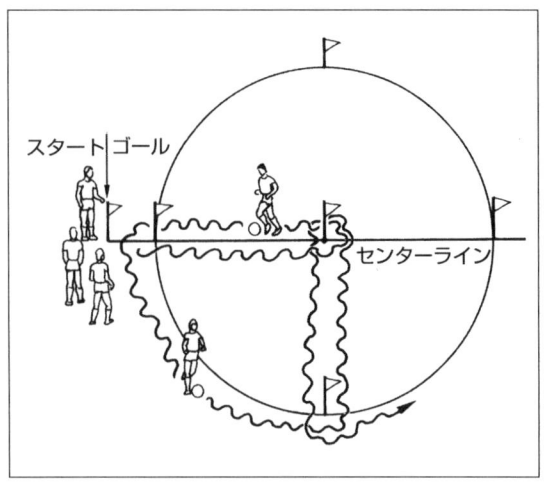

図262 タイム測定のドリブル走
～～＞ボールを持った選手(ドリブル)の進路

表49 タイム測定のドリブル走,ポイント評価(サッカー指導者ハンドブック)

ポイント	センターサークル上のドリブル[秒]
20	≦40
19	40.1－41.0
18	41.1－41.9
17	42.0－42.7
16	42.8－43.4
15	43.5－44.1
14	44.2－44.8
13	44.9－45.5
12	45.6－46.2
11	46.3－46.9
10	47.0－47.7
9	47.8－48.5
8	48.6－49.3
7	49.4－50.2
6	50.3－51.1
5	51.2－52.0
4	52.1－52.9
3	53.0－53.7
2	53.8－54.5
1	54.6－55.3
0	＞55.3

2)テスト2：タイム測定してのドリブルとシュート(図263と表50)

ペナルティエリアの角からスタートし，最初のボールをペナルティエリアの弓形のポジション1までドリブル，この弓形の中からシュート。シュート後，ポジション2まで走ってゴールエリアライン上の最初のボールをシュート。その後ポジション3に行って，最初のボールをとり，同じ行動を逆側から行う。ゴールエリアライン上の4番目のボールをシュートするまで行う。

設定：4つのボールは任意の間隔でゴールエリ

アライン上におかれ，地上1mの紐の上のゴールへ入れなければならない。ペナルティエリア角では，2つのボールは3m四方の中におかれる。

第4章／サッカー選手のスピードとそのトレーニング　257

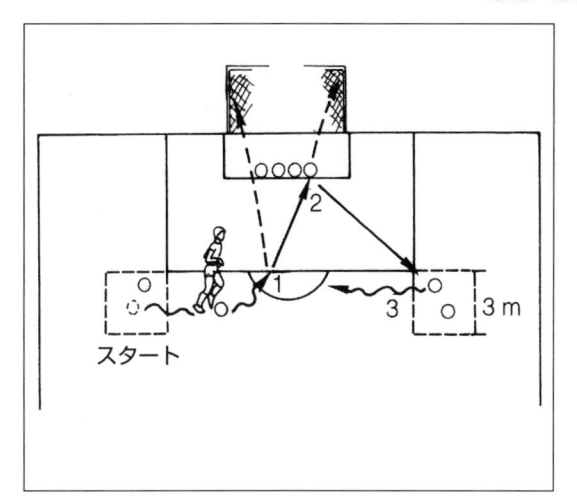

図263　タイム測定してのドリブルとシュート

表50　タイム測定してのドリブルとシュート(サッカー指導者ハンドブック)

ポイント	ドリブルとシュート[秒]
20	≤44.0
19	44.1–44.9
18	45.0–45.8
17	45.9–46.6
16	46.7–47.4
15	47.5–48.1
14	48.2–48.8
13	48.9–49.5
12	49.6–50.2
11	50.3–50.9
10	51.0–51.7
9	51.8–52.5
8	52.6–53.3
7	53.4–54.1
6	54.2–55.0
5	55.1–55.9
4	56.0–56.9
3	57.0–57.9
2	58.0–59.2
1	59.3–60.5
0	>60.5

評価：ノーバウンドでゴールしなかったシュートは，＋2秒。弓形から行われなかったシュートは＋2秒。ゴールライン上の8番目のボールがシュートされるまでのタイム＋追加タイム

テスト2では，ボールを用いて/用いないでの複合的なスピード能力が，さまざまのシュートと結びつけてテストされる。このテストは，高度にサッカー専門の要求を示している。

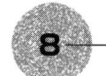

8 — 児童・ジュニア期のスピードトレーニング

(1) 一般的基礎

最大速度は，遺伝的にかなり決定されているように見える。スピードの生理学的基礎が最終的にはっきりと登場するのは非常に早期という見解もある。したがって，しかるべき時に発達させられなかったことは，後になってはもはや達成できない。したがって，スピードというこの身体的能力要因はできる限り早期に鍛えるべきである。

> 児童・ジュニア，とくに8歳と16歳の間の年齢範囲は，大脳皮質の可塑性が高いこと，および形態学的理由で神経系が固定していないことから，スピード能力分野での基礎形成が最も可能である。

(2) さまざまの年齢段階でのスピードトレーニング

①就学前年齢

5歳と7歳の間に走る動きが大幅に完成し，これはランニングスピードの非常に急速な向上にも明らかとなるので，この時期にスピード練習を多くするのが勧められる。

②学童期前半(FジュニアとEジュニア，6～10歳)

敏捷性と運動スピードは，学童期前半に最高の発達増加を経験する(図264と図265)。注目すべきはさらに，反応スピードの大幅な向上と，これにもとづく潜伏時間の短縮で，ある研究によると，6歳児と7歳児の0.50～0.60秒から10歳児の0.25～0.40秒へと短縮した。

> スピード能力の成長率が最高のこの時期に，身体的能力要因の全面的発達の中でスピードを強調して多くトレーニングすべきである。

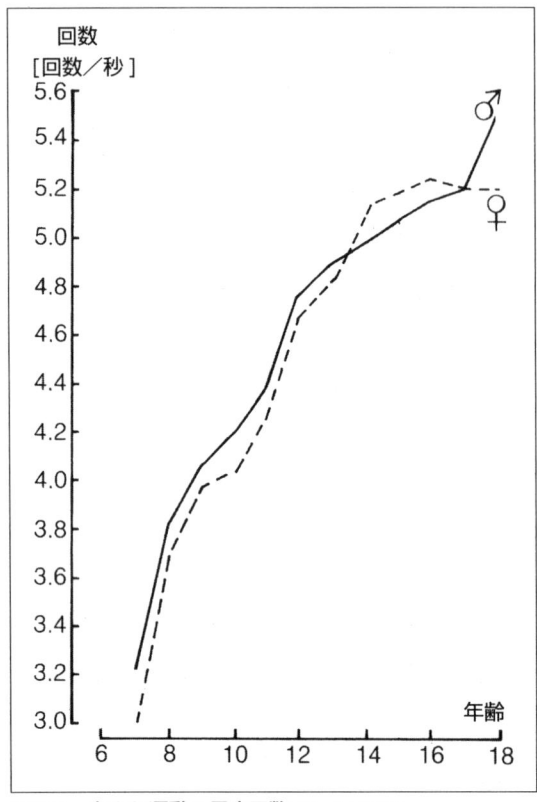

図264 小さな運動の最大回数 (Farfel, 1959)

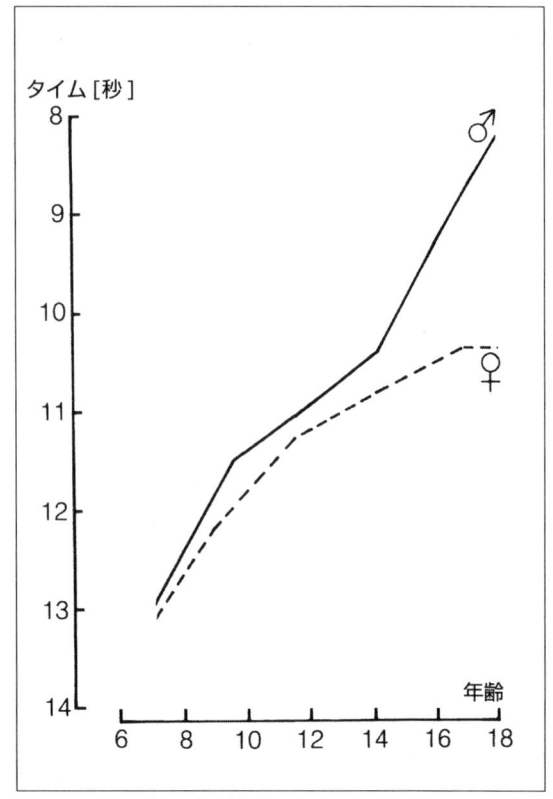

図265 さまざまな年齢段階での60m走のタイム
(Crasselt, 1972)

この点は，この年齢段階では単純な一般的な手段，たとえばサーキットトレーニングや児童に合わせたランニング遊びによって，すべてのスピードパラメータとパワーパラメータを決定的に向上させることができる（201頁も参照）だけに，いっそう意義がある。図266は，このことを印象深く示している。

> すでに小学校年齢で，スプリント力の分野では有意味なトレーナビリティが存在する。規則的にくり返す60m競走のような「能力コントロール」によるだけでも，注目すべき向上が達成される。

③学童期後半（Dジュニア，10～12歳）

潜伏時間と反応時間はより急速に短縮し，この年齢段階の終わりまでには成年の値に近づく。この年齢段階においても，トレーニングを行った児童で，とくに週2度トレーニングした場合には，スピード特性で注目すべき能力の向上が確認される。それどころかこの能力向上は，これ以降の年齢段階での向上を上回っている（図267）。

> スピードはすでに早期から十分にトレーニング可能なので，児童・ジュニアの年齢で高い成長率であることを基礎に，ジュニアの段階で強調してトレーニングしなければならない。Fジュニア・Eジュニア・Dジュニアで，多様なスピード刺激・反応刺激を与えるべきである。反応練習は，つねにダッシュ・スプリントなどと結びつけて行うべきである。12～15歳の年齢には，年齢に合わせたスピードトレーニングを加えて行うべきである。

④第一思春期（Cジュニア，12～14歳）

潜伏時間と反応時間は，第一思春期の終わりに成人の値に達し，敏捷性は13歳と15歳の間に最

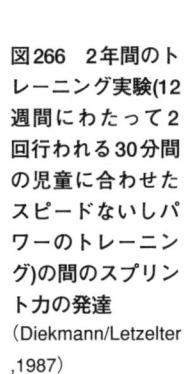

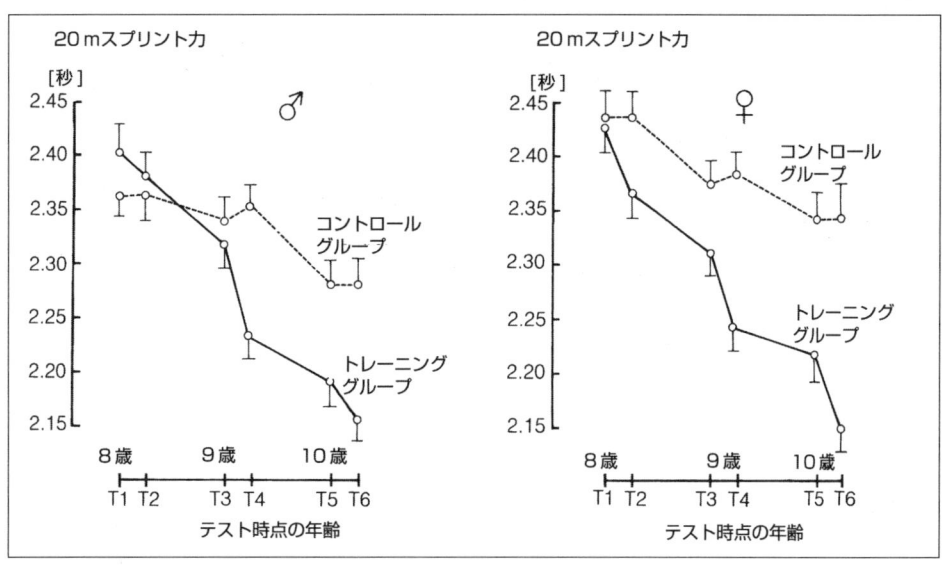

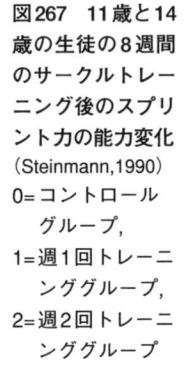

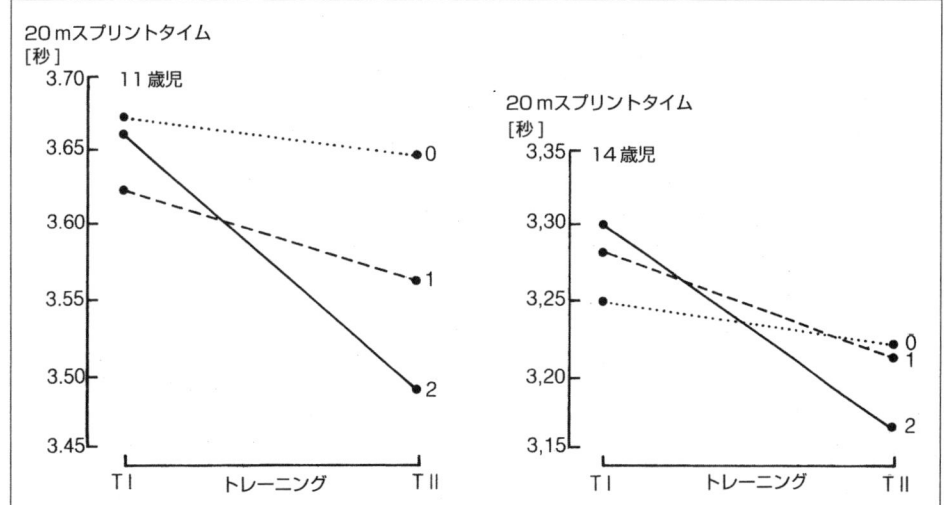

図266 2年間のトレーニング実験(12週間にわたって2回行われる30分間の児童に合わせたスピードないしパワーのトレーニング)の間のスプリント力の発達 (Diekmann/Letzelter, 1987)

図267 11歳と14歳の生徒の8週間のサークルトレーニング後のスプリント力の能力変化 (Steinmann, 1990)
0＝コントロールグループ，
1＝週1回トレーニンググループ，
2＝週2回トレーニンググループ

大値に達し，これ以後はほとんど変化しない。

　この年齢局面では，テストステロン増加というホルモンの条件で最大筋力とパワーの増加率が高く，スピード持久性と筋持久力の増加に見て取れる無酸素性能力が増加するので，スピードは非常に増加する。その他にも，これまで述べてきた年齢段階とは逆に，無酸素性のトレーニング内容をいっそうの向上のために用いることができる。この事実は，スピードの体力的要因，つまりパワーのトレーニングを強化することで徹底的に利用すべきである。

⑤**第二思春期(Bジュニア・Aジュニア，14〜16歳)**

　スピードトレーニングの体力的・コーディネーション的側面が，制限をつけずに実行可能である。トレーニング方法・内容は，成人のそれにほぼ対応する。注意点は以下のようである。

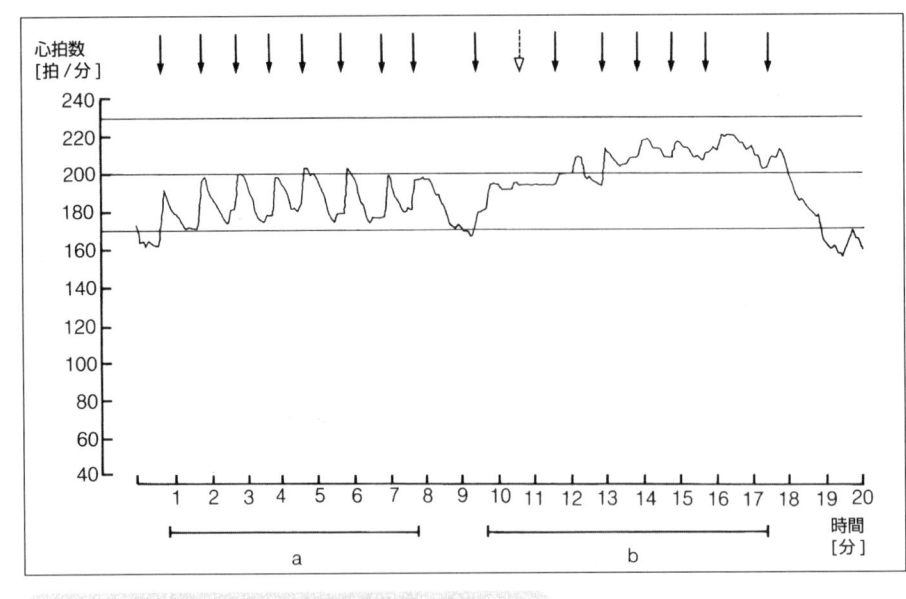

図268 さまざまの方法を選択した場合の8×20m走の効果
a)歩き休息の完全な回復をともなう反復法。b)ジョギングのアクティブリカバリをともなうインテンシブなインターバル法（↓のところは電極が短時間緩んだためノイズがでている）

　ジュニアではボールを用いたトレーニングを中心にすべきだという点はまだ全面的に妥当するが，14歳児～16歳児向け，とくにAジュニア向けのトレーニング計画においては，効率性の理由からも，すでにボールなしのトレーニング形式を考慮してみなければならない。最大ペースで高度に爆発的に行うランニングとジャンプは，ボールなしでの方がうまくやれる。しかしこのトレーニング形式は，ボールをともなったそしてボールへのランニングとジャンプ，そしてスピードが用いられるゲーム形式の中でつづけなければならない。

　14～16歳と16～18歳のジュニアの男女は，少なくとも週1回，スピード・パワー・コーディネーション向上のための特別トレーニングをウォームアップにすぐにつづけて15～20分間行うべきである。

(3)児童に適したトレーニングの方法と内容

　児童年齢では，スピード特性とパワー特性は，もっぱらゲーム形式で向上を図るべきである。スピード持久性の要求は，完全に避けるべきである。前面に出るのは，ダッシュスピードとスプリント持久性の向上である。

①レペティション法とインテンシブなインターバル法

　最初にあげるべき方法は，成人の場合と同様にレペティション法である。レペティション法とインテンシブなインターバル法とを比較すると，児童は成人のモデルに従ったジョギングのアクティブリカバリをともなうスプリント負荷では過大要求となるのが明らかである。というのは，児童は「ジョギング」を有効な回復手段とすることができるほどには発達していないからである。全般的な負荷のおおまかな指標としての心拍数は，8×20mのインターバル負荷で，児童が歩いて戻る休息で完全に回復できるときには，相対的にコンスタントである（図268）。ジョギングで戻る場合には，累積的に過大要求となる。つまり，児童は「バテて」やる気をなくしてしまう。

　トレーニングを見てみると，児童に合わせた性格ではあるがあまりに非生理学的な負荷となるような形式が，しばしば用いられている。鬼ごっこでは，1人が「鬼になりっ放し」にならないようつねに注意すべきである。ランニングとジャンプの場合（筋力の章，208頁参照）には，児童は乳酸耐性（アシドーシスへの抵抗力）がわずかなので，正しい距離ないし負荷時間となるよう注意すべきで

ある。AジュニアとBジュニアへのこの点に関する要求は，次のようにまとめられる。同じようなことがもっと年下の児童にもあてはまる。

スピード：
○走る距離は，10m，20m，最大限30mまで
○最大限のペース（できる限り速く）
○各ランニングの後，約1～2分の休息
○ランニング回数：5～8回（＝1セット）
○セット数：2～3セット
○セット間休息：約5分間

パワー：
○ジャンプ（連続ジャンプ）6～10回つづけて
○垂直跳び/幅跳びを最大限で
○爆発的テンポ
○1連続ジャンプ後の休息：約1～2分間
○連続ジャンプの回数：4～6回（＝1セット）
○セット数：2～3セット
○セット間休息：約5分間

　グループでの競走の場合には，グループの大きさは，短時間の運動後の休息が約60秒となるように選ぶべきである。とくに負荷の可能な能力の高い選手は，その能力に応じて負荷を多くすべきである。

②スピード発達のための遊び形式・トレーニング形式

　成人とは反対に，児童年齢では，決してダッシュだけのトレーニングを行うべきではない。なぜなら，この課題設定は興味を呼び起こさないからである。したがって，すぐにダッシュと反応のコンビネーションを追求すべきである。その他にも，児童はもっぱらボールを用いてトレーニングすべきである。というのは，ボールは「予測できない」という事実からだけでもすでに，児童の冒険心を限りなく刺激するからである。

③反応とダッシュのスピードおよびランニングの巧みさ向上のためのボールを用いないトレーニング・遊び形式

　多様な方向転換をともなう反応とダッシュの遊びは，児童とジュニアにとって非常に重要である。というのは，これはサッカー選手にとって最高度に意味のある特性のランニングの巧みさと機敏性を鍛え，後に成功するための不可欠の前提条件だからである。トレーニングを見てみると，ここで特別の役割を果たしている捕まえっこ鬼ごっこはとくに，可変的かつ体系的，つまり要求パターンが増加する形で行われることがあまりに少ない。

④反応・ダッシュ・行動・行為のスピード向上のためのボールを用いたトレーニング・遊び形式

　循環的・非循環的なスピードと並んで，ボールを持っての行動スピード（ドリブル能力）も最適化し，技術的基礎養成の中心的要因を最適化するためには，ボールを用いた遊び形式をできる限り多く利用すべきである。

1)ボールを用いたトレーニング・遊び形式：テンポドリブル，ダッシュと結びつけた/つけないドリブル1対1

2)ボールを用いた場所交替遊びと場所探し遊び（解説は238頁参照）

3)シュートと結びつけたランニングとドリブルの遊び

4)1対1の性格の遊び

5)チームのボールゲーム

　チームのボールゲームは多面的で複合的な要求によって，子どもたちのスピード能力を向上させるために最適である。小グループでのボールゲームは，子どもにとっては「見渡せる」という利点があり，行為スピードと同様に，認知・予測・決定・反応のスピードを，重点的にあるいは複合的に鍛えることができる。小さいスペースは行動能力への要求を高め，大きいスペースはこれを低下させてゲームを容易にする。

　「ボール回し」の例を考えてみよう。このゲームでは，サークルの大きさ，サークルの中に入る鬼の数，許されるボールタッチ数などで，要求水準に影響を与えられる。最初に1人の鬼がサークルの中に入り，鬼はパスを妨げるかボールを奪い

取ろうと試みる。ボールに触れたら，鬼はパスするサークルに入ってよい。鬼をボールに触らせずにパスしつづけるのに成功した場合は，しだいに難易度を高めるために鬼の数を増やすこともできる。最後に，厳格なサークルの形を止めて，小グループでの「チームのボールゲーム」をする。今や各々のパス出し手は，動き，フリーに走り，要求などができる。狭すぎるスペースで技術的要求が高くなりすぎないために，初めは「任意の」大きさのスペースでゲームし，後にだんだんと小さいスペースでゲームするようにする。

　注意点：サッカーでは，手を用いるボールゲームも行うべきである。というのは，手を使ったゲームはより速くかつ小さなスペースでゲームを行え，こうしてより高い行為スピードが可能となる。この行為スピードは，後になってから子どもたちが技術的に「足」の点で進歩したときに，再びサッカー独自に転移することができる。その他にも児童年齢では，全般的体力づくりという理由からも，多面的なトレーニングを優先すべきである。

9 ── スピードトレーニングのまとめ

　サッカー選手のスピードは，精神的-認知的-戦術的および体力的-技術的な部分能力から構成され，情緒的・意志的な特性によって影響を受ける複合的な特性である。最重要の部分能力は，認知・予測・決定のスピードの結果である反応スピードと，反応・動き・行動スピードの結果である行為スピードである。ときどき個々の部分要素に分けることは，理論的かつトレーニング方法的な理由から意味がある。個々の部分能力とその相互の繋がり具合を知ることは，部分的な弱さを認識して目的を定めて促進を図ることを可能にする。

　スピードの部分能力は部分的には完全に異なっているので，もしもサッカー選手のスピードを総体として最適に発達させるのならば，スピードトレーニングは，一方では能力を決定する要因を取り出して鍛えることで，その個別能力ができる限り高い水準に達する前提を創り出すべきであり，他方では，これらの個別能力をゲーム適合的かつ複合的にさらに発達させるべきである。にもかかわらず，スピードの部分能力は相互依存の関係にあるので，スピードトレーニングの次の本質的側面を今一度強調しておきたい。

> どのような分離したあるいはダッシュスピードを鍛えることとの関連で行われるトレーニングも，練習試合やゲームに代替することはできない。こうしたトレーニングは，側面的な，補足的に能力を向上させる手段であるにすぎない。

第5章 可動性とそのトレーニング

第1節 サッカー選手の可動性

1 — 可動性とは

> 可動性とは，自分であるいは外的な支える力によって，単関節あるいは多関節で大きな振幅の運動を行う能力および特性である。

可動性と同義の概念としては，一般的に柔軟性がある。これに対して，屈伸自在性（関節構造に関する）と伸展性（筋・腱・靭帯・被嚢に関する）は，可動性の要素，したがって下位概念と理解すべきである。

2 — 可動性の種類

一般的と専門的，アクティブとパッシブ，動的と静的な可動性が区別される。

一般的可動性とは，最重要の関節系（肩関節・股関節・脊柱）において可動性が十分に発達した水準にある場合である。一般的可動性は要求水準（余暇のスポーツ，競技スポーツ）に応じて異なるから，ここで問題となっているのは相対的な尺度である。可動性が一定の関節にかかわる場合には，専門的可動性が問題になる。たとえばサッカー選手は，とくに股関節の可動性を必要とする。

アクティブな可動性と呼ばれるのは，選手が協同筋の収縮と拮抗筋の伸展にもとづいて，ある関節で実現できる最大可能な動きの振幅である。パッシブな可動性と呼ばれるのは，選手が外的な力（パートナー・機器）の影響によって拮抗筋の伸展ないし弛緩能力だけで，ある関節で達成できる最大可能な動きの振幅である。パッシブな可動性は，アクティブな可動性よりもつねに大きい。両者の間の差は，動きの予備と呼ばれる。これは，目的を定めた協同筋の強化ないし拮抗筋の伸展性増加によってアクティブな可動性を改善する可能性を明らかにしている。

静的な可動性とは，一定時間の伸展姿勢の維持である。この可動性は，ストレッチングで決定的な役割を果たす。

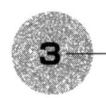

3 ── サッカー選手にとっての可動性の意義

　可動性は，量的かつ質的に良好な動きをするための一つの基本的な前提である。最適な，つまりサッカーの要求に適合した可動性の育成は，身体的な能力要因（たとえば筋力・スピード）やスポーツ的習熟（たとえば技術）の発達に，複合的な形でポジティブに影響する。可動性はさらに，既存の能力ポテンシャルの発揮，トレーニングの心構え，そしてとくにこの点と緊密に相関するケガ予防に影響する。

(1)可動性と身体的能力

　可動性が高まると拮抗筋の抵抗が少なくなるので，運動はより強くかつ速く行える。その他にも，短縮した不十分な伸展能力しかない筋の力は弱い。
　持久性能力も，伸展能力が増加すると運動経過がエネルギー節約的，つまり経済的となるので高まる。

(2)可動性とコーディネーション

　十分な伸展能力と弛緩能力のある筋群がないと，運動を最適にダイナミックに行えないので，コーディネーション的ないし技術的に完成した動きは，ほとんど不可能である。サッカー専門の技術を完全に行うには，以下の分野での十分に発達した可動性が重要である。
　①ドリブルしながらフェイントをかける際にすばやく体幹を前後左右に動かすには，十分に発達した体幹の筋力と並んで，脊柱筋群と背筋群の良好な可動性が必要である。この点で欠陥のある選手は「腰が硬い」（この表現は部分的にだけ正しい，というのは必要な腹筋群と背筋群の筋力は表現されていないから）と呼ばれる。
　②ライナーの正確で鋭いインステップキックができるのは，選手が技術的に正しく蹴れることと並んで，上部足関節での良好な「伸展能力」を持っている（解剖学的に正確には足底屈曲で，足底伸展ではない）場合だけである。したがって，このキックの不正確性の原因が，下腿前側面筋群とくに前脛骨筋の不十分な伸展能力にあることはまれではない。つまり選手は，足関節を十分に「伸ばす」ことができないために，インステップキックのときにボールはライナーで前にではなく，多かれ少なかれ上の角度へキックされる。
　③脚を広げて入るタックルでボールを奪い取るには，股関節での良好な可動性が必要である。
　④腰を回すボレーキックでは，股関節，とくに内転筋群での十分な可動性が必要である。
　可動性は，フィールドプレーヤーだけでなく，ゴールキーパーにとっては特別に意義がある。足で守る一定の技術には，股関節での大幅な開脚能力が必要とされる。トップクラスのキーパーは，前後スプリットと横スプリットが困難なくできなければならない（281頁参照）。キーパーはさらに，キャッチ技術のためには良好な脊柱可動性と傑出した肩関節可動性を持っていなければならない。
　以上の例が示すように，可動性は技術的な運動経過の質に対して無視できない影響を及ぼしている。これだけでなく，不十分な可動性は，運動や技術の学習過程に害を与える。つまり，学習時間は長くなり，「理想的な形」の獲得は困難となり，これはさらに学習の動機づけにマイナスに影響する。

(3)可動性とケガ予防ないしスポーツ障害予防

　サッカーでの負荷は，短いダッシュ・突然の方向転換・ストップ・ジャンプ・シュート・ヘディングで特徴づけられる。これらの高度にダイナミックで非循環的な動きは，パワーあふれる筋群を必要とするだけでなく，負荷に十分に耐えケガ予防の意味で，参加筋群の高度の柔軟性・伸展性・弛緩能力をも必要とする。ハンブルガーSVでは，目的を定めたストレッチングプログラムの導入後，最初の30分でのケガ率は約40％低下した。良好

な負荷の処理は，とくに個人的に最適な筋の弛緩能力によって特徴づけられ，この能力は，ストレッチングによって高まる。したがって，伸展性・柔軟性・弛緩能力の向上の意味で可動性を鍛えることは，直接的なトレーニング準備・試合準備への他とは替えられない重要な手段である。サッカー選手は筋の不均衡を形成しやすいので，短縮した筋群を伸展する意味で可動性をトレーニングに組み込んでおくのは，関節の動きの変性を予防し，阻害されたあるいは誤った運動のステレオタイプを形成しないための重要な用心の措置である（179頁参照）。

　筋・腱・靭帯に問題のない選手は，ハードで長期的なトレーニングに精神的に積極的な態度でのぞむ。「いつもケガしている」選手は，何度も「最初からやりなおさ」なければならないので，ハードな作業に意味があるかどうか結局は疑っている。つまり，諦めの気持ちが増し，トレーニングへの動機づけを決定的に損なうことになる。

4 ── 可動性のスポーツ生理学的基礎

①関節構造に依存する可動性

　最初に述べたように，屈伸自在性は，関節を形成する骨と関節面の形状と滑りから生まれる。これらは遺伝にもとづいて個々人で解剖学的に相違しているので，屈伸自在性は多かれ少なかれ非常に相違している。屈伸自在性は，程度は限られているが，伸展能力と同様に集中的な可動性トレーニングで改善できる。

②可動性と筋量

　強く発達した筋と可動性は排除し合わない。筋量増加（肥大）は，可動性トレーニングを行えば，筋の伸展能力を損なうことはない。サッカーではありえないような極端な場合にだけ，可動性が低下することがありうる。

③可動性と筋張力

　筋の伸展能力の限界を画しているのは，一方では筋構造の伸展抵抗，他方では筋張力ないし弛緩能力である。筋張力に対しては，筋線維と平行して走っている伸展受容体である筋小胞体が，重要な役割を果たしている。筋小胞体を通して中枢神経の筋張力のコントロールが行われる。たとえば背筋群と腹筋群は，身体のまっすぐの姿勢を保つためにつねに一定の最低の緊張（安静張力）がなければならないが，この筋張力は，必要に応じて低下（たとえば就寝時）あるいは上昇させられる（筋の活動）。

　高められた筋張力が，各種の伸展刺激に対する筋の抵抗を強め，可動性を全体として制限する限りで，筋張力は伸展能力にとって重要な役割を果たしている。たとえば，サッカーでシュートのときには，脚引き上げ局面（バックスウィング）での

	屋外で10分間裸でいた後 温度10℃	浴漕に10分間いた後 温度40℃	20分間ウォームアップ後	疲労するトレーニング後	
8時 12時	12時	12時	12時	12時	
−14 +35	−36	+78	+89	−35	[mm]

表51 さまざまな条件下での可動性の変化
(Zaciorskij, 1973)

作業筋群の十分な事前の伸展（引きつづいて爆発的な収縮をともなう）が保証されていないときには，シュートはつねに不十分である。この意味で，短縮と張力上昇の傾向を持つ股関節屈筋群は，問題ある筋群である（174頁参照）。したがって，リラクゼーションやマッサージによって筋張力を達成可能な最適値へと低下させることは，いっそう高いスポーツ的な可動性発達にとっての前提である。しかし筋小胞体は，筋張力の維持に対してだけ意味があるのではなく，あまりに強すぎる伸展から筋群を保護し，間接的に筋の伸展能力に影響を及ぼしている。

細胞レベルでの筋小胞体の感度は，さまざまな要因によって増減する。この事実は，可動性トレーニングにとって重要である。

1）長時間つづく身体的な負荷後の筋肉疲労（極端な場合は筋肉痛現象と結びつく）は，筋小胞体の感度の閾値を高める。この場合には，軽い伸展練習ですでに早すぎる伸展抑止が登場する（シグナルは痛み・筋群の反射的防衛緊張）。したがって，疲労時には可動性トレーニングを行わない（271頁の方法的基本則を参照）。

2）朝の起床後は，筋小胞体の感度閾値は同様に高まっている。したがって，可動性トレーニングにとっての1日の中での「底」では，いっそう集中的で長く筋群のウォームアップを行わなければならない。

3）「運動前状態」では筋小胞体の感度は低下している。同じように，ウォームアップの際にはしだいに集中的に行う伸展や伸展姿勢の維持によって，その感度は低められる。筋小胞体は増加してゆく伸展姿勢に「慣れ」，新しい「目標値」への調整が現れる。

④可動性と筋の伸展可能性

筋群において伸展に決定的な抵抗をするのは，筋線維の収縮要素でなく（この抵抗は疲労すると，つまりATPが低下するとはじめて増加する），たとえば筋膜のような筋の結合組織部分である。

筋の柔軟性の向上は，腱・靭帯・被嚢組織にも同じ程度にあてはまるが，さまざまな形式・方法で達成できる。一方で長期的には，持続的な伸展トレーニングにもとづく生化学的ないし構造的な変化により，筋のメカニカルな特性に影響を及ぼすことによって，他方で一時的には，スポーツ種目専門のウォームアップによって。この場合に柔軟構造の伸展能力は，体温上昇と比例して（最適温度まで）高まり，筋の粘性（内部抵抗）は筋形質の「流動化」が増大することによって低くなる。とはいえ，粘性は抵抗の大きさの約1/10をなすだけである。

⑤可動性と腱・靭帯・被嚢・皮膚の伸展可能性

> 可動性は，筋膜・腱・関節被嚢の抵抗によって決定的に影響される。

腱・靭帯・関節被嚢は，筋群とは逆に伸展能力の向上は非常に限られている。これは，これらが持つ関節を安定化させる機能と，高い弾力性係数（つまり伸展能力は素材の質にもとづいて基本的にわずかである）によっている。

⑥年齢と性別に依存する可動性

腱・靭帯・筋膜は，年齢が高くなるにつれて細胞数減少・ムコ多糖類（細胞をつなぐ物質）と水分

の喪失・柔軟な線維の減少を示す。最大の器官系としての筋群は，年齢による変化にとくに強くさらされている。そして全体として，可動性を受け持つ構造部分の伸展能力の低下がもたらされる。規則的にトレーニングすることで，年齢的に定まった法則性を無効にすることはできないが，この程度に決定的な影響を及ぼせる。可動性は，すでに児童期からジュニア期への移行に際して最大値に達してその後また低下してゆく，唯一の体力要素である。

⑦ウォームアップ状態に依存する可動性

表51から明らかなように，可動性は外部と内部の温度(247頁参照)，ならびに温度を高めるメカニズム(ウォームアップ・入浴)によってはっきりと変化する。

> 注意点：可動性を高めるには，ウォームアップの形式はどれでも，ウォームアップなしにつねに勝っている。

⑧可動性と筋疲労

筋群が強い無酸素性の負荷によってアシドーシスの状態となり，引きつづいて回復的な措置，たとえばウォームダウンのランニングによって乳酸などの代謝産物が取り除かれないと，通常のイオン均衡を回復しようとして筋細胞への水分取り込みが増加し，筋細胞が膨張する。そのために全般的に筋の硬化がもたらされ，関節の可動性は低下する。

疲労をもたらす負荷の後に生じる筋内のATP値の低下は，同様に可動性の低下をもたらす。ATPが少なくなると，筋細胞レベルでは解離作用が低下するために，アクチンとミオシンの両フィラメント間のクロスブリッジが，回復した状態のときのように速くは解かれないのである。

⑨可動性と運動振幅度

一面的なトレーニングで筋が短縮する，あるいはダッシュやジャンプのトレーニングでは大部分そうであるように，限られた運動振幅度で頻繁に

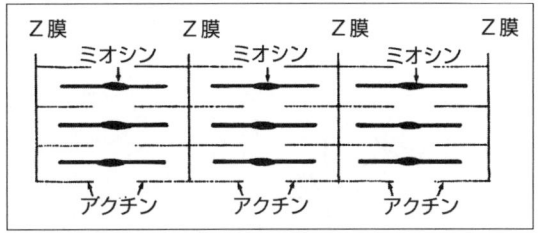

図269 筋の中には最小の構成要素のサルコメアがセットで前後に並んでいる(サルコメアの間はZ膜で区分されている)。短縮状態での慢性的作業ではサルコメアの数は30％まで減少する(図式)

トレーニングすると，筋の形態学的変化が生じる。慢性的に短縮した筋は，筋線維の最小組成要素であるサルコメアの数を減少させる。この適応現象は20〜30％に上がるが，非常に急速に生じ，また完全に逆転可能である(図269)。筋は，成長局面においてセットで並んでいるサルコメアの増加によって，また対応するストレッチングプログラムによっても長くなる。これに対して一面的な筋力トレーニングによっては，持続的な筋張力亢進(270頁参照)によって筋短縮とサルコメア数の減少が生ずる。

> 筋力トレーニングでは，全面的な振幅度で作業するように，あるいはたとえばスプリントとジャンプの場合に膝関節伸筋群を一面的に強化しないように，そして筋の不均衡によってしだいに短縮しないように，つねに注意しなければならない。したがって，筋力トレーニングでは，単に主働筋と協同筋だけでなく，その対となる拮抗筋も強化しなければならない。短縮傾向に対抗するために，筋力トレーニングやスピードトレーニングの後では，負荷のかかった筋群は伸展すべきである(174頁も参照)。

5──可動性トレーニングの方法

可動性を鍛える独自な内容は，伸展と弛緩である。伸展とは，基礎体操・目的体操からとられる一定の筋群へ作用する単純な動きである。弛緩では，筋をトレーニングの休息時に揺さぶって弛緩

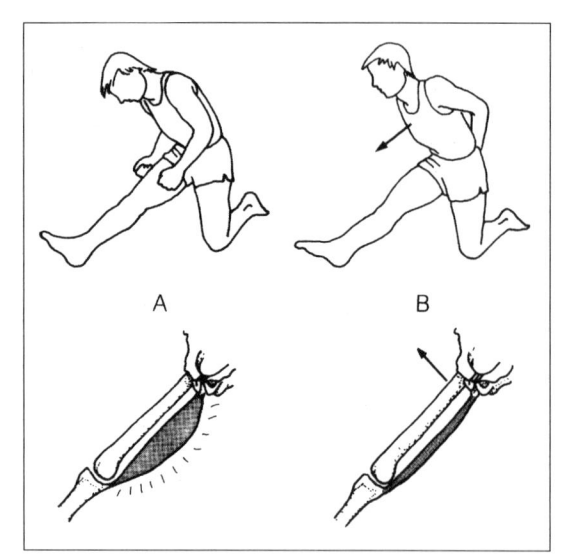

図270 いわゆる緊張-弛緩法では筋肉を(A)最初に緊張させてから(B)伸展する

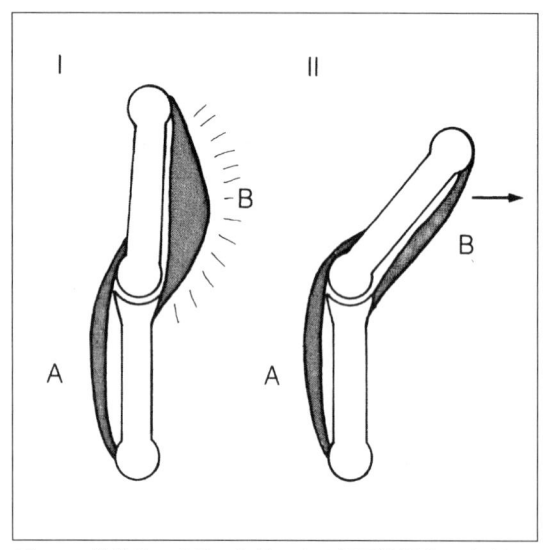

図271 拮抗筋の事前の収縮による相互的制動の呼び起こし：引きつづいて伸展されるべき筋肉Aは，その拮抗筋(筋肉B)の収縮を通じて反射的に弛緩される(Ⅰ)。これによって引きつづく筋肉Aの伸展の際には，いっそう明確な伸展姿勢をとることが可能となる(Ⅱ) (Weineck, 1990)

し，最適のリラックス状態にする。さまざまな伸展の方法・技術・体操が区別できるが，基本的に次の3つにまとめられる。

(1)アクティブな伸展法

アクティブな伸展法の内容は，弾みをつけて振って関節可動性の通常の限界を広げる体操である。

アクティブな伸展法の長所は，一定の筋群の伸展がその拮抗筋のアクティブな収縮によって行われ，その強化に役立つ点にある。この方法は，多数の高度に爆発的な動き(たとえばシュート)をともなうサッカーでは，進展された筋が弾みのついた動きをタイミングのよい収縮で受け止めるのを学ぶという理由もあって，利益がある。

しかしこの方法は，関節可動性改善とケガ予防の意味では，次のような若干の決定的な弱点を持っている。

①弾みをつけた伸展刺激で筋群の伸展可能性は高まるが，効果は不明確でわずかしかつづかない。というのはこの場合，筋の弾力的要素へ短期的に影響があるだけで，筋の可塑的要素の持続的な状態変化は生じないからである。

②突然の弾みをつけたそして短時間しか作用しない伸展刺激によって，筋小胞体を経由する筋の伸展反射がはっきりと呼び起こされるが，この反射はアクティブな方法の伸展では静的なストレッチング(269頁参照)におけるよりも2倍強い。これによって伸展が制約され，この制約は少なからぬケガの危険をはらんでいる。

(2)パッシブな伸展法

パッシブな伸展法の内容は，外からの力が働く伸展である。パートナーの補助などを用いて，拮抗筋を強化することなしに一定の筋群の伸展が強められる。パッシブな可動性トレーニングは，正しく行えば非常に効果的で有用な形式である。しかし，不適切に行うと(突然すぎるあるいは強すぎる伸展)，少なからぬケガの危険がある。

> 純粋にパッシブな柔軟性トレーニングの短所は，アクティブな方法とは逆に拮抗筋が平行して強化されず，サッカーにとっては補完的な方法としてだけ役立つ点である。

(3)静的な伸展法(ストレッチング)

> ストレッチング法(英語のstretch＝伸展する)の内容は，ある伸展姿勢をゆっくりと(約5秒以内)とり，その姿勢を少なくとも10～60秒維持する(静的部分)ことである。

これまで述べた方法とは逆に，ストレッチング法は筋の伸展反射の呼び起こしをできる限り減らそうとする。これは，この伸展技術におけるケガの危険を最小限へと減少させる。

多数のさまざまなストレッチング方法の中で，次の3種が一般的に受け入れられている。

①パッシブな伸ばし，あるいは「粘る伸展」

このストレッチングは本来のトレーニング形式で，限界領域での伸展姿勢の維持を内容とする。これはさらに，軽いストレッチと集中的なストレッチの2つの部分に分けられる。軽いストレッチ(イージーストレッチ)では，限界状態に10～30秒間とどまる。この場合に筋が最大の伸ばしに達する「時間がある」ときは，どのように緊張の感覚が減少するか感じられる。集中的なストレッチ(ディベロップメントストレッチ)では，さらにいくぶん伸ばし，もう10～30秒間最後の姿勢にとどまる。

> 痛みの感覚が現われないようにする。痛みの感覚で伸展された筋での緊張が反射的に強く高められ，これが伸展作業を妨げるからである。

②緊張-弛緩法(コントラクト-リラックス法)──自己制動を利用した伸展

この方法では，伸展される筋はその直前に最大に緊張させられる(図270)。腱反射を通じて，いわゆる「自己制動」により深められた筋の弛緩がもたらされる。この弛緩が引きつづく伸展に利用される。一定の筋群の伸展開始の前に，筋は約10～30秒間アイソメトリックに緊張させられ，それから2～3秒間完全に弛緩される。引きつづいて10～30(60)秒間伸展される。

> 注意点：伸展される筋の事前の収縮が強いほど，その弛緩は強く，引続く伸展作業はそれだけ効果的となる。

アイソメトリックな緊張をかけ始める前に，筋は引きつづく伸展と同じ方向に前もって伸展しておくべきである。

③緊張-弛緩法──相互的制動を利用した伸展

この方法では「相互的制動」が利用される。ある筋が収縮すると，その拮抗筋が反射的に弛緩する(図271)。

> この場合に，協同筋の収縮が強ければ強いほど，拮抗筋の弛緩は強い。

この種類のストレッチングのためには，伸展される筋の拮抗筋が最大に収縮するように相互的制動が利用される。これによって，反射的に弛緩した協同筋を最適に伸展過程に引き入れることが可能になる。

全体として，ストレッチングでの長くつづく伸展によって，可塑的な筋要素の細胞間の変化にもとづく可動性が持続的にはっきりと向上する。それだけでなくストレッチングは，構造的に前もって与えられている筋の基礎緊張を現す筋張力に，決定的に影響する。筋張力は，さまざまなアクティブなそしてパッシブな作用部分によって影響を受ける(図272)。図273からわかるように，ストレッチングによって筋張力は，張力状態・張力循環・張力のモーメントの点で低くなるような影響を受ける。

筋張力を低下させるストレッチングの作用は，規則的で静かな呼吸に注意することでさらに強められる。通常の可動性トレーニングでしばしば見られる圧迫呼吸あるいは呼吸止めは，望ましくない筋張力の増加をもたらすので，ストレッチングでは完全にやめるべきである。筋を緊張させるときの圧迫呼吸によって影響される内部の肺圧力の増加は，いわゆる呼吸筋反射を通じて骨格筋の機

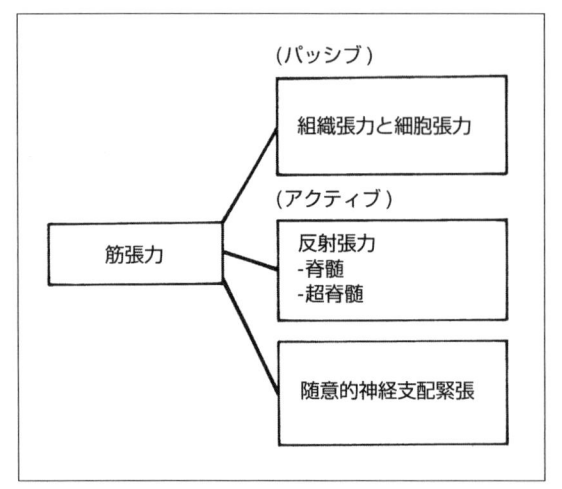

図272 筋張力の作用部分
(Knebel/Herbeck/Schaffner,1988, Viol,1985)

- 筋張力
  - (パッシブ) 組織張力と細胞張力
  - (アクティブ) 反射張力
    - 脊髄
    - 超脊髄
  - 随意的神経支配緊張

能状態を緊張増加ないし筋力増加の方向に変化させ，これは筋力を用いる場合には望ましいが，可動性トレーニングでは望ましくない。

　筋力，スプリントあるいはジャンプ力のトレーニングは，筋張力を長期的にはかなり高め，その作業筋の短縮傾向をさらに強めるので，こうしたトレーニング後の規則的なストレッチングプログラムがどのような意義を持っているかは明らかである。

> たった1セットの筋力トレーニングの後でも，トレーニングされた筋の可動性ないし伸展能力は5～13％減少し，この減少はトレーニング終了後48時間までつづく。これに対して筋力トレーニングに可動性トレーニングをつづけると，可動性の改善が見られ，これも同じく48時間継続する。
> 　注意点：筋張力の低下は，可動性を改善するだけでなく，筋の負荷からの回復能力を高める。

　とはいえ負荷後の局面では，すべてのストレッチングの方法が同じように急速な回復に適しているとは限らない。「間欠的な伸展」(伸展と弛緩を10秒ごとに交代)が負荷後の急速な回復には最も役立つ。この方法は，血行の正常化・代謝生成物の分解・エネルギー補充を，伸展と弛緩のリズミカルな交代で促進する。これに対して比較的時間の長い(2分まで)「粘る伸展」の方法は，アイソメトリックな作業と同様に，酸化のエネルギー供給を損なうことで，筋の血行にマイナスに影響する。

　サッカー選手にとっては，以上にあげたストレッチ方法の中で「粘る伸展」が，一つには簡単に遂行でき，さらに事前の収縮を含まないのでとくに意義がある。「収縮の要素」は，トレーニングレベルの低い選手には適しているかもしれないが，それ以外の選手にとっては，ストレッチングプログラムで問題になっているのはトレーニングでとくに要求されて短縮傾向にある筋だから，必ずしも必要ではない。

　ストレッチの利点は次のようにまとめられる。
○ストレッチは，どこでも何の器具も用いないで

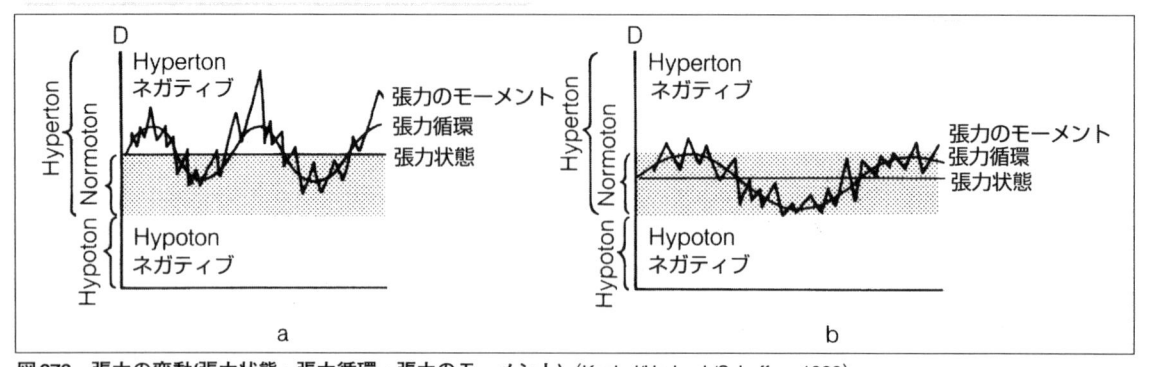

図273 張力の変動(張力状態・張力循環・張力のモーメント) (Knebel/Herbeck/Schaffner,1988)
(a)最適にはトレーニングされていないネガティブ-高すぎる張力の筋群　(b)ストレッチングの影響を受けたポジティブ-通常の筋張力の筋群。(hyperton＝筋張力亢進；hypoton＝筋張力低下；normoton＝＝通常の張力)

可能である。
○ストレッチは，自分で家でもまた旅行中でも行える。
○ストレッチによって，選手は筋の状態がだんだんわかるようになる。
○ストレッチは，長期的かつ穏やかに関節の可動性を向上させ，経済的・容易・爆発的な動きを可能にする。これはコーディネーション的なプレー能力に有利に働く。
○ストレッチは個々人の筋の負担能力を高め，負荷の処理を急速な回復の意味で最適化する。
○ストレッチは筋の緊張を解き，短縮した筋を伸展し，筋張力を最適化する。
○ストレッチは，リラクゼーションと結びついて，筋の弛緩能力だけでなく精神的なリラックス能力をも向上させる。この要因は，負荷後の回復にもプラスに影響する。
○ストレッチは，筋の柔軟性と伸展能力の向上を通じてケガ予防を最適化する。
○ストレッチは，血行をよくして代謝を活性化させる。ストレッチは，負荷による代謝老廃物の急速な搬送にプラスに影響し，局部的な疲労現象をすみやかに取り除く。
○ストレッチは，可動性を鍛える方法の中で最もケガの危険がわずかで，高められた伸展能力を最も長時間保証する。伸展された筋での最大伸展可能性は約4時間持続し，より長いトレーニング負荷に対しても高度のケガ予防となる。アクティブな可動性法では，伸展効果は約10分しか持続せず，改めてウォームアップしなければならない。

手短にいえば，ストレッチングはトレーニング負荷の，前（負荷準備，緊急のケガ予防）・中間・後（加速された回復）のいずれでも，負荷と休息が緊張関係にあるトレーニングを最適化する一つの重要な手段である。

しかし，つけ加えなければならないのは，ストレッチングは，すべての年齢段階で（274頁参照），たった一つだけの形式で行うべきではない点である。さらに，一般的・専門的な行い方に注意すべきである。

6 可動性トレーニング（ストレッチング）の注意

(1) 一般的な注意

ストレッチングを行う際には，ストレッチングを形式的に正しく行う（伸展姿勢を徐々にとり，より長く維持する）だけでなく，機能的にも正しく，つまり筋の解剖学的仕組・そのときの機能状態・作業様式に対応して行うときにだけ，利点が保証される。しかし，これには一定の解剖学的知識と機能の十分な理解が必要である。この点については，最高レベル（ナショナルチーム）でも，選手の中にはまだ一定の欠点が存在する。

> ①可動性の向上は，数週間を必要とする漸進的な過程である。したがって，可動性トレーニングはゲームシーズン開始前に正しい時点，少なくとも準備期開始の6週間前に始めなければならない。最適なのは，年間を通して毎日柔軟性をトレーニングすることである。
> ②本来のストレッチングの前に，少なくとも5分間のウォームアップ作業を行うべきである。
> ③ストレッチングの強度は，伸展作業の間に強めるべきだが，無理強いの伸展は絶対に避けるべきである。
> ④プレーに重要な筋群は，交代で伸展すべきである。
> ⑤伸展姿勢はゆっくりと持続的にとり，少なくとも10秒間維持する。さもないと腱紡錘の逆の伸展反射が生じないからである。
> ⑥伸展の際は，深く静かに呼吸する。

伸展方法ないしその組み合わせの選択は，ゲーム状況の分析的な考察，つまり運動はどのように経過するか，運動のどの部分でとくに可動性が必要とされるか，どの種類の可動性が必要か，から行う。

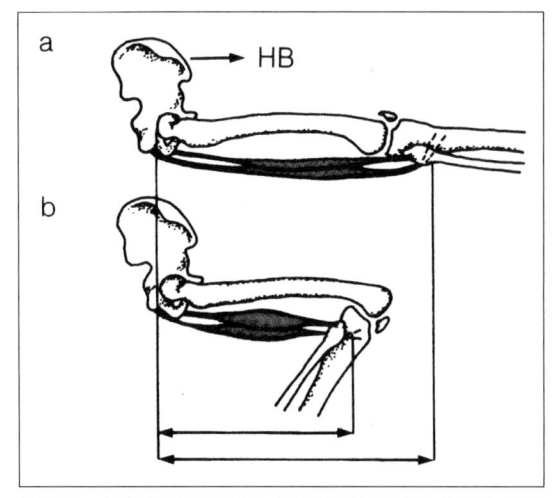

図274 大腿屈筋群の伸展，膝関節を(a)伸ばした場合と(b)曲げた場合　股関節屈筋群(HB)が骨盤を姿勢aで前方へ(矢印)引っ張ってはじめて最大の伸展が可能である。膝を曲げているときにはこれは可能ではない。

関節では伸ばす機能を持つ大腿屈筋群は，膝関節が伸ばされ股関節が最大に曲げられるときにだけ，最適に伸展することができる(図274)。

②筋の伸展はできる限り選択的に行い，いくつかの関節と筋群が前後に引きつづいて参加する複合的な動きで行うべきでない。こうすると，筋の特別の欠点は覆い隠され，他の筋群によって補われてしまう可能性がある。図275は，「膝を伸ばした姿勢での体幹前屈」の伸展トレーニングでは，伸展される筋が特定されず，また素人には細かい点でわかりにくい点を示している。ここでの大きいあるいは小さい可動性は，非常にさまざまな理由から起こりうるのは明らかである。いずれにせよ「高度の可動性」は，脊柱部位・大腿屈筋群・腓腹筋群(とくに下腿三頭筋)の部位での，さまざまな大きさの可動性を合計した結果である。図276は，大腿屈筋群がいかに選択的かつ非常に異なって伸展性を検証できるか，ないしいかに正しく伸展できるかを示している。

③筋伸展は，支持作業等で緊張している筋で行うべきではない。図277は，体幹と大腿前面の筋群がこの姿勢では体幹が背後に倒れるのを妨げるために収縮してエクセントリックの作業を行っているにもかかわらず，これら筋群を伸展しようとする非機能的な試みを示している。

④ストレッチは，効果を減少させる動きができる限りわずかあるいは止められる姿勢で行うべきである。図278は，いかに膝関節を伸ばす筋群が腰を伸ばした膝立て姿勢で最適に伸展可能かを示している。図279では同じ筋群がストレッチされているが，多様なそれてしまう可能性があって効果は少ない。このストレッチをサッカー場で行うと，支えがないので大腿が横に逸れたストレッチになり，この筋の伸展とならない。しかし，ときおり芝が濡れていたり体育館の床が固くて，「理想的なストレッチ」を行うのが不可能なら，質の劣るストレッチでもやらなければならない。しかし，選手が行っているストレッチの質がどのよ

> 可動性は，運動の最適な技術と効果的な能力利用を生み出すのに必要な程度に応じて，向上を図るべきである。

超可動性は，スポーツをする場合に障害にも前提にもなりうる。遺伝による全般的な結合組織の脆弱性にもとづいて一般化された超可動性は，とくにサッカーでは高度の関節負荷を克服するためにしっかりした軟骨・腱・靱帯の組織を必要とするので，トップのプレーをするのにまったく不適切である。

(2)スポーツ解剖学の面での注意

典型的なサッカー専門のプレー筋群は，とくに大腿の前面と後面の筋群で，二関節筋として膝関節だけでなく股関節にも影響を及ぼしているが，これら筋群のストレッチでは，次の点に注意すべきである。

①すべての二関節筋の伸展では，両方の関節が伸展位置にくるようにし，一つの関節だけが曲げあるいは伸ばされて，筋の弛緩ないし短縮とならないようにする。例：膝関節では曲げる機能，股

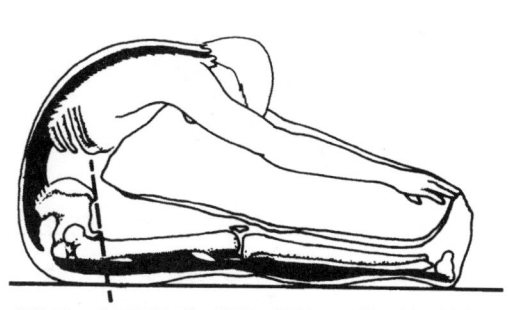

背筋群・大腿屈筋群・下腿三頭筋で通常の伸展能力

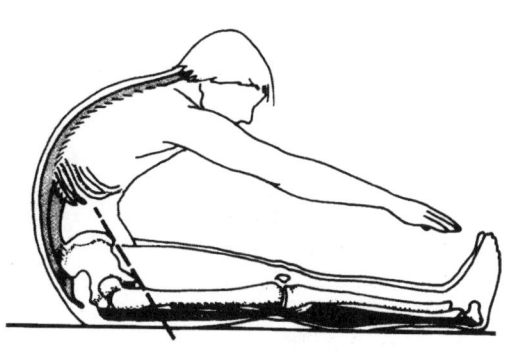

背筋群で過大な伸展性；大腿屈筋群で少ない伸展能力；下腿三頭筋で通常の伸展能力

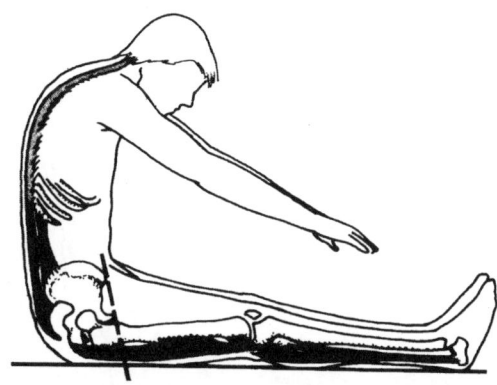

胸部上・中部の背筋群で過大な伸展性；胸部下部の背筋群・大腿屈筋群・下腿三頭筋で少ない伸展能力

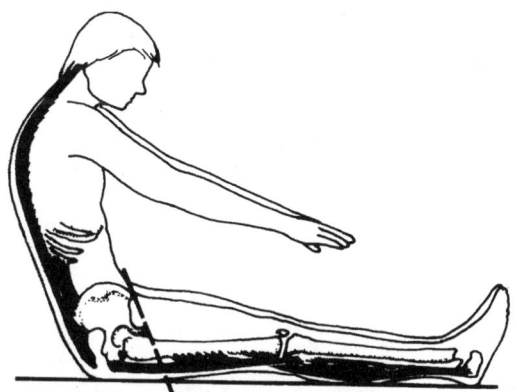

胸部での背筋群で通常の伸展能力；腰部・大腿屈筋群・下腿三頭筋で少ない伸展能力

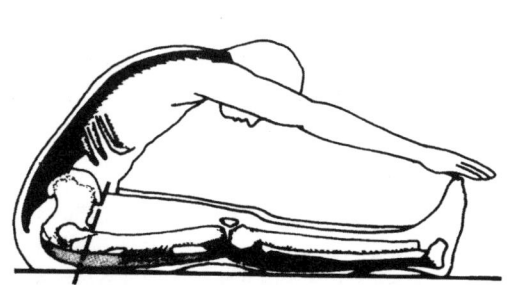

胸部下部の背筋群でわずかに減少した伸展能力；大腿屈筋群で過大な伸展性；下腿三頭筋で通常の伸展能力

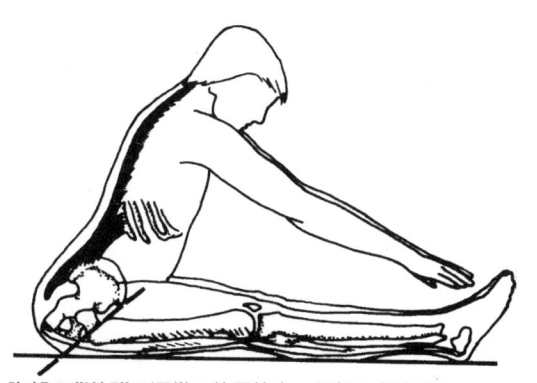

胸部の背筋群で通常の伸展能力；腰部の背筋群は両脚の麻痺をともなって収縮

図275 膝を伸ばして座った姿勢からの背中の筋群の伸展能力の検証 (Kendall/Kendall-McCreary, 1988)

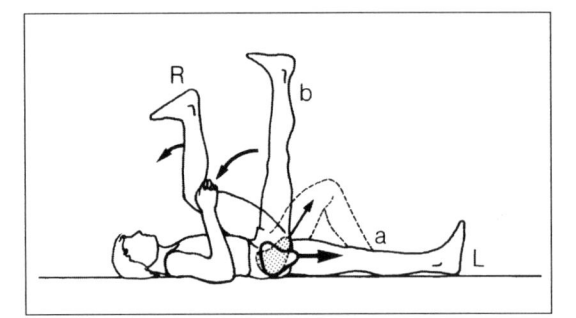

図276　大腿屈筋群の機能的な伸展練習
(Knebel/Herbeck/Hamsen,1988)

ポジションbから胸への膝の引き寄せによって，膝関節屈筋群は股関節で最適に伸展される。それから膝関節をしだいに伸ばすことで2番目の関節の膝関節でのこの筋の完全な伸展が達成される。注意すべきは，骨盤が左足(L)の伸展で床に平らになり，(a)でのように傾いて，膝を伸ばす筋群の伸展が不完全にならないようにする。

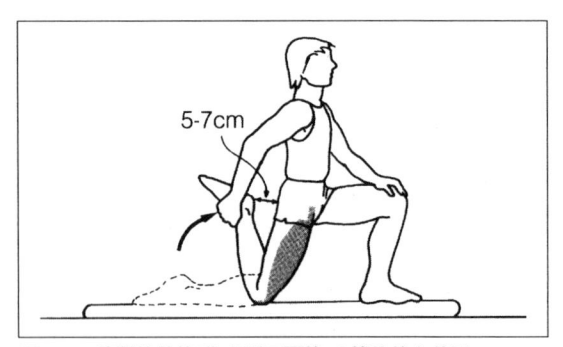

図278　膝関節伸筋群(大腿四頭筋)の機能的な伸展
───＝中部・内部・外部(1関節につながる)；-----＝直筋部(2関節につながる)

図277　体幹と大腿前側の筋群が姿勢に依存して緊張した状態での非機能的なストレッチング
(Knebel/Herbeck/Hamsen,1988)

加えてよ良くないと判断せねばならないのは，腰椎部位での(矢印)脊柱前弯の強まりである。

図279　「質の劣る」膝関節伸筋群ストレッチ練習
参加する関節の自由度が高いので，自由な関節を通じた回避が可能で目的の筋の最適な伸展はできない。

うな解剖学的な基準に当たるかをわかっていれば，明らかに起こりうる弱点を回避することができる。

> 以上の例が示しているように，ストレッチするだけではその質は保証されない。ストレッチは正しく，特定して正しいスタート姿勢で行わなければならない。トレーナーは，ストレッチが「やっています」というアリバイにならずに，最適な可動性という目的を効果的に達成するよう，つねにくり返し正しい実行方法を指示すべきである。

(3)ストレッチングと年齢

ストレッチング法は，可動性に対して高い効果をもっているにもかかわらず，児童には不適で，ジュニアでも一定の年齢以上から適するようになる。ストレッチングは動きが少なく要求する「知的水準」が高いので，児童の動きへの衝動やすぐに「結果を見たい」という希望にそぐわない。児童はプレー的な学習やトレーニングに多くの価値をおくので，そっけなくおもしろくないストレッチは，児童の遊ぶメンタリティに合わない。

さらに児童では，アクティブな伸展法によるケガの危険は非常に少ないので，この種の可動性練習がトレーニングの中心になるべきである(268頁参照)。ジュニアの年齢(ほぼB-ジュニア以降)で，しかし，集中的にはAジュニア(16～18歳)以降に，ストレッチ法をサッカートレーニングの中に組み込むことができる。少年の理解力と理解しようとする意志で，この高度に効果的な方法が使えるようになる。

(4)長期的なトレーニング過程における可動性トレーニング

良好な児童の可動性を「維持トレーニング」の意味で成人年齢まで維持するために，可動性を鍛えるのは早期から始めるべきである。これは，サッカーではすでに早くからこのスポーツ専門の筋，とくに腰部と大腿部の筋群の短縮が生じるだけにより重要である。この筋短縮は，目的を定めた可動性トレーニングないしストレッチングによって防止できる。可動性はトレーニング休止期に急速に低下するので，可動性トレーニングを自主トレーニングとして毎日行うよう，最初から試みるべきである。

> したがって，ストレッチングは年間のトレーニングサイクルには関係なく，年間を通じて可能なら毎日行うべきである。頻繁であるほど，効果はそれだけ良好である！

とはいえ，週3回のストレッチングで，健康な選手ではサッカーに特徴的な筋群の短縮を防ぐことができる。

毎日の最小プログラムは，余計な負荷と感じられずに「歯磨き」と同じように毎日の経過に組み込めるよう，時間のかからないものでなければならない。プロにとっては，この要求を自己責任で満たすのは当然である。プロは，彼の「プレーの資本」，つまり無傷の筋・靭帯・関節機構を最適に「保守する」ためにベストを尽くす。

7──可動性トレーニングの方法

「最小限プログラム」はこれ以上少なくできない最低限を含み，「基礎プログラム」は基本的な筋群の種目を含み，拡大されたプログラムは，変化にとんだ可動性トレーニングがバリエーションをもった形式で行えるような包括的なプログラムである。短く定式化すると，次の指示がすべてのプログラムに当てはまる。
○図で示された伸展姿勢をとる。
○ゆっくりと姿勢を矢印の方向に変える。これで伸展は強まる。
○一挙の動きは避ける(揺すらない)。
○伸展される筋での軽い引っ張りは正常である。
○この姿勢を15～30秒間維持する。
○規則的で静かに呼吸する。緊張を解くように試みる。

①最小限プログラム
サッカー選手の最小限プログラム:「トップ4」(図280)
②基礎プログラム(図281)
③拡大練習プログラム(図282)

拡大された練習プログラムは，とくにゲームの直接の準備として「控室」での体操として考えられている。このプログラムは，多面的で変化に富み，すべての筋群を把握する「トータルストレッチング」の利点を持つが，次のような問題もある。つまり，このように包括的なプログラムは入念には行われず，あるいは全種目が同じようにランクづけされて，最小限プログラムにある不可欠の種目が場合によっては落ちてしまう。さらに経験から，包括的すぎるプログラムは，トレーニングやゲームでは規則的かつ年間を通して行われることはない。

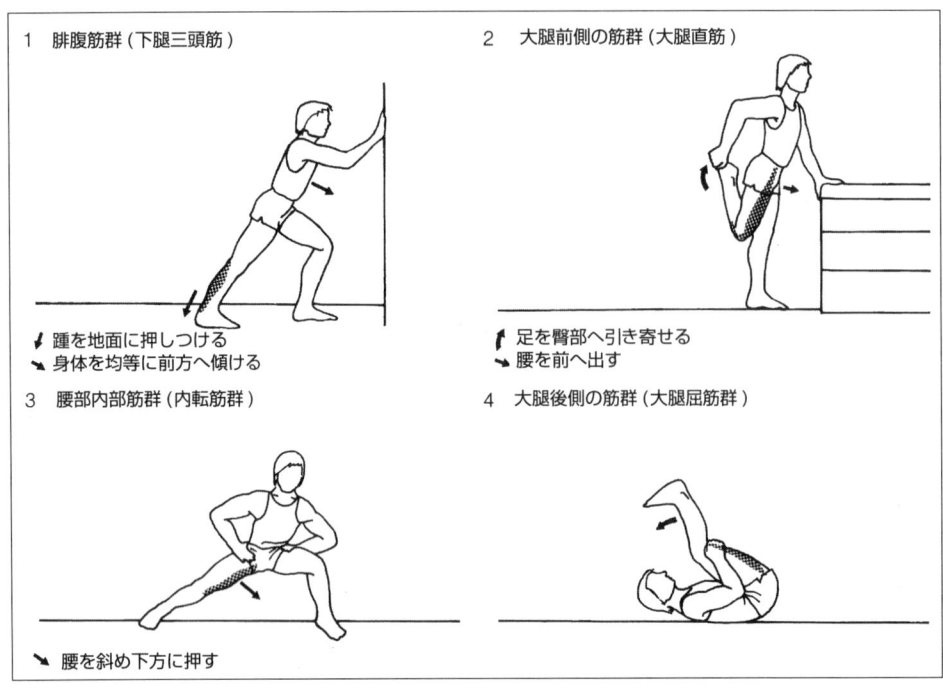

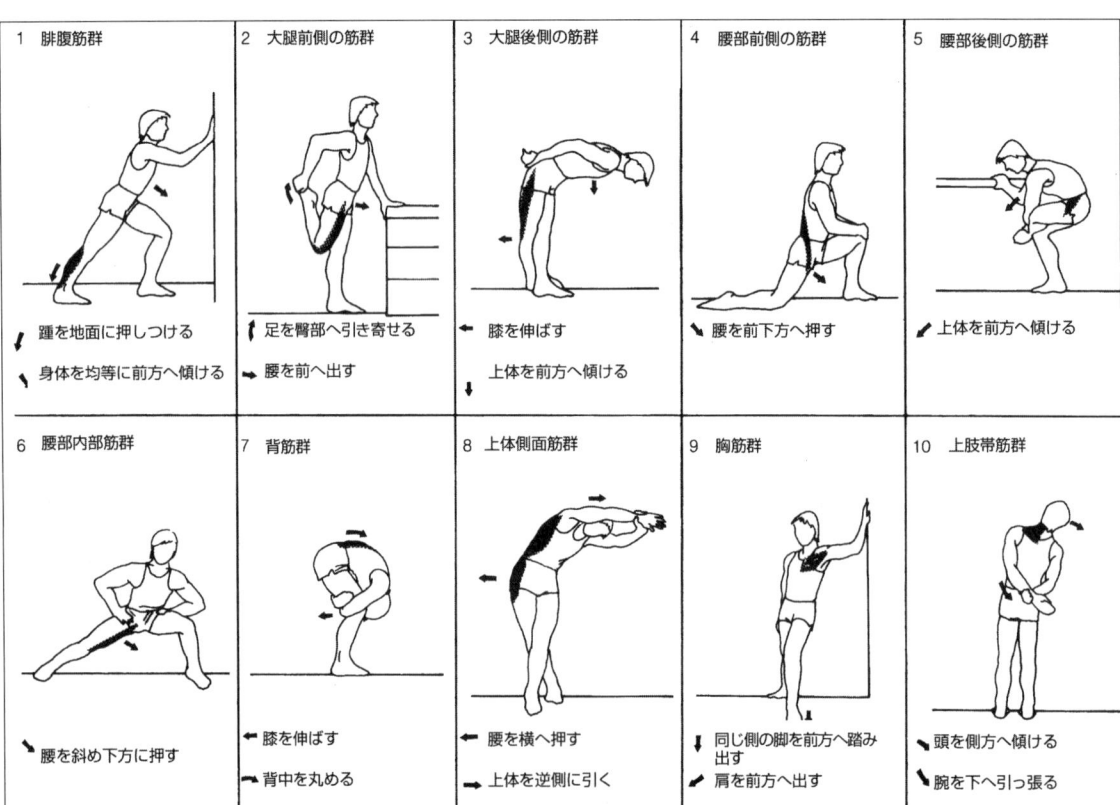

1 腓腹筋群（下腿三頭筋）	2 大腿前側の筋群（大腿直筋）
↓ 踵を地面に押しつける ↙ 身体を均等に前方へ傾ける	↑ 足を臀部へ引き寄せる ↙ 腰を前へ出す
3 腰部内部筋群（内転筋群）	4 大腿後側の筋群（大腿屈筋群）
↘ 腰を斜め下方に押す	

図280 サッカー選手にとっての4つの最重要の伸展種目（Spring et al.,1986）

1 腓腹筋群	2 大腿前側の筋群	3 大腿後側の筋群	4 腰部前側の筋群	5 腰部後側の筋群
↓ 踵を地面に押しつける ↙ 身体を均等に前方へ傾ける	↑ 足を臀部へ引き寄せる ↙ 腰を前へ出す	← 膝を伸ばす ↙ 上体を前方へ傾ける	↘ 腰を前下方へ押す	↗ 上体を前方へ傾ける
6 腰部内部筋群	7 背筋群	8 上体側面筋群	9 胸筋群	10 上肢帯筋群
↘ 腰を斜め下方に押す	← 膝を伸ばす → 背中を丸める	← 腰を横へ押す → 上体を逆側に引く	↓ 同じ側の脚を前方へ踏み出す ↗ 肩を前方へ出す	↘ 頭を側方へ傾ける ↙ 腕を下へ引っ張る

図281 ストレッチング基礎プログラム「トップテン」（Spring et al.,1986）

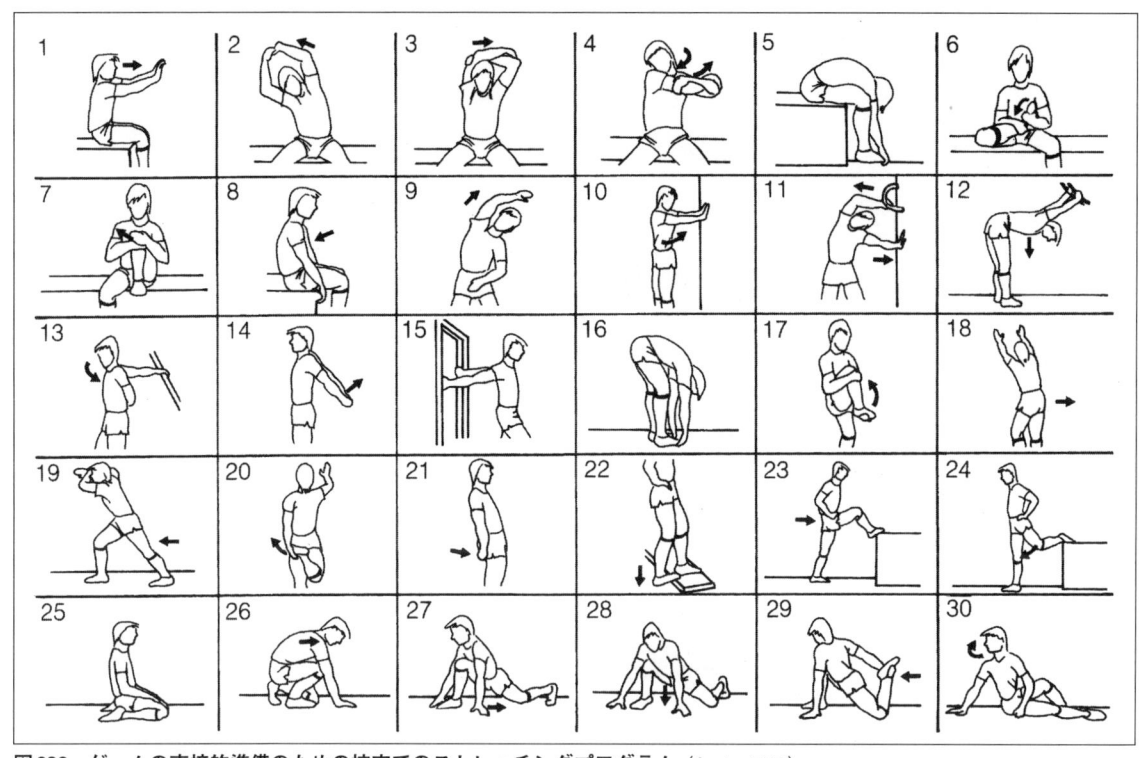

図282 ゲームの直接的準備のための控室でのストレッチングプログラム（Auste,1988）

8 ── 可動性テスト

　まず，可動性テストの問題性について手短に述べておこう。可動性の評価は基本的に屈曲の程度で行われ，屈曲が深いほど評価はプラスとなる。しかし，結合組織の弱い者は，やり方をすぐにマスターしてしまう。こうして身体的な弱点が，とくに良好と評価されることが起こりうるのである。

　トレーニングの効果を客観的に判断するには，標準化されたコントロール種目を用いなければならない。可動性の尺度を角度ないしセンチメートルで与えるこのコントロール種目は，一方では一般的可動性（ここではとくに脊柱・股関節・肩関節での可動性）を，他方ではスポーツ種目専門の可動性を測定すべきである。可動性測定に際しては，常に同一の測定手続きとなるよう（たとえば3秒間支持後の値の読み取り）注意すべきである。

　これらテストの一つの問題は，素人によるテストの評価は，しばしば条件つきでのみ正しい点である。経験を積んだ整形外科医だけが，提示されている複雑な筋の動きを十分に正確に把握して判断できるので，一般的にいえば，可動性の状態の詳細な所見は，整形外科医が行うべきである。図283と図284は，サッカー選手ではしばしば短縮している股関節屈筋群と膝関節屈筋群を例に，どのように正常な可動性が診断できるかを示している。しかし同時に，可動性の正しい診断には，どのように深い解剖学的知識が必要かも示している。多数の要因（骨盤の状態，隣接する関節の状態など）がこの「正常状態」に影響し，状況によってはプラスあるいはマイナスの所見に見えてしまうこともある点をとくに指摘しておかなければならない。

　可動性を診断する場合のもう一つの問題は，被検者の年齢である。図285が明確に示しているように，脊柱と脚の後側の筋群の可動性は，「正常

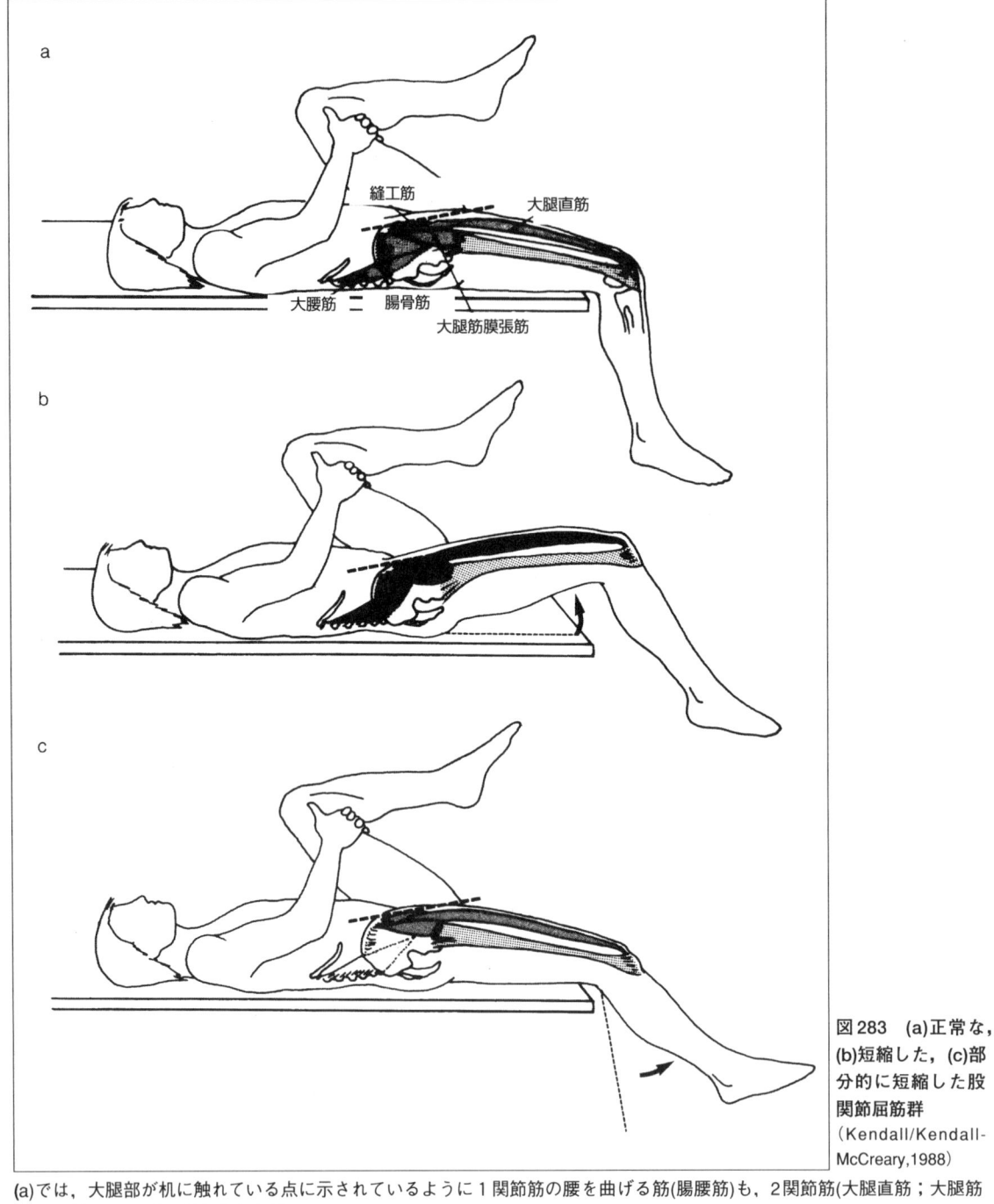

図283 (a)正常な，(b)短縮した，(c)部分的に短縮した股関節屈筋群
(Kendall/Kendall-McCreary, 1988)

(a)では，大腿部が机に触れている点に示されているように1関節筋の腰を曲げる筋(腸腰筋)も，2関節筋(大腿直筋；大腿筋膜張筋)も，正常な伸展能力を示している。
(b)では，1関節筋と2関節筋の腰を曲げる筋群双方の短縮が，腰の伸展を妨げている。
(c)では，膝関節の伸展が許されると股関節を伸展することができる；これは，1関節筋の腰を曲げる筋群は正常な伸展能力をもっているが，大腿直筋と(おそらく)大腿筋膜張筋が短縮していることを意味している。

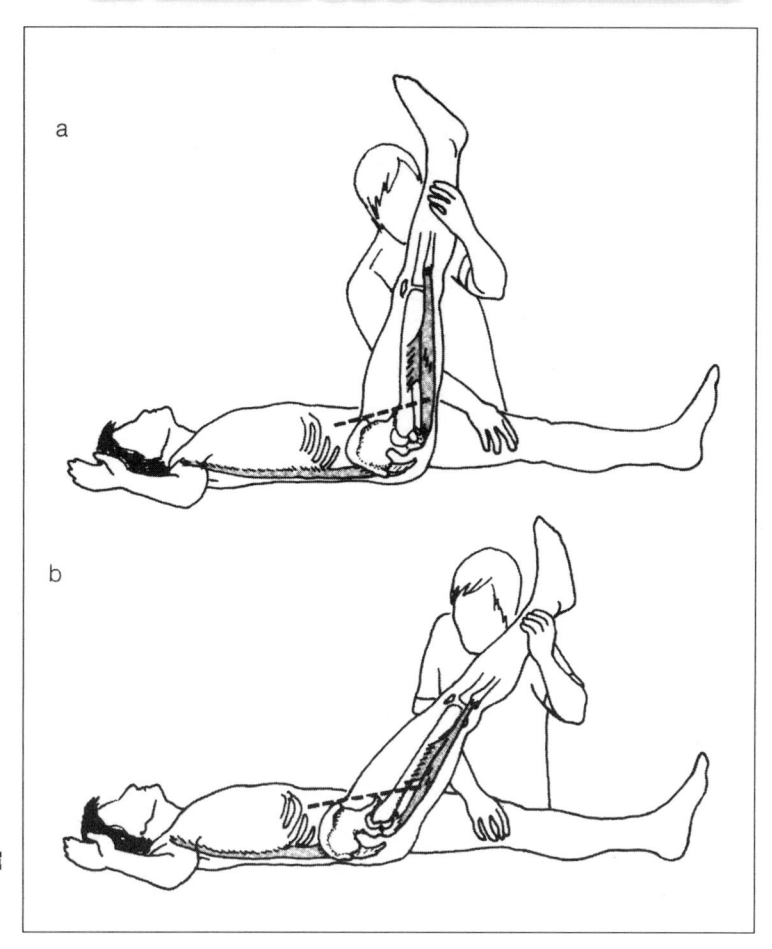

図284 (a)正常な, (b)短縮した膝関節屈筋群(大腿屈筋群)の伸展能力の診断
(Kendall/Kendall-McCreary,1988)

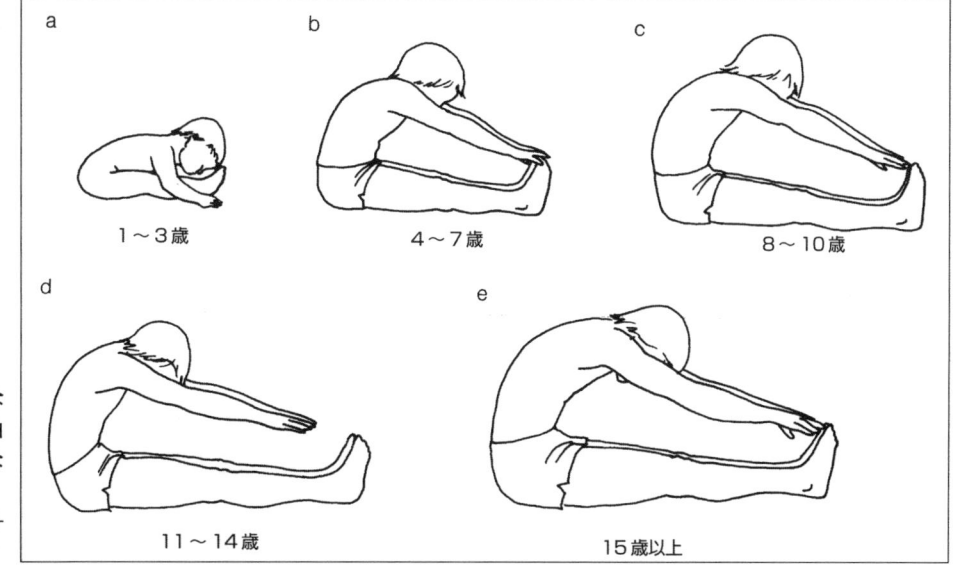

図285 さまざまな年齢での脊柱屈曲(脊柱曲げ)の正常な可動性
(Kendall/Kendall-McCreary,1988)

a 1〜3歳
b 4〜7歳
c 8〜10歳
d 11〜14歳
e 15歳以上

年齢[歳]	10	11	12	13	14	15	16	17/18
男子	3.27	3.71	3.02	3.67	4.47	5.84	7.94	7.40
女子	6.26	5.83	6.46	7.14	6.47	8.44	10.97	7.95

表52 10～18歳の生徒の体前屈テストの平均値 (Fetz/Kornexl,1978)

男性	女性
n=31,35-45歳:5.7±1.7cm n=24,46-55歳:4.9±1.6cm n=18,56-65歳:2.8±2.5cm	n=45,35-45歳:7.7±1.7cm n=28,46-55歳:11.5±1.8cm n=17,56-65歳:8.3±2.0cm

表53 成人のレクリエーションプレーヤーの体前屈テストの平均値 (Grosser/Starischka,1986)

の範囲に入る場合でも年齢によって同じではない。図285はさらに，小さい児童の極端な可動性から，思春期で成長期の時点でのはっきりと限界のある可動性への転換を示している。この場合は，関節の制約や筋の短縮は存在せず，脚/体幹のプロポーション関係の変化があるだけなのに，足の指に触れることはできない。この点は可動性を判断するときに考慮すべきである。

これまで述べてきたことから，可動性を正しく評価することは素人にはいかに困難かが明らかである。とくにアマチュアでは，整形外科医による可動性診断は資金的理由からほとんど問題にならないから，以上の留保の上で，可動性をおおまかに見積もるための「簡単な」テストについて述べておこう。しかし，プロサッカーについては，長期的なケガ予防の意味で，またトレーニングの調整策として，毎年整形外科的な正確な診断を受けることは，各選手にとって自分の利益になることである。

たとえば，器械体操で必要とされるような極端な可動性ではなく，十分に発達したという意味でだが，サッカー選手にとって，とくに股関節可動性が一定の役割を果たしている。なぜなら「問題ある筋」である大腿の前側の筋群も後側の筋群も股関節とつながっているからである。さらに，ケガしやすい腓腹筋群の十分な伸展能力も望ましい。最後に，サッカー選手にとっては，十分な脊柱の可動性と下腿前側の筋群の伸展能力も不可欠である。

①後側の体幹(脊柱)筋群と脚筋群(大腿屈筋群；下腿三頭筋群)の複合的な可動性の測定

体幹-腰部-脚部の伸展能力を大まかに測定するための一つのテストが，立位体前屈テストである。このテストは，筋のケガの大部分が脚の後側，つまり下腿部位と大腿部位で生じていることからだけでも，サッカー選手にとって関心を引く。ドイツの調査では，多くの若い選手はすでに20～25歳で指先が地面につかなかった。この場合に特徴的なのは，筋の痛みやケガを訴える選手がとくにそうだという事実である。10～18歳の生徒と成人のレクリエーションプレーヤーの比較値は，表52と表53に見ることができる。ここで正の値(単位はcm)は，その選手がゼロの水準(立っている平面)をどのくらい下回れるかを示している。

注意点：膝は完全に伸展する。最終姿勢は2秒間維持されなければならない(反動をつけてはだめ)。

②脊柱と股関節の結合された可動性の測定

前のテストと同様にこの場合も，脊柱と股関節を曲げる能力が，そして体幹と脚の後面の筋群が測定される。開脚姿勢によって，付加的に内転筋群の伸展能力も測定される。

実施方法：開脚姿勢から体前屈。測定されるのは，胸と地面との間の距離(表示はcm)。

③開脚能力の測定

実施方法：開脚で座り，体幹はまっすぐ。外側へ脚をアクティブに伸展する。測定されるのは開

きの角度。個々人の判断のためには両踝の間の距離を測ってもよい。内転筋の伸展能力と並んで，このテストでは外転筋の筋力も同時に測定される。

④側方への体幹可動性の測定
実施方法：側方への体幹曲げ。測定されるのは，指先が垂直におりた距離（表示はcm）。脊柱の可動性と並んで，腹直筋と腹斜筋の伸展能力も測定される。このテストは，両側で行うべきである。

⑤脊柱のひねり能力の測定
実施方法：体幹を側方へひねる。測定されるのは脊柱のひねり能力（表示は角度）。

⑥股関節可動性の取り出した測定
実施方法―横スプリット。測定されるのは恥骨結合と地面との距離（表示はcm）。
　　　　　―前後スプリット。測定されるのは恥骨結合と地面との距離（表示はcm）。

⑦肩関節の可動性
実施方法：伸ばした腕で肩を上に上げる。測定されるのは握りの幅（表示はcm）。肩関節の可動性を測定し，（基準としての）集団全体の値と比較したいなら，被検者の肩幅を考慮すべきである。

9 可動性トレーニングの期分け

他の体力要素とは逆に，可動性トレーニングでは期分けは存在しない。つまり，短期の休止でも可動性は非常に急速に低下し，他方で，トレーニングを行うのに最適の柔軟性に達するまでに，約6週間の期間を必要とする。この期間はしかし移行期と重なるので，可動性トレーニングにとっては，ただ年間を通した途切れることのないトレーニングだけが意味がある。完全な可動性とこれと結びついた長所を得るには，毎日数分の「最小プログラム」だけで足りる。可動性トレーニングは，包括的にもっぱら個人トレーニングとして行うべきである。「最小プログラム」だけを，サッカーのトレーニングで直接的なケガ予防として行うべきである。

10 児童・ジュニア期の可動性トレーニング

(1) 一般的基礎

年少であるほど可動性は良好なので，子ども時代に維持トレーニングの意味で可動性を年齢に合わせた形式で鍛えるべきである。この場合に重要なのは，子どもの可動性を，目的を定めた一般的トレーニング（脊柱・肩関節・股関節を可動的にする）と専門的つまりサッカー独自のトレーニングによって維持し，年齢が高くなるにつれて腱・靭帯・関節被嚢が固くなるのを抑えることである。これは，サッカーでは残念ながら十分な程度にかつ正しい時点では行われていない。しかし，児童年齢での十分な可動性トレーニングの意義は，児童はまだ柔軟性と伸展能力が高く，「ゼロ状態から」何も準備しないでケガの恐れなしにスプリントやジャンプを行えるので，動きの能力向上と切実なケガ予防にあるというよりも，とりわけ筋の不均衡を長期的に回避する点にある。

サッカーに特徴的な筋群の短縮と弱化は，すでに早期に，つまり児童年齢で登場する。したがって，早期からの対抗措置がこの年齢で必要である。これは，一つには均衡化トレーニングによって，他方では短縮傾向にある筋群の伸展と弛緩の意味での十分な可動性トレーニングによって行わなければならない。

児童に合わせた可動性トレーニングとなるよう注意すべきである。これに対してパッシブな可動性トレーニングの意味でのパートナー練習は，やめるべきである。というのは，この場合には，ふざけや「冗談からの」無理やりの伸展が，可動器官の受動的構造の不必要なケガあるいは過大負荷をもたらす可能性があるからである。子どもたちは，パートナー作業で最適な伸展刺激を与えるのに必要な配慮をすることはまだできない。

サッカーでは，一般的なトレーニングはFジュ

ニア（6〜8歳の児童）になってから始まるので，可動性トレーニングはこの年齢段階で初めて，方法的かつ内容的に示すべきである。

(2) 各年齢段階における可動性トレーニング
①学童期前半（FジュニアとEジュニア）

この年齢段階では，可動性の発達に矛盾する傾向が確認される。一方では，股関節と肩関節での曲げる能力は増加し，脊柱は8〜9歳で最も可動的であるのに対し，他方では，とくに股関節での開脚能力と肩関節での背中方向への可動性の減少がすでに観察されるのである。したがって，サッカーをする子どもの可動性トレーニングでは，とくに股関節での開脚能力向上のための目的を定めた伸展トレーニングを，とりわけ潜在的にゴールキーパーの能力を持つ者には組み込むべきである。しかし，背中方向への肩関節可動性向上のためのトレーニングも，スローインの時に必要な遠投力に直接影響を及ぼすので，軽視すべきではない。その他にも，この年齢段階では一面性と過大負担障害を避けるために，一般的可動性トレーニングが優越する。

脊柱と股関節可動性向上のための子どもに合わせた可動性トレーニングの例として次がある。

> 注意点：児童年齢では運動衝動が明白なので，可動性を鍛えるパッシブあるいは静的な種目よりもアクティブで動的な種目が優越する。

1) 屈曲能力向上のための種目

2名がパートナーとなって，1m離れて背を向けて立つ。両方が弓なりになって，ボールを上で支える。ボールは，開いた脚の間を通して渡される。どのペアが，30秒間に最も多くボールを受け渡しできるか。

目的：体幹および下肢後方の筋群の伸展（背筋群強化）。

2) 脊柱ひねり能力向上のための種目

パートナーの双方が背を向けて立ち，間隔は約0.5m。ボールは，左右の側面ですばやく替りながら受け渡される。どのペアが，30秒間に最も多くボールを受け渡すか。

3) 脊柱可動性を鍛えるためのコンビネーション種目（屈曲とひねり）

1m壁から離れて背を向けて立つ。開脚の脚の間を通して壁へボールを投げ，返ってくるボールを振り向いて受け止める。

これらのダイナミックな，子どもに合わせた事例は，伸展トレーニングは多くの場合に孤立させるのではなく，もっぱら筋力トレーニングと結びつけられることを示している。筋群が交替することで，子どもの運動器官の体系的な強化と伸展とが行われる。

②学童期後半（Dジュニア）

脊柱・股関節・肩関節の可動性は，トレーニングする限りで増加する。この年齢期以後になると，達成水準の維持だけで向上はもはや可能ではないので，可動性トレーニングの主要作業はこの年齢期におかれる。

この年齢段階で中心になるのは，引きつづき一般的可動性トレーニングである。しかし今や，サッカー独自の問題関節ないし問題筋群を可動化するのに役立ち，相応しいダイナミックさで行われる伸展トレーニングが用いられる。毎回のトレーニングで，大腿の前面と後面の筋群および腓腹筋群と下腿前面筋群（前脛骨筋など）を伸展すべきである。

アクティブでサッカー独自のダイナミックさに適合した伸展トレーニングには，以下の種目は欠かせない。

1）立った姿勢から，交互に脚を前方に高く振り上げる（爆発的に行う）。片方で5〜6回反復，2〜3セット。この種目は，まだ成人の場合のように負荷（たとえばアイアンシューなど）をつけては行うべきではない。

2）広い振幅度でシザーズジャンプ。選手は，片足でジャンプし，空中で「シザーズキック」をする。各ジャンプ後に足を交替。この練習は体育館では，柔らかいマット上でオーバーヘッドキックとしても行える。

この練習と前の練習の目的：体幹と脚の後面筋群の伸展。

3）立って腕を高く上げる：左右交互に脚を後方に振り上げる。目的：体幹と脚の前面筋群の伸展。

4）立った姿勢。ダイナミックに脚を斜め上に振り上げる（右足は左斜め上に，左足は右斜め上に振り上げる。両手はバランスをとるために反対側に振り下ろす）。目的：腰椎部位のひねり能力の向上。

注意：ハードル姿勢座り練習は，部分的にダイナミックなバリエーション（たとえば一方から他方へのすばやいハードル姿勢の交替）を含めてすべての場合に，サッカー選手にとっては有害でまったく余計である（非生理学的な膝曲げ姿勢によって，膝関節の靱帯機構全体に対してバイオメカニックス的に望ましくない負荷がかかってしまう）。サッカー選手はハードルの選手ではなく，このトレーニングを必要とはしない！

理解力が高まっているので，個々的にパッシブな伸展トレーニングもプログラムの中に組み込むことができる。しかし，こうした種目は原則的にまともすぎて「退屈」なので，ほどほどになるように配慮すべきである。前年との比較値を内容とする成績表を通じて，子どもたちに個人トレーニングを自分からする気になるようにすべきである。可動性の低下が見られる子どもは，家でのトレーニングを多くさせるようにする。

③第一思春期（Cジュニア，部分的にBジュニア）

学童年齢後半の最後頃に，第一思春期局面の成長の開始が生じ，年間の身長増加は8〜10cmになる。そして，とくに成長ホルモンと性ホルモンの影響により，受動的な運動器官の抵抗能力が低下する。一方での大幅な身長増加と，他方での受動的運動器官の負荷可能性の減少とは，さまざまの結果をもたらす。一つには，この時期に可動性の悪化が確認される（図285）。その原因はおそらく，筋および靱帯の伸展能力は加速化した身長増加に遅れがちになる点に求められる。したがって，首尾一貫した可動性トレーニングが必要である。他方では，負荷可能性がより低下するので，可動性トレーニングでは内容・強度・範囲の細心の選択が要求される。負荷と負荷可能性との間の均衡のとれた比率に注意すべきである。その他にも，パッシブな伸展種目，とくにパートナーの補助をともなうもの，ならびに一面的で集中的かつ包括的な伸展種目はやめるべきである。

とくに脊柱と股関節がこの年齢段階では危険性がある。急成長の時期には，脊柱の成長軟骨の負荷可能性が低下しているので，過度のねじれ負荷や屈曲負荷，さらに前方への曲げすぎや後方への反りすぎ，あるいは側方への曲げすぎは避けるべきである。軟骨でできている椎体終板の負荷可能性を超えると，椎間板組織が椎体海綿質（スポンジ状の骨構造）へ侵入し，いわゆるシュモール結節が形成されてしまう可能性がある。この結節は，ショイアーマン病（姿勢維持機能不全をともなう円

背)の発症に決定的な役割を果たしている。股関節も，この年齢ではとくに危険性が高い。この理由から，無理じいした屈曲・開脚・伸展は避けるべきである。というのは，これは受動的な運動器官の極端なはさみ込みと引っ張りの負荷となるからである。恒常的に過大負荷であると，場合によっては股関節での大腿骨頭すべり症となる可能性もある。

CジュニアとBジュニアを含むこの年齢段階においては，成長のバラつきが大きいために，1人ひとりに合わせた可動性トレーニングに大きな価値をおくべきである。成長の加速しているジュニアと成長の遅れているジュニアとは，同一年齢にもかかわらず，心身の現象面では「世界が異なるほど」に相違している。子どもに合わせた形式は，しだいに目的体操的な成人の種目によって置き換えなければならない。

④第二思春期(BジュニアとAジュニア)

第一思春期における身長増加の後に，第二思春期では幅の増加が強まり，身体プロポーションは再び調和する。少女ではすでに骨端線が閉じ，これは受動的運動器官への負荷可能性が高まったことを意味している。少年ではすべての成長パラメータがゆっくりとなって，青年から成人へとしだいに移行する。この移行は同じく身体的負荷可能性を上昇させる。心的な面で平衡性が増加し，知的な考察方法も強化されて成人の心身的負荷可能性にほぼ到達するので，成人のトレーニング方法・内容がしだいに可能となる。

> 可動性トレーニングでは，今やストレッチング法と目的を定めたサッカー専門の種目レパートリーがしだいに支配的となる。最小限ストレッチングプログラムと基礎ストレッチングプログラムは，すべてのAジュニアの選手にとってはしだいに当たり前となるべきである。背景が説明され，種目レパートリーは個人の必要に合わせるべきである。これと並んで，パッシブに行われる種目も今や利用できるようになる。

(3)総括的最終考察

可動性トレーニングは，トレーニングの統合的な部分であって，とくにトレーニング開始時や直接のゲーム準備で「ウォームアップ部分」として重要なケガ予防の意義がある。可動性トレーニングは，サッカー専門の活動との関連で考察すべきである。伸展種目は，とくにプレーの専門的な要求によって負荷がかかる筋群で行うべきである。他方で，トレーニングにもとづく筋短縮によって長期的に能動的・受動的運動器官の部位で変性が生じるような場合には，伸展種目は均衡化トレーニングの意味で重要な役割を果たしている。

> したがって可動性トレーニングは，目的を定めた筋力トレーニングと結びつけて考察すべきである。ある筋群が強化されればされるほど，この筋群は，強化に直接つづけて伸展し弛緩すべきである。

サッカー選手にとっては，パッシブな種目も，静的な種目(ストレッチング)も，アクティブな可動性トレーニングも意味がある。ストレッチングは，今日の可動性トレーニングないし短期・長期的なケガ・スポーツ障害予防の中心になっている。どのトレーニングないし個人トレーニングでも欠かせない，いわゆる基本種目と並んで，気分転換と多様性という要求を満たすために，さまざまの形式で他の類似の種目も取り入れることができる。

最後に，伸展トレーニングは，筋張力を低下させる意味で，したがってゲームおよびトレーニング後の回復加速の意味で，回復的措置の分野で一定の役割を果たす(270頁参照)。

11 数年間のトレーニング過程における児童・ジュニアのためのトレーニング目標に関する総括的概観

長期的なトレーニング過程における，児童とジュニアのための，さまざまの体力的・コーディネーション的・心理社会的なトレーニング目標についての総括的な概観を，表54が与えている。

第5章／可動性とそのトレーニング

表54 児童・ジュニア用の数年間のトレーニング過程(見通し計画)でのトレーニング目標 (Bauer, 1990)

プレーとゲームへの道	6-10歳	10-12歳	12-14歳	14-16歳	16-18歳
プレーとトレーニングへの持続的な喜び	跳ね転がるボールを扱い、そして「蹴る」ことへの不安のない喜び	「一緒にプレーしてプレーを学ぶ」喜び；トレーニングへの喜び	競り合いへの喜びと勝利のための共同の戦いへの喜び	自己のプレー能力の発達とこれをチームのために使うことへの喜び	自身の技術的・戦術的・コンディション的手段を成功のため組み立てる喜び；一生のサッカー
一般的コーディネーション能力	ボールの動きの予測；一般的運動学の学習	ボールと身体運動の一致の向上：ボールタッチのトレーニング	身長増加にもかかわらず日常的動きと一般的巧みさの安定化	競り合いでの多様な身体コントロール；相手の攻撃に対抗する厳しさ	時間的・空間的なプレッシャーと相手の攻撃に対し、運動の器用さの向上
専門技術的能力	ドリブル；単純な形のストップとトラップ；インサイドとインステップでのゴールシュートとパス	全技術と動きの基本形態を相手なしで簡単なグループプレーで	基本形態の洗練；試合練習・グループ練習・試合での意識的応用	ポジション毎の技術の自動化；1対1でのドリブルとタックルの向上	戦術目標のための技術の意識的応用（コーナーキック，フリーキック）；高いテンポで競り合っての全技術のマスター
一般的・専門的コンディション	走る，跳ぶ，ジャンプする，転がる：ゲーム形式で長時間持久性と巧みさ	ランニング／取り組み／動きの遊びとリレーによる日常的運動法の迅速なコーディネーション	包括的ランニングと体操による一般的持久性と可動性	一般的・専門的筋力トレーニングの開始；スピードトレーニングと有酸素性／無酸素性持久性の混合トレーニング	ジャンプ力とキック力のトレーニング；体幹筋群の強化；無酸素持久性；ボール有と無での専門スピード
戦術的知識，戦術的行動能力	共同の攻撃と守備で「ゴール達成，ゴール回避」というゲーム思想の把握	与えられた守備空間を守り，その任務を果たす；個人戦術的行動（フリーに，マーク）	連係プレーの向上（グループ戦術）；基本状況での戦術的に正しい行動	試合日の戦術の知識とチーム内での行動（攻撃的プレー，守備的プレー，ゾーンカバー）改良	ゲーム分析と個性の全特質を使って独立し責任ある戦術行動
ルールのマスター	最低限のルール知識：ゴール・スローイン；ファウル；オフサイド	すべてのルールの尊重，とくに第4，8-17条	レフェリーの決定の承認	試合に自分で笛を吹く心構え	ゲームを自分で組織し指導する
プレーを通ずる教育，自己実現					
トレーニングとゲームでのプレーの心構え強化	ランニングと動きの中で種々のプレーの考えを個人の行動を通じて実現することを学ぶ；課された任務をトレーニングで実行	プレーの喜びと余った力をプレーの実際に現す；トレーニングでのプレーと練習を1人でも指示どおりに行う	発達段階によるトレーニングへの嫌気やプレー不調の克服を学ぶ；チーム共同の成功を中心動機として体験し利用する	プレー能力決定要因の技術とコンディションによる個人的な能力の追求；酒とタバコの回避	職業／学校とスポーツ目標への新しい関心とを調和させる；付加的（外因的）動機の発達；成人第1チームへの起用をめざす努力
激情と攻撃性の克服	敗北はゲームにつきものので回復可能なことを学ぶ	喜び，怒り，激怒を体験，これの克服を学ぶ	競り合いの厳しさを体験；痛みに耐えることも学ぶ	対抗意識とゲーム独自の攻撃性を我慢することを学ぶ	心理的安定性の開発；試合への不安と神経質を克服
		レフェリーの決定を受入れることを学ぶ			
仲間的社会統合的行動の開発	サッカーのプレーは一緒のプレーで一緒にトレーニングすることを体験	グループ，チームの中で任務の分け合いを学ぶ；喜びを得る	同じ目標・利害・規範を持つグループとしてチームを体験；スポーツ仲間として相手を尊重	チームの秩序への組込。競争共同体としてチームとトレーナーを体験	自己とチームをもう一つ上の機関（クラブ・学校）の部分と把握し，そのように活動する
プレーとトレーニングの組織化を学ぶ	トレーナーの指示に従うことを学ぶ；組織の任務を果たす	トレーナーの組織を一緒に援助；グループ分割；器具や旗のセット	組織とプレー規則はトレーニング目標とプレー構造に適応可能なことを学ぶ	共同練習で一緒の組織化援助（例えば複合練習，グループ練習で）；1人で練習；自分で学習目標コントロール／テスト実行	旅行，合宿，祭で自分から積極的に成功に貢献；トレーニング計画コントロールに自分から一緒に貢献

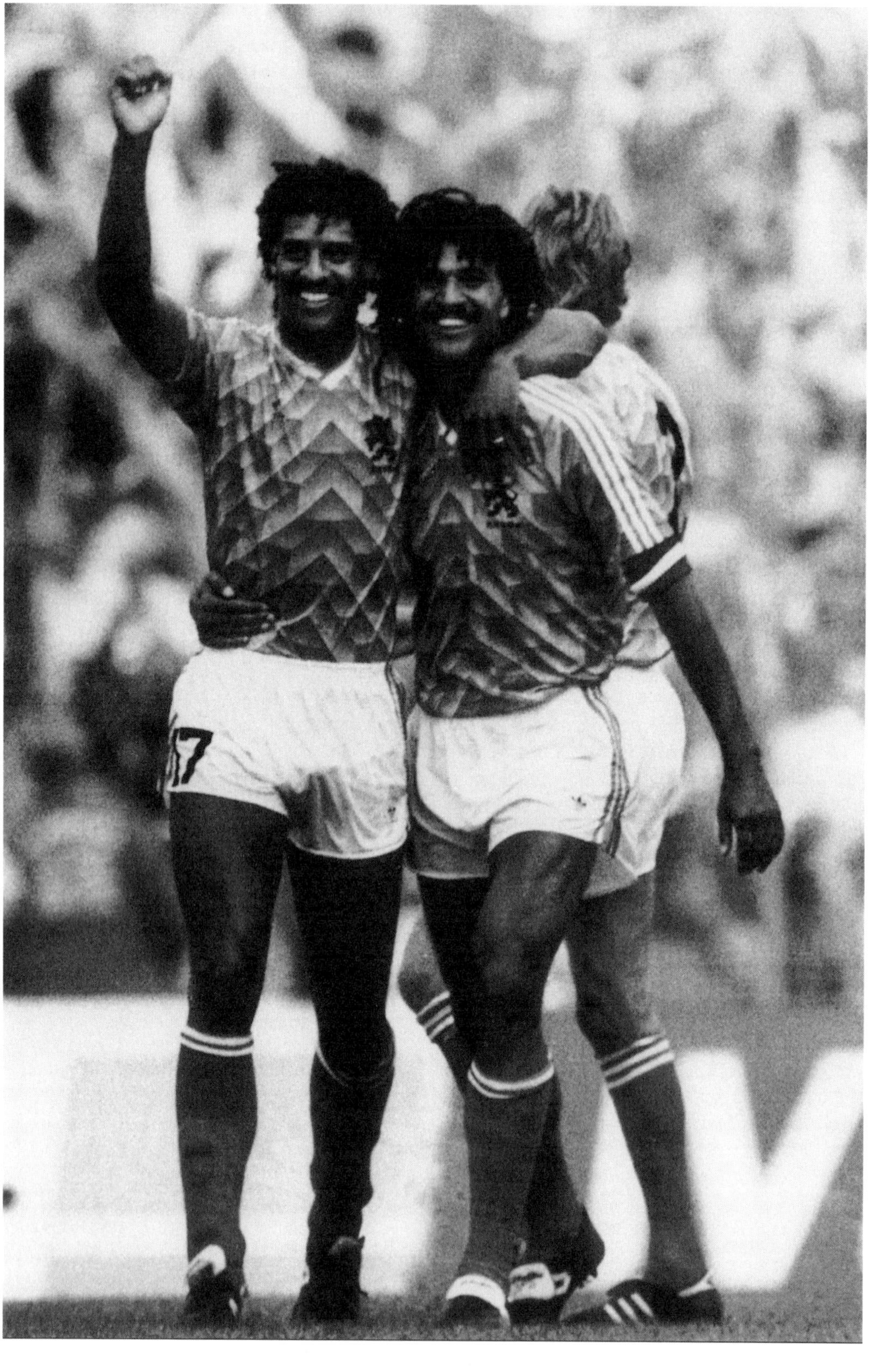
17

［著者紹介］

J.ヴァインエック
エァランゲン・ニュルンベルク大学スポーツ科学・スポーツ研究所教授，医学博士

［監訳者紹介］

戸苅晴彦（とがり　はるひこ）
平成国際大学教授　（財）日本サッカー協会科学研究グループリーダー

［訳者紹介］

八林秀一（やつばやし　しゅういち）
専修大学社会学部教授　専修大学サッカー部部長

サッカーの最適トレーニング
©Shuichi Yatsubayashi 2002

初版第1刷——2002年10月10日

著　者———— J.ヴァインエック
訳　者———— 八林秀一
発行者———— 鈴木一行
発行所———— 株式会社 大修館書店
　　　　　　〒101-8466　東京都千代田区神田錦町3-24
　　　　　　電話03-3295-6231（販売部）　03-3294-2358（編集部）
　　　　　　振替00190-7-40504
　　　　　　［出版情報］http://www.taishukan.co.jp

装丁・本文デザイン・DTP————齊藤和義
表紙写真————スタジオ・アウバ
印刷所————三松堂印刷
製本所————司製本

ISBN 4-469-26493-8　　Printed in Japan
Ⓡ本書の全部または一部を無断で複写複製（コピー）することは，
著作権法上での例外を除き禁じられています。

競技力アップのクロストレーニング

CROSS-TRAINING FOR SPORTS

理論と競技別プログラム

G・モーラン，J・マクグリン=著　梅林薫，須田和裕，畑山雅史=訳

果てしない可能性を求めて！

クロストレーニングとは，専門競技の競技力向上やオーバートレーニング防止を目的に，様々な種類のエクササイズや専門外のスポーツ競技を合理的に組み合わせていくトレーニングである。選手のポテンシャルを最大限に引き出すクロストレーニングのすべてを解説。第Ⅱ部では25の競技別にプログラムを紹介している。

【主要内容】
第Ⅰ部　クロストレーニングの原理
第Ⅱ部　クロストレーニング・プログラム
【エアロビック系スポーツプログラム】／【スプリント系スポーツプログラム】／【パワー系スポーツプログラム】／【投げる・打つ種目系のスポーツプログラム】

B5変型判・202頁
本体2,200円

大修館書店　書店にない場合やお急ぎの方は直接ご注文ください。TEL03-5999-5434

スポーツのオーバートレーニング

リチャード・B・クレイダー他[著]　川原貴[監訳]　河野一郎、辻秀一[訳]

最新の知見を盛り込んだ初の体系的テキスト

あらゆる競技スポーツにおいて、オーバートレーニングの問題は常に重要な検討課題とされてきたにもかかわらず、その取り組みは散発的なものにしかすぎなかった。本書はオーバートレーニング研究に関する最新の知見を集大成した初の体系的テキストである。

【目次】
第Ⅰ部　持久種目競技者におけるオーバートレーニングの生理学
第Ⅱ部　筋力／パワー系競技者におけるオーバートレーニングの生理学
第Ⅲ部　医学的見地からみたオーバートレーニング
第Ⅳ部　オーバーリーチングとオーバートレーニングの免疫学的側面
第Ⅴ部　栄養学的見地からみたオーバーリーチングとオーバートレーニング
第Ⅵ部　心理学的見地からみたオーバーリーチングとオーバートレーニング
第Ⅶ部　要約、結論および将来の方向性

B5判・400頁　本体4,200円

大修館書店　書店にない場合やお急ぎの方は、直接ご注文ください。Tel.03-5999-5434